TOPIK II

한국어능력시험

韓国語能力試験

総合対策

韓国教育財団諮問委員
イム・ジョンデ ［著］

第**3**版

秀和システム

まえがき

　最近のTOPIK II試験を見ていると、多種多様なテーマが取り上げられています。専門性に富むものもあり、ネイティブの私が読んでも、とても興味深いものとなっています。中には、受験者が、日本語で読んだとしても、その分野の専門家でなければ、簡単には理解できない内容のものもあり、母国語で読んでも完全には理解できないものを、試験問題として出題してよいのか、という批判もあるかもしれません。

　しかし、これは要するに、筆者が問題文を読んで、「読んでためになった」とか「こういうことがあるんだね」と感じるのと同じように、受験者も問題文を理解できるようになることが、TOPIK試験の教育目標だといえます。

　したがって、あまり聞いたことがない、読んだことがない難しい内容が問題文として出題されても、すべてを聞き取れなくても当然、文章に書かれている制度や主張、ドキュメンタリーの内容を全部理解出来なくて当たり前くらいの心理的余裕を持って試験に臨む必要があります。

　TOPIK試験は、一見、あまり文法が重視されていないように見えます。しかし、文法の下積みがない学修は、やがて深刻な限界を迎えます。大人が外国語を学修する時に、脳は、常に外国語の文法知識を母国語に合わせる作業をしますが、何回か脳で考え、言いたい表現を紡ぎ出すことが出来るようになったら、その文法知識は、脳の水面下に沈み、そこからは、無意識的に働いてくれます。上達するかどうかを決めるカギとなるのは、まずは、深淵に沈む文法知識の数をいかに増やすかなのです。そのあとは、単語力の勝負になります。皆様が듣기や읽기などの試験に出される難しい問題を聞きながら、読みながら、その内容がある程度理解出来たりするのは、文法の下積みの上に単語力があるからなのです。ぜひ本書でしっかり学んで合格を手にしてください。

　最後に、本書の制作にあたり、秀和システムの清水氏にはたいへんお世話になりました。あらためて感謝いたします。

2023年10月　イム・ジョンデ

目次

音声ダウンロードのご紹介

　本書で紹介されている듣기の問題文をネイティブスピーカーが読み上げた音声を以下のサイトから無料でダウンロードいただけます。

　URL https://www.shuwasystem.co.jp/support/7980html/7052.html

　音声のファイル名は本文記載のトラック名と対応しています。

　本書は赤シートに対応しています。正解や解説を隠して、理解度の確認にご利用下さい。

＊本書に赤シートは付属していません。

TOPIK II

첫 번째 모음

試験について

韓国語能力試験について

試験の種類及び等級

1) 試験の種類：TOPIK Ⅰ、TOPIK Ⅱ

TOPIK：Test of Proficiency in Korean の略

2) 評価の等級：1級～6級

種類	TOPIK Ⅰ		TOPIK Ⅱ			
	1級	2級	3級	4級	5級	6級
等級	80点 以上	140点 以上	120点 以上	150点 以上	190点 以上	230点 以上

※ TOPIK Ⅰ は200点満点、TOPIK Ⅱ は300点満点です。上記の等級は試験の結果によって自動的に決まるもので、自分で指定して応募することは出来ません。

試験の構成

1) 種類別

種類	時間	区分(分)	形式	問題数	点数	合計点
TOPIK Ⅰ	1時間目	聞き取り(40分)	選択	30	100	200
		読解(60分)	選択	40	100	
TOPIK Ⅱ	1時間目	聞き取り(60分)	選択	50	100	300
		書き取り(50分)	記述	4	100	
	2時間目	読解(70分)	選択	50	100	

2) 問題別

  a 4択式－듣기(聞き取り)試験、읽기(読解)試験

  b 記述式－쓰기(書き取り)試験

    i 完成型－単語や短い表現を入れ、文を完成していくタイプの問題です。2問出ます。

    ii 作文型－200字～300字の中級レベルの説明文が1問、600字～700字の上級レベルの論文が1問、計2問出ます。

主管機関

1) 教育部－TOPIK制度の立案や政策決定、指導監督などを行う韓国の機関です。
2) 国立国際教育院－試験に関連し、出題や採点などの一線の業務全般を担当する教育部所属の外郭団体です。

有効期間

　成績発表日から2年間が有効で、その間は国立国際教育院のホームページ（https://www.topik.go.kr）から成績証明書を出力することが出来ます。

試験時間割

区分	時間	領域	日本・韓国の試験場			試験時間（分）
			入室時間	開始	終了	
TOPIK I	1時間目	聞き取り 読解	09:20 （日本は09:30）	10:00	11:40	100
TOPIK II	1時間目	聞き取り 書き取り	12:20 （日本は12:30）	13:00	14:50	110
	2時間目	読解	15:10	15:20	16:30	70

1) 韓国・日本以外の試験場は上記とは異なる試験時間となります。
2) TOPIK I と TOPIK II は併願が可能です。
3) 入室時間は厳守です。入室時間を過ぎるといかなる理由があっても入室が認められません。
4) TOPIK I は1時間目のみとなります。

試験当日の流れ

	入室時間	開始	終了
TOPIK Ⅰ	09:30	10:00	11:40
TOPIK Ⅱ	1時間目　12:30	13:00	14:50
	2時間目　15:10	15:20	16:30

1) 韓国・日本以外の試験場は上記とは異なる試験時間となります。
2) TOPIK ⅠとTOPIK Ⅱは併願が可能です。
3) 入室時間は厳守です。入室時間を過ぎるといかなる理由があっても入室が認められません。
4) 韓国の試験場での当日の流れは、基本的に日本の試験場での流れと一緒です。ただ、詳細な時間が異なるので、韓国で受験する時には必ずご確認下さい。

試験の実施時期と願書受付

1) 2018年度は、韓国では、1月、4月、5月、7月、10月、11月の計6回実施されます。この中で日本で実施されない1月、5月の試験の応募は、韓国国内でのみ受付が可能で、成績も国立国際教育院のホームページでしか確認出来ません。諸事情により受験を希望する場合には、韓国国内で受付をし、韓国に渡って受験しなければなりません。
2) 日本では年3回実施されます。県別に試験会場が設けられ、試験の結果が自宅に送付されてきます。
3) 韓国の大学へ進学・編入学を希望する場合には、基本的にTOPIK Ⅱ 3級以上を取得することが条件となりますが、その場合、3月の入学・編入学に間に合うように、10月の試験で3級以上を取得しなければなりません。もし10月の試験で3級が取れなかった場合、各大学の入試日程にもよりますが、

基本的には受付不可ということになります。但し、大学によっては11月や1月の試験の合格を待って条件付きで入学願書を受け付けてくれるところもあります。1月の試験の結果が2月初旬に出ますので、3月の入学にぎりぎりのタイミングで間に合うことになります。9月の入学・編入学を希望する場合には、7月の試験が最後のチャンスとなります。

※以上の説明は、今までのTOPIK制度を踏まえたものですが、試験制度や問題構成などは時々見直して変更されることがありますのでご注意下さい。

※本文の日本語訳は学習がしやすいよう、直訳調で記載されている場合があります。

TOPIK **II**

두 번째 모음

説明編

Ⅰ TOPIKという試験

　TOPIKという試験制度は、基本的には、資格取得を目指して行うものではありません。もちろん試験の成績で級が決まるわけですから結果的には資格取得になりますし、また韓国の大学によっては外国人入試の際に入学の条件として一定以上の級を取得することを課してきたり、卒業の要件としてTOPIKⅡ4級以上の取得を義務付けたりするところがあるので、人によっては、TOPIKの受験目的を資格取得に置く人もいます。しかし教育の観点から考えると、試験は教育活動の中の評価活動の一環として行うもので、最後の段階においてその教育活動が目標を達成したかどうかをチェックするために実施するものなので、TOPIKという試験も、資格取得というより、教育目標の定めるその最終ゴールに自分が到達出来たかどうかをチェックするためのものだと考えた方が妥当かと思います。

　さて、その教育目標ですが、TOPIKⅡの教育目標は、韓国人とほぼ同じように言語生活を営むことが出来る、というところに置かれています。韓国人とほぼ同レベルを目指すわけですから、TOPIKⅡが取得出来たら、韓国での日常生活の中で、会話を楽しむ、新聞を読む、テレビのニュースを見るといった活動において、相当な能力を発揮出来るということになります。TOPIKⅡは、3級から6級まで分かれていますが、等級別の到達基準として、6級には次のような基準が設けられています。

- ・いろいろな専門分野での研究または企業・組織・団体における業務活動に必要な言語を、比較的流暢に使いこなせる。
- ・政治・経済・社会・文化などの各分野において、あまり分からないテーマであってもある程度それに対応し、また理解出来る。
- ・ネイティブスピーカーのレベルまでには至らなくても、自分の言いたいことや意思表示などにあまり苦を感じない。

　一方TOPIKⅡの一番下の級である3級の到達基準としては大体次のような基準が設けられています。

- ・韓国での日常生活にあまり不便を感じない。
- ・韓国人の助けを借りず、公共施設などを利用することが出来る。
- ・自分が関心、興味を持っているテーマに対して、思っていることを言った り相手の話を聞いて理解したりすることが出来る。

　ですから、レベルの違いはあるにせよ、TOPIK Ⅱを取得すると、会話、読解 を問わず、韓国で生活するのにそんなに困りはしないレベルになるということ が分かります。韓国の大学が外国人入試の際に3級以上の取得を応募の条件と して出してくるのも、実はこういう到達基準が共有されているからなのです。

Ⅱ 듣기 시험 (聞き取り試験) その1

　TOPIK Ⅱの듣기試験は、外国人の韓国語学習経験者が韓国国内で日常生活を 営む、あるいは、韓国語の専門的な能力を発揮する、といった場面を想定して 作られるものなので、テストの内容も、日常の会話から始まり、社会的なテー マを扱った内容、または、専門的な内容に至るまで多岐にわたります。具体的 には下記のようなテーマが考えられます。

試験のテーマ

　下記にTOPIK Ⅱの듣기試験で今まで出題されてきたテーマと今後考えられる テーマをまとめてみました。この傾向が変わることはほとんどありません。

- 1）教育　……………………教育制度、教育事情、学校生活、先輩/後輩、留学
- 2）仕事　……………………職業、職場生活、企業社会、業務、企業経営
- 3）専門分野　……………政治、経済、社会、文化、科学、建築、歴史、マスコミ、宗教、学問、言語

４）社会問題 …………………環境問題、事件、事故、災害、社会性の高い出来事

５）趣味・レジャー ………趣味、旅行、宿泊、休日、休み、体験教室、文化体験

６）芸術 …………………………音楽、美術、映画、コンサート、公演、展示会、博物館、伝統芸術

７）健康 …………………………スポーツ、トレーニング、ウォーキング、ジム、運動

８）日常生活 ………………感謝／謝罪、交通、ファッション、天気、季節、性格、感情、お金関連、考え方の違い、文化の違い、ショッピング

９）家庭・家族 ……………住居、訪問、恋愛、結婚、料理、引っ越し、招待

10）技術・科学 ……………技術、健康関連の生活科学、先端科学、先端技術、未来社会

11）コミュニケーション ……問い合わせ、相談、要求・要請、会議、討論、官公庁利用、公共施設利用、紹介、注文

12）マスコミ ………………新聞、テレビ、報道、ドキュメンタリー、対談、教養、ニュース、天気予報、生活情報、通販、インタビュー

13）講演 …………………………講演、講義、説教

14）広告・コマーシャル ……テレビ CM、商品広告、求人、社員募集、企業・公共広告

※上記の中の 10) ですが、韓国では、未来社会、先端技術、健康関連の生活科学などに社会全体の関心が高く、それを反映して試験問題として出てくることもあるので、別項目を立てておきました。

Ⅲ 듣기 시험（聞き取り試験）その２

では TOPIK Ⅱ の듣기試験というのは具体的にはどんなものなのでしょうか。ここからは、最近の問題に対する分析も交えながら、試験の内容とそれに伴う問題の解き方などを詳しく見ていくことにしたいと思います。

　パターン1からは、計3問出題されます。音声を聞いてその内容に合う絵や
グラフを選ぶ問題です。絵の問題は3回続く男性と女性との会話を聞いてその
会話内容と合う選択肢を選ぶものが計2問出題されます。この問題は、音声を
すべて聞き終わってから選択肢の絵を見るのではなく、先に絵に目を通しその
内容をさらっと把握した後、音声を聞きながら答えを見つけていくやり方の方
が効果的です。音声を聞きながら絵を見ていくと、聞く作業と考える作業とが
同時になるため、どこかで集中力が切れやすく、音声を聞き逃してしまうこと
が起きるからです。聞き逃したと思って音声内容を思い出そうとすると、すぐ
次の問題が流れてきてあっけなく時間切れになってしまいます。結局適当に○
を付けて次の問題に行ったという話は受験者の皆様からよく聞きます。

　さて、選択肢の絵を見る時には「男性または女性が」「どこで」「何を」「やっ
ているのか」に注目して下さい。選択肢の絵はこの4つの要素をランダムに変
えたものが4つ並ぶからです。

　次はグラフの問題です。これは1問出題されます。棒グラフや折れ線グラ
フ、円グラフのうち2タイプのグラフが2個ずつ選択肢が並びます。グラフ
はそもそも変化点を表すために使うものですから、グラフの問題もそのよう
な内容になっています。ですから、音声を聞く時には必ず変化の内容に注目
することです。何が一番高いのか、多いのか、何が一番低いのか、少ないの
か、いつから下がり始めるのか、またはいつから上がったのか、1位は何で2
位、3位は何なのかなどです。それを踏まえた上で音声を聞くと、答えが簡
単に見つかります。この問題も絵の問題同様、音声が流れる前にグラフに目
を通し、大体の内容を把握しておく必要があります。

　この説明編では皆様の理解を助けるために音声の内容を載せておきました。
しかし試験場では、音声は流れるだけで皆様が目にすることはありません。

※다음을 듣고 알맞은 그림을 고르십시오.(각 2점)

次を聞いて正しい絵を選んでください。

1

🔊 track sample_01

> 여자: 어서 오세요. 주문 도와 드리겠습니다.
>
> 남자: 치즈버거 세트 하나하고요. 샐러드 하나 주세요.
>
> 여자: 음료수는 뭘로 하시겠어요?

①

②

③

④

日本語訳

❶ 女性：いらっしゃいませ。ご注文はお決まりでしょうか。

男性：チーズバーガーセットを1つと、サラダを1つ下さい。

女性：お飲み物は何になさいますか。

正解は①です。

聞・読

パターン 1
パターン 2
パターン 3
パターン 4
パターン 5
パターン 6

2

🔊 track sample_02

남자: 드라마 시작하려고 하는데 뭐 해요?
여자: 잠깐만요. 이 빨래 다 개고요.
남자: 거기 놓고 와요. 끝나고 내가 도와줄 테니까.

①

②

③

④

日本語訳

❷ 男性：ドラマが始まろうとしているのに、何をしているんですか。

女性：ちょっと待って下さい。この洗濯物、たたみ終わってからにします。

男性：そこに置いていらっしゃい。終わってから私が手伝ってあげますから。

正解は②です。

남자: 여러분은 얼마나 택배 서비스를 이용하고 계십니까?
2018년 택배이용 실태 조사에 따르면 3년 연속으로 택배 이
용률이 증가한 것으로 나타났습니다. 한편 가장 많이 이용
하는 곳은 우체국이었으며 그 다음은 대한통운, 로젠, 한진
등으로 나타났습니다.

①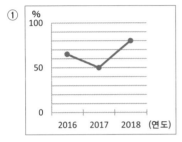

②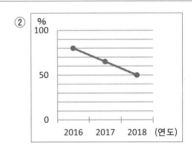

③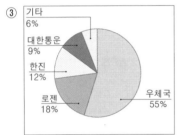

④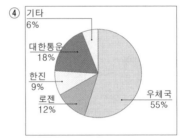

日本語の訳

男性：皆さんはどのぐらい宅配サービスを利用されているでしょうか。2018年の宅配利用実態
調査によると、3年連続で宅配利用率が増加したことが明らかになりました。一方、最も多く
利用するところは郵便局で、次は大韓通運、ロジェン、韓進などとなりました。正解は④で
す。

①
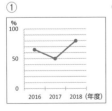

②
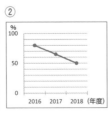

③
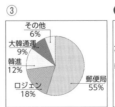

❹
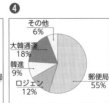

듣기　　　　　　　　　　パターン**2**

　パターン2からは計5問出題されます。日々のいろいろな場面において起こり得る男女2人の会話を紹介し、2つ目の会話にどのような反応を見せればよいのかを選択肢から選ぶ問題です。ですから、①男女2人の会話をよく把握する、②2人の会話を聞きながらそれと並行して、こういう流れだったら多分こんな話が続くだろうなと思えるものを頭の中で予想しておく、③音声を聞き終わったら考えておいた内容と一致するものを選択肢から選ぶ、といったような順番で解いていくのが効果的だと思います。

　パターン2の問題は、パターン1とは違い、選択肢を先に読むのはあまり得策ではありません。音声を聞いているうちに自然に浮かんでくる内容を選択肢から選べばよいタイプの問題だからです。選択肢の情報を先に頭に入れてしまうとそれが妨げとなり、音声の内容に集中出来ないこともありますので、ご注意下さい。

※다음을 듣고 이어질 수 있는 말로 가장 알맞은 것을 고르십시오.(각 2점)
　次を聞いて続く言葉として最も適切なものを選んで下さい。

4　　　　　　　　　　　　　　　　　🔊 track sample_04

남자 : 왜 그래요? 뭐 모르는 거 있어요?
여자 : 네, 여기를 어떻게 써야 되는지 모르겠어요.
남자 : _____

① 몰라서 못 쓰겠어요.　　② 어디 좀 보여 주세요.
③ 모르면 써야 돼요.　　　④ 알아서 다행이에요.

日本語の訳
男性：どうしたのですか。何か分からないところでもあるのですか。
女性：はい、ここをどう書けばよいのか分かりません。
男性：_____。

① 分からないので書けません。
❷ ちょっと見せて下さい。
③ 分からなかったら書かなければいけません。
④ 分かってよかったです。

解説

　男性は相手の女性に何か分からないことがあるのかと聞きます。女性はその問いに書き方が分からないと答えます。そうなると、その後には、男性が困っている女性に助け舟を出すような内容が続くはずです。それを満たしているのは②になります。

5　　　　　　　　　　　　　　　　　　　　　　　　◀)) track sample_05

여자 : 택시를 부른 지가 30분이 넘었는데 안 오네요.
남자 : 그러게 말이에요. 길이 많이 막히나 봐요.
여자 : ＿＿＿＿＿＿＿＿＿＿＿＿＿＿＿＿＿＿＿＿

　① 택시 타고 갈 거예요.　　② 저는 집으로 가요.
　③ 이러다가 늦겠어요.　　　④ 저는 먼저 갈게요.

日本語の訳

女性：タクシーを呼んで30分も経つのに来ないですね。
男性：そうですね。道がかなり混んでいるのですかね。
女性：＿＿＿＿＿＿＿＿＿＿＿＿＿＿＿＿＿＿＿＿

　① タクシーに乗って行きます。　　② 私は家に帰ります。
　❸ こうしていたら遅れます。　　　④ 私は先に行きます。

解説

　女性は呼んだのになかなか来ないタクシーのことで焦っています。男性はそれに対して、道が混んでいるから遅れているのかなと言いながら女性をなだめています。そうなると、その後には、タクシーが来ないことでさらに不安を感じているような発言が続くはずです。その心理を反映しているのは③になります。

④の「먼저 갈게요」はもしかしたら言えるかもしれませんが、タクシーを待っている状況からしたらあまり自然な表現ではありません。

6   ◀)) track sample_06

> 남자 : 선영 씨, 이번 상품 어때요? 잘 팔릴 것 같아요?
> 여자 : 네. 걱정은 되는데 잘 팔릴 것 같아요.
> 남자 : ＿＿＿＿＿＿＿＿＿＿＿＿＿＿＿＿＿＿

① 상품이 잘 될 것 같아요.
② 잘 팔리는 상품을 알아요.
③ 최선을 다했으니까 지켜봅시다
④ 생각보다 잘 안 팔려요.

日本語の訳

男性：ソンヨンさん、今回の商品、どうですか。よく売れそうですか。
女性：はい。心配はしていますが、よく売れると思います。
男性：＿＿＿＿＿＿＿＿＿＿＿＿＿＿＿＿

① 商品がうまく行きそうです。
② よく売れる商品を知っています。
❸ 最善を尽くしたのだから見守りましょう。
④ 思ったよりよく売れません。

解　説

　男性はヒット商品になりそうかと女性に聞いています。それに対して女性は、心配はあるけれども、ヒット商品になりそうだと答えます。そうなると、その後の流れとして、①商品がうまく行きそうだ、②売れる商品を知っている、④思ったより売れない、というような発言はおかしいです。答えは③になります。

23

여자 : 진석 씨, 우리 동아리에서 엠티 간다는데 거기 갈 거예요?
남자 : 엠티요? 누가 그래요?
여자 : _____

① 아뇨, 저는 안 그랬어요.
② 석호가 그러던데요.
③ 잘 모르고 그랬대요.
④ 석호는 엠티 안 간대요.

日本語の訳

女性：ジンソクさん、うちのトンアリ（サークル）がMTに行くというんだけど、それに行きますか。
男性：MTですか。誰がそんなことを言っていますか。
女性：_____

① いいえ、私はそのようには言っていません。
❷ ソコがそう言っていましたけど。
③ あまり分からずにそう言ったんですって。
④ ソコはMTに行かないそうです。

解　説

　女性のMT（Membership Trainingの略。韓国の大学文化の特徴的なものの1つで、学科やサークルなどの構成メンバーどうしの親睦を図るために泊まりがけで行く旅行のこと。）に行くのかという質問に対して、男性は初耳だと言わんばかりの反応を見せながら、その情報は誰からなのかと聞き返しています。そうなると、女性のその後の反応として、誰から聞いたかを明かすか、それがまずければ、そのまま濁して会話を終わらせるかになると思います。それを満たしているのは②になります。

> 남자 : 저, 이거 아까 여기에서 샀는데요. 반품을 하고 싶은데
> 요….
> 여자 : 아, 그러세요, 고객님. 여기에서는 안 되시고요. 고객서
> 비스 카운터로 가셔야 됩니다. 영수증은 가지고 계신가요?
> 남자 : ＿＿＿＿＿＿＿＿＿＿＿＿＿＿＿＿＿＿＿＿

① 반품 영수증이 없어요.
② 여기에서 사면 반품이 안 돼요.
③ 고객서비스 카운터는 어디에 있어요?
④ 영수증을 받을 수 있어요?

日本語の訳

男性：あの、これ、さっきここで買ったんですけど。返品をしたいのですが…。
女性：あぁ、そうですか、お客様。ここでは出来ません。顧客サービスカウンターでお
尋ね頂きたいのですが。領収証はお持ちでしょうか。
男性：＿＿＿＿＿＿＿＿＿＿＿＿＿＿＿＿＿＿

① 返品の領収証がありません。
② ここで買うと返品が出来ません。
❸ 顧客サービスカウンターはどこにあるのですか。
④ 領収証をもらうことは出来ますか。

解　説

　男性は返品が可能かと聞いています。それに対して店員の女性は、返品の扱いは顧客サービスカウンターだと答えています。そうすると、男性は返品したいから、顧客サービスカウンターがどこにあるのかを聞くことになります。③が正解です。

パターン3からは計4問出題されます。男女間の会話4回を聞いて男性または女性が次に取るはずの行動を選択肢の中から選ぶ問題です。解き方はパターン2と同じです。4回目の発言が終わったら、次に続くはずの男性または女性の行動を予測しながら音声を聞きます。音声が終わったら自分の予想と一致するものを選択肢から選びます。

※다음을 듣고 여자가 이어서 할 행동으로 가장 알맞은 것을 고르십시오. (각 2점)
次を聞いて女性が続けてする行動として最も適切なものを選んで下さい。

9 🔊 track sample_09

여자 : 철호 씨, 지난 주말에 집에 잘 갔다 왔어요?
남자 : 네? 나 일이 있어서 못 갈 것 같다고 카톡 보냈잖아요.
　못 봤어요?
여자 : 어머, 그랬어요? 난 못 봤는데 정말 보냈어요?
남자 : 확인해 봐요. 내가 틀림없이 보냈거든요.

① 카톡을 보낸다.　　　② 집에 다녀온다.
③ 휴대전화를 확인한다.　④ 일 때문에 못 간다.

日本語の訳
女性：チョロさん、先週末実家に行ってきましたか。
男性：はい? 私、用事が出来たから行けそうにないってカカオトークを送ったじゃないですか。見ていないのですか。
女性：あら、そうでしたか。気付きませんでしたが、本当に送ったのですか。
男性：確認してみて下さい。間違いなく送っていますから。

① カカオトークを送る。　　② 実家に行ってくる。
❸ 携帯電話を確認する。　　④ 用事のため行けない。

聞・読

パターン**1**

パターン**2**

パターン**3**

パターン**4**

パターン**5**

パターン**6**

解　説

　　無事実家に行ってきたのかと聞く女性に対して、男性は実家には行けないと
カカオトークを送ったじゃないかと返します。気付かなかったと言う女性に対し
て男性は、最後の会話で、女性に自分の送ったメッセージを確認することを促
しています。そうなると、それに続く女性の行動としては、携帯電話でのカカオ
トークの確認作業が予想されます。正解は③です。

10　　　　　　　　　　　　　　　　　　　　　　　◀)) track sample_10

> 여자 : 오늘 보신 집 어떠셨어요? 마음에 드시는 집은 있으세요?
> 남자 : 네. 두 번째 본 집이 마음에 들어요. 보증금하고 집세가
> 　　　얼마라고 그러셨지요?
> 여자 : 보증금은 삼백이고요. 집세가 오십이에요.
> 남자 : 아까 그 집 내부 사진 있다고 그러셨죠? 사진 좀 보내
> 　　　주시겠어요?

　①보증금을 지불한다.　　②메일로 사진을 보낸다.
　③집을 보러 간다.　　　④매달 집세를 낸다.

日本語の訳

女性：今日見た家はどうでしたか。お気に入りの家はありましたか。
男性：はい。2番目に見た家が気に入りました。保証金と家賃がいくらだと言いましたっけ。
女性：保証金が300万で家賃が50万です。
男性：さっきその家の内部写真があると言いましたよね。写真を送ってもらうことは出来
　　　ますか。

　①保証金を支払う。　　　❷メールで写真を送る。
　③家を見に行く。　　　　④毎月家賃を払う。

解　説

　　見て回った家の中で気に入った物件はあったのかと聞く女性に対して男性は、
気に入った家があったと答え、具体的な条件を聞いています。女性は具体的な
条件の説明をし、男性はその説明を聞いた後、写真を送ってほしいと言っていま
す。なので、女性は客の男性に写真を送らなければいけません。正解は②です。

여자 : 영진 씨, 여기 열쇠 놓아 둔 거 혹시 못 보셨어요?
남자 : 열쇠요? 못 봤는데요. 무슨 열쇠예요?
여자 : 제 자동차 열쇠예요. 집 열쇠도 같이 달려 있어요.
남자 : 그래요? 어디 갔을까?

① 열쇠를 놓아 둔다.   ② 집으로 간다.
③ 자동차를 연다.   ④ 열쇠를 찾는다.

日本語の訳

女性：ヨンジンさん、ここに置いておいたカギ、もしかして見ていませんか。
男性：カギですか。見ていませんが。どんなカギですか。
女性：私の車のカギです。家のカギも一緒についています。
男性：そうですか。どこに行ったのだろう。

① カギを置いておく。   ② 家に帰る。
③ 車を開ける。   ❹ カギを探す。

解説

　カギを探している女性に対して、男性は最後にどこに行ったのだろうとつぶやきます。まだカギが見つかっていないわけだから、女性が引き続きカギを探す行動を取ることが予想されます。正解は④になります。

여자 : 부장님, 이번 회식 장소는 어디로 하는 게 좋을까요?
남자 : 삼겹살 집은 지난번에 갔으니까 어디 다른 장소로 하는 게 좋지 않겠어요?
여자 : 부장님은 뭐가 좋으시겠어요? 이번엔 부대찌개로 할까요?
남자 : 나는 괜찮은데 다른 사람들이 어떨지 모르겠네요.

① 사람들에게 물어본다.   ② 회식 장소로 간다.
③ 삼겹살을 먹는다.   ④ 다른 장소로 결정한다.

日本語の訳

女性：部長、今度の飲み会はどこにしたらいいでしょうか。

男性：サムギョプサルの店には前回行ったから、どこか別の場所にした方がいいんじゃないですか。

女性：部長は何がいいですか。今回はプデチゲにしましょうか。

男性：私はいいんだけど、他の人たちはどうなんでしょうかね。

❶ 他の人に聞く。　　　　② 飲み会の場所に行く。

③ サムギョプサルを食べる。　④ 他のところに決める。

解説

　最後に部長の男性が、他の人がどんな希望を持っているのかを気にする発言をしています。そうなると、飲み会の場所を決める担当者の立場からは、他の人たちに意見を聞かないわけにはいきません。それに相応しいのは①になります。

　パターン４からも計４問出題されます。男女の会話や案内、情報提供、インタビュー、告知などの多種多様な内容を音声で紹介し、その内容と一致するものを選択肢から選ぶ問題です。これは、パターン２や３の解き方とは違い、選択肢を先に読んでその内容を事前に把握しておくのが効果的です。音声の内容と一致するものを選ぶわけですから、一致するかしないかの判断基準となるもの、つまり選択肢の内容を先に頭に入れておいた方が判断しやすいからです。音声の内容を聞いた後からでは、内容に対する記憶がどんどん薄れていく中で、選択肢を読んで一致するかどうかを判断しなければならないので、効果的とは言えません。

※다음을 듣고 들은 내용과 같은 것을 고르십시오. (각 2점)
　次を聞いて内容と一致するものを選んで下さい。

13　　　　　　　　　　　　　　　　　🔊 track sample_13

여자 : 연락도 없이 왜 이렇게 늦었어? 한참 기다렸잖아.
남자 : 응, 미안해. 배터리가 다 돼서 연락을 못 했어.
여자 : 무슨 일 있었어? 난 사고라도 난 줄 알았어.
남자 : 응, 사고가 난 모양이야. 길이 엄청 막히더라고.

① 남자는 사고를 냈다.　　　② 남자는 연락을 했다.
③ 여자는 많이 기다렸다.　　④ 여자는 밧데리가 없었다.

日本語の訳
女性：連絡もなしになぜこんなに遅れたの？　だいぶ待ったわよ。
男性：うん、ごめん。バッテリーがなくなって連絡出来なかった。
女性：何かあったの？　私は事故でもあったのかと思ったわ。
男性：うん、事故があったみたい。道がむちゃくちゃ混んでいた。

聞・読

パターン
1

パターン
2

パターン
3

パターン
4

パターン
5

パターン
6

① 男性は事故を起こした。　② 男性は連絡をした。

❸ 女性はだいぶ待った。　④ 女性はバッテリーを持っていなかった。

解　説

　男性が最後に「사고가 난 모양이야」と言っていますが、自分が起こした事故
ではありません。①は一致しません。連絡が出来なかったことに対して謝って
いるので②も一致しません。バッテリーの話は男性がしているので④も一致し
ません。正解は③になります。「한참」は時間的にだいぶ経っているさまを表す
言葉です。

14　　　　　　　　　　　　　　　　　　　　🔊» track sample_14

여자 : (딩동댕) 국제항공에서 마지막 탑승 안내 말씀을 드리겠
습니다. 하네다 공항으로 가는 국제항공 티에프 칠팔칠 편에
탑승하실 손님께서는 지금 즉시 B1탑승구에서 탑승 수속을
마쳐 주시기 바랍니다. 항공기의 출발이 지연될 수 있사오니
승객 여러분의 협조를 부탁 드립니다. 감사합니다. (딩동댕)

① 탑승 안내 방송은 한 번만 한다.

② 아직 탑승을 하지 않은 손님이 있다.

③ 항공기는 반드시 제시간에 출발한다.

④ 이 비행기는 하네다 공항에서 왔다.

日本語の訳

女性：(チャイムの音) 国際航空から最後のご搭乗のご案内を申し上げます。羽田空港行き
国際航空 TF787 便にご搭乗のお客様は、今すぐに B1 搭乗口において搭乗の手続きを済
ませて下さいますようお願い致します。航空機の出発が遅れることもありますので、乗
客の皆様のご協力をお願い申し上げます。ありがとうございます。(チャイムの音)

① 搭乗案内放送は1回のみ行う。

❷ まだ搭乗していないお客さんがいる。

③ 航空機は必ず定刻に出発する。

④ この飛行機は羽田空港から来た。

解　説

最後の搭乗案内ということは何回もやっているということですから①は一致しません。定刻より遅れて出発することもあると言っているから③も一致しません。羽田空港にこれから向かうので④も内容と違います。②が正解になります。

15　　　　　　　　　　　　　　　　　　　　　🔊 track sample_15

> 남자 : 다음 소식입니다. 오늘 발표된 경제 동향 자료에 따르면 삼사분기 수출실적이 전기에 이어 호조를 보이고 있는 것으로 나타났습니다. 여전히 반도체에 이어 철강, 석유제품 등이 상위를 차지하고 있으며 자동차와 선박 등도 조금씩 회복 기미를 보이고 있는 것으로 나타났습니다.

① 철강 제품의 수출 실적이 많이 회복되었다.
② 이사분기에는 수출 실적이 좋지 못했다.
③ 경제 동향 자료는 지난주에 나왔다.
④ 자동차 수출 실적이 조금씩 좋아지고 있다.

日本語の訳

男性：次のニュースです。今日発表された経済動向調査によると、第3四半期の輸出実績が前期に引き続き好調を見せていることが明らかになりました。依然として半導体に続き鉄鋼、石油製品などが上位を占めており、自動車や船舶なども少しずつ回復傾向にあることが明らかになりました。

① 鉄鋼製品の輸出実績がだいぶ回復した。
② 第2四半期には輸出実績がよくなかった。
③ 経済動向資料は先週出た。
❹ 自動車の輸出実績が少しずつよくなっている。

解　説

鉄鋼は好調を見せている業界なので①は音声内容と一致しません。第2四半期に続き第3四半期も好調と言っているので②も一致しません。経済動向資料は今日発表されたと言っているから③も一致しません。④が正解です。

32

◀)) track sample_16

여자 : 세계적인 피아니스트 오철민 씨가 오랜만에 저희 방송에 출연을 해 주셨습니다. 몇 가지 질문을 해 보려고 합니다. 먼저 최근에 끝난 연주회 이야기를 들려 주시죠.

남자 : 네, 안녕하세요? 오철민입니다. 이렇게 불러 주셔서 감사합니다. 지난주에 유럽 순회 콘서트가 끝났습니다. 각지에서 현지 분들의 많은 환영을 받았고요. 베토벤에서 쇼팽까지 많은 작품을 연주하면서 저한테도 아주 좋은 기회가 되었습니다.

① 남자는 지난주까지 유럽에 있었다.
② 남자는 한국에서 순회 연주를 했디.
③ 남자는 유럽에서 환영을 못 받는다.
④ 남자는 여러 작품을 연주하지 않는다.

日本語の訳

女性：世界的なピアニスト、オ・チョルミンさんが久しぶりにこの番組に出演して下さいました。いくつかお聞きしたいと思います。まず最近終わったコンサートの話からお聞かせ頂けますか。

男性：はい、こんにちは。オ・チョルミンです。お呼び頂きありがとうございます。先週ヨーロッパコンサートツアーが終わりました。各地で現地の方々からたくさんの歓迎を頂きました。ベートーベンからショパンまでいろいろな作品を演奏し、自分自身にもとてもよい機会となりました。

❶ 男性は先週までヨーロッパにいた。
② 男性は韓国でコンサートツアーを行った。
③ 男性はヨーロッパでは歓迎されない。
④ 男性はいろいろな作品を演奏したりはしない。

解 説

先週ヨーロッパでのコンサートツアーが終わったと言っているので①が正解になります。コンサートツアーの場所はヨーロッパだったので②は内容と一致しません。現地の方々から大いに歓迎されたと言っているから③も合っていません。いろいろな作品を演奏したと言っているので④も内容と一致しません。

聞・読

パターン 1

パターン 2

パターン 3

パターン 4

パターン 5

パターン 6

パターン5も計4問出題されます。男女の会話や案内、情報提供、インタビュー、告知などの多種多様な内容を音声で紹介し、男性または女性が最も言いたがっているのは何かを選択肢から選ぶ問題です。最も言いたいことを選ぶ問題ですから、一番のポイントは音声内容をじっくり聞くことです。音声を聞きながら何が一番言いたいのかをまとめ、その内容を選択肢から選ぶというやり方が効果的です。4つの選択肢に書いてある内容は、間違いではないものも含まれます。音声内容と合ってはいるけれども、一番言いたい内容ではないものが選択肢に並ぶのです。従って選択肢を先に読んでしまうと、音声と選択肢とが一致するものが何個も出てきて、混乱する恐れがあります。それを踏まえると、やはり音声をじっくり聞きながら最も言いたい内容が何であるかをご自身で頭の中でまとめていくのがより効果的な解き方となります。

※ 다음을 듣고 남자의 중심 생각으로 가장 알맞은 것을 고르십시오. (각 2점)

次を聞いて男性の中心となる考えとして最も適切なものを選んで下さい。

17　　　　　　　　　　　　　　　　　🔊)) track sample_17

여자 : 요즘 다들 건강 생각해서 운동한다던데 너는 안 하니?

남자 : 난 안 해. 잘 먹고 잘 자고 적당히 잘 쉬고 가끔씩 산이나 바다에 가서 좋은 공기 쐬면 되지, 꼭 운동해야 건강하니? 난 그렇게 생각 안 해.

여자 : 그거야 그렇지만 그래도 운동하는 사람들 보면 보기 좋잖아.

① 잘 먹고 잘 쉬고 잘 자야 건강해진다.
② 산이나 바다의 신선한 공기는 건강에 좋다.
③ 운동을 해야만 건강이 주어지는 것은 아니다.
④ 건강을 위해 운동을 하는 사람은 보기 좋다.

聞・讀

パターン1

パターン2

パターン3

パターン4

パターン5

パターン6

女性：最近皆健康のことを考えて運動をするらしいんだけど、あなたはやらないの?

男性：俺はやらない。よく食べよく寝て適度に休み、時々山や海に行っていい空気に当たればいいものを、運動しないと健康にならないわけ?　俺はそうは思わない。

女性：それはそうだけど、でも運動をしている人たちを見るとよさそうに見えるじゃない。

　① よく食べてよく休んでよく寝ると健康になる。

　② 山や海の新鮮な空気は健康によい。

　❸ 運動さえすれば健康が与えられるということではない。

　④ 健康のために運動をする人はよさそうに見える。

解説

　　①も②も④もすべて一般的に言えることです。しかし男性は一般的に言われている「運動＝健康」という図式に対して自分はそうは思わないと言い、暗にそのようなことをする人を批判的な目で見ています。従って正解は③になります。男性の話の中に出てくる「꼭 운동해야 건강하니?」を聞き取れるかがポイントとなります。

18

🔊 track sample_18

　男자：미선 씨, 이번 모임에 올 사람들 명부 다 만들었어요?

　여자：아뇨, 시간이 없어서 아직 못 만들었어요. 다음 주에 만들게요.

　남자：미선 씨, 안 돼요. 빨리 만들어야 돼요. 명부 만드는 일이 제일 중요해요. 명부를 빨리 만들어야 인원도 확인하고 거기 맞춰서 주문도 하죠.

　① 다음 주에는 참석자를 확인하는 일을 한다.

　② 참석자 명부를 만드는 일을 우선해야 한다.

　③ 모임에 올 사람 숫자대로 주문을 해야 한다.

　④ 시간이 없으면 다음 주에 명부를 만들어도 좋다.

男性：ミソンさん、今度の会に来る人たちの名簿、作り終えましたか。

女性：いいえ、時間がなくてまだ作れていません。来週作ります。

男性：ミソンさん、だめです。早く作らないといけないんですよ。名簿を作ることが一番
大事です。名簿を早く作らないと人数の確認も出来ないし、それに合わせて注文も出来
ませんからね。

① 来週には出席者を確認する仕事をする。

❷ 出席者の名簿を作る仕事を優先しなければならない。

③ 会に来る人の数に合わせて注文をしなければならない。

④ 時間がなければ来週名簿を作ってもよい。

解 説

　男性の話の中に出てくる「명부 만드는 일이 제일 중요해요」が聞き取れる
かと、選択肢の「우선하다（優先する）」という言葉の意味が分かるかがポイント
となります。まず①ですが、来週出席者を確認するという話はどこにも出ていな
いので正解にはなりません。③の注文をする作業もまだその段階ではないので
正解ではありません。④はそもそも男性の話と違います。正解は②になります。

19

🔊 track sample_19

여자 : 나 어릴 때 학교 갔다 오면 매일같이 학원 갔었어.

남자 : 너도 그랬니? 나도야. 피아노, 태권도, 미술, 영어회화,
매일같이 갔었지. 그때 뭘 배웠는지 모르겠어.

여자 : 진짜. 지금은 피아노도 못 치고 그림도 잘 못 그리는데
말이야.

남자 : 하고 싶은 걸 해야 하는데 엄마 아빠가 시키고 싶어하는
걸 하는 게 문제인 것 같아.

① 학원은 뭐든지 매일 가는 것이 좋다.

② 어릴 때 많이 배워 놓는 것이 도움이 된다.

③ 부모는 시키고 싶은 것을 아이에게 하게 한다.

④ 아이들은 하고 싶은 것을 하게 해야 효과가 난다.

日本語の訳

女性：私が小さい時、学校から帰ったら毎日のように塾に行っていた。

男性：お前もそうだったの？　俺もだよ。ピアノ、テコンドー、お絵描き、英会話、毎日のように行っていた。あの時に何を学んだのかな。

女性：本当。今はピアノも弾けないし、絵も上手に描けないのにね。

男性：したいことをやらせなきゃいけないのに、お母さんお父さんがやらせたいことをやるのが問題なんじゃない。

① 塾は何でも毎日行った方がいい。

② 小さい時にたくさん学んでおいた方が役に立つ。

③ 親はやらせたいことを子供にやらせる。

❹ 子供はやりたいことをやらせて初めて効果が出る。

解　説

①や②はもしかしたらそのように考えている人もいるかもしれません。③もそのような人がいるかもしれません。しかし男性は、やらされてやるのではなく自分でやることの重要性のことを言いたがっているので、正解は④になります。

20

🔊 track sample_20

여자 : 하나 하나 작품을 만드시기 위해서 대단히 많은 시간과 체력이 필요할 것으로 보이는데 어떠신가요?

남자 : 맞습니다. 한 작품을 완성하는 데 길면 육 개월, 짧아도 삼 개월은 걸리죠. 그 기간 동안 얼마나 집중력을 가지고 작품에 몰두하느냐가 중요한 것 같습니다. 그래서 먹는 일도 중요한 것 같고요. 체력이 있어야 하니까요.

① 제대로 작품을 만들려면 온갖 노력을 다해야 한다.

② 좋은 작품을 만들려면 집중력이 있어야 한다.

③ 먹는 것을 잘 먹어야 좋은 작품을 만들 수 있다.

④ 체력이 없으면 좋은 작품을 만들 수 없다.

女性：1つ1つ作品をお作りになるために、実にたくさんの時間と体力とが必要だろうとお見受け致しますが、いかがでしょうか。

男性：その通りです。1つ作品を完成するのに長い場合、6か月、短くても3か月はかかりますね。その期間中、どれだけ集中力を持って作品に打ち込めるかが重要です。それで食べることも大事ですしね。体力がないとだめですからね。

❶ 作品をきちんと創るためにはありとあらゆる努力をしなければならない。
② よい作品を作るためには集中力がないとだめだ。
③ 食べ物をしっかり食べないとよい作品は作れない。
④ 体力がなかったらよい作品を作ることはできない。

解　説

　②も③も④もよい作品には欠かせない要素と言えます。しかしそのいずれも部分的なことなので、正解にはなりません。それを1つにまとめたものが①なので、①が正解になります。

聞・読

パターン1
パターン2
パターン3
パターン4
パターン5
パターン6

듣기   パターン6

　　パターン6は2問がセットになったタイプの問題です。7セット計14問の問題が出題されます。その内容ですが、男女の会話や案内、情報提供、インタビュー、告知、論文、演説などの多種多様な内容を音声で紹介し、①男性または女性が最も言いたがっていることは何か、②男性または女性が何をしているのか、③男性はなぜ女性にそのようなことを言っているのか、④男性は誰なのか、⑤男性の考えとして最も適切なことは何か、⑥何についての内容なのか、などの質問1問と、音声の内容と一致するものを選ぶ1問とで構成されます。問題の解き方ですが、ここからはすべて選択肢に先に目を通し、それから音声を聞く方法をとって下さい。各セットの2問目がすべて音声の内容と一致するものを選ぶ形式になっているからです。結果的に各セットの1問目は今までとやり方が異なってしまうものもありますが、ここは、7セット14問全部を同じやり方でやった方がよいので、選択肢に先に目を通す方法をとりましょう。

※다음을 듣고 물음에 답하십시오. (각 2점)

次を聞いて質問に答えて下さい。

🔊 track sample_21

여자 : 이세진 씨, 내년도 우리 회사 달력은 어떻게 하는 게 좋을까요? 그냥 올해하고 똑같이 만들까요?

남자 : 글쎄요. 올해는 올해고 내년은 내년이니까 좀 새로운 걸로 만들어 보는 것도 좋을 것 같은데요. 수첩이 있기는 하지만 저는 달력에 스케줄을 메모하는 습관이 있어서 메모를 할수 있는 타입이 좋아요.

여자 : 그래요? 그럼 내년 것은 그렇게 할까?

남자 : 그건 제 생각이니까요. 다른 분들한테도 물어보시지요.

21. 남자의 중심 생각으로 가장 알맞은 것을 고르십시오.

① 달력은 매년 똑같은 것이 좋다.
② 달력은 메모를 할 수 있는 것이 좋다.
③ 이제까지의 습관을 꼭 답습할 필요는 없다.
④ 여러 사람의 의견을 들어봐야 한다.

22. 들은 내용과 같은 것을 고르십시오.

① 내년에는 새로 수첩을 제작할 예정이다.
② 내년 달력은 올해 것과 똑같다.
③ 우리 회사는 달력을 매년 만든다.
④ 달력에 스케줄을 쓰거나 하면 안 된다.

日本語の訳

女性：イ・セジンさん、来年度のうちの会社のカレンダーはどうした方がいいと思いますか。今年と同じ形にしましょうか。

男性：そうですね。今年は今年で来年は来年だから、新しいものにしてみるのもよさそうですね。手帳があるにはありますが、私はカレンダーにスケジュールをメモする習慣があるので、メモが出来るタイプがいいですね。

女性：そうですか。じゃ来年のものはそうしようかな。

男性：それは私の考えですから。他の方たちにも聞いてみたらどうですか。

---

21. 男性の中心となる考えとして最も適切なものを選んで下さい。

① カレンダーは毎年同じスタイルのものがいい。
② カレンダーはメモが出来るタイプがいい。
❸ 今までの習慣を必ずしも踏襲する必要はない。
④ いろいろな人の意見を聞いてみなければならない。

解 説

　①は「올해하고 똑같이 만들까요?⇒글쎄요」という発言内容と一致しません。②と④は確かにそのようなことを言っていますが、両方とも部分的な話に過ぎません。③は「답습하다(踏襲する)」が分かるかがポイントですが、男性の「올해는 올해고 내년은 내년이니까」という言い方から、慣例にこだわる必要はないと言いたい男性の気持ちを察することが出来るので、正解は③になります。

22. 次を聞いて内容と一致するものを選んで下さい。

　　① 来年は新しく手帳を制作する予定だ。
　　② 来年のカレンダーは今年のものと同じだ。
　　❸ うちの会社はカレンダーを毎年作っている。
　　④ カレンダーにスケジュールを書いたりしてはいけない。

解説

　　来年手帳を作るという話はありませんので①は間違いです。カレンダーのデザインをどうするかは未定です。②も内容と合っていません。④は男性の話と一致しません。③が正解になります。

※다음을 듣고 물음에 답하십시오. (각 2점)

次を聞いて質問に答えて下さい。　　🔊 track sample_22

> 남자 : 여보세요. 거기 태평 한우죠? 오늘 일곱 시에 예약한 사람인데요. 여섯 시로 바꿀 수 있나요?
> 여자 : 네, 잠깐만 기다리세요. (잠깐 있다가) 네, 괜찮아요. 오늘 여섯 시요. 인원은 변동 없으신가요?
> 남자 : 네, 한 명 늘었어요. 여섯 명입니다. 그런데 아기가 하나 있는데 아기가 먹을 만한 게 있을까요?
> 여자 : 아기가 몇 살인데요? 밥 먹을 수 있으면 저희 갈비탕이 있으니까 갈비탕 드시면 될 거예요.

23. 남자가 무엇을 하고 있는지 고르십시오.

　　① 아기가 먹을 수 있는 음식을 물어보고 있다.
　　② 식당에 잡아 놓은 예약을 변경하고 있다.
　　③ 여섯 명이 먹을 것을 알아보고 있다.
　　④ 식사하는 인원을 늘리려고 하고 있다.

24. 들은 내용과 같은 것을 고르십시오.

① 식사 시간이 한 시간 뒤로 늦춰졌다.
② 예약 변경은 반드시 전날에 해야 한다.
③ 인원이 한 명 늘었기 때문에 변경을 했다.
④ 여섯 시에 태평 한우에서 저녁식사를 한다.

日本語の訳

男性：もしもし。テピョンハンウ (韓牛) ですよね。今日7時に予約した者ですが、6時に
　　変更出来ますか。
女性：はい、少々お待ち下さい。(少し後で) はい、大丈夫です。今日6時ですね。人数は
　　変わりないですか。
男性：はい、1人増えました。6名です。ところで赤ちゃんが1人いるのですが、何か赤ち
　　ゃんが食べられるものはありますかね。
女性：お子さんはおいくつですか。ご飯が食べられるのであればカルビタンがあるので、
　　カルビタンを召し上がればいいと思います。

---

23. 男性が何をしているのかを選んで下さい。

① 赤ちゃんが食べられる料理を聞いている。
❷ 食堂に入れておいた予約を変更している。
③ 6名が食べるものを調べている。
④ 食事する人数を増やそうとしている。

解　説

　　男性は最初の話で予約時間の変更のことを言い出し、女性の人数についての
質問に答えて変更が生じていることを伝えています。それを踏まえると②が正
解になります。①も④も確かに男性はやっていますが、それは部分的なことで、
まとめると予約の変更ということになるからです。

24. 次を聞いて内容と一致するものを選んで下さい。

① 食事の時間が1時間後に遅らされた。
② 予約変更は必ず前日しなければならない。
③ 人が1名増えたので変更をした。
❹ 6時にテピョンハンウで夕食をする。

夕食の時間は7時から6時に早まっているので①は合っていません。今日の夕食時間を変更しているので②も内容とは合いません。人が1人増えたから予約の変更をしたわけではありません。メインは時間の変更です。④が正解になります。

※다음을 듣고 물음에 답하십시오. (각 2점)

次を聞いて質問に答えて下さい。

🔊 track sample_23

> 여자 : 선생님께서는 '불우이웃돕기 성금'을 비롯해서 이제까지 많은 기부를 해 오셨는데요. 아무리 돈이 있다고 해도 그렇게 하기가 쉽지 않으셨을 텐데 그렇게 해 오신 이유가 뭡니까?
>
> 남자 : 저는 원래 가진 것도 없고 재주도 없는 그저 평범한 사람이었습니다. 그런데 뭘 하나 하면 끝까지 물고 늘어지는 그런 근성은 있었지요. 젊었을 때 조그만 연구를 하는 게 있었는데 그걸 어떻게든 만들어 보겠다고 하다가 우연히 큰 발견을 하게 되고 그걸 상품화시켜 이렇게 돈을 좀 벌게 된 겁니다. 그 과정에서 많은 분들의 도움을 받았습니다. 그래서 오늘날의 제가 있게 된 것은 제 혼자 힘으로 된 게 아니라고 생각하고 부족하나마 베풀어야겠다고 생각하게 된 거지요.

25. 남자의 중심 생각으로 가장 알맞은 것을 고르십시오.

① 자기 혼자 힘으로 성공하는 사람은 없다.
② 꾸준히 연구하다 보면 성공할 수 있다.
③ 젊었을 때 큰 발견을 하는 것이 좋다.
④ 평범한 사람은 근성으로 성공할 수 있다.

26. 들은 내용과 같은 것을 고르십시오.

① 끝까지 물고 늘어지는 근성이 필요하다.
② 많은 도움을 받아야 베풀 수 있다.
③ 우연으로 생겨나는 큰 발견도 있다.
④ 상품화를 잘 시키면 돈을 벌 수 있다.

日本語の訳

女性：先生は「恵まれない隣人助け合い募金」を始め、今までにたくさんの寄付をしてこら
れました。いくらお金があるからといって、そうなさるのは簡単ではなかったはずです
が、そうなさった理由は何でしょうか。

男性：私は元々持っているものもなく才能もないただ平凡な人間でした。しかし何か1つ
やり始めたら最後まで粘る根性は持っていましたね。若い時に、細々とある研究をして
いましたが、それをどうにかして形にしようとしていて、それが偶然大きな発見につな
がり商品化されてこのようにお金が稼げるようになったんです。その過程でいろんな方
の助けを借りました。それで今日の私がいるのは私1人の力で出来たものではないと思
って、不十分ながら分かち合うことをしたいと考えるようになったのです。

---

25. 男性の中心となる考えとして最も適切なものを選んで下さい。

❶ 自分1人の力で成功する人はいない。
② 絶えず研究に専念すれば成功することが出来る。
③ 若い時に大きな発見をするのがいい。
④ 平凡な人間は根性で成功することが出来る。

解 説

総合的に考えると①が正解になります。③や④はもしかしたらそういうこと
もあるかもしれませんが、正解にはなりません。②は確かにそうですが、ここで
男性が一番言いたいことではありません。

26. 次を聞いて内容と一致するものを選んで下さい。

① 最後まで粘り強く耐える根性が必要だ。
② たくさんの助けを受けて初めて施すことも出来る。
❸ 偶然で生まれる大きな発見もある。
④ 上手く商品化すれば金儲けが出来る。

聞・読

パターン 1

パターン 2

パターン 3

パターン 4

パターン 5

パターン 6

解 説

　まず①ですが、男性がそれを自分の性格の特徴として紹介はしていますが必要とは言っていませんので、不正解になります。②ですが、たくさんの人から助けは受けましたが、人助けにそれが前提になるとは言っていませんので不正解です。④ですが、商品化して金持ちになったのは自分の話なのであって、それが一般的事実であると主張しているわけではありませんので不正解になります。正解は③です。

※다음을 듣고 물음에 답하십시오. (각 2점)

次を聞いて質問に答えて下さい。

🔊 track sample_24

> 남자 : 다음 주가 연휴구나. 또 고속도로 엄청 막히겠다.
> 여자 : 정말이야. 연휴가 되면 고속도로가 너무 막혀. 서울 시내 빠져나가는 데만 한 시간 이상 걸리면 어떻게 해.
> 남자 : 어떻게 한다? 연휴 때 여행 가자고 집사람한테 이야기는 해 놓았고. 운전은 내가 해야 되는데 갔다 오면 피곤할 것 같고….
> 여자 : 그냥 기차 타고 갈 수 있는 데로 가면 되잖아. 꼭 차 가지고 가야 되니?
> 남자 : 그야 그렇지만 내가 사람이 북적거리는 데를 정말 싫어하거든.

27. 남자가 말하는 의도로 알맞은 것을 고르십시오.

　① 연휴 때 고속도로가 많이 막히는 것을 알려 주기 위해
　② 여행갈 때 운전하는 게 힘들다는 것을 알려 주기 위해
　③ 여행에 반드시 차를 이용하는 이유를 설명하기 위해
　④ 다음 주가 연휴라는 것을 가르쳐 주기 위해

28. 들은 내용과 같은 것을 고르십시오.

① 여행을 떠나면 집사람과 운전을 교대로 한다.
② 연휴 때 가끔 고속도로가 붐빌 때가 있다.
③ 여자는 기차를 타고 가는 여행을 권하고 있다.
④ 남자는 피곤한 게 싫어서 여행을 잘 안 간다.

日本語の訳

男性：来週が連休だな。また高速道路、相当混むだろうな。
女性：本当。連休になると高速道路が混みすぎだよね。ソウルの市内を抜けるだけで1時間もかかってどうするのかな。
男性：どうしよう。連休の時に旅行に行こうって家内には言っちゃったし、運転は俺がしなければならないのに、行って来たら疲れそうだし…。
女性：電車に乗って行けるところに行けばいいじゃない。絶対車で行かなきゃならないの？
男性：それはそうだけど、人でごった返すところが俺は大嫌いなんだよね。

---

27. 男性が話す意図として適切なものを選んで下さい。

① 連休の時、高速道路が相当混むということを知らせるため
② 旅行に行く時に運転するのが大変だということを分からせるため
❸ 旅行に必ず車を利用する理由を説明するため
④ 来週が連休だということを教えてあげるため

解 説

「～거든」は自分の思いを相手に納得してもらう時に好んで使う表現です。したがって「거든」が出てきたら、そこに話し手の本心が隠されていると思って下さい。最後の会話に「거든」が使われておりなおかつ「북적거리는 데를 싫어한다」と言っているので、人でごった返すところ、つまり連休の時の駅、デパートとかを男性が嫌っているのが分かります。男性はそれを避ける方法として必ず自分の車を利用すると言っているので、正解は③になります。

①や④は男性も女性も知っている事実なので正解にはなりません。②は確かに男性が思っていることですが、女性にそれを分からせようとしてこの話をしているわけではありませんので、正解にはなりません。

聞・読

バターン1

バターン2

バターン3

バターン4

バターン5

バターン6

28. 次を聞いて内容と一致するものを選んで下さい。

    ① 旅に出ると妻と交代で運転をする。
    ② 連休になると時折高速道路が混む時がある。
    ❸ 女性は電車に乗って行く旅行を勧めている。
    ④ 男性は疲れるのが嫌で旅行にあまり行かない。

| 解　説 |

   運転は自分ですると言っているので①は間違いです。連休になると決まって高速道路が混むので②も内容と合っていません。旅行に行くのが嫌な人が奥さんを旅行に誘ったりはしないので④も内容とは違います。正解は③になります。

※다음을 읽고 물음에 답하십시오. (각 2점)

次を聞いて質問に答えて下さい。　　　　　　　　　(◀)) track sample_25)

여자 : 김선형 과장님을 모셨습니다. 김선형 과장님은 이 현장에
　　　서 무슨 일을 담당하고 계십니까?
남자 : 저는 저희 공장의 제조1과를 맡고 있습니다. 저희 공장은
　　　제조 현장이 제조1과와 제조2과로 나누어져 있는데 그 중의 1
　　　과를 제가 맡고 있는 것이지요. 저희 1과에서는 완성품 제조
　　　라인에 공급하는 부품을 생산하고 있습니다.
여자 : 그럼 아주 중요한 책임을 맡고 계시는 거네요?
남자 : 맞습니다. 저희 공정에서 하나라도 불량이 발생하게 되면
　　　완성품 공정에서 바로 불량이 발생하게 되기 때문에 아주 책
　　　임이 큽니다. 그래서 저희 공정에서는 각 공정마다 반드시 품
　　　질 체크를 하여 후공정으로 불량품이 넘어가지 않도록 철저
　　　하게 품질 관리를 하고 있습니다.

---

29. 남자가 누구인지 고르십시오.

    ① 완성품 제조라인에서 일하는 사람
    ② 부품을 생산하는 제조1과를 총괄하는 사람
    ③ 후공정으로 불량품이 안 넘어가게 하는 사람
    ④ 각 공정의 품질 체크를 하는 사람

30. 들은 내용과 같은 것을 고르십시오.

① 완성품 공정에서는 불량 체크를 할 수 없다.
② 남자는 제조과 전체를 다 맡고 있다.
③ 부품 공정에서 불량이 발생하는 일이 잦다.
④ 남자는 과장으로서 큰 책임을 지고 있다.

日本語の訳

女性：キム・ソンヒョン課長をお迎えしました。キム・ソンヒョン課長はこの現場でどんな仕事を担当しておられますか。

男性：私は弊社工場の製造1課を担当しています。私共の工場は製造現場が製造1課と製造2課に分かれていますが、その中の1課を私が担当しているのです。私たち1課では完成品製造ラインに供給する部品を生産しています。

女性：ではとても重要な責任を負っているということですね。

男性：そうです。私たちの工程で1つでも不良が出れば即完成品工程でも不良が発生するようになるので、とても責任が重大です。それで私たちの工程では、工程ごとに必ず品質チェックを行い、後工程に不良品が渡らないよう、徹底的に品質管理をしています。

---

29. 男性が誰なのか選んで下さい。

① 完成品製造ラインで働く人
❷ 部品を生産する製造1課を総括する人
③ 後工程に不良品が渡らないようにする人
④ 各工程の品質チェックをする人

解　説

選択肢②の「총괄（総括）」の意味が分かるかがポイントとなります。それが分かれば最初に女性の言った「과장（課長）」という言葉が聞こえてきたらすぐに②が正解であることに気付くはずです。それが分からなくても男性が言っている「제조1과를 맡고 있다」の意味が分かれば、選択肢①③④が言っている内容と違うことに気が付くはずです。

30. 次を聞いて内容と一致するものを選んで下さい。

① 完成品工程では不良品のチェックが出来ない。
② 男性は製造課全体を担当している。
③ 部品工程で不良品が発生する頻度が高い。
❹ 男性は課長として重い責任を負っている。

解 説

完成品工程で不良のチェックをするという話はしていませんので①は不正解です。男性が担当しているのは製造1課です。②も間違いです。部品工程で不良品が頻繁に発生しているという話は出ていません。④が正解になります。

※다음을 듣고 물음에 답하십시오. (각 2점)

次を聞いて質問に答えて下さい。

🔊 track sample_26

남자 : 좀처럼 양성 평등이 잘 안 이루어지고 있는 이유를 뭐라고 생각하십니까?
여자 : 그야 물론 여러 가지 원인이 있겠지만 근본적으로는 남성들이 가지고 있는 인식에 아무런 변화가 없다는 점이 가장 큰 이유라고 생각합니다.
남자 : 남자들 중에서는 여성차별화를 하지 말라는 여성단체의 요구에 대해서 그럼 당신들도 군대에 가라는 말을 하는 사람들도 많은데요. 저는 그런 주장을 하는 사람도 이상하다고 보지만 근본적으로 차별이라는 말에 대해서도 쉽게 동의할 수가 없습니다.
여자 : 왜 그렇죠? 엄연히 차별이라는 게 존재하잖아요.

31. 남자의 중심 생각으로 가장 알맞은 것을 고르십시오.

① 왜 굳이 차별이라는 말을 쓰는지 이해를 못 하겠다.
② 여자들이 가지고 있는 인식을 바꿔야 한다고 본다.
③ 여자들이 군대를 가야 한다고 하는 주장도 타당하다.
④ 남성들의 인식에 변화가 없다는 것에 동의할 수 없다.

32. 남자의 태도로 가장 알맞은 것을 고르십시오.

① 여성단체의 주장에 대해 반대한다.
② 남성들의 입장을 대변하고 있다.
③ 차별이라는 말에 대해 비판적이다.
④ 자신의 생각을 별로 내세우지 않는다.

日本語の訳

男性：なかなかジェンダー平等が上手くなされない理由を何だと思いますか。
女性：それはもちろんいろんな原因があると思いますが、根本的には男性たちが持っている認識に何ら変化がないのが最も大きな理由だと思います。
男性：男性の中では女性差別化をするなと言っている女性団体の要求に対して、じゃああなたたちも軍隊に行きなさいという人たちも多いんですね。私はそのようなことを言う人もおかしいと思いますが、根本的に差別という言葉に対しても簡単に同意出来ません。
女性：どうしてそうでしょうか。厳然として差別というのが存在しているじゃないですか。

---

31. 男性の中心となる考えとして最も適切なものを選んで下さい。

❶ なぜ敢えて差別という言葉を使うのか理解出来ない。
② 女性が自分たちの認識を変えるべきだと考えている。
③ 女性が軍隊に行くべきだという主張も妥当だ。
④ 男性の認識に変化がないということに同意出来ない。

解　説

男性の発言の中に「根本的に差別という言葉に対して同意する事が出来ない」という件が出てくるので①が正解になります。②はそのようには言っていません。③や④も男性は言っていません。

32. 男性の態度として最も適切なものを選んで下さい。

① 女性団体の主張に対して反対している。
② 男性たちの立場を代弁している。
❸ 差別という言葉に対して批判的だ。
④ 自分の思いをあまり前面に立てない。

聞・読

パターン**1**

パターン**2**

パターン**3**

パターン**4**

パターン**5**

パターン**6**

解 説

　まず①ですが、女性団体の主張に反対しているわけではありません。差別という言葉に抵抗感を感じているだけです。①は正解ではありません。男性の立場をすべて代弁しているわけでもありませんので②も不正解です。自分の思いをしっかり語っているので④も不正解になります。正解は③です。「근본적으로(根本的に)」という言葉が出てきたらその後に自分の信念が出てくることが多いです。

※다음을 듣고 물음에 답하십시오. (각 2점)

次を聞いて質問に答えて下さい。

◀)) track sample_27

> 남자 : 여러분 자유의 여신상이 물에 잠기는 걸 상상해 본 적 있으십니까? 지구온난화를 비롯한 환경문제가 요 며칠 사이에 생겨난 것이 아니라는 것쯤은 다 알고 계시겠지만 사태는 점점 심각해져 간다네요. 미국과 유럽의 연구자들이 과학잡지 등에 기고한 내용을 보면 남극의 빙하가 이전보다 배는 빠르게 녹고 있답니다. 그리고 그 빙하가 녹는 걸 막을 수 있는 방법은 이미 없다는 게 연구자들의 공통적인 의견이라네요. 금년이 이렇게 추운데 그 빙하가 어떻게 그렇게 쉽게 녹겠느냐고요? 그리고 설사 녹는다고 해도 다 녹으려면 앞으로도 몇 백 년은 걸릴 거라고요? 그게 그렇지도 않은가 봐요. 그러니 걱정이지요.

33. 무엇에 대한 내용인지 알맞은 것을 고르십시오.

① 인류의 생존을 위협하는 환경문제
② 자유의 여신상이 가라앉고 있다는 이야기
③ 남극의 빙하가 녹고 있는 이유
④ 남극의 빙하가 매년 동결되는 시기

34. 들은 내용과 같은 것을 고르십시오.

　① 남극의 빙하가 떠돌아다니는 계절이 되었다.
　② 남극의 빙하가 다 녹으려면 수천년은 걸린다.
　③ 빙하가 소멸되는 것을 멈출 수 있는 방법은 없다.
　④ 자유의 여신상이 물에 잠기는 상상을 해 본다.

日本語の訳

男性：皆さん、自由の女神が海に沈む場面を想像したことがありますか。地球温暖化を始めとする環境問題が昨日今日の間に生じた問題ではないことくらいはご存知だと思いますが、事態はますます深刻になっているようですよ。アメリカやヨーロッパの研究者たちが科学雑誌に寄稿した内容を見ると、南極の氷河が以前より倍は速く溶けていると言うのです。そしてその氷河が溶けるのを防ぐ方法はもはやないというのが研究者たちの共通的な意見のようなのですね。今年がこんなに寒いのにその氷河がどうしてそんなに簡単に溶けるのでしょうかって？　それから仮に溶けるとしても全部溶けるまでにはこれから数百年はかかるでしょうって？　それがそうでもないみたいですよ。だから心配なのですよね。

33.　何についての内容なのか適切なものを選んで下さい。

　❶ 人類の生存を脅かす環境問題
　② 自由の女神が沈みつつあるという話
　③ 南極の氷河が溶けている理由
　④ 南極の氷河が毎年凍結する時期

解　説

　南極の氷河の話がずっと続きますが、それは冒頭で言っているような深刻な環境問題を取り上げるための一例に過ぎません。ですから①が正解になります。南極の氷河が溶けている理由は特に語っていません。③は正解にはなりません。④も内容の中では触れられていません。

34.　次を聞いて内容と一致するものを選んで下さい。

　① 南極の氷河が海を漂う季節となった。
　② 南極の氷河が全部溶けるには数千年はかかる。
　❸ 氷河が消滅するのを止められる方法はない。
　④ 自由の女神像が海に沈むシーンを想像してみる。

聞・読

パターン **1**

パターン **2**

パターン **3**

パターン **4**

パターン **5**

パターン **6**

解説

　まず①ですが、音声の中ではまったく触れられていません。②も特に音声の中で触れられているわけではないので正解ではありません。③が正解になります。自由の女神が海に沈む話は問題提起のために言ったのであって本当に想像しているわけではないので④も不正解です。

※다음을 듣고 물음에 답하십시오. (각 2점)

次を聞いて質問に答えて下さい。

🔊 track sample_28

남자 : 신입사원 여러분, 지금 소개받은 사장 김영호입니다. 여러분의 입사를 진심으로 환영합니다. 이렇게 입사식에서 여러분의 얼굴을 보니 제가 우리 회사 입사했을 때가 생각납니다. 회사를 위해서 뭘 할 것인가, 내가 이 회사에서 일을 잘 해 나갈 수 있을까, 내 상사는 어떤 사람일까, 등등 제 머리 속을 주마등처럼 많은 생각들이 지나갔던 것을 기억합니다. 여러분은 왜 우리 회사에 들어오셨습니까? 월급을 많이 줘서입니까? 우리 회사가 유명해서예요? 일은 왜 합니까? 이제 우리 회사에 들어왔으니 그럼 앞으로 회사를 위해서 일을 할 겁니까? 아니면 가족을 위해서 할 겁니까? 또는 여러분 자신을 위해서예요? 어느 쪽입니까? 저는 다라고 봅니다. 어느 하나도 빼놓을 수 없어요.

---

35. 남자가 무엇을 하고 있는지 고르십시오.

　① 신입사원들에게 설교를 하고 있다.
　② 입사식에서 사장 훈시를 하고 있다.
　③ 자신의 신입사원 때를 회상하고 있다.
　④ 신입사원에게 노동의 의의를 가르치고 있다.

36. 들은 내용과 같은 것을 고르십시오.

① 신입사원 때 뭘 했었는지를 되돌아 봐야 할 때이다.
② 회사에 왜 들어왔는지의 의미를 굳이 되새길 필요는 없다.
③ 월급을 많이 주는 회사에 들어온 것은 다행스러운 일이다.
④ 회사, 가족, 나 자신 그 어느 쪽도 소홀히 할 수 없다.

日本語の訳

男性：新入社員の皆様、ただいまご紹介頂いた社長のキム・ヨンホです。皆様の入社、心から歓迎します。こうして入社式で皆様の顔を拝見すると、私がうちの会社に入社した時のことを思い出します。会社のために何をすべきか、自分がこの会社でうまくやっていけるのか、私の上司はどんな人なのか、等々、私の頭の中を走馬灯のようにいろんな思いがよぎっていたことを覚えています。皆様はなぜうちの会社に入ってきましたか。給料がたくさんもらえるからですか。うちの会社が有名だからですか。仕事はなぜするのですか。会社に入ってきたのだから、じゃあこれからは会社のために働くのですか。でなければ家族のためにやるのですか。または皆様自身のためですか。どれですか。私は全部だと思います。どれひとつとして外せません。

---

35. 男性が何をしているのか、選んで下さい。

① 新入社員に説教をしている。
❷ 入社式で社長訓示を行っている。
③ 自分の新入社員の時を振り返っている。
④ 新入社員に労働の意義を教えている。

解 説

　入社式の社長訓示ですから、説教と言えば説教かもしれませんし、訓示の中で新入社員の時のことを振り返っていることも事実です。また何のために働くのか、自分の労働観も説破しています。でも、それを総合すると②の社長訓示ということになります。②が正解です。

36. 次を聞いて内容と一致するものを選んで下さい。

① 新入社員の時に何をしていたのかを振り返ってみるべき時だ。
② 会社になぜ入ってきたのかの意味を敢えて噛みしめる必要はない。
③ 給料をたくさんくれる会社に入ってきたのは幸いなことだ。
❹ 会社、家族、自分自身、そのどれも疎かには出来ない。

聞・読

パターン
1

パターン
2

パターン
3

パターン
4

パターン
5

パターン
6

解　説

　　相手は新入社員ですから①は矛盾します。不正解です。男性は新入社員に対して働くことの意義をしっかり考えるように発破をかけているつもりなので②は男性の気持ちと一致しません。③ですが、男性はそのようには言っていません。④が正解になります。

※ 다음을 듣고 물음에 답하십시오. (각 2점)

　次を聞いて質問に答えて下さい。

🔊 track sample_29

남자 : 꽃을 사다가 꽂았는데 금방 시들어버리는 경험은 누구
　　　나 다 한 번쯤은 해 봤으리라 생각하는데요, 꽃을 꽂아서 오
　　　랫동안 감상할 수 있는 포인트가 뭡니까?

여자 : 네, 누구나 다 그런 경험을 하실 텐데요. 무엇보다도 중
　　　요한 점은 반드시 물속에서 꽃대를 자르고 그리고 아무리
　　　귀찮아도 부지런히 물을 갈아주어야 한다는 점이지요. 물속
　　　에서 꽃대를 자르라고 말씀드렸는데 가장 좋은 방법은 양동
　　　이 같은 데다가 물을 가득 채우고 수압을 이용해서 물의 흡
　　　수력을 높일 수 있는 환경을 만들어 준 다음에 자르는 것입
　　　니다. 왜냐하면 공기 중에서 자르게 되면 꽃대의 자른 단면
　　　이 금방 건조하게 되고 물을 빨아올리는 곳에 공기가 들어
　　　가서 물을 흡수하기 어렵게 되거든요. 아주 짧은 시간이지
　　　만 공기가 통도조직 속으로 들어가서 도관막힘을 일으키면
　　　결국은 물의 정상적인 이동을 방해하게 되는 것이지요.

37. 여자의 중심 생각으로 가장 알맞은 것을 고르십시오.

　　① 꽃이 쉽게 시들어버리지 않게 할 수 있다.
　　② 꽃은 자르면 도관막힘을 일으키게 된다.
　　③ 꽃을 자를 때 양동이를 이용하면 좋다.
　　④ 꽃은 반드시 짧은 시간에 잘라 줘야 한다.

38. 들은 내용과 같은 것을 고르십시오.

　① 꽃을 물속에서 자르면 흡수력 때문에 오래가지 못한다.
　② 꽃대의 자른 단면을 잠시 공기에 노출시키면 오래간다.
　③ 물 갈아주는 것을 게을리하면 꽃은 오래가지 않는다.
　④ 꽃이 금방 시들어버리는 것은 꽃대를 자르기 때문이다.

日本語の訳

男性：花を買ってきて生けたのですが、たちまち枯れてしまったという経験は誰しもが
　　1回くらいはしていると思うのですが、花を生けて長い間観賞できるポイントは何です
　　か。
女性：はい、誰でも皆そのような経験をしているおられることと思います。何よりも重要
　　なのは、必ず水の中で幹を切り、それからどんなに面倒であってもまめに水を換えてあ
　　げることですね。水の中で切るようにと言いましたが、もっともいい方法はバケツの中
　　に水をたくさん溜めて水圧を利用して水の吸収力を高める環境を作った上で切るとい
　　うことですね。どうしてかと言いますと、空気の中で切ってしまうと幹の切った断面が
　　すぐ乾燥して水を吸い上げるところに空気が入ってしまい、水を吸収しづらくなるから
　　なのですね。とても短い時間ですが、空気が通導組織の中に入ってしまって導管詰まり
　　を起こしてしまうと、結局は水の正常な移動を邪魔するようになるのです。

---

37. 女性の中心となる考えとして最も適切なものを選んで下さい。

　❶ 花は簡単に枯れないようにすることが出来る。
　② 花は切ると導管詰まりを起こすようになる。
　③ 花を切る時にバケツを利用するといい。
　④ 花は必ず短い時間に切らなければならない。

解　説

　司会者の男性が花を生けて枯らしてしまう経験を誰しもがするのだけれども、
それを回避出来る方法はあるのかと質問をし、女性がそれに対して簡単に枯ら
さない方法を説明しているので、正解は①になります。②は切ったらすべてが
そうなるわけではありませんので、不正解です。③はあくまでも部分的な方法
論の話です。④も1つのポイントに過ぎません。

38. 次を聞いて内容と一致するものを選んで下さい。

① 花を水の中で切ると吸収力のせいで長持ちしなくなる。
② 幹の切った断面を少し空気にさらすと長持ちする。
❸ 水を換える作業を怠ると花は長持ちしない。
④ 花がすぐに枯れてしまうのは幹を切るからだ。

解 説

　花の幹を切る時には水の中で切った方がいいと言っているので①は不正解です。切った断面が空気にさらされると導管詰まりを起こすと言っているので②も不正解です。幹を切ったら全部が全部長持ちしなくなるとは言っていません。④も不正解です。正解は③です。

※다음을 듣고 물음에 답하십시오. (각 2점)
　次を聞いて質問に答えて下さい。　　　　　　　　🔊 track sample_30

> 여자 : 이 재개발 사업이 기획 단계에 있을 때와는 달리 지금은 그 후에 발생한 다양한 요소들로 인해 사업 자체가 대단한 위기에 직면한 것으로 보이는데 어떠신가요?
>
> 남자 : 전에도 말씀드린 것처럼 물론 처음에 예상치 못했던 주택 경기 침체 문제라든지 또는 사업 추진 도중에 재개발 사업 자체를 반대하는 일부 조합원들이 나타나고 있다든지 하는 그런 움직임들이 있는 것은 사실입니다. 그리고 재개발 사업이 완료된 후에 발생할 교통체증 문제라든지 인프라의 재정비 등에 관한 걱정들이 있는 것도 알고 있고요. 그렇지만 그렇다고 해서 재개발 사업을 중단할 수는 없습니다. 미리 제기됐던 문제들은 저희들이 이미 대책을 마련하고 있고요. 조합원들하고도 대화를 계속해 나갈 작정입니다.

39. 이 대화 전의 내용으로 가장 알맞은 것을 고르십시오.

① 재개발 사업과 인프라 정비 사업을 동시 진행한다.
② 사업 추진 이후에 예상치 못했던 문제들이 발생했다.
③ 재개발 사업을 전면적으로 재검토하기로 결론지었다.
④ 주택 경기 침체를 이유로 반대를 하는 조합원이 있었다.

40. 들은 내용과 같은 것을 고르십시오.

① 교통체증 문제는 이 사업을 실패로 이끌 수도 있다.
② 모든 문제를 다 해결하면서 사업을 해 나갈 수는 없다.
③ 이 사업에 대해 부정적인 생각을 가진 조합원이 있었다.
④ 해결해야 할 과제가 있지만 이 사업은 끝까지 진행한다.

日本語の訳

女性：この再開発事業が企画段階にあった時とは違い、今はその後で発生したいろいろな要素によって事業そのものが大変な危機に直面しているものと見えますが、いかがでしょうか。

男性：前にもお話ししましたが、もちろん当初予想出来なかった住宅景気沈滞の問題や事業推進途中から再開発事業そのものに反対する一部の組合員たちが現れたことなど、そのような動きがあることは事実です。それから、再開発事業が完了した後で発生すると予想される交通渋滞問題やインフラ再整備等に関する懸念などがあるということも承知しております。しかしだからといって再開発事業を中断するわけにはいきません。すでに提起されている問題は私共がもう対策を用意しておりますし、組合員の方たちとも会話を続けていくつもりです。

---

39. この対話の前の内容として最も適切なものを選んで下さい。

① 再開発事業とインフラ整備事業が同時に進行する。
❷ 事業推進後、予想出来なかった複数の問題が発生した。
③ 再開発事業を全面的に再検討することに決めた。
④ 住宅景気沈滞を理由に反対をする組合員がいた。

解　説

　男性は冒頭に、前にもお話ししたと言っています。その内容は、住宅景気沈滞、再開発事業に反対をする組合員の出現、交通渋滞、インフラの再整備など

です。それと一致するのは、②です。再開発事業とインフラの再整備を同時に
やっているわけではないので①は不正解です。再開発事業は続けると言ってい
るので③も不正解です。住宅景気沈滞を理由に再開発事業に反対する組合員が
出てきたわけではないので④も不正解です。

40. 次を聞いて内容と一致するものを選んで下さい。

　　① 交通渋滞問題は、この事業を失敗に至らせることもある。
　　② すべての問題を解決しながら事業を遂行することは不可能だ。
　　③ この事業に対して否定的な意見を持っている組合員がいた。
　　❹ 解決しなければならない課題があるけれども、この事業は最後までやり
　　　通す。

解説

　　まず①ですが、男性はすべての問題に対して対策を練っていると言っていま
すので、一致しません。②も一致しません。③は反対をする組合員は途中から
現れたのであって最初からいたわけではないので、これも一致しません。④が
正解になります。

聞・読
パターン1
パターン2
パターン3
パターン4
パターン5
パターン6

TOPIK II

説明 編

세 번째 모음

읽기

Ⅰ 읽기 시험 (読解試験) その1

　読むとは「文字で書かれているものを目にしたり声に出したりする」動きのことです。したがって文字で書かれているものであれば基本的に何でも「読む」対象になります。では、そのすべてが試験の対象になるかというと、それはまた別問題です。試験には試験そのものの持つ特性があるからです。難易度もその1つです。TOPIK Ⅰで出題文の内容にある程度制限がかかっているのもそれが理由です。しかしⅡになるとテーマと内容において制限がかかることはなくなります。具体的に言うと、TOPIK Ⅱは中級と高級（上級）のレベルですから、難易度的には、ちょっと力があれば分かる内容からほぼ韓国人ネイティブスピーカー並みの理解力と語彙力を必要とするものまで、幅広い内容のものが同じ試験の中で並びます。ですから、韓国人が専門的な知識を得るために読む専門書や情報を得るために見る新聞・雑誌を始めとする各種情報誌、精神世界を豊かにするために読むいろいろな文学作品に至るまで、そのすべてが읽기試験の対象になります。もちろんSNSで飛び交うような文も対象となります。ということは、皆様がもしかしたら苦手としているかもしれない分野の専門的な知識も、問題文の内容として使われることがあるということです。日常生活の中で比較的簡便に取り組める文章情報ばかりが試験に出題されるわけではないということを覚えておいて下さい。

　TOPIK Ⅱの읽기試験のテーマはまったく自由です。ただ出題文のジャンルは次のように4つのパターンに分けることが出来ます。以下参考までに挙げておきたいと思います。

1）自分の思いを表現する文
　　小説、詩、感想文、童話、エッセー、投稿文、紀行文、評論、論説、解説
2）情報伝達を目的とする文
　　新聞・雑誌の記事、公文書、掲示板、説明文、案内文、広告、論文

3）コミュニケーションを取るための文
　　SNS上の様々な文、談話、メモ、Eメール、手紙、招待状、ハガキ、
　　メッセージ、インタビュー、各種寄稿文（提案、相談、問い合わせ）
4）提出を目的とする文
　　申請書、計画書、自己紹介、応募書類、報告書

試験の内容

　具体的な試験の内容ですが、まずTOPIK Ⅱの等級別の評価基準を見て下さい。
4級と5級は省きます。

・3級

　日常生活を営むのにあまり大変さを感じない。様々な公共施設の利用、社会
関係の維持に必要な基礎的な言語機能を遂行することが出来る。なじみのある
具体的な素材はもちろん、社会的素材をも段落単位で表現したり理解したりす
ることが可能になる。文語と口語の基本的な特性を理解し、使い分けることが
出来る。

・6級

　専門分野における研究や業務遂行に必要な言語機能を比較的正確かつ流暢に
遂行出来る。政治、経済、社会、文化全般にかけてあまりなじみのないテーマ
に対しても利用し使える。ネイティブスピーカーのレベルには達しなくても機
能の遂行や意味の表現にはあまり困難を感じない。

　上の基準はTOPIKを主管している韓国国立国際教育院が出しているもので
すが、これを踏まえるとTOPIK Ⅱを目指す人は、①日常生活の中で韓国語が
しっかり使える、②1人で公共施設が利用出来る、③ある程度の長さを持つ文
章が書ける、④書き言葉と話し言葉を使い分けられる、などの能力を最低限持
っていなければならず、さらに最終的には、①専門的なこともしっかり韓国
語で話せる、理解が出来る、②知らないテーマでも韓国語で対応が出来る、な
どの能力をも身に付けていなければならないことになります。ということは、

TOPIK Ⅱはその能力を測るような内容で構成されるのが自然で、実際、過去の試験問題を見ると、後半に行けば行くほど専門性の高い内容の問題が出てきて、専門性のレベルからすると、韓国語の問題と言うより、もはや個々人の知識力を問うようなレベルになってきます。では、日本語で言われても分からない専門的な内容を韓国語でどうやって解いていくのでしょうか。ちょっと考えて頂きたいのですが、母国語であれば内容を100％理解出来なくても、ある程度その話に付いていけることがあると思います。それと同じように、要は、あなたが韓国語でそれが出来るかどうかを測るためにそのような問題を出題するのだとご理解頂ければいいのではないかと思います。

 ## Ⅱ 읽기 시험（読解試験）その2

　읽기試験は計50問、100点満点で構成されています。毎回そのパターンはほとんど変わりません。教育目標そのものが変わることはあまりないので、出題の傾向や問題構成なども大幅に変わることはまずありません。以下具体的に見ていきましょう。

閏・読

パターン
1

パターン
2

パターン
3

パターン
4

パターン
5

パターン
6

パターン
7

パターン
8

パターン
9

パターン
10

その他の
パターン

읽기 　　　　　　　　　 パターン **1**

　　パターン1からは2種類の問題が2問ずつ、計4問が出題されます。文法力を問う問題です。文法が分かれば答えられる問題です。

※( )에 들어갈 가장 알맞은 것을 고르십시오. (각 2점)

1.　은행에 (　　　) 조금 일찍 집을 나갔다.

　　① 들르면서　　　② 들르려고　　　③ 들러야　　　④ 들러서

2.　어떤 대학에 (　　　) 열심히만 하면 된다.

　　① 들어가든지　　② 들어가더니　　③ 들어가다가　　④ 들어가거나

日本語の意味及び解説

※( )に入る最も適切なものを選んで下さい。

1.　銀行に(　　　)少し早く家を出た。

　　① 寄りながら　　　　　　　　❷ 寄ろうと思って
　　③ 寄らなければ　　　　　　　④ 寄って

解 説

　　銀行に寄るために少し早目に家を出たということなので②が正解になります。「(으)려고」は「しようと思って」という意味です。

2.　どういう大学に(　　　)一生懸命やればいい。

　　❶ 入ろうが　　　② 入ったら　　　③ 入っていて　　　④ 入ったり

解 説

　　どういう大学に入るかが重要なのではなく、入ってどんな勉強をするかが重要だということを言いたいので①が正解になります。

※다음 밑줄 친 부분과 의미가 비슷한 것을 고르십시오. (각 2점)

3. 전화를 안 받는 걸 보니 지금 <u>바쁜가 보다.</u>

　①바쁠 것 같다　　　　　　②바쁘나 보다
　③바쁜 모양이다　　　　　　④바쁠 수 있다

4. 배가 고팠는지 자리에 <u>앉기가 무섭게</u> 정신없이 먹는다.

　① 앉으니까　　② 앉으면서　　③ 앉고 나서　　④ 앉자마자

※次の下線部分と意味が似ているものを選んで下さい。

3. 電話に出ないのを見ると今<u>忙しいようだ</u>。

　①忙しそうだ　　　　　　　② ×
　❸忙しいようだ　　　　　　④忙しいこともある

解　説

　「는(ㄴ/은)가 보다」「나 보다」「는(ㄴ/은) 모양이다」の3つはほとんど同じ意味です。しかし「나 보다」は形容詞現在形にはつきません。したがって②は文法的に誤りです。正解は③になります。

4. お腹が空いていたのか席に<u>座るや否や</u>無我夢中で食べる。

　① 座るから　　② 座りながら　　③ 座った後で　　❹ 座るや否や

解　説

　「기가 무섭게」と「자마자」はほとんど同じ意味です。正解は④です。

聞・読

パターン1
パターン2
パターン3
パターン4
パターン5
パターン6
パターン7
パターン8
パターン9
パターン10
その他のパターン

읽기　　　　　　　　　　　　　パターン**2**

パターン2からは計4問出題されます。横断幕、ポップ広告、お店の簡単な広告や案内文、掲示板、説明書などのイラストが出てきて、そのイラストが何を伝えようとしているのかを答える問題です。イラストの中に出てくるキーワードが伝えようとしている商品や出来事のイメージを掴めるかがポイントとなります。

※다음은 무엇에 대한 글인지 고르십시오. (각 2점)

5.

좋은 장내 세균의
좋은 먹이 !
"프로바이오틱스"

① 요구르트　　　② 우유　　　③ 주스　　　④ 포카리스웨트

6.

〜 필기도구가 패션이 된다
비지니스맨의 스테이터스〜

① 연필　　　② 필통　　　③ 만년필　　　④ 지우개

7.

토요일 07:00
학교 정문 앞에서 출발
늦잠 자기 없기.
꼭 제시간에 모여 주세요.

① 산행 안내　② 시간 관리　③ 출발 장소　④ 일정 소개

8.

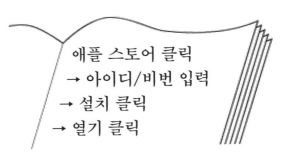

애플 스토어 클릭
→ 아이디/비번 입력
→ 설치 클릭
→ 열기 클릭

① 구입 방법　② 이용 순서　③ 클릭 절차　④ 설치 순서

日本語の意味及び解説

※次は何についての文なのかを選んで下さい。（各2点）

5.

いい腸内細菌の
いいえさ！
"プロバイオティクス"

❶ ヨーグルト　② 牛乳　③ ジュース　④ ポカリスエット

解　説

選択肢の中で「장내 세균」を宣伝文句に出来るものとして一番相応しいもの
は①です。

6.

> ~筆記道具がファッションになる
> ビジネスマンのステータス~

① 鉛筆   ② 筆箱   ❸ 万年筆   ④ 消しゴム

解 説

　「필기도구」「패션」「비지니스맨」。この3つの言葉を満足させるものは選択肢の中では③になります。

7.

> 土曜日　07:00
> 学校正門前から出発
> 寝坊禁止。
> 必ず定刻に集合して下さい。

① 山登り案内   ② 時間管理   ❸ 出発場所   ④ 日程紹介

解 説

　出発時間と場所が書いてあるので選択肢の中で最も適切なものは③になります。時間管理ではないので②は正解にはなりません。スケジュールを紹介しているわけでもないので④も正解にはなりません。

8.

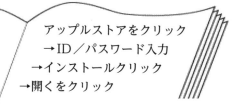

> アップルストアをクリック
> →ID／パスワード入力
> →インストールクリック
> →開くをクリック

① 購入方法   ② 利用手順
③ クリックによる手順   ❹ インストール手順

解 説

　韓国語ではインストールのことを「인스톨」とも言いますが、「설치(設置)」とも言います。④が正解です。「비번」は「비밀번호(秘密番号)」を縮めた言葉でパスワードのことです。

聞・読

パターン 1
パターン 2
パターン 3
パターン 4
パターン 5
パターン 6
パターン 7
パターン 8
パターン 9
パターン 10
その他のパターン

パターン3からも計4問出題されます。パターン2はキーワードから答えを連想させるタイプの問題でしたが、パターン3は、簡単な案内文やグラフ、ある程度の長さを持つ文章などから正解を連想させるタイプの問題になります。

この問題を解く時には先に選択肢に目を通して下さい。問題内容を先に読んでもそこから何を連想すればいいのかが分からないからです。選択肢の内容を先に確認した後、問題に書いてある内容と照らし合わせ、正解を選んでいくやり方の方が効果的だと思います。

※다음 글 또는 그래프의 내용과 같은 것을 고르십시오. (각 2점)

9

도서 대출 및 반납 안내

【이용 대상】
* 본교 재학생, 교직원, 일반회원
* 졸업생 및 지역주민은 일반회원으로 가입 후 대출 가능

【도서 대출】 신분	책수	기간
학생	5책	15일
교직원	20책	90일
일반회원	3책	10일

※ 연체할 경우 연체 일수의 2배 기간 동안 대출 중지

① 학교를 졸업하면 도서 대출을 받을 수 없다.
② 도서 반납을 연체한 경우 도서 대출을 못 받게 된다.
③ 교수들은 90일 동안 도서 대출을 받을 수 있다.
④ 재학생은 최대 2주일까지 도서 대출을 받을 수 있다.

10.

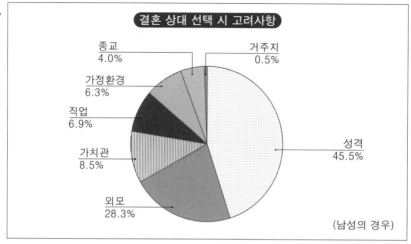

결혼 상대 선택 시 고려사항

종교 4.0%
거주지 0.5%
가정환경 6.3%
직업 6.9%
가치관 8.5%
외모 28.3%
성격 45.5%

(남성의 경우)

① 상대방의 가치관을 중요시하는 사람이 의외로 많다.
② 아내가 될 여자의 성격을 중요시하는 사람이 제일 많다.
③ 상대방의 성격보다 외모를 중시하는 사람이 많다.
④ 아내가 될 여자의 종교를 중시하는 사람이 적지 않다.

11.

최근 혼자서 밥을 먹거나 술을 마시는 혼밥, 혼술 등 이른바 혼족들이 급격히 늘고 있다. 혼족들의 이야기를 들어 보면 다른 사람의 눈치를 볼 것 없이 편한 시간에 먹거나 마실 수 있기 때문에 부담이 없어서 좋다고 말한다. 나보다 우리, 개인보다 팀을 생각하는 풍조를 식사와 술자리를 통해 다져 왔던 우리들의 생활 방식에도 변화가 생겨난 것일까?

① 식사 때 다른 사람의 눈치를 보는 사람이 많다.
② 혼밥, 혼술은 내가 정할 수가 있다는 점이 좋다.
③ 나보다 우리를 생각하는 마음이 점점 줄어든다.
④ 혼족으로 인해 생활 방식이 바뀌지는 않는다.

聞・読

パターン 1
パターン 2
パターン 3
パターン 4
パターン 5
パターン 6
パターン 7
パターン 8
パターン 9
パターン 10
その他の パターン

12.

> 얼마 전에 한 졸업생으로부터 편지가 왔다. 최근에 전에 일하던 직장을 그만두고 지금 일하는 회사로 옮겼다는 이야기와 학교 다닐 때 선생님이 몇 번이나 이야기하곤 했던 "나중에 후회할 거야" 라는 말의 뜻을 이제는 알 것 같다는 내용이었다. 그 말의 뜻을 알 것 같다는 것은 결국 후회가 시작되고 있다는 말이니 더 후회가 안 되도록 무슨 말이라도 건네줘야겠다는 생각이 든다.

① 선생님이 보낸 편지에 졸업생이 답장을 보내 왔다.
② 졸업생은 처음에 잘못 취직한 것을 후회하고 있다.
③ 졸업생은 후회한다는 게 무슨 뜻인지 모르고 있다.
④ 선생님은 졸업생에게 안타까운 마음을 가지고 있다.

日本語の意味及び解説

9.

図書貸出及び返却案内

【利用対象】
＊本校在学生、教職員、一般会員
＊卒業生及び地域住民は、一般会員として加入後、貸出可能

【図書貸出】	身分	冊数	期間
	学生	5冊	15日
	教職員	20冊	90日
	一般会員	3冊	10日

※延滞の場合、延滞日数の2倍の期間にわたり貸出中止

① 学校を卒業すると図書貸出をしてもらえなくなる。
② 図書返却を延滞した場合、図書貸出を受けられなくなる。
❸ 教授たちは90日間図書貸出が可能だ。
④ 在学生は最大2週間まで図書貸出を受けることが出来る。

問・読

パターン**1**

パターン**2**

パターン**3**

パターン**4**

パターン**5**

パターン**6**

パターン**7**

パターン**8**

パターン**9**

パターン**10**

その他のパターン

解 説

　卒業しても図書は借りられるので①は不正解です。延滞したら貸出が一時停止されるだけなので②も不正解です。在学生の貸出期間は15日です。④も不正解です。

10.

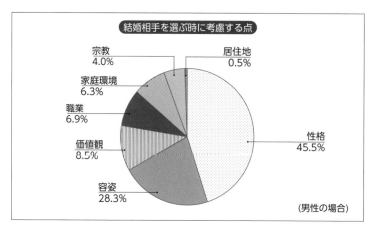

結婚相手を選ぶ時に考慮する点

宗教 4.0%
居住地 0.5%
家庭環境 6.3%
職業 6.9%
価値観 8.5%
性格 45.5%
容姿 28.3%

（男性の場合）

　①　相手の価値観を重要視する人が意外に多い。
　❷　妻になる女性の性格を重要視する人が最も多い。
　③　相手の性格より容姿を重視する人が多い。
　④　妻になる女性の宗教を重視する人が少なくない。

解 説

　相手を選ぶ時に考慮する点として価値観は8.5％に過ぎません。ですから重要視しているとは言えません。①は不正解です。③は逆です。容貌より性格を重視する人の方が多いです。④は宗教を重視する人が少なくないと言っていますが、4.0％に過ぎません。グラフの内容と合っていません。

11.

　最近1人でご飯を食べたりお酒を飲むホンバプ、ホンスルなど、いわゆるホンジョク（1人族）が急激に増えている。ホンジョクたちの話を聞くと、他の人を気にすることなく自分の時間に食べたり飲んだりすることが出来るので気負う必要がなくていいと言う。自分よりわれわれ、個人よりチームを考える風習を食事と飲み会を通して固めてきたわれわれのライフスタイルにも変化が起きているのだろうか。

① 食事の時に他の人を気にする人が多い。

❷ ホンバプ、ホンスルは自分で決められるところがいい。

③ 自分よりわれわれを思う心がどんどん減っている。

④ ホンジョクなどでライフスタイルまでもが変わったりはしない。

解　説

　「혼밥」は「혼자(1人)＋밥(ご飯)」、「혼술」は「혼자(1人)＋술(お酒)」、「혼족」は「혼자(1人)＋족(族)」の略で、最近出てきた言葉です。食事やお酒は必ず皆で一緒にというのが王道の韓国社会でこういう風潮は意外性を持って受け止められていますが、今後も増えそうな勢いです。本文はそのような人たちが現れたことで、もしかしたらそれが従来のライフスタイルに一石を投じる何かになるかもしれないと感じていることを語るものです。そのホンジョクたちがホンバプやホンスルのいいところとして挙げているのが②です。①や③は確かにそうかもしれませんが、本文でそれを語っているわけではありません。④は本文で話し手が言っていることとは反対です。

12.

　少し前にある卒業生から手紙が届いた。最近それまで働いていた職場を辞めて今働いている会社に移ったという話と、学校に通っていた時に先生から何度も言われていた「後で後悔するよ」という言葉の意味が今やっと分かった気がするという内容だった。その言葉の意味が分かったということは結局後悔が始まったということだろうから、もっと後悔しないように何か声をかけてあげなければならないのかなと思う。

　① 先生が送った手紙に卒業生が返事を送ってきた。

　② 卒業生は最初の就職先を間違えたことを後悔している。

　③ 卒業生は後悔することがどういう意味なのかまだ分かっていない。

　❹ 先生は卒業生に対してもどかしい気持ちを抱いている。

解　説

　冒頭に卒業生から手紙が送られてきたと書いてあるので①は事実と違います。会社に就職したことを後悔しているわけではないので②も内容と一致しません。先生が言った後悔するという話の意味が分かった気がしてきたと言っているから③も違います。正解は④になります。

聞・読

パターン1
パターン2
パターン3
パターン4
パターン5
パターン6
パターン7
パターン8
パターン9
パターン10
その他のパターン

읽기 　　　　　　　　パターン**4**

　　パターン4からは計3問出題されます。4つの文をわざとランダムに並べ、それを正しい順番に並べ替える問題です。したがってこの問題を解く時には、4つの文の間に存在する論理的なつながりを発見することが大事です。例えば「그래서→その文は結論的な内容になる」「그런데→話が別の流れに変わる」「왜냐하면→前の内容に対する理由が出てくる」のようにです。

※다음을 순서대로 맞게 나열한 것을 고르십시오. (각 2점)

13.

(가) 그것은 북쪽의 대륙 기단이 습도가 없기 때문이다.
(나) 한국의 겨울은 춥고 건조한 것이 특징이다.
(다) 그래서 겨울에는 북서풍이 강하게 부는 것이다.
(라) 그런데 이 북쪽의 시베리아 기단은 고기압이다.

① 나-가-다-라　　　　② 나-가-라-다
③ 나-라-가-다　　　　④ 나-라-다-가

14.

(가) 어느 날 어머니가 병이 나서 죽기 전에 자기를 개울가에 묻어 달라고 유언을 남겼다.
(나) 그런데 청개구리는 이번만큼은 어머니 말을 들어야겠다고 생각하고 개울가에 묻었다.
(다) 그래서 어머니 무덤이 떠내려갈까 봐 청개구리는 비만 오면 운다.
(라) 옛날에 뭐든지 어머니의 말을 반대로 하는 청개구리와 청개구리 어머니가 살았다.

① 라-가-나-다　　　　② 라-가-다-나
③ 라-나-가-다　　　　④ 라-나-다-가

15.

> (가) 이러한 느낌의 차이는 혈중 혈당 수치가 얼마나 빨리 올라가
> 　　느냐에 달려 있다.
> (나) 왜냐하면 고기는 소화되는 데 시간이 오래 걸려서 뭔가 부족
> 　　하다는 생각을 하기 때문이다.
> (다) 반면 밥이나 냉면 같은 것을 먹으면 쉽게 배부름을 느끼기
> 　　때문에 포만감을 맛보려고 먹게 된다.
> (라) 고기를 잔뜩 먹었는데도 마지막에 밥이나 냉면을 먹는 사람
> 　　이 많다.

① 라-가-나-다　　　　② 라-가-다-나
③ 라-나-가-다　　　　④ 라-나-다-가

日本語の意味及び解説

※次を順番通りに正しく並べたものを選んで下さい。

13.

> (가) それは北の大陸気団に湿度がないからである。
> (나) 韓国の冬は寒くて乾燥しているのが特徴だ。
> (다) それで冬には北西の風が強く吹くのである。
> (라) ところでこの北のシベリア気団は高気圧である。

① 나-가-다-라　　　　❷ 나-가-라-다
③ 나-라-가-다　　　　④ 나-라-다-가

解　説

　「그래서」は結論を出す時に使う言葉なので、上の４つの文で言うと(다)は最後に来るのが自然です。そうなると選択肢の②か③が正解になりますが、(나)の次に(라)が来ることはあり得ません。正解は②です。

聞・読

パターン**1**

パターン**2**

パターン**3**

パターン**4**

パターン**5**

パターン**6**

パターン**7**

パターン**8**

パターン**9**

パターン**10**

その他の
パターン

14.

> (가) ある日お母さんが病気になって、死ぬ前に自分を川辺に埋めるように遺言を残した。
> (나) しかしアオガエルは今度ばかりはお母さんの言う通りにしようと思い川辺に埋めた。
> (다) それでお母さんの墓が流されるのが心配で、アオガエルは雨が降ると鳴くのである。
> (라) 昔何でもお母さんの言うことを反対にするアオガエルとアオガエルのお母さんがいた。

    ❶ 라-가-나-다   ② 라-가-다-나
    ③ 라-나-가-다   ④ 라-나-다-가

解　説

　　13番の問題の解説で言いましたように「그래서（それで）」は結論を導く言葉
です。ですから正解は①か③になります。論理的に（라）の次に（나）は来ません。
正解は①です。

15.

> (가) こういう感覚の違いは血中血糖の数値がどのくらい速く上がるのかで出てくる。
> (나) なぜかというと、肉は消化するのにかなり時間がかかって何かもの足りないという思
> 　　いをさせるからである。
> (다) 反面ご飯や冷麺のようなものを食べると簡単に満腹感を感じるので、それを味わうた
> 　　めに食べるようになる。
> (라) 肉をたくさん食べたのに、しめとしてご飯や冷麺を食べる人が多い。

    ① 라-가-나-다   ② 라-가-다-나
    ③ 라-나-가-다   ❹ 라-나-다-가

解　説

　　（나）が何に対する理由なのかがポイントとなります。（나）を理由とするもの
として3つの文の中で最も適切なのは（라）です。そうなると、「왜냐하면（なぜ
なら）」の後に（가）が来ることはないので、④が正解になります。「반면（反面）」
は、「（나）という話もありますが、しかし」という切り出しの機能を持つ言葉な
ので、（나）の後に続いてもおかしくありません。

パターン5からは計7問出題されます。穴埋めの形式になっています。穴埋めは単語ではなく句です。解き方ですが、<u>文全体を最初から最後まで読む必要はありません</u>。読むのに時間もかかりますし、分からない部分が出てきたらそれが気になって前に進めなくなり、時間切れになりかねないからです。

まずは選択肢の句を（　）の部分に入れて読んでみて下さい。それで通じるかどうかを判断します。しかしそれだけで判断出来ないと思ったら、今度は（　）の前後に来る文を入れて読んでみて下さい。ほとんどの場合（　）の前後の文に正解が分かるヒントが隠されており、それを読めばより正解が分かりやすくなるからです。前後の文と言いましたが、（　）が比較的前に来る場合には、後ろの文を読み、最後のところに来る場合には前の文を読んで下さい。

このパターン5の問題は、16番〜18番まで3問続いた後、しばらく他の問題を挟んで、28番〜31番のところでもう1回出てくるような形になっています。

※다음을 읽고 (　)에 들어갈 내용으로 가장 알맞은 것을 고르십시오. (각 2점)

16.

> 교사들은 자신이 맡은 학생들을 평가할 때 첫 시험을 잘 본 학생에 대해 (　　　　) 첫인상을 갖게 되는 경우가 많다. 그 학생이 기말시험을 못 보면 교사는 원래는 실력이 좋은데 어떤 다른 원인 때문에 기말시험을 못 보았을 것이라고 생각하게 된다. 그 이유는 그 학생에 대한 첫인상이 다음 행동의 평가에까지 영향을 주기 때문이다.

① 똑똑한 학생이라는　　　　② 예의가 바른 학생이라는
③ 머리를 잘 쓰는 학생이라는　　④ 운동을 잘하는 학생이라는

17.

> 쇼핑이 이성적인 활동인가 아니면 감정적인 활동인가. 행동경제학자들은 이론의 여지없이 감정적인 활동으로 본다. 김치냉장고 판매량을 분석한 흥미있는 데이터가 있다. 매년 대학수학능력시험이 끝난 뒤에 최고치를 기록했다는 것이다. 자녀의 인생에 있어서 가장 (   ) 안도감과 더불어 그동안 자신을 희생해 왔다는 억제된 감정의 해방이 김치냉장고의 구입을 촉발한다는 것이다.

① 어려운 시기였다는　　　② 중요한 시험이 끝났다는
③ 간단한 수속이 끝났다는　④ 복잡한 경험을 했다는

18.

> 외식을 자주 하면 건강을 해치고 집밥을 먹어야 건강을 지킬 수 있는 것일까? 예전과는 달리 요즘은 집에서 밥을 먹어도 가공식품을 (   ) 경우도 많고 인스턴트 식품을 사다가 전자렌지로 데워서 먹는 경우도 많다. 그렇다면 차라리 식당에서 직접 만들어서 내주는 음식을 먹는 편이 더 건강에는 좋을 것이 아닌가 하는 생각을 해 본다.

① 집에서 만들어서 먹는　　② 직접 요리해서 먹는
③ 주문해서 가져다 먹는　　④ 마트에서 사다가 먹는

日本語の意味及び解説

※次を読んで（　）に入る最も適切な表現を選んで下さい。（各2点）

16.

> 教師たちは自分が受け持っている学生を評価する時に、最初の試験でいい成績を取った学生に対して（　　　）第一印象を持つことが多い。その学生が期末試験でいい成績が取れないと、教師は本当は実力があるのに別の理由があって期末試験がうまく行かなかったのだろうと考える。その理由は、学生に対する第一印象が次の行動への評価にまで影響するからである。

❶ 賢い学生という   **②** 礼儀が正しい学生という

③ 頭をよく使う学生という   **④** 運動が上手な学生という

解　説

（　）の直前にいい成績を取ったという話があるので流れ的には①が正解になります。

17.

> ショッピングは理性的な活動なのか、または感情的な活動なのか。行動経済学者たちは異論の余地なく感情的な活動と言う。キムチ冷蔵庫の販売量を分析した興味深いデータがある。毎年大学修学能力試験が終わった後、最高値を記録したというのである。子供の人生において最も（　　　）安堵感とともに、その間自分を犠牲にしてきたという抑制された感情の解放がキムチ冷蔵庫の購入を触発すると言うのである。

① 難しい時期だったという   **❷** 重要な試験が終わったという

③ 簡単な手続きが終わったという   **④** 複雑な経験をしたという

解　説

韓国では1回の「수능（大学修学能力試験の略）」でほぼ進学先が決まります。수능の他に高校の調査書や2次試験による評価もあるにはありますが、수능が占める比重を超えることはありません。ですから、その試験にかける本人を含めた家族の思いには実に大変なものがあります。本文はその수능という試験がキムチ冷蔵庫の売り上げにも影響したという話なので、②が正解になります。

18.

> 外食をよくすると健康を害し、家でご飯を食べると健康を守れるのだろうか。以前とは違い、最近は家でご飯を食べても加工食品を（　　　）ことも多く、インスタント食品を買ってきて電子レンジで温めて食べることもある。とすれば、いっそ食堂で直接作って出してくれるご飯を食べた方がより健康にはいいのではないかと思ったりもする。

① 家で作って食べる   **②** 直接料理して食べる

③ 注文して持ってきて食べる   **❹** スーパーで買ってきて食べる

聞・読

パターン 1
パターン 2
パターン 3
パターン 4
パターン 5
パターン 6
パターン 7
パターン 8
パターン 9
パターン 10
その他のパターン

解 説

　加工食品と書いてあるので、家で作って食べると言っている①、直接調理すると言っている②、注文すると言っている③はすべて不正解になります。正解は④です。

28.

> 　사람의 머리카락은 케라틴이라고 하는 경질 단백질로 형성되어 있다고 한다. 우리 머리카락의 직경은 0.05mm에서 0.15mm 정도이며 하루에 평균 0.3mm, 1년에 약 11cm 정도 자란다고 한다. 한편 머리카락의 색깔이 피질에 포함되어 있는 멜라닌 색소에 의해 결정된다는 것은 이미 (　　　) 머리카락 한 가닥이 약 100g의 무게를 견딜 수 있고 머리카락 전체로 약 12 t의 무게를 지탱할 수 있다고 하니 그야말로 상상도 못 할 일이다.

　① 널리 알려진 사실인데　　　　② 알고 있는 일인데
　③ 발표된 연구 결과인데　　　　④ 결정되어 있는 사실인데

29.

> 　설날 아침이 되면 종교나 집안의 가풍과 상관없이 어느 집에서나 대개 차례를 지낸다. 차례란 설날과 추석에 아침 일찍 지내는 제사를 말한다. 차례를 지내고 나면 떡국을 먹는다. 떡국은 흰쌀을 빻아서 만들며 떡국에 들어가는 떡은 둥근 형태를 하고 있다. 왜 설날 먹는 대표적 음식인 떡국을 흰떡을 사용해서 만드는가 하면 새해 첫날이 밝아오니까 (　　　) 흰떡을 사용한다는 설이 지배적이다. 떡국의 떡이 둥근 것은 둥근 태양을 상징해서라는 이야기도 있지만 확실한 설은 아니다.

　① 청결하게 일년을 지내라는 상징으로
　② 밝게 일년을 지내라는 상징으로
　③ 새롭게 일년을 시작하라는 뜻으로
　④ 일년을 조심스럽게 시작하라는 뜻으로

30.

흔히 팩스라고 불리우는 팩시밀리란 통신회선을 통해서 화상 정보를 멀리 보내는 기능을 가지고 있는 장치 또는 전송한 문서를 말한다. 인터넷이 대중화된 오늘날 팩스가 과연 필요한가 하는 일부의 시각에도 불구하고 여전히 팩스는 공공기관이나 기업 등의 최일선에서 활약하고 있다. 그것은 디지털 파일로 바꾸기 어려운 종이문서를 언제든지 간편하게 전송할 수 있고 또 전화선만 있으면 (   ) 기계 다루는 법을 잘 모르는 사람이라도 쉽게 사용할 수 있다는 장점이 있기 때문이다.

① 아무도 다 이용할 수 있으며
② 누구나 다 걸 수 있으며
③ 아무도 다 보낼 수 있으며
④ 누구나 다 사용할 수 있으며

31.

분식회계란 기업이 허위로 회계처리를 실시하여 각종 재무 제표를 작성한 다음 그것으로 허위 결산보고를 하는 행위를 말한다. 대표적인 분식회계 수법으로서는 결산서에 들어가는 손익계산서의 경상수지를 조작하여 마치 기업이 양호한 경영실적을 내고 있는 것처럼 보이는 방법이 있다. 이러한 분식결산을 하기 위해서는 이중장부를 만들어 놓는 경우가 많다. 따라서 어떤 기업의 장부가 하나가 아닐 경우 대부분 그 기업의 분식회계를 의심하게 된다. (   ) 탈세를 할 목적으로 오히려 실적을 나쁘게 위장하여 분식회계를 할 때도 있다.

① 경우에 따라서는   ② 상황에 맞추어서
③ 경험에 비추어서   ④ 경영자에 의해서

聞・読

パターン**1**

パターン**2**

パターン**3**

パターン**4**

パターン**5**

パターン**6**

パターン**7**

パターン**8**

パターン**9**

パターン**10**

その他の
パターン

日本語の意味及び解説

※次を読んで（　）に入る最も適切な表現を選んで下さい。（各2点）

28.

> 人間の髪の毛はケラチンという硬質のたんぱく質で形成されていると言われている。私たちの髪の毛の直径は 0.05mm〜 0.15mm程度で、1日平均 0.3mm、1年に約 11cm くらい伸びると言われる。一方、髪の毛の色が皮質に含まれているメラニン色素によって決まるということは既に(　　　　　)、髪の毛1本で約100gの重さを支え、髪の毛全体で約12 tの重さを支えることができるというのだから、それこそ想像すらできないことだ。

❶ 広く知られている事実だが　　② 知っていることだが

③ 発表された研究結果だが　　④ 決まっている事実だが

解　説

文の流れから判断した時に最も自然なものは①になります。

29.

> 旧正月の朝になると、宗教やその家の家風とは関係なくどの家でも大体차례 (茶礼) を執り行う。茶礼とは旧正月やお盆の朝早く執り行う祭祀のことだ。茶礼が終わるとトックを食べる。トックは白米をついて作るもので、トックに入れる餅は丸い形をしている。なぜ旧正月に食べる代表的な食べ物であるトックを白い餅を使って作るかと言うと、新年最初の日が明けてくるから (　　　　　) 白い餅を使うという説が有力だ。トックの餅が丸いのは丸い太陽を象徴してのことだという話もあるが、確実な説ではない。

① 清潔に1年を過ごしなさいという象徴として

❷ 明るく1年を過ごしなさいという象徴として

③ 新たに1年を始めなさいという意を込めて

④ 1年を慎ましく始めなさいという意を込めて

解　説

（　）の前に新年1日目が明けてくるからという表現があるので、流れ的に最も相応しいものは②になります。

30.

一般的にファックスと呼ばれるファクシミリというのは、通信回線を通して画像情報を遠くに送る機能を持っている装置または伝送した文書を指す。インターネットが大衆化した今日ファックスが果たして必要だろうかという一部の見方にも関わらず、依然としてファックスは公共機関や企業等の第一線で活躍している。それはデジタルファイルに変換しにくい紙文書をいつでも手軽に伝送でき、また電話線さえあれば（　　　　　）、機械の扱い方をよく知らない人であっても簡単に使用できる利点があるからだ。

① × ② 誰でもかけることができ
③ × ❹ 誰でも使用することができ

解　説

①や③は使えない言い方です。②は電話のことなので正解にはなりません。④が正解です。「아무도」は後ろに否定表現を伴うか、「아무나（誰でも）」「아무라도（誰でも）」の形で使うのが一般的です。

31.

粉飾会計とは企業が虚偽に会計処理を実施して各種財務諸表を作った後、それで虚偽の決算報告を行うことを言う。代表的な粉飾会計手法としては、決算書に入る損益計算書の経常収支を操作し、まるで企業が良好な経営実績を出しているかのように見せかける方法がある。このような粉飾決算をするためには二重帳簿を作っておくことが多い。したがってある企業の帳簿が１つではない場合、ほとんどその企業の粉飾会計を疑うことになる。（　　　　　）脱税をする目的で却って実績を悪く偽装し、粉飾会計をすることもある。

❶ 場合によっては ② 状況に合わせて
③ 経験に照らして ④ 経営者によって

解　説

（　）が含まれている文の最後に「할 때도 있다」と書いてありますが、それがヒントになります。「する時もある」と「する場合もある」とはほぼ同じ意味になるからです。正解は①になります。

읽기

　パターン6からは、3セット計6問出題されます。穴埋めや話し手の心情を聞く問題と、地の文の内容と一致するものや中心的な思いを聞く問題との2問セットが3回続くパターンです。本文の内容と一致するものや中心的な考えを選ぶ問題ですから、先に選択肢を読んでから問題を読むようにした方が効果的です。

聞・読
パターン1
パターン2
パターン3
パターン4
パターン5
パターン6
パターン7
パターン8
パターン9
パターン10
その他のパターン

※다음을 읽고 물음에 답하십시오. (각 2점)

　댓글이란 인터넷 게시물 밑에 남기는 짧은 글을 말한다. 어떤 인터넷 게시물이든 보통 게시물의 밑에 댓글란을 두어 게시물의 내용과 관련하여 독자가 자신의 의견을 표현할 수 있도록 되어 있다. 자신의 의견을 자유로이 말할 수 있게 해 놓았기 때문에 (　　　) 댓글 내용에 대해서 토론이 벌어지기도 하고 때에 따라서는 인터넷 기사를 쓴 사람과 댓글을 단 사람간에 비난이나 비판이 난무하기도 한다.

---

19. (　　) 에 들어갈 알맞은 것을 고르십시오.

① 완전히　　　② 전혀　　　③ 언제나　　　④ 때때로

20. 위 글의 내용과 같은 것을 고르십시오.

① 모든 게시물에 댓글을 달 수 있는 것은 아니다.
② 독자가 자신의 의견을 남길 수 없는 게시물도 있다.
③ 댓글을 다는 사람은 인터넷 기사를 비판할 수 없다.
④ 댓글을 통해서 서로 다른 의견을 나누는 경우가 있다.

※다음을 읽고 물음에 답하십시오. (각 2점)

어릴 때부터 연예인이 되려는 꿈을 꾸는 청소년들이 있다. 오늘날처럼 한류가 전세계적인 화제를 부르고 걸 그룹이나 남자 아이돌 그룹들이 엄청난 인기를 끌고 있는 현실을 보면 그런 꿈을 꾸는 아이들을 보고 (　　　)만 할 수도 없다. 이미 엔터테인먼트 산업 규모가 30조원을 육박하고 있는 것을 보아도 그것도 훌륭한 인생을 사는 방법 중의 하나라는 점을 이제 우리 어른들이 인정해야 할 때이다.

21. (　　) 에 들어갈 알맞은 것을 고르십시오.

① 허황된 꿈을 좇는다고
② 영리한 생각을 한다고
③ 상상할 수도 없는 짓을 한다고
④ 금방 후회할 거라고

22. 위 글의 중심 생각을 고르십시오.

① 엔터테인먼트 산업에 종사하려는 청소년을 육성해야 한다.
② 시대의 변화에 따라 어른들의 생각도 유연해져야 한다.
③ 연예인이 되려는 청소년들의 판단을 존중해야 할 때이다.
④ 아이돌 그룹이 인기를 끄는 현실을 이제 인정해야 한다.

聞・読

パターン 1
パターン 2
パターン 3
パターン 4
パターン 5
パターン 6
パターン 7
パターン 8
パターン 9
パターン 10
その他のパターン

※다음을 읽고 물음에 답하십시오. (각 2점)

우리 아버지는 자기 자식들에 대해서 자상하게 뭔가를 해 주는 타입이 아니었다. 자식들의 생일이 언제인지도 몰랐고 자식들을 데리고 어딘가로 놀러갈 줄도 모르는 그런 사람이었다. 그런데다가 아주 엄하고 무서웠기 때문에 어릴 때에는 감히 그런 부분에 대해서 대놓고 불평을 하거나 아버지 말을 거역하거나 할 여지가 전혀 없었다. 그래서 나이가 들어가면서 우리를 그렇게 다루고 마음에 상처를 심어 준 아버지가 점점 싫어지기 시작했다. 때에 따라서는 나이가 들어 점점 몸이 쇠약해지면서 나타나는 자기자신의 불편함을 전혀 받아들이려고 하지 않는 아버지의 완고함에 대해 노골적으로 싫은 마음을 내비치기도 하였다. <u>왜 나이가 들어가면서 뭔가를 깨우쳐가는 마음이 전혀 없을까 하는 생각이 들었다.</u>

23. 밑줄 친 부분에 나타난 '나'의 심정으로 알맞은 것을 고르십시오.

① 싫증이 난다　　　② 오기가 난다
③ 짜증이 난다　　　④ 용기가 난다

24. 위 글의 내용과 같은 것을 고르십시오.

① 우리 아버지는 예전에는 가족에게 따뜻한 분이셨다.
② 나는 나이가 들면서 아버지를 이해할 수 있게 되었다.
③ 우리 형제들은 어릴 때 아버지를 거역할 수가 없었다.
④ 아버지는 늙어가면서 성격이 많이 부드러워지셨다.

※次を読んで質問に答えて下さい。（各2点）

> リプライ（コメント）とはネット記事の下に残す短い文を指す。どんなネット投稿であろうと投稿の下にリプライ欄を設け、投稿内容に関連して読者が自分の意見を言えるようにするのが普通である。自分の意見を自由に言えるようにしてあるため、（　　　）リプの内容を巡って討論が起きたり、時によってはネット記事を書いた人とリプを送った人との間で非難や批判が飛び交ったりすることもある。

19. （　　）に入る適切な表現を選んで下さい。

　　① 完全に　　　　② まったく　　　③ いつも　　　❹ 時々

解　説

　「완전히」「전혀」「언제나」「때때로」この4つのうち、適切なものは④になります。いつもそのようなことが起きるわけではないので③は正解にはなりません。

20. 上の文の内容と同じものを選んで下さい。

　　① すべての記事にリプライを送れるわけではない。
　　② 読者が自分の意見を残せない記事もある。
　　③ リプライを送る人はネット記事を批判することが出来ない。
　　❹ リプライを通して互いに違う意見を分かち合うことがある。

解　説

　①や②は同じ内容です。本文は基本的にリプは送れるものなのだと言っているので、両方とも内容と一致しません。批判も非難も出来ないことはないので③も不正解です。

聞・読

パターン
1

パターン
2

パターン
3

パターン
4

パターン
5

パターン
6

パターン
7

パターン
8

パターン
9

パターン
10

その他の
パターン

※次を読んで質問に答えて下さい。（各2点）

> 小さい時から芸能人になる夢を見る若者がいる。今日のように韓流が全世界的な話題を
> 呼び、ガールズグループや男子アイドルグループがとてつもない人気を博している現実を
> 見ると、そういう夢を見ている子たちを見て（　　　　）ばかり言うことも出来ない。既に
> エンターテインメント産業の規模が30兆ウォンに迫っている現実を見ても、それも人生
> を生きる立派な方法の1つであることを、もうわれわれ大人たちが認めなければならない
> 時が来ている。

21.（　　）に入る適切な表現を選んで下さい。

    ❶ 空しい夢を追いかけていると
    ② 賢いことを考えていると
    ③ 想像も出来ない真似をしていると
    ④ たちまち後悔するだろうと

解　説

　「만 할 수 없다」は「〜とばかり言うことも出来ない」という意味なので、その
前に来るものとして適切なものは①になります。

22. 上の文章の中心的な考えを選んで下さい。

    ① エンターテインメント産業に従事する青少年を育成しなければならない。
    ❷ 時代の変化に伴い、大人たちの考え方も柔軟にならなければならない。
    ③ 芸能人になろうとする青少年たちの判断を尊重しなければならない時が
      来ている。
    ④ アイドルグループが人気を集める現実をもう認めなければならない。

解　説

　エンターテインメント産業のために若者を育てようとは言っていないので①
は不正解です。若者の判断を尊重する時だとは言っていません。認める時が来
たと言っているだけなので③も不正解です。④もそのようなことは言っていま
せん。正解は②です。

※次を読んで質問に答えて下さい。(各2点)

> 　私の父は自分の子供たちに対して優しく何かをしてくれるタイプではなかった。子供たちの誕生日がいつなのかも知らず、子供たちを連れてどこかに遊びに行くこともしない人だった。その上とても厳しく怖かったので、小さい時にはそういうところに対して不平不満を言ったり、父の言うことに背いたりすることが出来る余地がまったくなかった。それでだんだん歳を取っていくうちに、私たちをそのように扱い、心に傷をつけた父のことが次第に嫌いになり始めた。時に、年齢を重ね体がどんどん衰弱していく中で現われる自分自身の不自由さを受け入れようとしない父の頑固さに、露骨的に嫌な顔をすることもあった。なぜ年齢を重ねながらも何かを悟っていく心がまったくないのだろうかという思いがした。

23. 下線部分に表れた'私'の心境として適切なものを選んで下さい。

　　① 飽きが来る　　② 意地になる　　❸ いらいらする　　④ 勇気が湧く

解　説

　　自分の父を情けなく思っている話し手の心境を最もよく表現しているのは「짜증이 난다」です。①の「싫증이 난다」は、辞書を引けば「嫌気がさす」と出てくるので言えそうに思えますが、人に対して使うと、その人に飽きてきたという意味になるので、ここで言いたいこととは違います。

24. 上の文の内容と同じものを選んで下さい。

　　① 私の父は以前は家族に温かい人だった。
　　② 私は歳とともに父が理解できるようになった。
　　❸ 私たち兄弟は小さい時、父に背くことが出来なかった。
　　④ 父は老いていくうちに性格がだいぶ優しくなった。

解　説

　　父という人が温かったとは言っていませんので①は内容と一致しません。父を理解できるようになったわけでもないので②も内容とは合っていません。性格はまったく変わりませんので④も内容とは違います。正解は③になります。

읽기

パターン**7**

闘・読

パターン**1**

パターン**2**

パターン**3**

パターン**4**

パターン**5**

パターン**6**

パターン**7**

パターン**8**

パターン**9**

パターン**10**

その他のパターン

パターン7からは計3問出題されます。新聞記事のタイトルを提示し、そのタイトルを踏まえた記事内容として最も相応しいものを選択肢から選ぶ問題です。解き方としては、タイトルとして提示された表現を先に読み、そこから連想した内容を4つの選択肢と照らし合わせていくやり方が効果的です。さて、タイトルのところに使われる表現ですが、比喩や含蓄的な表現が出てくることが多いので、部分的な単語の意味に惑わされないように注意して下さい。例えば「소비 심리 봄바람」は「봄바람（春の風）」が温かいイメージですから、消費心理がだいぶ緩んできたという意味になります。「백화점 매출 기지개」は「기지개（伸び）」が朝起きて体を伸ばすことを意味するので、デパートの売上がやっと伸びはじめてきたという意味になります。「고속도로 몸살 앓아」は「몸살을 앓다（風邪を引いて体が痛い）」が風邪で苦しむという意味なので、高速道路が大渋滞をしているという意味になります。

※다음 신문 기사의 제목을 가장 잘 설명한 것을 고르십시오.
　(각 2점)

25.

> 꽁꽁 얼어붙은 전통시장, 인터넷 몰은 '한파 특수'

① 길이 얼어붙어서 시장에 못 가는 사람들이 많아졌다.
② 추위로 인해 인터넷 몰에서 장을 보는 사람이 늘었다.
③ 인터넷 몰은 날씨와 상관없이 특수를 누리고 있다.
④ 전통 시장이 난방 대책을 충분히 마련하고 있지 않다.

26.

> 가상 화폐 거품 꺼질까, 비트 코인 등 일제 폭락

① 부풀려진 가상 화폐 값이 정상을 되찾을지도 모른다.
② 비트 코인은 거품 경기를 완전히 극복하게 했다.
③ 가상 화폐가 거품을 없애는 데 큰 역할을 했다.
④ 가상 화폐 가격이 폭등한 것은 거품이 아니었다.

27.

> '강 건너 불구경' 교통사고 피해자 과다 출혈로 사망

① 사고 당한 사람을 못 본 척하며 지나가 결국 죽게 만들었다.
② 자동차 사고로 인한 화재가 일어나 결국 피해자가 죽었다.
③ 불구경을 하다가 교통사고를 당해 결국 출혈로 사망했다.
④ 교통사고를 당해 피를 많이 흘리다가 죽었다.

日本語の意味及び解説

※次の新聞記事のタイトルを最もよく説明したものを選んで下さい。（各2点）

25.

> かちかちに凍り付いた在来市場、ネット通販は '寒波特需'

① 道が凍り付いて市場に行けない人が多くなった。
❷ 寒さでネット通販で買い物を済ませる人が増えた。
③ インターネットモールは天気と関係なく特需を謳歌している。
④ 在来市場が暖房対策を充分に取っていない。

解 説

「**얼어붙다**」は「凍り付く」の意味ですが、動きがまったくなく完全に止まっている状態を比喩で表す時に使います。「**전통시장**(漢字では「伝統市場」)」というのは、昔ながらの屋外の市場のことです。寒波で皆が出かけるのを控えているわけですから、「**전통시장**」はまるで開店休業状態になり、皆は買い物をネットに依存しているという状況なので②が正解になります。

26.

> 仮想通貨、バブル弾けるか、ビットコイン等一斉暴落

❶ 膨らんだ仮想通貨価格が正常を取り戻すかもしれない。
② ビットコインはバブル景気を完全に克服させてくれた。
③ 仮想通貨がバブルをなくすのに大きな役割をした。
④ 仮想通貨価格が暴騰したのはバブルではなかった。

解 説

「거품이 꺼지다 (泡が弾ける)」は、バブルが弾けるという意味です。正解は①になります。

27.

> '対岸の火事' 交通事故の被害者、出血多量で死亡

❶ 事故に遭った人を見て見ぬふりしながら通り過ぎ、結局死に至らせた。
② 車の事故による火災が起き、結局被害者が死んだ。
③ 火事見物をしている最中に交通事故に遭い、結局出血で死んだ。
④ 交通事故に遭って血をたくさん流し、死んだ。

解 説

「강 건너 불구경 (川の向こう側の火事見物)」は、人が困っているのを見ながら手をこまねいている状況を例えて言う時に使う表現です。正解は①になります。

聞・読

パターン1
パターン2
パターン3
パターン4
パターン5
パターン6
パターン7
パターン8
パターン9
パターン10
その他のパターン

　このパターンからは計3問出題されます。文章を読んでその内容と同じものを選択肢の中から選ぶ問題です。解き方ですが、本文を最初から最後までしっかり読むやり方はあまり賛成できません。文章が短いわけでもなく内容も難しいので、きちんと文章の内容を把握しようと思うとかなり時間がかかるからです。ではどうするかというと、①選択肢を読んでそこに書いてある単語や表現と同じものを本文から探して下さい。②見つかったら選択肢の内容と本文の内容とを照合します。③照合してもはっきりしない場合には見つかった個所の前後の文も一緒に読んでみて下さい。これで選択肢が本文と合っているかどうかが大体は判断できるはずです。判断がつかなかったら慌てずに次の選択肢に行くことです。こういう方法で順にやっていって、選択肢と本文の内容が合うものがあればそれが正解ということになります。

　さて、皆さん、誤解しないで下さい。試験を解くためのコツだけを言っているように思われるかもしれませんが、実はこれは文章を読解するちゃんとした方法の1つなのです。

※다음을 읽고 내용이 같은 것을 고르십시오. (각 2점)

32.

　스트라디바리우스는 바이올리니스트라면 누구나 다 가지고 싶어 하는 명기이다. 스트라디바리우스는 17세기에서 18세기에 걸쳐 이탈리아의 스트라디바리 일가가 만든 바이올린을 가리키는데 그 중에서도 안토니오 스트라디바리가 만든 바이올린이 제일 유명하다. 그는 생애에 걸쳐 약 1,000여 대의 현악기를 제작했다고 하는데 현재 약 600개 정도가 남아 있다. 그런데 도대체 왜 현대의 첨단기술이 300년 전의 수제 바이올린의 음색을 따라가지 못하는 것일까?

① 첨단 기술로 만든 것이 스트라디바리우스보다 낫다.
② 스트라디바리가 만든 바이올린은 음색이 뛰어나다.
③ 스트라디바리우스를 원하지 않는 바이올리니스트도 있다.
④ 지금의 스트라디바리우스는 현대에 와서 제작한 것이다.

33.

반딧불이는 개똥벌레라고도 하는데 배마디 아래쪽에 발광기를 가지고 있는 희귀한 곤충이다. 우리가 쓰는 백열등은 전기에너지의 불과 10%만을 가시광선으로 바꾸는 데 비해 반딧불이는 무려 90%를 가시광선으로 바꾼다. 인간이 개발한 전구는 불과 10%밖에 목적을 달성하지 못하고 나머지는 열에너지로 바뀌어 버려지고 마는네 생물발광을 하는 반딧불이는 10%밖에 버리는 것이 없으니 창조의 조화가 오묘하다 하지 않을 수 없다.

① 반딧불이는 에너지의 10%만을 가시광선으로 바꾼다.
② 백열 전등은 에너지 전환 효율이 아주 높은 제품이다.
③ 반딧불이는 머리 부분에서 빛을 발하는 곤충이다.
④ 인간의 지혜로 알 수 없는 생물의 신비가 아주 많다.

34.

리니언시 제도에 문제점이 많다는 지적이 끊이지 않는다. 적발하기 어려운 담합이나 카르텔을 기업들이 자진하여 신고했을 때 과징금을 면제하거나 경감시켜 주는 것이 취지임에도 불구하고 대기업들이 이 자진신고자 감면제도를 오히려 악용하고 있다는 비판이 나오고 있는 것이다. 자신들이 담합을 해 놓고도 적발되었을 때 거액의 과징금을 무는 것이 싫어서 서로 앞을 다투어 자진신고를 하여 과징금을 감면 받는다니 정말 모순된 일이다.

聞・読
パターン 1
パターン 2
パターン 3
パターン 4
パターン 5
パターン 6
パターン 7
パターン 8
パターン 9
パターン 10
その他のパターン

① 리니언시 제도를 악용하여 과징금을 감면 받는 기업이 있다.
② 자진신고자 제도는 대기업을 중심으로 잘 실행되고 있다.
③ 담합이나 카르텔을 하는 기업은 과징금을 면제받지 못한다.
④ 담합을 했다 하더라도 자진신고만 하면 과징금을 안 문다.

※次を読んで内容が同じものを選んで下さい。(各2点)

32.

> ストラディバリウスはバイオリニストなら誰しもがほしがる名器だ。ストラディバリウ
> スは17世紀から18世にかけてイタリアのストラディバリ一家が作ったバイオリンを指す
> が、その中でもアントニオ・ストラディバリが作ったバイオリンが最も有名だ。彼は生涯
> かけて約1,000台の弦楽器を制作したと言われているが、現在は約600台くらいが残って
> いる。しかし一体なぜ現代の先端技術が300年前の手製バイオリンの音色に勝てないのだ
> ろうか。

① 先端技術で作ったものがストラディバリウスよりいい。
❷ ストラディバリが作ったバイオリンは音色が素晴らしい。
③ ストラディバリウスをほしがらないバイオリニストもいる。
④ 今のストラディバリウスは現代に入って制作したものである。

解　説

　解き方の説明のところでも言いましたが、まずは選択肢に書いてある単語や
表現と同じ個所を本文から見つけることです。選択肢①と似ている内容は本文
の最後の文に出てきます。それには現代の先端技術が昔の手製バイオリンの音
色に追いつかないと書いてありますので、選択肢①は間違いになります。同じ
ように選択肢の内容と本文の内容とを照合していくと②が正解になります。

33.

> ホタルはケトンボルレともいい、腹節の下側に発光器を持っている珍しい昆虫である。
> われわれが使っている白熱灯は電気エネルギーのわずか10%だけを可視光線に変えるの
> に対して、ホタルは何と90%を可視光線に変える。人間が開発した電球はわずか10%し
> か目的を達成せず残りは熱エネルギーに変わり捨てられてしまうのだが、生物発光をする
> ホタルは逆に10%しか捨てるものがないと言うのだから、創造の調和は神妙と言わざる
> を得ない。

聞・読

パターン 1
パターン 2
パターン 3
パターン 4
パターン 5
パターン 6
パターン 7
パターン 8
パターン 9
パターン 10
その他の
パターン

① ホタルはエネルギーの10％だけを可視光線に変える。
② 白熱電灯はエネルギー転換効率がとても高い製品だ。
③ ホタルは頭のところから光を発する昆虫である。
❹ 人間の知恵では知る由もない生物の神秘がとても多い。

解 説

韓国語ではホタルのことを**반딧불이**とも**개똥벌레**とも言います。可視光線への転換率が10％なのは白熱灯ですので①は不正解です。白熱灯は転換率が低いので②も不正解になります。光を発するのはお腹の方なので③も不正解になります。

34.

> リニエンシー制度に問題点が多いという指摘がつきない。摘発しにくい談合やカルテルを企業の方から自主的に報告してきた時に課徴金を免除したり軽減してあげるのが趣旨のはずなのに、大手企業がこの自主申告の減免制度を逆に悪用しているという批判が出てきているのである。自分たちが談合をしておいて摘発された時に巨額の課徴金を払うのが嫌で、先を競って自主報告を行い課徴金を減免してもらうと言うのだから、実に矛盾している話である。

❶ リニエンシー制度を悪用し課徴金を減免してもらう企業がある。
② 課徴金減免制度は大手企業を中心にきちんと実行されている。
③ 談合やカルテルをする企業は課徴金の免除を受けられない。
④ 談合をしたとしても自主報告さえすれば課徴金は払わない。

解 説

リニエンシー制度は韓国では、別名「自主申告者減免制度」と言いますが、日本では課徴金減免制度と言います。大手企業がリニエンシー制度を悪用するという話なので、②は不正解です。③は自主報告をしてきたら救済措置を受けられるということなので、これも不正解になります。自主報告をしたとしても課徴金は払います。ですから、④も不正解です。

パターン9からも計3問出題されます。問題文を読んでその文章のテーマが何かを選択肢から選ぶ問題です。全体をまとめるテーマを選ぶ問題ですから、文章全体をしっかり読む必要があります。読んでいくうちにこういうテーマかなというものが浮かんでくるかどうかがポイントとなります。読み終わったら自分の考えていたテーマと一致するものを選択肢から選びます。

※다음 글의 주제로 가장 알맞은 것을 고르십시오. (각 2점)

35.

> 데이터나 각종 통계자료 등을 자신의 주장의 근거로 삼는 경우가 있다. 그런데 정부가 발표하는 각종 통계자료라면 그래도 믿을 만하지만 개인이 연구목적으로 수집하는 각종 데이터의 경우 어디까지 신뢰를 할 수 있는가가 문제가 되는 경우가 많다. 왜냐하면 자신이 제시하는 데이터가 신빙성이 있고 객관적인 것처럼 만들고 그것을 통해서 자신의 주장을 합리화하려는 케이스가 적지 않기 때문이다.

① 정부가 발표하는 통계자료도 때때로 틀릴 경우가 있다.
② 데이터나 통계자료를 자기 합리화의 도구로 쓰면 안 된다.
③ 연구목적으로 쓰는 데이터는 신뢰성을 물을 필요가 없다.
④ 자신의 주장을 정당화하기 위한 데이터는 써도 된다.

聞・読

パターン1
パターン2
パターン3
パターン4
パターン5
パターン6
パターン7
パターン8
パターン9
パターン10
その他のパターン

36.

아프리카 코끼리가 하루에 먹어 치우는 식물의 뿌리나 풀, 과일, 나무껍질 등을 다 합치면 약 150kg에 달하며 물도 평균 100ℓ는 마신다. 코끼리는 아주 기억력이 뛰어난 동물이라서 수십 킬로 떨어져 있는 물의 냄새를 맡을 수 있고 수백 킬로 떨어져 있는 급수지의 위치도 정확하게 기억한다. 수원지의 물이 완전히 메말랐을 때는 우물을 파서 물을 확보하는 재주도 가지고 있기 때문에 그 지역의 야생동물들을 죽음으로부터 지켜 주는 중요한 역할을 감당하기도 한다.

① 코끼리는 대식가이기 때문에 같은 곳에 머무를 수 없다.
② 코끼리는 뛰어난 후각으로 멀리 있는 동물을 알아차린다.
③ 코끼리는 장거리 이동을 할 정도로 기억력이 좋지 않다.
④ 코끼리는 여러가지 능력을 가지고 있는 영리한 동물이다.

37.

한국의 노인 빈곤율이 심각하다는 보도가 있었다. 그 이유가 무엇일까? 노후 대책을 잘 세워 놓지 않은 본인들에게도 그 책임이 있을지 모르지만 그게 노인빈곤 문제의 결정적 원인인 것 같지는 않다. 부모는 자식을 위해 희생해야 된다는 한국인이 가지고 있는 근본적이고 구조적인 사고방식이 빚어 내는 행태가 아닌가 하는 생각을 지울 수가 없다. 실제 경제적으로 궁핍한 생활을 하고 있는 노인들의 이야기를 들어보면 자신이 가지고 있는 모든 재산을 자녀들을 위해 써 버린 나머지 정작 자신의 노후에 쓸 돈은 전혀 없는 딱한 처지에 놓여진 사람들이 많다.

① 노인빈곤 문제는 꼭 본인들의 책임이라고만 할 수 없다.
② 자식을 위해 자신을 희생한다는 생각은 좋지 않다.
③ 노후대책에 쓸 돈을 남겨 놓는 노인들이 늘고 있다.
④ 가진 재산을 자식을 위해 써버리는 것은 어리석은 일이다.

38.

> 정당한 자기주장과 막무가내식의 나 중심주의와는 차원이 다르다. 내가 응당 누려야 할 권리가 침해를 받는다면 그것에 대해서는 과감히 싸워야겠지만 말도 안되는 자기중심주의적 주장을 정당한 권리주장이라고 착각을 한다면 그야말로 단세포적인 발상이라고 아니할 수 없다. 물론 오랫동안 억제되어 온 사회환경 속에서 살다가 이제 겨우 인식의 해방을 누리는 지금 다소의 격한 자기주장에 대해 이해를 거두겠다는 것은 아니지만 지나친 자기중심적 주장을 하는 사람들을 보면 역겹다는 느낌을 지울 수가 없다.

① 지나친 자기주장은 권리의 억제에 대한 반항으로 나타난다.
② 자기중심적 주장을 하는 사람을 보면 딱하다는 생각이 든다.
③ 자기주장은 정당하고 적당한 범위 내에서 이루어져야 한다.
④ 자기중심적 사고는 누려야 할 권리가 침해받을 때 나타난다.

日本語の意味及び解説

※次の文のテーマとして最も適切なものを選んで下さい。（各2点）

35.

> データや各種統計資料を自分の主張の根拠にすることがある。しかし政府が発表する各種統計資料ならまだ信頼に値することもあるが、個人が研究目的で集める各種データの場合、どこまで信頼を置けばいいのかが問題になることが多い。というのも、自分の提示するデータがあたかも信憑性と客観性を持っているかのように見せかけ、それを通して自分の主張を合理化しようとするケースが少なくないからである。

① 政府が発表するデータや統計資料も時々間違える時がある。
❷ データや統計資料を自己合理化の道具として使ってはならない。
③ 研究目的で使うデータは信頼性を問う必要がない。
④ 自分の主張を正当化するためのデータは使ってもよい。

解　説

　データを勝手に弄るのはよくないというのが最も言いたいことなので②が正解になります。

36.

> アフリカ象が1日に食べる植物の根っこや草、果物、木の皮などをすべて足していくと約150kgになり、水も平均100ℓは飲む。象はとても記憶力の優れた動物なので、数十キロ離れた水の匂いを嗅ぐこともでき、数百キロ離れた水源地の位置も正確に覚えている。水源地の水が完全に枯れた時には井戸を掘り、水を確保する才能もあるため、その地域の野生動物を死から守る重要な役割をすることもある。

① 象は大食漢なので同じところに留まれない。
② 象はずば抜けた嗅覚で遠くにいる動物に気づく。
③ 象は長距離移動ができるくらい記憶力がよくない。
❹ 象はいろいろな能力を持っている賢い動物だ。

解　説

　本文は象が持っているいろいろな能力を紹介する内容になっているので、④が正解になります。

37.

> 韓国の老人貧困率が深刻だという報道があった。その理由は何だろうか。老後の対策をしっかり立てておかない本人たちにもその責任があるかもしれないが、それが老人貧困問題の決定的な原因のようには見えない。親は子供のために犠牲になるべきと思う韓国人の持つ根本的かつ構造的な考え方が作り出す現象なのではないかという印象を拭えない。実際経済的にひっ迫している老人たちの話を聞いてみると、自分の持っていた財産を子供たちのためにはたいてしまい、いざ自分の老後には使うお金がまったくない気の毒な境遇に陥っている人が多い。

❶ 老人貧困問題は必ずしも本人たちの責任とは限らない。
② 子供のために自分を犠牲にするという考え方はよくない。
③ 老後対策に使うお金を残していく老人たちが増えている。
④ 持っている財産を子供のために使ってしまうのは愚かなことだ。

解　説

　①が正解になります。②はそのような考え方を持っている人もいるかもしれませんが、本文では言っていませんので不正解です。③は本文の事実とは違います。④もそのように考えている人がいるかもしれませんが、問題文では言っていませんので不正解になります。

38.

> 　正当な自己主張とどうしようもない自己中心主義とは次元が違う。自分の正当な権利が侵されるのであれば、それに対しては果敢に戦わねばならないが、まったく話にならない自己中心的な主張を正当な権利主張と勘違いをするとしたら、それこそ単細胞的な発想と言わざるを得ない。もちろん長い間抑制されてきた社会環境の中で生きてきてやっと認識の解放を謳歌している今、多少の激しい自己主張に対する理解そのものを拒むわけではないが、度を過ぎた自己中心の主張をする人を見ると、おぞましいと感じずにはいられない。

① 度を過ぎた自己主張は権利の抑制に対する反抗として表れる。
② 自己中心的な主張をする人を見ると気の毒な感じがする。
❸ 自己主張は正当かつ適度の範囲内でなされなければいけない。
④ 自己中心的な思考は受けるべき権利が侵害される時に表れる。

解　説

　①②④はすべてあり得る話です。しかしそのいずれも全体をまとめるようなテーマにはならず、一部を説明する内容になっています。問題文のテーマとして最も適切なものは③です。

聞・読

パターン1
パターン2
パターン3
パターン4
パターン5
パターン6
パターン7
パターン8
パターン9
パターン10
その他のパターン

읽기 　　　　　パターン**10**

このパターンからは計3問出題されます。例文を出してその文を問題文の
どこに入れればいいのかを選ぶ問題です。解き方ですが、①例文をしっかり
読み、その意味を把握しておいて下さい。②問題文の㋐ ㋑ ㋒ ㋓のところ
に例文を入れて順に読んでいきます。③例文を入れて読んだ時に流れが自然
であればそれが正解です。裏返して言うと、本文を読んでいって㋐ ㋑ ㋒
㋓の前後で話のつながりがおかしく感じられるところは不正解ということに
なります。

39.

여름철이 되면 심한 발 냄새 때문에 고민하는 사람이 있다. ㉠
발에서 나는 냄새는 바로 발에 서식하는 세균이나 박테리아 등의
화학작용 때문이다. ㉡ 이런 지독한 발 냄새를 없애는 방법은 아
주 간단하다. 발에 서식하는 균을 처치해 버리거나 균이 증식을
못하는 환경을 만들어 주는 것이다. ㉢ 그래서 반드시 땀을 잘 흡
수해 주는 면양말을 신고 여러 켤레의 신발을 번갈아 사용하며 실
내에서는 슬리퍼로 갈아신는 등의 노력을 하는 것이 좋다. ㉣

[보기]

이 균은 특히 땀이 날 때 활발히 증식되는데 땀이 많이 나는 여
름철이 되면 당연히 더욱더 활발해질 수밖에 없다.

① ㉠　　　　② ㉡　　　　③ ㉢　　　　④ ㉣

40.

　　현직 고교 교사들이 삼인 시집을 냈다. 이 시집은 다른 시집들과는 좀 성격이 다르다. ㉠ 그런데 그 투박한 언어 집합체 속에서 아이들을 가르치는 선생님들의 진심이 문득문득 묻어져 나온다. ㉡ 이런 게 사람의 마음을 울리는 시집이라는 생각이 든다. 미사여구가 아니면 어떠랴. 세련된 시어가 아니면 어떠랴. 진심은 그런 것이 아닌 것을. ㉢ 그래서 뭔가를 안다는 사람은 늘 조심해야 한다. 시는 이렇게 쓰는 거야. 소설은 그렇게 쓰는 게 아니야. 에세이를 그렇게 쓰면 되나? ㉣

[보기]

　　시집다운 점도 별로 없는 것 같고 딱히 시로서의 작품성이 두드러지지도 않는다.

① ㉠　　　　② ㉡　　　　③ ㉢　　　　④ ㉣

41.

　　인공지능 개발이 점점 가속화되고 있다. ㉠ 설마 그런 게 가능하랴 싶었던 무인 자동차는 물론 영화 속에서나 있을 법했던 얼굴 인식 기술 등 상상치도 못했던 새로운 기술이 속속 출현하고 있다. ㉡ 사람의 지능을 대체하는 인공지능은 실용화가 가능하다면 그야말로 꿈과 같은 이야기이기 때문에 연구자들은 그 개발에 오랫동안 심혈을 기울여왔다. ㉢ 이 두 핵심기술의 확보로 인해 인공지능 기술은 앞으로 비약적인 기술 혁신을 보일 것으로 관측된다. ㉣

[보기]

> 그럼에도 불구하고 이렇다 할 가시적인 성과가 없었던 것은 방대한 데이터 축적 기술과 데이터를 서로 연결하는 신경망 구축에 애를 먹었기 때문이다.

① ㉠　　　　② ㉡　　　　③ ㉢　　　　④ ㉣

日本語の意味及び解説

39.

> 夏になると足の臭さで悩む人がいる。㉠ 足から漂う臭いは足に生息する細菌やバクテリア等の化学作用のためである。㉡ こういう酷い足の臭いを消す方法はとても簡単だ。足に生息する菌を死滅させるか菌が増殖できない環境を作ってやるのである。㉢ それで必ず汗をよく吸収してくれる綿の靴下を着用し、何足かの靴を代わる代わる履き、室内ではスリッパに履き替えるなどの努力をするのが望ましい。㉣

〈例〉

> この菌は特に汗をかく時に活発に増殖するのだが、汗をたくさんかく夏になると当然もっと活発になる。

① ㉠　　　　② ㉡　　　　**❸ ㉢**　　　　④ ㉣

解　説

　例文の冒頭は「이 균은」で始まっています。ということは、直前に菌のことに触れている文がなければいけないことになります。その条件を満たしているのは②と③ですが、もっと活発に増殖する菌を抑えるための対策を次の文で説明している㉢の方がより適切な正解になります。

40.

> 　現職の高校の先生たち3人が詩集を出した。この詩集は他の詩集とは少し趣が違う。⑦ しかしその荒削りの言語集合体の中から子供たちを教える先生たちの真心がひょいひょいとにじみ出てくる。⑥ こういうのが人の心に響く詩集なんだなという気がする。美辞麗句じゃなくてもよい。洗練された詩語じゃなくてもよい。真心はそういうものではない。⑥ それで、何かを知っていると自称する人は常に気をつけなければならない。詩はこう書くんだよ。小説はそう書くんじゃない。エッセーの書き方ってそんなだった？ ②

〈例〉

> 　詩集らしいところもあまりなさそうで、これといって詩としての作品性も際立っていない。

❶ ⑦　　　　② ⑥　　　　③ ⑥　　　　④ ②

解　説

　例文では詩集のことをさらに詳しく説明しているような内容が続きます。ということは、例文の前に詩集のことに触れている文がなければいけないことになります。その条件を満たしているのは①になります。

41.

> 　人工知能の開発がどんどん加速している。⑦ まさかそれが可能だろうかと思っていた無人自動車はもちろんのこと、映画の中でしか見ることのできなかった顔認識技術など、想像も出来なかった新しい技術が続々と出現している。⑥ 人間の知能を代替する人工知能は実用化が可能になればそれこそ夢のような話なので、研究者たちはその開発に長い間心血を注いできた。⑥ この2つの革新技術の確保によって、人工知能技術はこれから飛躍的な技術革新を遂げるものと予測される。②

〈例〉

> 　それにもかかわらずこれといった可視的な成果がなかったのは、膨大なデータの蓄積技術やデータとデータをつなぐ神経網の構築に手こずったからである。

① ⑦　　　　② ⑥　　　　❸ ⑥　　　　④ ②

解　説

　例文には2つの技術の話が紹介されていますが、⑥の直後を見るとその2つの技術の話が続きます。正解は③になります。

聞・読

パターン 1
パターン 2
パターン 3
パターン 4
パターン 5
パターン 6
パターン 7
パターン 8
パターン 9
パターン 10

읽기 　　　　　　　　　　その他のパターン

　42番以降は、下線部分に表れた人の心境として適切なものを選ぶ問題と、問題文の内容と一致するものを選ぶ問題とのセットで出題される42番、43番、本文のテーマを選ぶ問題と、（　）に入る最も適切な表現を選ぶ問題とのセットで出題される44番、45番、例文をどこに入れればいいのかを選ぶ問題と、本文の内容と一致するものを選ぶ問題とのセットで出題される46番、47番が続き、最後に、筆者が文を書いた目的を聞く問題と、（　）に入る適切な表現を選ぶ問題、下線部分に表れた筆者の態度として適切なものを選ぶ問題の計3問セットで出題される48番、49番、50番ですべてが終わります。42番から47番までは、既に紹介したパターンと同じものが繰り返し出てくるので、それぞれの解き方を参考にすればいいと思います。最後の3問ですが、必ずしも順番通りに解く必要はありません。どちらかと言うと、<u>49番→50番→48番の順番で解いていった方が効果的だと思います。内容的に48番の問題が最も難しく時間を要するからです。</u>

　さて、49番ですが、本文の（　）に①から④までの選択肢を入れて読み、適切なものを選んで下さい。それから50番に行きます。50番では、先に下線部分を読み、筆者の態度として適切なものを選びます。下線部分を読んだだけで判断がつかない時には、下線部分の前後の文も一緒に読んで下さい。無事に49番、50番が終わったら48番に行きます。

　これらの3問ですが、읽기試験の最後に出てくる問題だけあって内容がかなり難しく、特に48番の問題は本文をしっかり読まないと非常に分かりにくいです。ですから、他を全部終わらせた後、残った時間を使ってゆっくり本文を読んで正解を導き出して下さい。

얼핏 보아도 깔끔하고 똑똑하게 생긴 선생님이 우리 아들의 담임선생님이 된 것은 정말 다행스러운 일이었다. 1반부터 12반까지 한 사람씩 담임선생님 소개가 이어질 때 3반이 되기만을 바랐는데 정말 그렇게 되었다. 그다지 학군이 좋은 것도 아니고 그렇다고 남의 집 자식처럼 머리가 엄청 좋은 것도 아닌데 어떻게든 대학에 가려면 우리 선생님같이 똑부러진 선생님한테 걸려야 된다는 게 내 생각이었다. 아니나 다를까 우리 아들은 엄마 생각대로 되어 갔다. 학교 이야기는 도통 안 하던 녀석이 입에 침이 마를 정도로 선생님 칭찬을 해댔다. 아무리 깨워도 이불 속에서 꼼지락거리면서 제 힘으로 일어날 줄을 모르던 물러 터진 녀석이 <u>설마 또박또박 제 시간에 일어나 단정하게 학교에 갈 준비를 할 줄 누가 알았으랴?</u> "엄마, 시험 공부해야 하니까 내일 새벽에 깨워 주세요"라고 했을 때 나는 이게 꿈인가 생시인가 볼을 꼬집어 보고 싶은 심정이었다.

우리 아들 반은 뭘 해도 1등을 하는 모양이었다. 달이 바뀌는 게 기다려질 정도였다. 매달 이번 달은 우리 반이 국영수 싹 쓸었다는 둥 전체 50등 안에 든 숫자가 제일 많다는 둥 내가 기뻐할 만한 소식만 꼬박꼬박 물어오니 그도 그럴 밖에.

42. 밑줄 친 부분에 나타난 '나'의 심정으로 알맞은 것을 고르십시오.

① 갑갑하다　　② 감격스럽다　　③ 조심스럽다　　④ 의심스럽다

43. 위 글의 내용과 같은 것을 고르십시오.

① 기대하지 않았던 분이 아들 담임선생님이 되었다.
② 아들의 학교생활이나 집에서의 모습에 실망했다.
③ 아들 담임선생님한테 진심으로 감사드리고 싶다.
④ 아들을 통해 듣는 학교 이야기가 마음에 안 들었다.

閱・読

パターン 1
パターン 2
パターン 3
パターン 4
パターン 5
パターン 6
パターン 7
パターン 8
パターン 9
パターン 10

その他の
パターン

※다음을 읽고 물음에 답하십시오. (각 2점)

> 한계비용이란 생산량을 한 단위 증가시키는 데 들어가는 생산비의 증가분을 말한다. 한계생산비라고도 한다. 생산비는 고정비용과 변동비용으로 이루어지는데 고정비용이라 함은 생산량의 증감과 상관없이 일정하게 들어가는 비용을 말하고 변동비용은 생산량의 증감에 따라 변화하는 비용을 말한다. 일반적으로 변동비용은 (   ) 생산이 안정기에 들어가면 어느 정도 줄어들게 된다. 그러나 생산량이 늘어나게 되면 결국 어느 순간부터 다시 증가하게 된다. 한편 평균비용은 총비용을 총생산량으로 나눈 것을 말하는데 생산량이 커지면 한계비용이 점차 커지므로 그에 따라 평균비용도 커지게 된다.

44. 위 글의 주제로 알맞은 것을 고르십시오.

　① 한계비용과 생산량의 증감에 대한 설명
　② 한계비용이 평균비용에 미치는 영향
　③ 고정비용과 변동비용의 증감
　④ 생산비와 생산량에 대한 설명

45. (   )에 들어갈 내용으로 가장 알맞은 것을 고르십시오.

　① 항상 일정하게 들어가다가
　② 종업원의 숫자에 따라 증감하다가
　③ 생산시기와는 상관없이 늘어나다가
　④ 생산초기에 급격하게 증가하다가

※다음을 읽고 물음에 답하십시오. (각 2점)

　　자유 또는 평등의 개념은 지극히 보편화된 개념이라서 새삼 그 뜻을 되새겨 본다 해도 별 새로울 것이 없는 것처럼 느껴진다. (㉠) 그러나 이 둘은 인간 사회에서 가장 중요하고도 기저적이고 원초적인 개념이기 때문에 우리들은 언제든지 이 두 개념으로 돌아가 무엇이 부족하고 무엇이 우리 사회에서 문제인지를 되짚어 볼 수 있어야 한다. (㉡) 자유와 평등을 무시하던 정권들을 보라. 그 정권에서 인간의 존엄이 있었던가. 그들이 피지배자들을 사람으로 생각한 적이 있었던가. (㉢) 한편 자유와 평등을 누리게 할 줄 아는 정권과 지도자가 있던 나라와 시대를 생각해 보라. 자유와 평등 속에서 얼마나 많은 정신적 풍요로움과 기쁨과 평화가 샘 솟 듯했는가를. (㉣)

46. 위 글에서 <보기>의 글이 들어가기에 가장 알맞은 곳을 고르십시오.

<보기>

　　자유와 평등을 박탈당한 사람한테서 인간의 존엄을 기대한다는 것 자체가 어불성설이기 때문이다.

　① ㉠　　　　　② ㉡　　　　　③ ㉢　　　　　④ ㉣

47. 위 글의 내용과 같은 것을 고르십시오.

　① 자유와 평등은 필요와 상황에 따라 억압될 수도 있다.
　② 자유와 평등은 누릴 자격이 있는 사람에게 주어야 한다.
　③ 자유와 평등은 모든 사회와 시대에 보편적이지 않다.
　④ 자유와 평등은 주어지는 것이 아니고 누려야 하는 것이다.

聞・読

パターン 1
パターン 2
パターン 3
パターン 4
パターン 5
パターン 6
パターン 7
パターン 8
パターン 9
パターン 10
その他の
パターン

※다음을 읽고 물음에 답하십시오. (각 2점)

> 제조물책임법은 국가가 국민의 생명과 재산을 보호할 수 있어야 한다는 기본 명제를 실천하고자 하는 취지 아래 만들어진 법이다. 인간이 사회생활을 영위해 나가는 데 있어서 무엇인가를 만들어서 남에게 팔아 이익을 얻고 누군가가 그것을 사서 이용한다면 그 둘 사이에는 암묵적이고 기본적인 신용거래, 즉 먹고 입고 사용해도 아무런 탈이 없을 것이라는 거래가 이루어졌다고 보아야 한다. 왜냐하면 그것을 사서 쓰는 사람은 그것을 사용함으로써 어떤 피해가 발생할 것이라고는 (   ) 때문이다. 상상해 보라. 슈퍼에서 어떤 식품을 구입할 때 먹고 죽을 수도 있다는 생각을 해야 하는가? 따라서 물건을 만들어서 팔고 싶은 사람이 있으면 반드시 그 상품에 대해 안전하다는 개런티를 부여해야 한다. 만약 개런티를 할 수 있는 자신이 없다면 제조를 해서도 안 되고 판매를 해서도 안 된다. 이것이 제조물책임법의 법적 논리이다.

48. 필자가 이 글을 쓴 목적을 고르십시오.

① 제조물책임법이 왜 만들었지를 설명하기 위해서
② 신용거래가 왜 중요한가를 강조하기 위해서
③ 국가가 국민의 생명과 재산을 보호하기 위해서
④ 상품에 대한 개런티의 중요성을 인식시키기 위해서

49. (   )에 들어갈 내용으로 알맞은 것을 고르십시오.

① 눈곱만치도 생각하지 않기
② 털끝만큼도 마음이 없기
③ 눈치코치 없기로 유명하기
④ 발톱만큼도 관심이 없기

50. 밑줄 친 부분에 나타난 필자의 태도로 알맞은 것을 고르십시오.

① 상품을 만들어서 판매하려면 반드시 품질보증을 해야 한다.
② 상품을 제조 판매하는 사람은 반드시 안전을 책임져야 한다.
③ 상품을 제조 판매하려면 개런티에 대한 자신이 있어야 한다.
④ 제조물책임법은 국가 보증제도의 일환으로 만든 것이다.

※次の文を読んで質問に答えて下さい。（各2点）

ぱっと見て清潔そうで賢そうな先生がうちの息子の担任の先生になったのは本当に幸いだった。1組から12組まで1人ずつ担任の先生の紹介が続く時に、3組になれと祈っていたが、本当にその通りになった。さほど学区がいいわけでもなく、かといって他人の子みたいに頭がいいわけでもないのだから、どうにかして大学に行くためにはうちの先生みたいなしっかり者に当たらなきゃと思うのが私の持論だった。案の定、息子はママの思惑通りになっていった。学校の話をしたこともない子が先生のことをしきりに褒めてきた。いくら起こしても自分では起きることを知らないダメっ子が、まさかのまさかきちんと定刻に起きて学校に行く準備をするとは想像すらしなかった。"お母さん，テストの勉強をするから明日の朝早く起こしてね。"と言われた時には、夢か現かほっぺたをつねってみたいという心境だった。

息子のクラスは何もしてもトップのようだった。月が変わるのが待ち遠しいくらいだった。毎月今月はうちのクラスが国英数総なめだよとか、全体50位以内に入った数がうちのクラスが最多とか、私が喜びそうなことばかり運んでくるのだから、それもそのはず。

---

42. 下線部分に表れた‘私’の心境として適切なものを選んで下さい。

　　① もどかしい　　❷ 感激だ　　③ 注意深い　　④ 疑わしい

43. 上の文の内容と同じものを選んで下さい。

　　① 期待していなかった人が息子の担任の先生になった。
　　② 息子の学校生活や家での態度に失望した。
　　❸ 息子の担任の先生に心から感謝したい。
　　④ 息子を通して聞く学校の話が気に入らなかった。

※次を読んで質問に答えて下さい。（各2点）

> 限界費用とは生産量を1単位増加させるのにかかる生産費の増加分を指す。限界生産費とも言う。生産費は固定費用と変動費用とで構成されるが、固定費用とは生産量の増減と関係なく一定にかかる費用をいい、変動費用は生産量の増減によって変化する費用を言う。一般的に変動費用は（　　　　　）生産が安定期にさしかかるとある程度減ってくる。しかし生産量が増えていくと結局ある時から再び増加することになる。一方平均費用は総費用を総生産量で割ったものを指すが、生産量が大きくなると限界費用も徐々に多くなるので、それにより平均費用も多くなることになる。

44. 上の文のテーマとして適切なものを選んで下さい。

   ❶ 限界費用と生産量の増減についての説明
   ② 限界費用が平均費用に及ぼす影響
   ③ 固定費用と変動費用の増減
   ④ 生産費と生産量についての説明

45. （　　）に入る最も適切なものを選んで下さい。

   ① 常に一定にかかり　　　　　② 従業員の数にしたがって増減し
   ③ 生産時期とは関係なく増え　❹ 生産初期に急激に増加し

※次を読んで質問に答えて下さい。（各2点）

> 自由や平等の概念は至極普遍化した概念なので、改めてその意義をかえりみると言っても何ら新しいものはないかのように感じる。（　㋐　）しかしこの2つは人間社会で最も重要で基底的で原初的な概念なので、われわれはいつでもこの2つの概念に立ち戻り、何が足りなくて何が我々の社会で問題になっているかを再確認しなければならない。（　㋑　）自由と平等を無視した政権を見よ。その政権下で人間の尊厳があっただろうか。彼らが被支配者たちを人間として扱ったことがあっただろうか。（　㋒　）一方自由と平等を享受させる術を知っていた政権や指導者のいた国や時代を思い起こして見よ。自由と平等の中でいかに多くの精神的豊穣と喜びと平和が湧き溢れ出ていたことかを。（　㋓　）

46. 上の文で〈例〉の文が入る最も適切なところを選んで下さい。

〈例〉

自由と平等をはく奪された人に人間の尊厳を期待すること自体が言語道断だからである。

① ㄱ   ❷ ㄴ   ③ ㄷ   ④ ㄹ

47. 上の文の内容と同じものを選んで下さい。

① 自由と平等は必要と状況によって抑圧され得る。
② 自由と平等は享受する資格のある人に与えられるべきだ。
③ 自由と平等はすべての社会や時代に普遍的ではない。
❹ 自由と平等は与えられるものではなく享受するものだ。

※次を読んで質問に答えて下さい。（各2点）

> 製造物責任法は、国が国民の生命と財産を保護すべきだという基本命題を実践しようという趣旨の下作られた法律である。人間が社会生活を営むに当たって何かを作って他人に売り利益を得、誰かがそれを買って使用するとすれば、その2つの間には、暗黙的かつ基本的な信用取引、つまり食べて着て使っても何ら差し障りがないという取引が成立していると見なされなければならない。というのも、それを買って使う人がそれを使用することによってある被害が発生するとは（　　　）からである。想像して見よ。スーパーでとある食品を購入する時に、食べて死ぬこともあるかもしれないと考えなければいけないのだろうか。したがって物を作って売りたい人がいたら、必ずその商品に対して安全だというギャランティを付与しなければならない。もしもギャランティをする自信がなかったら、製造をしてもいけないし、販売をしてもいけない。これが製造物責任法の法的論理なのだ。

48. 筆者がこの文を書いた目的を選んで下さい。

❶ 製造物責任法がなぜ作られたのかを説明するために
② 信用取引がなぜ重要なのかを強調するために
③ 国が国民の生命と財産を守るために
④ 商品に対するギャランティの重要性を認識させるために

49. (　　) に入る最も適切なものを選んで下さい。

　　❶ これっぽちも考えない　　　② これっぽちも気持ちがない
　　③ 無神経で有名だ　　　　　　④ 足の爪ほども興味がない

50. 下線部分に表れた筆者の態度として適切なものを選んで下さい。

　　① 商品を作って販売したいと思ったら必ず品質保証をしなければならない。
　　❷ 商品を製造販売する人は必ず安全に対して責任を負わなければならない。
　　③ 商品を製造販売するためにはギャランティに対する自信がなければなら
　　　ない。
　　④ 製造物責任法は国家保証制度の一環として作られたものである。

聞・読

パターン1

パターン2

パターン3

パターン4

パターン5

パターン6

パターン7

パターン8

パターン9

パターン10

その他のパターン

文法というもの

　現行のTOPIK制度では文法試験がありません。では、文法が試験科目から抜けたからといって疎かにしていいかというと、そうではありません。韓国語が上手になりたければ文法は欠かせないものだからです。文法の勉強をあまりしていないのに、そこそこのレベルにまで行けたという方は見たことがありません。また、初級や中級の文法ならまだついて行けるけど、上級文法になると何か難しくてよく分からないという方が結構いらっしゃいます。文法はその国の言葉を正しく聞き取り正しく話すためのルールですから、しっかり理解し覚えておかないと、いずれ韓国語はやってもやっても分からない難しい言葉だと言い、やめてしまう結果になりかねません。文法はルールと言いましたが、別の言い方をすると、自分が言いたいことを紡ぎださせてくれる魔法の杖みたいなものだということを、ぜひご理解頂きたいと思います。

　一方、日本語と韓国語を言語の年齢という観点から比較をすると、韓国語はおじいちゃん言語で、日本語は青年言語になります。両方ともアルタイ語族に属するという共通点に基づき、言語の諸側面を観察していくとそういうことが言えます。そうなると、日本語は若い言語ですから、それぞれの表現にあまり細分化が進んでいないことになり、韓国語は年を取っている言語ですから、かなりの部分に至るまで細分化が進んでいることになります。例えば、接続や連結の時によく使われる「〜て」にあたる韓国語の表現が複数あることがその例です。そうなると、どういう時の「〜て」が「〜고」になり、どういう時の「〜て」が「〜아서/어서」になるのかをしっかり理解し覚えなければなりません。使い分けを正確に理解し覚えないと、ある時には通じて、またある時には通じないような試行錯誤が繰り返されることになります。たまたま通じたとしても、なぜ通じているのかが分からないから修正も効きません。これでは発展的な学習は期待しにくくなるわけです。

　さて、以下に続く中上級文法の説明ですが、試験に役立つのはもちろん、

この部分だけを切り離しても今後の学習に役立つようにしっかり説明を施しました。いくつか使い方をここで紹介しておきます。

1. 項目の立て方ですが、TOPIK Ⅰ とは違い、가나다라順で並べました。TOPIK Ⅱ のレベルになると、同じ形で終結表現になったり連結表現になったりし、また助詞になったり語尾になったりするので、分けることはあまり意味をなさないからです。

2. 例えば「겠＋거들랑」のように、複数の表現が1つの表現を形成している場合、複合形で説明をする必要があるものは項目を立てて説明していますが、ある程度分かるものについては立てていません。すべてを項目立てて説明すると、膨大な量になるからです。「겠＋何か」の形だけでも46個あるくらいです。ですから、詳しい説明が見たい方は、拙著『中上級ハングル文法活用辞典』をご参考下さい。なお、この『中上級ハングル文法活用辞典』では、意味が似ている表現同士でどんな使い方をすればいいのかも丁寧に説明していますが、本書では、そのような説明まではしていませんので、それも気になる方は、同書をご参考下さい。

3. 日本語の訳をつけにくいものについては敢えてつけておらず、斜線処理をしました。そういうものについては、意訳をつけていますので、全体でその意味が掴めるようにして頂きたいと思います。

1. 감

- 相手の主張や提示される事実・状況に、話し手が軽く反論または反発する意味を表すもの。方言色があり、傾向的に年配の人が使う。

のかな	그게 내 잘못인감?	それが俺のせいなのかな？
	우리 집에 언제 오는감?	うちにはいつ来るのかな？
	집에 있는감?	家にいるのかな？
ようで	어찌 그리 바쁘신감?	まぁ、忙しいようで…。

2. 같은

- 「名詞＋같은＋名詞」の形で使われ、その名詞に相応しいレベルにあることを表す場合と、かなり酷いレベルであることを表す場合との2つがある。

らしい	오랜만에 가수 같은 가수가 나왔다. 久々に歌手らしい歌手が出てきた。
	말 같은 말을 해야 대꾸를 하지. 話にもならないことを言うんだから返事のしようがないわ。

3. 같으니라고

- 人を罵倒する時に使う言葉で、罵倒や非難したいものを出してその後につける。

（バカ）め （アホ）めが	저런 병신같으니라고.	あぁ、あのバカが…。
	한심한 놈 같으니라고.	情けない奴めが。

4. 거나

- 複数の出来事を示し、その中のどれを選んでもいいという意味を表す。

たり、 か	열이 나거나 어디 아프면 오세요. 熱が出たりどこか具合が悪かったら来て下さい。	
	아마 너거나 날거야.	多分お前か俺だと思うよ。

5. 거늘

- 「というのに」の意味を持つ古い言い方。後ろの文で前の文と相反する内容を言うことが多い。

というのに、 だろうに	그리 놀랄 일도 아니거늘 어찌 그러시는 게요? そんなに驚くことでもなかろうに何故そうなさるのかな。
	사람은 다 똑같은 법이거늘 양반 상놈이 어디 있겠소. 人間は皆同じだろうに、両班、庶民の区別がどこにあるというのか。

6. 거니 ~거니 하다

- 対立する2つの出来事が繰り返されることを表す。

たり~たり する	술잔을 주거니 받거니 하면서 밤새 이야기를 나눴다 お酒を酌み交わしたりしながら夜通し話し込んだ。

7. 거니와

- ある事実を一旦認めた上で、コトはそれで終わりではなく、それと関連した別の事実がさらに後から続くのだという意味を表す。

も~ば、 も~れば	우리 팀은 실력도 없었거니와 운도 없었다. うちのチームは実力もなければ運もなかった。
	저는 그 사람 이름도 모르거니와 어디 사는지도 모릅니다. 私は彼の名前も知らなければどこに住んでいるのかすらも分かりません。

8. 거니 하다/싶다

- ある事実を推測して認めていることを表す。

だろうなと 思う	벌써 도착했겠거니 했는데 아직 안 왔어? とっくに着いているのだろうなと思ったのにまだ来ていないの？
	다 먹어 버렸거니 했더니 남겨 놓았어? 全部食べてしまったのだろうなと思ったのに残してくれたの？

9. 거들랑

・ある動きや状態がいざその通りになったり実現したりしたらという意味を表す。

たら	비싸거들랑 사지 말고.　　　高かったら買うんじゃないよ。
	아빠 집에 있거들랑 잠깐 보자고 해. (あなたの) お父さん家にいたらちょっと (私の方から) 話があるって伝えてくれる？

10. 거들랑(요) / 걸랑(요)

・意中のある出来事を口に出す前に、相手がそれに対してマイナスイメージを持たないように、今の状況をさりげなく伝える意味を持つ。

んだよ、 んですよ	저 먼저 갈게요. 어머니가 걱정하시거들랑요. 私、先に失礼します。母が心配しているのですよ。

11. 건 말건

・話題になっている出来事の行動または状態が進行中であろうと止まっていようとそれに関係なくという意味を表す。

う / ようが ～う / よう が	사람이 기다리건 말건 상관없다는 이야기야? 人が待とうが何しようが関係ないって言うの？
	시부모가 아프건 말건 관심없지? 舅姑が具合が悪かろうがどうだろうが関心ないよね。

12. 건대

・これから大事なことを話すよというニュアンスを相手に伝える意味を持つ。

するが、 に	부탁드리건대 그것만은 이야기하지 말아 주십시오. お願いですから、それだけは言わないで下さい。
	추측컨대 절대 찬성 안 할 겁니다. 推測するに、絶対賛成しないと思います。

文法編

模擬試験1

模擬試験2

模擬試験3

模擬試験4

最新の出題傾向

13. 건마는/
   건만

・前文の出来事の状態から十分期待され得るある出来事がその通りに行かない
　ことを残念に思う気持ちを表す。

というのに	조금만 도와주면 내 짐도 가볍겠건만. 少しだけ手伝ってくれれば私の荷も軽くなるというのに。
	그러면 안 된다고 누누히 가르쳤건만 결국 그렇게 됐네. そうしてはならないと何度もたしなめたというのに結局そうなったんだね。

14. 걸(요)

・話し手がある事実に感心したり、あるいはある出来事か予想外のことである
　ことを相手に認識させたりする時に使われる表現。

な、ね、 よ	이거 보통 일이 아닌걸	これはただ事じゃないな。
	보기보다 꽤 먹는걸.	見かけより結構食べるね。

15. 겸

・ある動きをするついでにまた別の動きもするという意味を表す。

兼ねて、 するついで に	얼굴도 볼 겸 회사 근처로 와. 밥이나 먹자. いろいろ兼ねて会社の近くまで来いよ。飯でも食おう。
	한국어 공부도 할 겸 한류 드라마를 보고 있어요. 韓国語の勉強も兼ねて韓流ドラマを見ています。

16. 게

・ある出来事に、後ろの文への目的・理由・程度・手段などの意味を持たせたい時に使う表現。

するように	불편없이 생활하실 수 있게 도와 드리겠습니다. 不便なく生活できるようにお手伝いをさせて頂きます。
	일하는 분들 시원하게 선풍기 좀 틀어라. 働く方たちが涼めるように扇風機をつけてあげて。

17. 게도

・形容詞の後につき、その性質状態の度合いを改めて強調する意味を表す。

ことに	놀랍게도 오래된 옛일을 기억하고 있었다. 驚くことに古い昔のことを覚えていた。
	다행스럽게도 잃어버렸던 가방을 찾았다. 幸いなことに失くしたカバンが見つかった。

18. 게 마련이다

・放っておけばおのずとそうなってくるものだという意味。

するものだ	사람은 누구나 다 죽게 마련이에요. 人間は誰でもみんな死ぬものです。
	주위 사람 말을 안 들으면 실패하게 마련이야. 周りの忠告を聞かないと失敗するものだよ。

19. 게 만들다

・誰かにあることをほぼ強制させることを表す。

にさせる	제 발로 나오게 만들어야죠. 自分の足で出てくるようにしむけないとだめですね。
	스스로 생각하게 만들겠습니다. 自分で考えるようにさせます。

文法編

模擬試験1

模擬試験2

模擬試験3

模擬試験4

最新の出題傾向

20. 게 생겼다

・今取り組んでいることが否定的な結果を招きかねないことを心配する意味。

する羽目に なりそう	이러다가 저 여자하고 결혼하게 생겼다. こうしていたらあの女と結婚する羽目になりそう。
	이제 회사가 망하게 생겼네. これは会社が潰れるようになりそうだね。

21. 게시리

・前文で仕掛けたある出来事のレベルが、後ろの文に続くマイナスイメージの出来事の成立に充分なものだったという意味。

ことに、 ように	귀찮게시리 왜 자꾸 사람을 불러요? うっとうしいことに、何でしつこく人を呼ぶんですか。
	기분 나쁘게시리 왜 반말이에요? 腹立たしいことに、何でため口ですか。

22. 겠다

・意志や確実な推量の意味以外に、強い反語的な推量表現になることがある。

するはずが ないだろう	걔가 그걸 먹겠다. あの子がそれを食べるはずないだろう。
	우리 아빠가 그걸 참으시겠어요? うちのお父さんがそれを見逃すはずないでしょう。

23. 고자 하다

・話し手がある行動をする意図や意欲を持っていることを表す表現。硬い言い方。

しようとす る	살고자 하는 자는 죽을 것이요. 죽고자 하는 자는 살 것이다. 生きようとする者は死に、死のうとする者は生き延びるであろう。
	막상 그 사람을 용서하고자 하니 망설여진다. いざ彼を許そうとすると躊躇してしまう。

24. 기(가) 그지없다

・ある出来事の程度や状態のレベルが終わりや限度がないくらいであることを表す。

| 果てしない、い限りだ | 장사가 잘돼서 기쁘기 그지없네요.
商売がうまく行っているので嬉しい限りですね。 |
| | 우리 사회의 도덕 수준은 부끄럽기 그지없다.
社会の道徳レベルが恥ずかしい限りだ。 |

25. 기가 무섭게

・ある出来事が終わってすぐさま次の出来事に着手することを表す表現。

| 하자마자、するや否や | 문을 열기가 무섭게 손님이 들이닥친다.
店を開けるや否やお客さんが押し寄せる。 |
| | 아침에 눈을 뜨기가 무섭게 집을 나갔다.
朝目が覚めるや否や家を出た。 |

26. 기가 이를 데 없다

・ある出来事の状態や程度が一定のレベルを超えていることを表す表現。

| この上ないくらい | 저 사람은 정말 무례하기가 이를 데 없다.
あの人は本当にこの上ないくらい無礼だ。 |
| | 저 친구 하는 짓거리를 보면 답답하기가 이를 데 없어요.
あの人のふるまいを見ているとこの上ないくらいもどかしいです。 |

27. 기 나름이다

・物事はやり方次第でその結果が大いに変わることもあるのだという意味を表す。

| 方次第だ | 다 생각하기 나름이죠.　　　すべては考え方次第ですね。 |
| | 어떤 사람이든 다 다루기 나름 아니에요?
どんな人であれ、みんな扱い方次第じゃないですか。 |

28. 기나 하다

・せめてこれから提示する動きや状態を満足させるように相手に命令、提案したり、仮定をする意味を表す。

しなさい せめて	그런 소리 말고 먹기나 해. もうそれくらいにして早く食べなさい。
	솔직하기나 하면 그렇게까지 화를 내지는 않았을 거야. せめて正直に話してくれたならそこまで怒ったりはしなかったと思うよ。

29. 기는(요)/
진

・相手の発言内容が事実と違うことを軽い口調で言う表現。軽く相手をたしなめたり否定したりする意味になる。

だなんて	사이가 좋기는. 매일 싸운대요. 仲がいいだなんて。毎日喧嘩するらしいですよ。
	예쁘기는요. 얄미워 죽겠어요. 可愛いですって？（とんでもないですよ）憎たらしくてしようがありません。

30. 기도 하거니와

・今考えているある事実をまず認めた上で、さらにそれを上回る出来事が起きることを表す。

もそうだし もさること ながら	그는 젊기도 하거니와 무엇보다도 깨끗한 이미지가 장점이다. 彼は若いのもいいが、何よりクリーンなイメージがいいところだ。
	그 사람은 부자이기도 하거니와 일을 정말 많이 하는 사람이다. あの人は金持ちなのもさることながら、仕事を本当にたくさんこなす人だ。

31. 기란

・ある事実がその実現にかなりの難しさを伴うものであることを例示する表現。

| というのは | 외국인에게 한국어 가르치기란 쉬운 일이 아니에요.
外国人に韓国語を教えるのは簡単なことではありません。 |
| | 요즘 같은 세상에서 애 키우기란 여간 힘든 일이 아니에요.
こういう世の中で子育てをするのは並大抵のことではありません。 |

32. 기로는

· 可能性を持っている事実は複数あるが、その中で1つ選ぶとすればという意味を表す。

| で言えば | 살기 편하기로는 우리 동네가 제일이지.
住みやすさで言えば、うちの町が一番だよ。 |
| | 맛 좋기로는 청어요 많이 먹기로는 명태라잖아.
味のよさで言えばニシン、食べ応えで言えばスケソウダラと言うじゃない。 |

33. 기로서니

· 仮にそうだからと言って何でもやっていいことにはならないという意味を表す。

| からと言って | 아무리 우리 집이 가난하기로서니 무시를 하다니.
いくらうちが貧乏だからと言って無視をするとは。 |
| | 내가 좀 못살게 굴었기로서니 그럴 수가 있는 거야?
私がちょっと意地悪をしたからってそれはないだろう。 |

34. 기 십상이다

· あることが十中八九そうなると判断する意味を表す。

| ほぼ、
間違いなく | 이 길은 눈이 오면 넘어지기 십상이다.
この道は雪が降ったら間違いなく滑る。 |
| | 헬멧도 안 쓰고 오토바이 타다가는 크게 다치기 십상이다.
ヘルメットも被らずにバイクに乗っていたら大けがするのは必至だよ。 |

35. 기야 하다

・相手の発言を当然のこととしてまず認めた上で、それとは別に他のことがありそうだということを表す。

| なのは〜だ | 가능하기야 하겠지만 상당히 어려울 것 같습니다.
可能なのは可能ですが、相当難しそうです。 |
| | 똑똑하기야 똑똑하지.　　賢いのは賢いよ。 |

36. 기에 망정이지

・あるよからぬ事態になる前にタイミングよく今の出来事が発生し、その事態から逃れたという意味を表す。

| からいいもの
のの | 내가 먼저 알았기에 망정이지 이렇게 될 뻔했어.
私が先に知ったからよかったものの、大変なことになるところだったよ。 |
| | 그 정도로 그쳤기에 망정이지 큰일날 뻔했다.
そのくらいで済んだからよかったものの、大変なことになるところだったね。 |

37. (ㄹ/을)까 보다

・確実ではないが、その意図も持っているという意味。

| かと思う | 오늘 여길 나갈까 보다.
今日ここを出ていこうかなと思う。 |
| | 내가 돈 떼먹을까 봐?
私が借金を踏み倒すと思っているわけ？ |

38. 깨나

・名詞について名詞の表す動きや状態がかなりの程度のものであることを表す。

| | 너 어릴 때 말썽깨나 폈겠다?
お前、小さい時にかなり悪いことをしただろう。 |
| | 운동깨나 한다는 녀석이 맞아?
そこそこ運動をしているというやつが殴られた？ |

39. 나(이나)

・ある特定の事柄を取り上げて提示し、その事柄について大変関心を持っていることを表す助詞。

	열 명이나 왔어?　　　　　　10人も来たの？
も に でも	휴가철이나 돼야 손님이 올까? 休みのシーズンにでもならないと客が来ないだろう。
	너나 잘해.　　　　　　お前が頑張れよ。
	심심한데 영화나 보러 가야겠다. 暇だから映画でも観に行こう。

40. 나~나

・2つの出来事を並べて取り上げ、それらの事柄に対して話し手が強い関心を持っていることを表す意味。

	어른이나 애나 똑같다고?　　大人も子供も同じだって？
も~も でも~でも	저건 오나 가나 말썽이에요. あいつはどこに行っても頭痛の種だね。
	있으나 없으나 매한가지예요. いてもいなくてもまったく変わりません。

41. 나마

・あまり期待していなかった出来事がそれなりに必要最低限の価値を生み出してくれたことで安心、安堵する意味を表す。

でも ながら	이렇게 늦게나마 뵐 수 있어서 반갑습니다. こうやって遅ればせながらもお会いすることが出来て嬉しいです.
	전화로나마 네 목소리를 들으니 안심이 된다. 電話でお前の声が聞けただけで安心だ.
	이거 부족하나마 제 성의입니다. これ、本当につまらないものですが、私の気持ちです.

42. 노라

・書き言葉風の動詞終止形.

た する	무사히 도착했노라는 연락이 왔습니다. 無事に着いたという連絡がきました.
	벽에 기대 잠시 잠을 청하노라는데 쿵하는 소리가 들렸다. 壁に寄りかかって少しうとうとしていたらドンという音が聞こえた.
	혼자 사노라니 힘든 일이 한두 가지가 아니다. 1人暮らしをすると大変なことが1つや2つではない.
	오랫만에 집에 누워 있노라니까 옛날 생각이 난다. 久々に家で寝転がっていたら昔のことが思い出される.

43. 느라니(까)

・一途にある事柄に取り組んでいたら、それに影響され別の出来事が発生することが分かったという意味.

| しようとし
たら | 처음부터 연구를 다시 시작하느라니 어려움이 많다.
最初から研究をしなおそうとしたら困難なことが多い. |
| | 매일같이 2시간이나 걸려 출근하느라니 보통 일이 아니다.
毎日のように2時間もかけて出勤しようとするとなかなか大変だ. |

44. 느라면

・ある事柄にずっと取り組み続けると、その結果後ろの文の出来事が発生するようになるという意味.

しようもの なら するとなる と	가파른 언덕을 올라가느라면 내가 리어카를 밀어줘야 했다. 急勾配の丘を登るとなると私がリヤカーを押さなければならなかった。
	누군가가 안에 들어와 두리번거리느라면 잽싸게 다가가 말을 거는 사람이 있었다. 誰かが中に入ってきょろきょろしていると、素早く近寄り話しかける人がいた。

45. 는가 싶으면

・何か注目している出来事があって、そのままその方に進むのかなと思うと、どういうわけかそれとは違う展開になってしまうという意味。

かなと思う と	자는가 싶으면 일어나고 일어나는가 싶으면 다시 자고. 寝るのかなと思うと起きて、起きるのかなと思うとまた寝て。
	좀 오르는가 싶으면 떨어지고 해서 별로 못 벌었어. 少し上がるのかなと思うと落ちたりして、あまり儲かっていないよ。

46. 는가 하면

・展開中の出来事がそのままその方向に進むのかなと思ったら違う展開になったりすることを表す。

のかと思う と	일 좀 하는가 하면 금방 없어지고. ちゃんと仕事するのかなと思えばすぐいなくなって。
	어느 날은 바쁜가 하면 또 어느 날은 한가하고 그래요. ある日は忙しいかと思えば、またある日は暇だったりなんですよ。

47. 는 고사하고

・関連する複数の事柄のうち、例に挙げている事柄のレベルに到達するにははるか及ばないという意味。

文法編

模擬試験1

模擬試験2

模擬試験3

模擬試験4

最新の出題傾向

| はおろか
どころか | 100미터는 고사하고 10미터만 갔으면 좋겠어요.
100メートルはおろか10メートルだけでも行きたいです。 |
| | 영어는 고사하고 국어라도 잘했으면 좋겠어요.
英語どころか国語だけでも上手に話したいです。 |

48. 니

・あることをやるくらいだったら、いっそのこと後ろの文のことをやった方が
　ましだと判断する気持ちを表す。

| するくらい
ならいっそ
のこと | 그런 데를 가느니 그냥 집에 있겠다.
そんなところに行くくらいならこのまま家にいるよ。 |
| | 널 시키느니 내가 갔다오는 게 빠르지.
お前に頼むくらいだったらいっそ自分で行ってきた方がいいわ。 |

49. 니~니

・ある出来事の取り組み方について話し手が主観的かつ恣意的にその内容を批
　判する意味を持つ。内容的に対立する2つの言葉を羅列して使うことが多い。

だの〜だの やら	이제 와서 가느니 안 가느니 한단 말이에요? 今となって行くだの行かないだのって言っているんですか。
	나한테 죄송하다느니 뭐니 할 거 없어요. 私に申し訳ないだのどうだのって言う必要ありません。
	이 정도 가지고 피곤하다느니 지쳤다느니 해요? この程度で疲れただのしんどいだのって言うんですか。
	책이니 가방이니 그런 것들은 다 두고 갈 거야. 本やらカバンやらそれらは全部置いていくよ。

50. 니만큼(니만치)

・ある出来事の行為や状態のボリュームが想定するレベルにちょうど見合うも
　のであることを表す。

| だけに | 이번 일이 처음이니만큼 잘 하셔야 됩니다.
今回の仕事が初めてであるだけに頑張らないといけませんよ。 |
| | 사고 후유증으로 두통이 심하니만큼 조심하셔야 합니다.
事故の後遺症で頭痛が酷いから気を付けなければいけませんよ。 |

51. 다

・「다가」の省略形。

| していて
しながら | 울다 잠이 들었나 봐요.
泣いていたんですけど、寝たみたいですね。 |
| | 가다 생각해 보니 안 되겠어요.
(帰りの途中で) 考えてみたんですけど、だめなような気がします。 |

52. 다(고) 하더라도

・「〜したとしても」の意味。

| したとしても | 제가 어떤 말을 한다 하더라도 놀라지 마세요.
私がどんなことを言ったとしても驚かないで下さい。 |
| | 아무리 돈이 많다 하더라도 그래서는 안 되지.
いくらお金があったとしてもそんなことをしてはいけないよ。 |

53. 다〜다

・ある動きが何回も繰り返され、その結果後ろの文の内容に至ってという意味。

する〜する だの〜 だの	저런 놈은 보다 보다 첨 본다. (今までいろんな人を見てきたけど) あんなのはまったく初めてだよ。
	하다 하다 안 되면 포기해야죠. やってもやっても出来なかったら諦めるしかないでしょうね。
	쓰다 달다 말이 없네. 저 사람은. (苦いなら苦い、甘いなら甘い) あの人、何も言わないね。

文法編

模擬試験1

模擬試験2

模擬試験3

模擬試験4

最新の出題傾向

54. 다가

・ある出来事に別の出来事が上乗せされるという意味。

し、それに のに、それ に加えて	돈으로다가 다 해결하겠다? お金ですべて解決するってか。
	직업도 없는 데다가 가진 돈도 없잖니? 職業もないし、それにお金も持ってないじゃない。
	점심을 많이 먹은 데다가 과일까지 먹었더니 배가 부르다. お昼をたくさん食べてそれに果物まで食べたらお腹がいっぱいです。
	이거 가져다가 써라.　　これ、持っていって使って。

55. 다(가) 못해

・ある動きや状態・性質などが極限に達し、それ以上立ち行かなくなっていることを表す。

し過ぎて し兼ねて	남편의 무능을 보다 못해 부인이 나섰다. 夫の無能を見るに見かねて奥さんが出てきた。
	배가 고프다 못해 아파요.　お腹が空き過ぎて痛いです。

56. 다(가) 보니까

・ある動きや状態・性質などが進行する過程で新たな事実に気付いていることを表す表現。

していたら から	너 자주 보다 보니까 미인인줄 모르겠다. しょっちゅう会っていると君が美人であることを忘れるね。
	요새 하도 바쁘다 보니까 정신이 없어서. 最近忙しすぎてばたばたしていたからついつい…。

57. 다(가) 보면

・ある動きや状態・性質などがある程度進行すると新しい事実に気づいたり発見したりするものだという意味。

| していると | 열심히 하다 보면 길이 열리겠죠.
頑張っていれば道が開かれるでしょう。 |
| | 마음이 무겁다 보면 병도 나고 그러는 거야.
暗い気持ちになると病気もしやすくなるからね。 |

58. 다거니

・2つ以上の動きや状態・性質が複数回繰り返されることを表す。

| するだの | 결혼한다거니 안 한다거니 시끄러워 죽겠네.
結婚するだのしないだのってうるさくて敵わない。 |
| | 네가 가야 한다거니 내가 가야 한다거니 하며 서로 싸웠다.
お前が行くべきだの俺が行くべきだの言いながらお互いに言い合った。 |

59. 다거든

・例に挙げたある動きや状態の出来事がいざその通りになったとその人が言ったらという意味。

すると言っ たら	가 봐서 잔다거든 그냥 와. 行ってみて寝ると言ったらそのまま帰ってきてね。
	이번 일은 못한다거든 알았다고 해. 今回の仕事は出来ないと(その人に)言われたら分かったと言ってね。
	또 애 가진다거든 알아서 키우라고 해. また子供がほしいとか言ったら自分で育ててって言ってね。

60. 다게

・相手の発言や意図が意外だったり納得出来ないものだったりしてそれにものを言いたくなるという意味。

| だなんて | 웬일이야? 밥을 다 산다게?
どうした? ご飯をおごるだなんて。 |
| | 해가 서쪽에서 뜨겠다. 네가 공부하겠다게.
日が西から昇るね。お前が勉強したいだなんて。 |

61. 다고(요)

- 自分の発言を強調する言い方。自分の話をきちんと聞かない相手にもう1回繰り返すような形で使われることが多い。

するんだよ ってば	나, 다음 주에 한국 간다고.　俺、来週韓国に行くってば。
	나 이제 그만 집에 가겠다고.　私、もう家に帰るってば。

62. 다고

- 相手の話を聞いた時に、どこがだよと突っ込みたくなる気持ちを抱いていることを表す表現。

するわけ？ と言うの？	거기 뭐 볼 게 있다고. そこに何しに行くわけ？（見る価値のあるものは何もないよ）
	그런 사람이 어디가 좋다고. あんなやつのどこがいいと言うんだよ。

63. 다고(요)

- 自分の発言内容の程度がかなりのものであることを表す。

것か	엄마가 널 얼마나 찾았다고. お母さんがどれだけ探したことか。
	우리 딸 어릴 때 얼마나 예뻤다고요. うちの娘、小さいときにどんなに可愛かったことか。

64. 다기에/
다길래

- 他人から聞いた話をもとに話し手が次の行動を起こしていることを表す表現。

と言うから	여기 계신다기에 만나뵈러 왔습니다. ここにいらっしゃると言うので伺いました。
	절 부르셨다기에…. 私をお呼びとのことだったので…。
	너 어제 밤샜다길래 가져왔어. お前が昨日徹夜したと言うから持ってきたよ。

65. 다나 (어쩐다나/어쨌다나)

· 第三者との会話からすっきりしない気持ちを感じた話し手が、その気持ちを
相手に伝える時に使う表現。

| だのどうだ
 の | 오늘부터 매일 한 시간씩 걷겠다나.
 今日から毎日1時間ずつ歩くだのどうだの。 |
| | 그건 죽어도 못 한다나.   それは死んでも出来ないだのどうだの。 |

66. 다나 보다

· 他人から聞いたある出来事に対して、こっちの考える域を超えないだろうと
推量する意味を表す。

| みたいだ
 らしい | 오늘은 못 온다나 봐요.   今日は来られないらしいですよ。 |
| | 연령은 상관없다나 봐요.   年齢は関係ないみたいです。 |

67. 다는데/
     다는데도/
     다는데야

· 第三者の発言内容を前置きにして話し手が後ろの文の内容を言う意味を持つ。

と言うんだ けど と言うのに と言うんだ から	오늘 늦는다는데 무슨 일 있어요? 今日遅くなると言うんだけど、何かあるんですか。
	내일이면 돌아온다는데도 뭐가 걱정이야? 明日帰ってくると言うのに何が心配なの？
	본인이 공부하기 싫다는데야 어쩌겠어? 本人が勉強したくないと言うんだからどうしようもないよね。

68. 다니

・相手から聞いた話が思いがけない内容であることを表す表現。

って なんて	혼자 가겠다니 무슨 소리야?　1人で行くって何、それ？
	외출했다니? 그게 무슨 말이야? 出かけたって？　どういうこと？

69. 다니

・相手から聞いた話を自分の判断の根拠にする意味を持つ表現。

と言うから	우리한테 유리하다니 다행입니다. 私たちに有利だと言うのだから幸いです。
	그쪽에서 반대하고 있다니 큰일이군. あっちが反対をしていると言うから大変だね。

70. 다더니

・よく考えてみたら目の前の出来事が以前その人が言っていたことから起因していることが分かったという意味。

と言っといて と言っていたのに	못 온다더니 왔어? 来られないと言っていたのに来たの？
	이번 주까지는 있는다더니 벌써 가? 今週まではいると言っていたのにもう帰るの？

71. 다며

・話し手が何かを発言しながら、立て続けに他の動きをも行う意味を表す表現。

| と言いながら | 그 사람은 피곤하다며 바로 방으로 들어갔다.
彼は疲れたと言い、すぐに部屋に入った。 |
| | 10년을 키워 온 개가 병이 들었다며 걱정하고 있었다.
10年飼っていた犬が病気になったと言い、心配していた。 |

72. 다며?

・どこかで聞いた情報の真偽をさりげなく相手に確かめる意味を持つ。

| って? | 너 집에서 네가 설거지 한다며?
お前んちではお前が皿洗いをするって? |
| | 그 집 형편이 그렇게 안 좋다며?
そのお宅、生活がかなり厳しいって? |

73. 다손 치더라도

・仮にある事実が成立したとしても、それが後ろの文の内容を変えるまでには至らないという意味。

| するとしても
したとしても | 사회는 내가 본다손 치더라도 사진은 누가 찍어?
司会は私がやるとしても写真は誰が撮るの? |
| | 2천만 원은 빌린다손 치더라도 나머지는 어떻게 해?
2千万ウォンは借りるとして、残りはどうする? |

74. 다시피

・「〜の通り」「〜のように」の意味。

〜の通り 〜のように	알다시피	知っての通り
	아시다시피	ご存知の通り
	보다시피	見ての通り
	보시다시피	御覧の通り

75. 단/
　　단다

- 「단」　→ 다고 하는 (〜という＋名詞)
- 「단다」　→ 다고 한다 (〜と言う、〜だそうだ)

76. 대서/
　　대서야

- 「대서」　→「다고 해서」(〜すると言うので)
- 「대서야」　→「다고 해서야」(〜するようでは)

77. 더라고(요)

- 過去のある時期に話し手が直接経験して改めて分かった事実を引用し、相手に伝える言い方。

たよ たね	저보고 누구냐고 몇번이나 묻더라고요. 私に誰かって何回も聞いていましたよ。
	열심히 일해서 돈 많이 벌었더라고. 一生懸命働いてたくさん稼いでいたね。

78. 더라니

- 話し手が気にしていることが結局心配していた通りの結果になってしまったことを表す表現。

なと思って いたら	그렇게 사람을 무시하더라니 결국 자기가 당했지. よくもあんなに人を無視するなと思っていたら、結局自分が同じ目に遭ったんだね。
	잘할까 걱정스럽더라니 끝내 일을 저질렀네. 何とかやっていけるかなと思っていたら、とうとうしでかしてくれたね。

79. 더라니까(요)

- 自分が経験している事実を判断の理由・根拠にしていることを表す表現。

| んだよ
んだから | 쟤는 나만 보면 피하더라니까.
あの子は俺に会うと避けるんだよね。 |
| | 유리창이 몽땅 깨져있더라니까.
ガラスが全部割れていたんだよ。 |

80. 더러

・「に」の意味。あまり評価の対象にならない対象に使う。

| に | 이게 누구더러 미쳤대?
この野郎、誰に頭がおかしいって言うんだよ。 |
| | 누가 너더러 이거 하라고 그러대?
誰がお前にこれをやれと言ったんだい？ |

81. 던걸(요)

・過去見聞きしていた事実を思い起こしながら、それに対する自分の思い入れを相手に伝える意味を持つ表現。

| たよ | 그 친구는 그 이야기 전혀 모르던걸.
彼はその話、全然知らなかったよ。 |
| | 어제하고 똑같던걸.　　　　昨日とまったく同じだったよ。 |

82. 던들

・過去のことを振り返りながら、目の前の出来事と逆のことを仮定する意味を表す。

| たなら
たとするな
ら | 그 부탁만이라도 들어줬던들 이렇게까지 괴롭지는 않았겠지.
そのお願いだけでも聞いてやったなら、ここまで苦しかったりはしなかったはずだよ。 |
| | 더 오래 붙들고 있었던들 둘 사이가 회복됐겠어?
もうちょっと留めておいたなら2人の仲が回復したかな。 |

83. 던만큼/던만치

・過去のある出来事を振り返り、それがそれ相応のボリュームのものだったことを表す表現。

たほど ただけに	생각했던만큼 괴롭지는 않아요. 思ったほど苦しくないです。
	어릴 때부터 쭉 보아 왔던만큼 성공하기를 바라는 마음이 컸다. 小さい時からずっと見てきただけに、成功してほしいという気持ちが大きかった。

84. 던지

・過去のある出来事を振り返った時に、その出来事の内容が今一はっきりしないことを表す。

たことか たのか	아니라고 하는데도 의심이 가던지 몇 번을 물어보더라. 違うと言っているのに信じられないのか何度も聞いていたよ。
	비를 맞고 있는 내가 안됐던지 우산을 씌워 주었다. 雨に降られている私がかわいそうだったのか、傘をさしてくれた。

85. 둥~둥

・ある行為をするのかしないのか今一つはっきりしない様子を表す。「는둥~마는 둥/말 둥」の形で使われる。

しているような~していないような	애가 밤새 울어서 자는 둥 마는 둥 하고 그냥 나왔어요. 子供が夜通し泣くので、寝ているんだか寝ていないんだか分からないうちに家を出てきました。
	저 사람 갈 둥 말 둥 하면서 영 안 가네. あの人、今にも帰りそうなのになかなか帰らないね。

86. 듯이

・これから言おうとしている内容が今言った内容と似たようなものになること

を予告する意味。

| ように
のと同じよ
うに | 여러분께 미리 말했듯이 오늘은 중요한 날이 될 겁니다.
皆様にすでに言いましたように今日は大事な日になります。 |
| | 사람마다 생김새가 다르듯이 성격도 다른 법입니다.
人それぞれ違う顔をしているように性格も違うものです。 |

87. 듯~듯

・そのようでもあり、そうではないようでもあり、今一つはっきりしないありさまを表す。

しているよ うな、して いないよう な	비가 올 듯 말 듯 하면서 안 오네요. 雨が降りそうで降らないですね。
	화장을 한 듯 만 듯 하다. 化粧をしたのかしていないのか分からない顔だ。
	넘어질 듯 말 듯　　　　　倒れそうで倒れない

88. 따름

・ある出来事に対してそれ以外のことはあまり考えられないということを表す。

| のみ
ばかり
限り | 자주 여러분께 소식을 전해 드리지 못해 죄송할 따름입니다.
もっと皆様に頻繁に報告が出来ず申し訳ない気持ちでいっぱいです。 |
| | 그렇게 말씀해 주시니 고마울 따름입니다.
そう言って頂きありがたい限りです。 |

89. 락 말락 하다

・ある出来事がちょうどその形を成すか成さないかくらいの境界線に差し掛かっている様を表す。

| するか~し
ないかくら
い | 그분은 들릴락 말락 한 소리로 나에게 도움을 청했다.
その方は聞こえるか聞こえないくらいの声で私に助けを求めた。 |
| | 잠이 들락 말락 할 때에 전화가 왔다.
寝たか寝ていないかくらいの時に電話がかかってきた。 |

文法編

模擬試験1

模擬試験2

模擬試験3

模擬試験4

最新の出題傾向

90. 래서/래서야/래야/래자/랜다/랬거든/ 랬는데/랬자/랬지

- 래서 → 라고 해서 (しなさいと言うから)
- 래서야 → 라고 해서야 (させてはだめ)
- 래야 → 라고 해야 (しなさいと言わないと)
- 래자 → 라고 하자 (しなさいと言おう)
- 랜다 → 라고 한다 (しなさいと言っている)
- 랬거든 → 라고 했거든 (しなさいと言ったんだよ)
- 랬는데 → 라고 했는데 (しなさいと言ったのに)
- 랬자 → 라고 했자 (しなさいと言ったって)
- 랬지 → 라고 했지 (しなさいと言ったよね)

91. 랴~랴

- 複数の動きに取り組んでおり、なかなか大変な状況にあることを表す。

라리~라리	애 돌보랴 저녁하랴 정신이 하나도 없다. 子供の世話をしたり夕食の準備をしたり気が気でない。
	애들 유치원 보내랴 살림 하랴 일주일이 정신없이 지나간다. 子供の幼稚園の見送りをしたり家事をやったり、1週間があっという間に過ぎてゆく。

92. 려기에

- これから起きようとしているある動きや出来事が原因理由となって次の出来事を引き起こしていることを表す。

しようとするから	사람을 치고 달아나려기에 못 도망가게 붙잡았다. 人を轢いて逃げようとするから、逃げられないように捕まえた。
	시간이 없다는 핑계로 안 오려기에 꼭 오라고 했다. 時間がないことを口実に来ようとしないので、必ず来るようにと言った。

93. 려나 보다

・相手や第三者がこれからある動きや出来事を起こそうとしていることを表す。

しようとしているみたい	이따 오후에 와서 인사드리려나 봅니다. 後で午後に来て挨拶しようとしているみたいです。
	쟤 자려나 보다.　あの子、寝ようとしているみたい。

94. 려는가/
　　려는지

・何かが起きようとしている気配を気にするという意味を表す。

しようとしているのか	저 사람은 저기에서 뛰어내리려는가? あの人はあそこから飛び降りようとしているのか。
	양국 간의 관계도 서서히 회복되려는가? 両国間の関係も徐々に回復されようとしているのか。
	나에게 무슨 이야기를 하려는지 열심히 입을 움직이는 모습이 너무나 귀여웠다. 私に何を話そうとしているのか、一生懸命口を動かす仕草がとても可愛かった。

95. 려니(까)

・何かを実行しようとするとそれが原因・理由となって、次の出来事を誘発していることを表す。

しようと思うと	아무 것도 안 하고 집에만 있으려니까 답답하다. 何もしないで家にばかりいようとすると息苦しい。
	적은 예산으로 모든 일을 처리하려니까 어려운 점이 한두 가지가 아니다. 少ない予算ですべてのことを処理しようと思うと困難なことが1つや2つではない。

96. 로 말미암아

・ある出来事の成立が原因・理由となって、その後の出来事を引き起してい

ることを表す。

文法編

模擬試験1

模擬試験2

模擬試験3

模擬試験4

最新の出題傾向

| によって | 몇 차례에 걸친 지진으로 말미암아 완전히 고립되고 말았다.
何回かの地震によって完全に孤立してしまった。 |
| | 급격한 정세 악화로 말미암아 긴장이 높아지고 있다.
急激な情勢悪化により緊張が高まっている。 |

97. 로 해서

・ある場所を経由したり通ったりして最後の目的地に向かうことを表す。

| を通って
を経由して | 어디로 해서 가는 게 좋겠어?
どこを通って行った方がいい？ |
| | 부산으로 해서 목포 갔다가 제주로 왔습니다.
釜山を経由して木浦に行って、それから済州に来たんですよ。 |

98. 리라（고）

・これから間違いなくある出来事を実行する予定でいることを表す。

| だろうと
するまいと | 부족하긴 하지만 어느 정도 도움이 됐으리라 믿는다.
充分ではないしてもある程度は助けになったのだろうと信じる。 |
| | 이런 일은 두 번 다시 안 일어나리라고 믿고 있습니다.
こういうことは二度と起きないだろうと信じています。 |

99. 리라는/
　　리라던

・리라는　→ だろうという
・리라던　→ だろうと思っていた、しようと言っていた

100. 리만치/
　　　리만큼

・何かの程度や状態が、かなりのものと考えていたレベルにまで優に達していることを表す。

| ほどに
くらい | 정말 놀라우리만치 멋있고 환상적인 개회식이었어요.
本当に驚くほどに素晴らしくファンタスティックな開会式でした。 |
| | 그 사람은 무서우리만큼 일에 집착한다.
あの人は恐ろしいくらい仕事に執着する。 |

101. 마당에

・話し手の置かれた状況や境遇が狭いスペースに追い込まれていることを表す。

| ことだし
というのに | 우리도 어려운 마당에 누굴 도와준다고?
私たちも苦しいというのに他人を助けるって？ |
| | 이런 상황까지 되어 버린 마당에 더 이상 숨겨서 뭐하랴 싶었다.
こんな状況になったことだし、これ以上隠して何になるのだろう
と思った。 |

102. 마저

・ある事柄にさらなる何かを加える意味を表す。

| まで
も | 선생님마저 아이들을 외면하면 누가 우리 아이들 교육을
책임진단 말입니까?
先生までもこの子たちを諦めてしまったら、誰がこの子たちに責
任を持って教育してくれるというのですか。 |
| | 남편이 죽은 지 1년도 안 되어 부인마저 그 뒤를 따라갔다.
ご主人がなくなって 1 年も経たないうちに奥さんまでもその後を
ついていった。 |

103. 막론하고

・「～を問わず」の意味。

| (を)問わず | 이유 여하를 막론하고 출입을 금지합니다.
理由如何を問わず、出入りを禁止します。 |
| | 만일 같은 일이 또 생긴다면 지위 고하를 막론하고 반드시
책임을 물을 것입니다.
もしも同じことがまた起きたら、地位如何を問わず必ずその責任
を問います。 |

文法編

模擬試験1

模擬試験2

模擬試験3

模擬試験4

最新の出題傾向

104. 만 같아도

・ある対象を取り上げ、それと似たような状態であればまず不満はないということを表す。

だったら	작년만 같아도 이렇게 안 좋지는 않았어요. 去年だったらこんなに悪くはありませんでした。
	내가 40대만 같아도 좋겠다.　僕が40代だったらいいのにな。

105. 만치/
　　만큼

・「ほど、くらい」「だけに」「だけあって」「だけ」などの意味。

ほど だけに だけ	내가 하고 싶어서 열심히 일한 만치 후회는 없어요. 自分がやりたくて一生懸命やっただけに後悔はありません。
	너만큼 빈틈없이 일하는 사람 못 봤다. お前くらいしっかり仕事をする人は見たことがない。

106. 만하다

・何かをする価値は十分にあるという意味。

する価値は ある	그 영화 정말 볼 만해요.　　その映画、本当にいいですよ。
	내가 만든 스파게티 먹을 만해? 私が作ったスパゲッティ、食べられそう？
	거기 쓸 만한 애 있어?　　そこに使える子、いる？

107. 만 해도

・例えばあることを取り上げて例を出してみてもという意味。

まで	아까까지만 해도 멀쩡했는데 쓰러지다니 무슨 소리야? さっきまで大丈夫だったのに倒れただなんてどういうこと？
	우리가 결혼할 때만 해도 그런 거 안 했는데. 私たちが結婚する頃はそういうことはしていないのにね。

108. 망정

· 今があまり芳しくない状況にいたとしても、次のことは絶対皆が思うような
  状況にはしないという意味。

にしても からよかっ たものの	격려는 못 할 망정 비난은 하지 말아야죠. 激励はしないにしても非難はしてはいけないんじゃないですか。
	나길래 망정이지 다른 사람이라면 어떻게 할 뻔했어? 私だからよかったものの違う人だったらどうするつもりだったの？

109. 면 몰라도

· 万が一それが成立するんだったら次のことを考えられなくもないという意味。

라면마딜시 도 라면토모카 쿠	내가 간다면 몰라도 다른 사람이 가면 못 할 거에요. 私が行くならまだしも他の人が行ったら出来ないでしょう。
	직접 온다면 몰라도 그렇지 않으면 못 줍니다. 直接来るならともかくそうしないんだったらあげることは出来ません。

110. 면 좋겠다

· 強い願望の意味を表す。

であってほ しい てほしい たい	두 사람 사이가 좀 좋아졌으면 좋겠어요. お二人の仲がよくなってほしいですね。
	그냥 일에만 전념할 수 있으면 좋겠다. 仕事にただ専念したいですね。
	이번 일이 성공했으면 좋겠네요. 今回の仕事が成功してほしいですね。

111. 바

· 自分の言いたいことを相手の人に充分に認識させ、それから次の出来事の説
  明に取り掛かることを表す。

文法編

模擬試験1

模擬試験2

模擬試験3

模擬試験4

最新の出題傾向

したところ なので	자료를 충분히 검토한 바 사실이 아닌 것으로 판명되었습니다. 資料を入念に検討したところ、事実ではないものと判明しました。
	양쪽 의견이 별반 다를 것이 없는 바 원안대로 확정하도록 하겠습니다. 両方の意見に別段違いはありませんので、原案通り確定致します。

112. 바람에

・今の状況がある出来事の煽りを受けて成り立っていることを表す。

したがため に	늦잠을 자는 바람에 늦었습니다. 寝坊をしたため遅れました。
	타이어가 펑크 나는 바람에 차가 서 버렸다. タイヤがパンクしたため車が止まってしまった。

113. 바에(야)

・今の状況に不満で、次の打開策として新しい案を出すという意味。

するくらい なら のだから	이런 회사에 있을 바에야 그만두겠습니다. こんな会社にいるくらいなら辞めさせてもらいます。
	이런 취급을 받을 바에야 차라리 다른 데로 가겠어요. こんな扱いを受けるくらいなら、いっそのこと他のところに行きます。

114. 법이 없다

・行動の特徴として１つも統一が取れていないことを表す。

することが ない することを 知らない	우리 애들은 내 말을 듣는 법이 없다. うちの子たちは私の言うことを聞かない。
	집사람은 옛날부터 약속시간을 제대로 지키는 법이 없었다. 妻は昔から約束時間をきちんと守ることを知らない人だった。

115. 보고

・「に」の意味で、その人が期待が持てる対象であることを表す。

に	그걸 왜 나한테 가져와? 나보고 어떡하라고? それを何で俺のところに持ってくるの？ 俺にどうしろって？
	저보고 연락하라고 그러셨어요? 私に連絡するようにって言ったのですか。

116. 봤자

・あることをその通りにやったとしてもさほど影響はないという意味。

たって たところで	여기 온다고? 와 봤자 아무 것도 없어. ここに来るって？ 来たって何もないよ
	그런 사람하고 싸워 봤자 너만 손해야. あんな人と喧嘩したところで損するのはお前だよ。

117. 뿐더러

・今言っている事実だけでなく、実はもう1つのことがこれにはぶらさがっているということを表す。

も〜だし	저는 그 일에 관여하지 않았을 뿐더러 앞으로도 관여하고 싶지 않습니다. 私はそのことに関与もしていませんし、これからも関与したくありません。
	장소도 멀 뿐더러 교통도 불편한데 거기서 해야 돼요? 場所も遠いし、交通も不便なのにそこでしなければならないのですか。

118. 세라

・ある出来事が不意によからぬ方向に進まないように気にかけている様子を表す。

文法編

模擬試験1

模擬試験2

模擬試験3

模擬試験4

最新の出題傾向

| するまいと | 다른 친구에 뒤질세라 열심히 공부했다.
他の友達に遅れまいと一生懸命勉強した。 |
| | 행여 시간에 늦을세라 발걸음을 재촉했다.
時間に遅れまいと足取りを速めた。 |

119. 아/어 내다

・「～し抜く」「～し切る」の意味。

| し抜く
し切る | 네가 생각해 냈다는 게 이거니?
あなたが考え出したというのはこれか。 |
| | 그 분은 많은 제자들을 길러 내셨습니다.
あの方は多くの弟子を育て上げられました。 |

120. 아/어 대다

・ある動きを繰り返し続ける意味を表す。

| | 그만 좀 졸라대. 안 된다고 했잖아.
ねだるの、止めて。だめといったでしょう。 |
| | 엄청 먹어대네. 음식 모자라겠어.
かなり食べるね。料理、足りなそう。 |

121. 아/어서인지

・「～からか」「～からなのか」の意味。

| からか | 이 지갑은 내가 직접 만들어서인지 애착이 간다.
この財布は私が直接作ったからか愛着が湧く。 |
| | 날씨가 좋아서인지 공원에 사람이 많다.
天気がいいからか公園に人が多い。 |

122. 아/어서야

・「～してようやく（～しては～できないだろう）」の意味。

| してようやく | 그렇게 공부 안 해서야 대학에 갈 수 있겠어?
そんなに勉強しないんじゃ大学には行けないよ。 |
| | 남편은 날이 밝아서야 집에 들어왔다.
夫は夜が明けてようやく家に帰ってきた。 |

123. 아/어야

・「〜しないと〜しない」「〜しないと〜できない」の意味。

| しないと〜しない | 밥을 잘 먹어야 얼른 크지.
ご飯をたくさん食べないと早く大きくならないよ。 |
| | 장남이어야 된대요.　　　長男じゃないとだめみたいです。 |

124. 아/어야겠다

・「〜しなきゃ」「〜しないといけない」の意味。

| しなきゃ | 아무래도 안 되겠다. 내가 가 봐야겠다.
どうもいけないな。俺が行ってみなきゃ。 |
| | 슈퍼에 좀 갔다 와야겠어요.
スーパーにちょっと行ってきます。 |

125. 았/었구나 싶다

・「〜したなと思う」「〜するなと思う」の意味。

| したなと思う | 그 사람의 얼굴을 보고 내가 실수했구나 싶었다.
その人の顔を見て私が間違ったんだなと思った。 |
| | 내가 너무 심했구나 싶어서 연락했어.
俺がちょっとやり過ぎたのかなと思って連絡したよ。 |

126. 으되(되)

・「〜するのは〜するが」「〜するのはいいが」の意味。

するのは〜 するが	정 가고 싶으면 가기는 가되 꼭 연락하고 가. そんなに行きたかったら必ず連絡してから行ってね。
	함께 있기는 하되 반드시 서로 거리를 둘 것. 一緒にいるのはいいけど、必ずお互いに距離を置くこと。

127. 을/ㄹ는지

・これから何が起こるか計り知れないと思う話し手の心理を表す。

のか かどうか	그 사람이 과연 나타날는지 궁금하다. あの人が果たして現れるかどうか気になる。
	무슨 일이 있을는지 가슴이 설렌다. 何があるか胸がときめく。
	일이 더 심각해지는 건 아닐는지 걱정이 된다. ことがもっと深刻になるのではないのか心配だ。

128. 이고/고 나발이고

・今の出来事が自分にとってどうでもいいものであることを捨て台詞のように言う言い方。

だろうと〜 だろうと	공부고 나발이고 다 때려치우고 나가서 돈이나 벌어 와. 勉強もへちまも全部止めて金でも稼いで来いよ。
	다이어트고 나발이고 다 귀찮다. ダイエットもへちまもすべてが鬱陶しい。

129. 자거나/자거니/자거든/자거들랑/자기에/자길래

・자거나　→ 자고 하거나（〜しようとか）
・자거니　→ 자고 하거니（〜しようだの〜しようだの）
・자거든　→ 자고 하거든（〜しようと言ってきたら、〜って言われたら）
・자거들랑　→ 자고 하거들랑（〜しようと言ってきたら、〜って言われたら）
・자기에　→ 자고 하기에（〜しようって言うから）
・자길래　→ 자고 하길래（〜しようと言うから）

130. 자나(요)

· 相手から言われていることが納得行かない内容であることを相手にさりげな
く伝える意味を表す。

しようって	아무 말도 하지 말자나?	何も言わないようにしようって。
	이번 일은 그냥 넘어가자나? 今回のことは見過ごそうって。	

131. 자니까/자더니/자더라도/자던데(요)/
자든지/자며/자면서

· 자니까 → 자고 하니까 (～しようと言うから、～しようと思ったら)
· 자더니 → 자고 하더니 (～しようって言っといて)
· 자더라도 → 자고 하더라도 (～しようって言ってきても)
· 자던데 → 자고 하던데 (～しようって言うんだけど)
· 자든지 → 자고 하든지 (～しようとか)
· 자며 → 자고 하며 (～しようと言い)
· 자면서 → 자고 하면서 (～しようと言いながら)

132. 지라

· 前の出来事が後ろの文の内容の原因・理由となっていることを表す。

ので	부모님이 걱정하시는지라 일찍 들어갔어요. 両親が心配をしているので早く帰りました。	
	얼굴이 너무나도 똑같은지라 쌍둥인 줄 알았대요. 顔があまりにもそっくりなので双子だと思ったそうです。	

133. 지언정

· ある事実を仮定したり認めたりし、それが次の出来事に影響することは何も
ないということを表す。

するとしても するとしても	비록 가난하게 살지언정 비겁하게 살고 싶지는 않습니다. たとえ貧乏暮らしをしているとしても、卑怯な生き方をしたいとは思いません。
	의도나 취지는 옳았을지언정 방법은 그렇지 못했다. 意図や趣旨は正しかったとしても、方法はそうではなかった。

134. 짝이 없다

・ある状態や程度が比較の対象がないくらい酷いということを表す。「〜기 짝이 없다」の形で使われる。

極まりない	그 일이 정말 아쉽기 짝이 없다. そのことが本当に残念でならない。
	하는 짓을 보면 앞날이 걱정스럽기 짝이 없다. やっていることを見ると将来が心配でたまらない。

135. 차

・「〜던 차에」「〜던 차이다」の形で使われ、あることをしようと思っていたちょうどその時にという意味を表す。

ところ	안 그래도 궁금하던 차에 잘 왔다. そうじゃなくても、どうなっているのかが気になっていたところだったのに、よく来てくれた。
	같이 모여서 상의하던 차였어요. 一緒に集まって話し合いをしていたところです。

136. 참

・あることをしようとする正にその時、その状況という意味。

ところ つもり	지금 막 나가려는 참인데 왜 그러세요? 今出かけようとしていたところですが、どうされたのですか。
	이제는 나까지 바보로 만들 참이야? 今度は俺まで馬鹿にする気か。

157

137. 척/
체

・「〜척하다」「〜체하다」の形で使われ、嘘の態度を取ったりそうふるまって見せたりしていることを表す。

ふり	학생이 아닌 척을 했다.　　学生ではないふりをした。
	모르는 체하고 안으로 들어갔다. 知らんぷりをしながら中に入った。

138. 치고(는)

・例外なくほぼすべてという意味。

にしては	많이 배운 사람치고는 아주 겸손해요. 学がある人にしてはとても謙虚です。
	선수치고는 키가 작은 편입니다. 選手にしては背が小さい方です。

139. 커녕

・「〜言うまでもなく」「〜おろか」などの意味。

言うまでも なく おろか	밥은커녕 죽도 제대로 못 얻어먹었다. 御馳走はおろか、ご飯もちゃんと出してもらえなかった。
	만나기는커녕 목소리도 못 들었다. 会えないどころか声すらも聞けなかった。

140. 터

・ある出来事が置かれた境遇や状況などを表す。

ところ 予定	그 사람을 줄곧 신뢰해 왔던 터였다. その人をずっと信頼してきたところだった。
	다음 달부터 정식으로 지급할 터이니 그렇게 알고 계세요. 来月から正式に支給するつもりだから、そのようにご承知おきください。

141. 테니(까)

- これから発生するはずの出来事を出し、それを自分の次の行動の根拠として出す意味を持つ。

から だろうから	저도 곧 따라갈 테니 먼저 가세요. 私もすぐ向かいますから先に行って下さい。
	이젠 별일 없을 테니까 가서 쉬세요. もう何もないだろうから行って休んで下さい。

142. 텐데(요)

- これから発生するはずのことが、その後の発言の前置きになっていることを表す。

はずなんだ けど	거기 있을 텐데 잘 찾아봐. そこにいるはずなんだけど、よく探してみて。
	지금쯤 도착했을 텐데요. 今頃着いているはずなんですけど。

143. 통

- ある出来事に巻き込まれ、その出来事の渦中に足を取られていることを表す。

したため	옆집에서 밤새 떠드는 통에 잠을 못 잤다. 隣の家で夜ずっと騒いだため、寝られなかった。
	아이가 큰 소리로 우는 통에 식당을 나와 버렸다. 子供が大声で泣いたため食堂を出てしまった。

144. 한

・ある出来事が極端な状況にまで達していることを表す。

限り	제가 사장으로 있는 한 해고하는 일은 없을 겁니다. 私が社長でいる限り解雇することはありません。
	살아 숨을 쉬는 한 내게 희망은 있다. 生きて息をしている限り私に希望はある。

TOPIK II

다섯 번째 모음

模擬試験

第1回　Ⅰ　듣기 (1번~ 50번)

[1-3]　다음을 듣고 가장 알맞은 그림 또는 그래프를 고르십시오. 각 2점

1. 🔊 track1-01

①

②

③

④

2. 🔊 track1-02

①

②

③

④

3.

track1-03

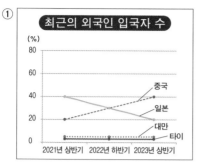

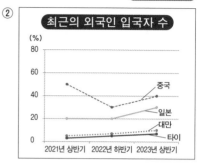

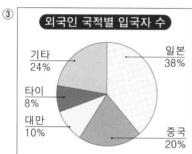

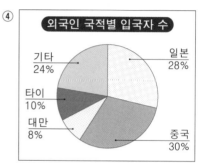

[4-8] 다음을 듣고 이어질 수 있는 말로 가장 알맞은 것을 고르십시오. 각 2점

4.

track1-04

① 약속이 매일 있어요.
③ 저는 배 안 고파요.

② 그럼 다음에 꼭 가요.
④ 빨리 퇴근하는 날이에요.

5.

track1-05

① 면허 시험 잘 본 거 축하해요.
② 운전 면허 딴 지 오래됐어요?
③ 잘 될 거예요. 잘 하세요.
④ 강민 씨는 운전 잘하네요.

6.

track1-06

① 네, 제가 사회를 볼 거예요.
③ 네, 좀 알아봐 주세요.

② 네, 그런 사람은 없대요.
④ 네, 별일 없을 것 같아요.

7.

track1-07

① 계절이 바뀌면 괜찮아질 것 같아요.
② 뭔가 대책을 세워야 할 것 같아요.
③ 우리 회사 제품은 인기가 많아요.
④ 여전히 우리 회사 것이 잘 팔려요.

8.

track1-08

① 그럼 우리가 더 많이 오네요?
② 그렇게는 아마 안 올 거예요.
③ 그럼 오백 명 정도로 보면 될까요?
④ 그 정도 가지고는 안 되겠어요.

[9-12] 다음을 듣고 여자가 이어서 할 행동으로 가장 알맞은 것을 고르십시오. 각 2점

9.

track1-09

① 약속 장소에 나간다.　　　② 예정대로 만난다.
③ 메시지를 보낸다.　　　　④ 아무것도 안 한다.

10.

track1-10

① 어머니를 만난다.　　　　② 병원에 간다.
③ 병원에 입원한다.　　　　④ 집에 다녀온다.

11.

track1-11

① 밖에 나간다.　　　　　　② 친구들과 만난다.
③ 동생 친구들과 같이 논다.　④ 그냥 집에 있는다.

12.

track1-12

① 돈으로 값을 지불한다.　　② 카드로 70만 원을 낸다.
③ 상품을 안 산다.　　　　　④ 다른 카드로 계산한다.

[13-16] 다음을 듣고 들은 내용과 같은 것을 고르십시오. 각 2점

13.

(◀)) track1-13

① 남자는 여자의 말을 듣지 않는다.
② 남자는 양육에 대해 관심이 없다.
③ 여자는 구청 프로그램에 가고 싶어한다.
④ 여자는 아기 양육 지도를 받으러 가지 않는다.

14.

(◀)) track1-14

① 이 열차는 부산으로 가는 KTX열차이다.
② 이 열차는 대전역에서 잠시 정차한다.
③ 이 열차는 강풍 경보 구간을 통과했다.
④ 이 열차는 KTX보다 부산에 먼저 도착한다.

15.

(◀)) track1-15

① 겨울 스포츠를 즐길 수 있는 시간은 아직 많다.
② 주말에 이용하는 스키객들도 할인혜택이 있다.
③ 올해는 스키와 스노보드 등을 더 즐길 수 없다.
④ 4명이 가면 1명의 무료권을 주는 행사를 한다.

16.

(◀)) track1-16

① 애프터 파이브의 앙상블은 처음 시작됐다.
② 연주자들은 연주 시간이 빠른 것을 좋아하지 않는다.
③ 앙상블이 끝나면 다시 직장으로 돌아가는 사람이 있다.
④ 이 앙상블은 예상대로 아주 성공적이다.

[17-20] 다음을 듣고 남자의 중심 생각으로 가장 알맞은 것을 고르십시오.
각 2점

17.

(◀)) track1-17

① 밤샘형보다 아침형이 더 좋다.
② 되도록 일찍 자는 것이 건강에 좋다.
③ 사람의 생체 리듬은 변할 수도 있다.
④ 피곤할 때는 일찍 자는 것이 좋다.

18.
① 혼을 안 내는 부모가 있다는 것이 문제다.
② 아이들은 적당히 혼을 내야 한다.
③ 아이를 귀여워하면서 키우는 방법도 있다.
④ 남을 의식하지 않고 살 수도 있다.

19.
① 명절은 한국 전통이기 때문에 바꿀 수 없다.
② 명절 때 해외여행 가는 것을 찬성할 수 없다.
③ 여자들이 명절 때 일하는 것은 좋지 않다.
④ 명절 풍습을 정말로 바꾸어야 할 때가 됐다.

20.
① 1등으로부터는 배울 만한 것이 많이 있다.
② 1등을 하려고 노력하는 것은 좋은 일이다.
③ 아무런 노력도 하지 않는 것이 나쁜 것이다.
④ 노력을 하지 않는 기업은 도태될 수 밖에 없다.

[21-22] 다음을 듣고 물음에 답하십시오. 각 2점
21. 남자의 중심생각으로 가장 알맞은 것을 고르십시오.
① 늙으면 커피숍을 내는 것이 좋다.
② 퇴직을 하면 교외로 이사 가는 것이 바람직하다.
③ 늙어가면서 아무 일도 안 하는 것은 좋지 않다.
④ 집은 국도변에 있는 것이 편리하다.

22. 들은 내용과 같은 것을 고르십시오.
① 남자는 퇴직하기에는 이른 연령이다.
② 남자는 전원 생활을 생각하고 있지 않다.
③ 여자는 커피숍을 내는 것에 찬성이다.
④ 여자는 재태크에 관심이 많다.

[23-24]　다음을 듣고 물음에 답하십시오.　각 2점　　track1-22

23.　남자가 무엇을 하고 있는지 고르십시오.

　① 일본에 가는 항공편에 좌석이 있는지 문의하고 있다.
　② 자신이 해 놓은 항공편의 예약을 변경하고 있다.
　③ 일본에 가는 것을 취소하려고 하고 있다.
　④ 나리타로 가는 시간을 바꾸려고 하고 있다.

24.　들은 내용과 같은 것을 고르십시오.

　① 전화로는 예약 변경이 불가능하다.
　② 여자는 남자의 예약 문의에 대답하고 있다.
　③ 남자는 일본으로 가고 싶은 마음이 사라졌다.
　④ 일본으로 가는 날짜가 이틀 뒤로 늦춰졌다.

[25-26]　다음을 듣고 물음에 답하십시오.　각 2점　　track1-23

25.　남자의 중심 생각으로 가장 알맞은 것을 고르십시오.

　① 누구에게나 찬스는 반드시 찾아온다.
　② 갑자기 장애인이 되면 죽고 싶다는 생각이 든다.
　③ 살고자 하는 의지를 못 느낄 때가 있다.
　④ 축구 외에도 뭔가를 같이 하는 것이 좋다.

26.　들은 내용과 같은 것을 고르십시오.

　① 장애인이 된 것은 농구선수가 된 뒤였다.
　② 축구선수였을 때도 농구를 계속 했었다.
　③ 지금의 감독님을 만난 것이 큰 행운이었다.
　④ 장애인 농구팀에 들어가기 위해 연습을 했다.

[27-28]　다음을 듣고 물음에 답하십시오.　각 2점　　track1-24

27.　남자가 말하는 의도로 알맞은 것을 고르십시오.

　① 귀중한 것은 같이 나눠야 한다는 것을 깨우치기 위해
　② 우리를 기다리는 분들이 있다는 것을 알려 주기 위해
　③ 봉사의 진정한 뜻을 같이 나누기 위해.
　④ 우리가 꼭 해야 하는 일이라는 것을 알려 주기 위해

28. 들은 내용과 같은 것을 고르십시오.
   ① 남자는 봉사활동을 줄일 생각을 하고 있다.
   ② 요양원에서는 더 자주 오기를 바라고 있다.
   ③ 여자는 봉사 횟수를 줄이자는 제안을 하고 있다.
   ④ 남자는 봉사 활동을 하는 자신을 높이 평가한다.

[29-30]   다음을 듣고 물음에 답하십시오. 각 2점   🔊 track1-25
29. 남자가 누구인지 고르십시오.
   ① 김여사라는 유행어를 만든 사람
   ② 유명한 만두회사를 만든 사람
   ③ 한번 만나면 쉽게 잊을 수 없는 사람
   ④ 한번 만나면 생각나는 사람

30. 들은 내용으로 맞는 것을 고르십시오.
   ① 이 회사의 이름은 그냥 적당히 붙인 것이다.
   ② 만두로 유명한 이 회사의 사장은 여자이다.
   ③ '김여사 만두'의 만두는 별로 인기가 없다.
   ④ 유행어의 이미지와 만두의 맛을 결합시켰다.

[31-32]   다음을 듣고 물음에 답하십시오. 각 2점   🔊 track1-26
31. 남자의 중심 생각으로 가장 알맞은 것을 고르십시오.
   ① 어린이 출입 금지라는 발상에 쉽게 동의할 수 없다.
   ② 식당이 그렇게 하게 만든 엄마들이 문제이다.
   ③ 어린이 출입 금지 식당이라도 안 갈 이유는 없다.
   ④ 조용히 식사를 즐기기 위한 사람을 위한 제도도 필요하다.

32. 남자의 태도로 가장 알맞은 것을 고르십시오.
   ① 새로운 제도의 개선점을 지적하고 있다.
   ② 새로운 제도의 시행을 찬성하고 있다.
   ③ 새로운 제도에 대해 비판적인 입장이다.
   ④ 새로운 제도의 배경을 잘 알고 있다.

文法編

模擬試験1

模擬試験2

模擬試験3

模擬試験4

最新の出題傾向

[33-34]　다음을 듣고 물음에 답하십시오.　각 2점　　🔊 track1-27

33. 무엇에 대한 내용인지 알맞은 것을 고르십시오.

　　① 기록연구사라는 직업
　　② 조선왕조실록의 역사적 가치
　　③ 기록을 선택하는 방법
　　④ 외교 문서가 중요한 이유

34. 들은 내용과 같은 것을 고르십시오.

　　① 기록물은 모두 남기는 것이 맞는 결정이다.
　　② 기록물은 수백 년이 지나도 보존해야 한다.
　　③ 기록연구사는 기록을 남길지 말지를 결정한다.
　　④ 모든 외교 문서는 절대로 없애서는 안 된다.

[35-36]　다음을 듣고 물음에 답하십시오.　각 2점　　🔊 track1-28

35. 남자가 무엇을 하고 있는지 고르십시오.

　　① 지역구에 어떤 현안이 있는가를 소개하고 있다.
　　② 지역구 주민들을 위한 의정을 할 것을 다짐하고 있다.
　　③ 지역구 주민들이 무엇을 원하는가를 알아보고 있다.
　　④ 지역구 발전을 위해 자신을 지지해 달라고 하고 있다.

36. 들은 내용과 같은 것을 고르십시오.

　　① 지역구에 있는 도시가 살기 좋은 도시로 선정되었다.
　　② 이 의원은 추진 중인 현안을 모두 마무리 지었다.
　　③ 이 의원은 이번에 처음으로 국회의원으로 당선되었다.
　　④ 지역에 국립의료원을 짓는 중에 있다.

[37-38]　다음을 듣고 물음에 답하십시오.　각 2점　　🔊 track1-29

37. 남자의 중심 생각으로 가장 알맞은 것을 고르십시오.

　　① 이력서의 정보가 공정한 선발에 영향을 끼칠 수 있다.
　　② 기업은 신입 사원 응모자의 학력을 중시해야 한다.
　　③ 입사 후 능력을 발휘하는 것은 역시 고학력자이다.
　　④ 기업은 신입 사원의 학력 증진을 장려해야 한다.

38. 들은 내용과 같은 것을 고르십시오.
　① 학력 철폐 조항은 실질적으로 효과가 없다.
　② 이 남자는 이력서의 사진도 없애야 한다고 본다.
　③ 이 남자는 학력 철폐 이력서에 대해 긍정적이다.
　④ 학력 철폐는 기업의 인재 개발 전략과 무관하다.

[39-40]　다음을 듣고 물음에 답하십시오.　[각 2점]　　◀》 track1-30
39. 이 대화 전의 내용으로 가장 알맞은 것을 고르십시오.
　① 여기저기 방사능물질 재처리 시설이 들어서고 있다.
　② 방사능물질 재처리 시설을 둘러싸고 마찰이 빚어지고 있다.
　③ 방사능물질의 누출이 심각한 문제가 되고 있다.
　④ 정부와 지역주민 사이에 원만한 대화가 진행되고 있다.

40. 들은 내용과 같은 것을 고르십시오.
　① 방사능물질 재처리 시설로 인한 건강에 대한 영향은 없다.
　② 방사능물질 재처리 시설은 누출의 가능성이 전혀 없다.
　③ 방사능물질 재처리 시설을 둘러싼 갈등이 해소되었다.
　④ 방사능물질 재처리 시설의 건설을 알리려는 노력이 없었다.

[41-42]　다음을 듣고 물음에 답하십시오.　[각 2점]　　◀》 track1-31
41. 이 강연의 중심 내용으로 가장 알맞은 것을 고르십시오.
　① 서빙고는 처음부터 과학적으로 설계된 건물이었다.
　② 서빙고를 통해 선조들의 뛰어난 지혜를 느낄 수 있다.
　③ 얼음을 보관하던 문화는 서민들을 위한 것이었다.
　④ 역사적 기록을 찾아 서빙고의 사실을 잘 알려야 한다.

42. 들은 내용과 같은 것을 고르십시오.
　① 서빙고는 바닥이 경사져 있다.
　② 서빙고는 숯을 넣어 더운 공기를 흡수했다.
　③ 서빙고는 한여름에 높은 기온까지 올라갔다.
　④ 서빙고는 온도 변화가 비교적 심했다.

文法編

模擬試験1

模擬試験2

模擬試験3

模擬試験4

最新の出題傾向

[43-44]　다음을 듣고 물음에 답하십시오.　각 2점　◀）track1-32

43. 무엇에 대한 내용인지 알맞은 것을 고르십시오.

① 플레이트의 충돌이 인류를 발전시켰다.

② 플레이트의 이동에 따라 자원도 이동한다.

③ 인류는 위험과 혜택을 통해 발전해 왔다.

④ 모든 문명은 플레이트 경계선 위에 존재한다.

44. 세계 주요 도시가 플레이트의 경계에 있는 이유로 맞는 것을 고르십시오.

① 중요한 자원을 얻을 수 있는 환경에 있었기 때문에

② 재해를 극복할 수 있는 용기가 있었기 때문에

③ 많은 인력을 동원하여 위험을 회피할 수 있었기 때문에

④ 지각 변동으로 플레이트가 바뀌었기 때문에

[45-46]　다음을 듣고 물음에 답하십시오.　각 2점　◀）track1-33

45. 들은 내용과 같은 것을 고르십시오.

① 새로운 산업혁명은 가치기준을 완전히 바꾼다.

② 새로운 산업혁명은 이제까지의 성과를 기반으로 한다.

③ 새로운 산업혁명은 에너지를 필요로 하지 않는다.

④ 새로운 산업혁명은 인공 지능을 기반으로 한다.

46. 여자의 태도로 알맞은 것을 고르십시오.

① 새로운 산업의 파라다임에 대해 긍정적이다.

② 산업혁명의 부정적인 면을 공격하고 있다.

③ 미래 사회의 실상에 대해 걱정하고 있다.

④ 인공 지능 기술에 많은 기대를 걸고 있다.

[47-48] 다음을 듣고 물음에 답하십시오. 각 2점　　　　　◀)) track1-34

47. 들은 내용과 같은 것을 고르십시오.
　① 전통예술 전승자들은 제자를 둘 수 없다.
　② 인간문화재로 지정을 받는 전승자들이 줄어들고 있다.
　③ 기존의 전통예술 보호 정책이 한계에 다다랐다.
　④ 젊은 사람들이 좋아하는 전통예술 계승방식이 있다.

48. 남자의 태도로 알맞은 것을 고르십시오.
　① 기존 정책의 문제점을 정확하게 진단하고 있다.
　② 새로운 정책의 나아가야 할 방향을 예측하고 있다.
　③ 기존 정책의 개선점을 몇 가지 제시하고 있다.
　④ 새로운 정책을 위한 여러 의견을 들으려고 하고 있다.

[49-50] 다음을 듣고 물음에 답하십시오. 각 2점　　　　　◀)) track1-35

49. 들은 내용과 같은 것을 고르십시오.
　① 집단에 속하게 되면 어떤 사람이든 성격이 변한다.
　② 집단의 논리는 결국 개인의 논리가 모여서 결정된다.
　③ 개인이 가진 도덕성 인격성이 집단을 변화시킬 수 있다.
　④ 집단에 속하는 개인은 어느 순간 돌변할 수 있다.

50. 여자가 말하는 방식으로 알맞은 것을 고르십시오.
　① 어떤 현상을 논리적으로 설명하고 있다.
　② 어떤 예를 들어 자신의 가설을 제시하고 있다.
　③ 개인의 경험으로부터 집단성을 분석하고 있다.
　④ 자신의 학문적인 경험으로 추론하고 있다.

文法編

模擬試験1

模擬試験2

模擬試験3

模擬試験4

最新の出題傾向

第1回 Ⅱ 읽기(1번~50번)

[1-2] (   )에 들어갈 말로 가장 알맞은 것을 고르십시오. 각 2점

1. 동생하고 내가 밥을 (   ) 엄마가 나를 불렀다.
   ① 하거나　　　　　　　　② 하는데
   ③ 하면서　　　　　　　　④ 하든지

2. 정호 씨는 대학교를 (   ) 유학을 떠났다.
   ① 나와도　　　　　　　　② 나온다면
   ③ 나오더라도　　　　　　④ 나오자마자

[3-4] 다음 밑줄 친 부분과 의미가 비슷한 것을 고르십시오. 각 2점

3. 하늘이 어두워지는 것을 보니 비라도 올 모양이다.
   ① 오기도 한다　　　　　　② 올 것 같다
   ③ 올 리가 없다　　　　　　④ 온 적이 없다

4. 다른 백화점에 가 봐야 여기랑 다를 게 없을 것 같다.
   ① 간다고 해도　　　　　　② 간다고 쳐도
   ③ 갈지도 모르기 때문에　　④ 가기는 하겠지만

[5-8] 다음은 무엇에 대한 글인지 고르십시오. 각 2점

5.

당신의 가족과 건강을 지킵니다.
각종 암 치료 전문

---

① 은행　　　　② 약국　　　　③ 병원　　　　④ 마트

173

6.

> # 꿈과 낭만의 날개를 단다
> # 전 세계 주요 도시 직항편 운항

① 관광지　　　② 여행사　　　③ 항구　　　④ 공항

7.

> 여행기간 : 3박4일
> 이동방법 : KTX, 버스, 도보
> 유적지 : 국립 경주박물관, 불국사, 석굴암,
> 　　　　토함산

① 교통 기관　　② 여행 내용　　③ 방문 장소　　④ 일정 조정

8.

> 2020.03.01까지 맛있게 드세요
> 원산지 : 미국
> 제조일자 : 2020.01.30

① 위생 관리　　② 유통 기한　　③ 식품 안전　　④ 제조 방법

[9-12]　다음 글 또는 그래프의 내용과 같은 것을 고르십시오.　각 2점

9.

> 2020 부산건축문화제
>
> 기간 2020년 10월 1일 (목) — 10월 30일(금)
> 장소 부산 아시아드 보조경기장
> 전시 내용
> 　　*부산시 건축상 수상작
> 　　*제1회 대학생 아이디어 공모전
> 　　*부산 예쁜 건물찾기 공모전

① 문화제는 이 주일에 걸쳐 진행된다.
② 대학생 아이디어 공모전은 매년 열린다.
③ 문화제 기간 동안 부산시 건축상을 받은 작품이 전시된다.
④ 이 기간에는 예쁜 건물들이 함께 전시된다.

10.

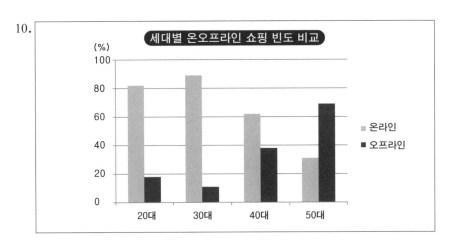

① 오십 대는 모바일로 쇼핑을 하는 사람이 적다.
② 연령대가 올라갈수록 오프라인 쇼핑을 하는 사람이 많다.
③ 이십 대가 삼십 대보다 온라인 쇼핑을 즐기는 사람이 많다.
④ 사십 대는 약 반이 오프라인 쇼핑을 한다.

11.

주말이 되면 이 광장 주변이 라이브 공연장처럼 된다. 바로 '당신도 가수가'라는 텔레비전 프로그램 때문이다. 이 프로그램은 매회 가수가 되고 싶은 사람이 10명 출연해서 서로의 실력을 겨룬다. 벌써 10회째 방송을 했는데 인기가 많아서 방청 신청을 미리 선착순으로 받는다.

① 이 프로그램은 평일에 녹화한다.
② '당신도 가수가'는 오래된 프로이다.
③ 이 프로를 보고 싶으면 직접 가면 된다.
④ 이 프로에는 가수 지망생들이 출연한다.

12.

신문을 구독하는 세대가 계속 감소하고 있는 것으로 나타났다. 신문을 정기 구독하고 있는 집은 지난해보다 더 줄어서 이제는 다섯 집 중 한 집만이 신문을 읽고 있는 것이다. 언제든지 필요한 뉴스를 여러 매체를 통해 접할 수 있게 되면서 급격하게 종이 신문 구독자수가 감소하고 있는 것이다.

① 종이 신문을 읽는 사람이 줄면서 뉴스 시청률도 줄었다.
② 인터넷 보급률이 높아짐에 따라 신문 구독률이 떨어졌다.
③ 종이 신문을 읽는 가구는 전체의 약 반으로 줄어들었다.
④ 신문을 배달해서 읽는 가구가 이년 연속 감소했다.

[13-15] 다음을 순서대로 맞게 배열한 것을 고르십시오. 각 2점

13.

(가) 그 때문에 어머니는 지금도 바지를 잘 안 입으신다.
(나) 바지를 입을 때면 지금도 가끔 어머니 생각이 난다.
(다) 외할머니는 어머니가 바지를 입는 것을 탐탁치 않게 여기셨다고 한다.
(라) 그래서 어머니는 늘 치마를 입으셔야 했다.

① 나-다-라-가   ② 나-가-라-다
③ 다-가-라-나   ④ 다-라-나-가

文法編

模擬試験1

模擬試験2

模擬試験3

模擬試験4

最新の出題傾向

14.

> (가) 정부는 이러한 고민을 덜기 위해서 마일리지 제도를 도입하기로 했다.
> (나) 일정 기간 위반을 하지 않은 운전자에게 벌점 대신에 상점을 주자는 것이다.
> (다) 하지만 이러한 제도가 있다고 해서 규칙 위반이 줄어드는 것은 아니다.
> (라) 운전자들이 교통 규칙을 어기게 되면 벌금과 함께 벌점도 받게 된다.

① 가-다-라-나 　　　　　② 가-나-다-라

③ 라-가-다-나 　　　　　④ 라-다-가-나

15.

> (가) 거리가 충분히 밝으니까 필요없는 것 아니냐는 것이다.
> (나) 정말 그런 비용을 들여 철거할 만큼 급박한 일일까?
> (다) 가로등을 없애자는 주장을 하는 사람들이 있다.
> (라) 하지만 철거하는 데도 만만치 않은 비용이 든다.

① 가-라-다-나 　　　　　② 가-다-라-나

③ 다-가-라-나 　　　　　④ 다-나-라-가

[16-18] 다음을 읽고 (　　)에 들어갈 내용으로 가장 알맞은 것을 고르십시오. 　각 2점

16.

> 　사람은 땀으로 체온을 조절한다. 사람 몸의 온도가 올라가면 불필요한 열기를 피부 밖으로 내보내기 위해 땀을 발생시키는 것이다. 그런데 이때 피부 바로 아래에 뻗어 있는 핏줄들도 열을 식히려고 피를 더 많이 흘려보내는 작용을 하게 된다. 그래서 땀이 나면 (　　) 현상이 생긴다.

① 피부를 통해 배출하는

② 몸에서 기운이 빠져나가는 것 같은

③ 몸이 가벼워지는 것 같은

④ 피부가 빨갛게 보이는

17.

인간의 언어 능력이 손가락과 밀접한 관련이 있다는 이야기가 있다. 그러니까 글씨를 쓰면 그냥 단순히 손가락만 움직이는 것처럼 보이지만 실은 그 순간에 사람 머리의 어휘 기억 장치가 같이 연동되어서 움직이게 된다는 것이다. 그래서 외국어를 잘하고 싶으면 많이 쓰라는 말을 하게 되는 것이다. 말을 잘하고 싶으면 (　　) 하는 것도 이런 이유 때문이라고 한다.

① 먼저 어휘를 외우라고　　　　　② 손가락을 많이 움직여 보라고
③ 팔 동작을 많이 해 보라고　　　④ 말을 많이 하라고

18.

최근에 젊은 층을 중심으로 직업에 대한 생각이 바뀌고 있다. 평생 같은 회사에 다닌다든지 가정보다 회사에 더 큰 비중을 둔다든지 하는 이른바 전통적인 직업관이 변화하고 있는 것이다. 직업을 선택하는 기준도 그 직업을 다른 사람이 어떻게 볼까보다도 (　　) 먼저 생각하는 경우가 많아졌다. 자기자신의 만족도를 중요시하는 풍조가 정착하기 시작하고 있는 것이다.

① 나한테 맞는지를　　　　　② 사회적인 평가를
③ 가족이 어떻게 생각하는지　④ 평생 있을 만한 곳인가

[19-20]　다음을 읽고 물음에 답하십시오.　각 2점

어떤 연구자가 개인의 사회에 대한 기여도 연구를 했다. 연구를 시작하기 전 개인이 공헌할 수 있는 힘의 크기는 구성원 수가 많아질수록 비례될 것으로 예측되었다. 그러나 연구 결과는 예상과는 완전히 달랐다. 구성원 숫자와 각 그룹의 힘의 크기가 반비례되는 현상을 보인 것이다. (　　) 2명으로 만든 조직이 가장 높은 기대치를 보였다.

19. (　　)에 들어갈 알맞은 것을 고르십시오.
① 오히려　　　② 결국　　　③ 어쩌면　　　④ 반드시

20. 이 글의 내용과 같은 것을 고르십시오.
① 연구 결과는 거의 예상한 대로 나타났다.
② 이 연구는 조직이 개인에 미치는 영향에 대한 것이다.
③ 2명으로 이루어진 그룹은 전혀 노력하지 않았다.
④ 구성원 수가 많을수록 개인의 기여도가 낮았다.

文法編

模擬試験1

模擬試験2

模擬試験3

模擬試験4

最新の出題傾向

[21-22]　다음을 읽고 물음에 답하십시오.　각 2점

> 　환경오염이 이미 현대에 이르러 심각한 수준에 이르렀다. 폭발적인 인구 증가와 산업발전으로 어느 정도 예견된 일이라 할 수 있는데 그 중에도 우리의 생존에 가장 직결된 수질오염은 더 이상 방관할 수 없는 가장 심각한 문제라 할 수 있다. 이 수질오염을 방지하기 위해서는 (　　　)라는 말도 있듯이 개개인의 작은 노력부터 시작하는 것이 중요하다. 우리의 자녀들에게 깨끗한 물을 남겨 주고 싶으면 그런 실천을 심각하게 받아들여야 할 때이다.

21.　(　　)에 들어갈 알맞은 것을 고르십시오.
　　① 소 잃고 외양간 고친다　　　② 천 리 길도 한 걸음부터
　　③ 소 귀에 경 읽기　　　　　　④ 발 없는 말이 천리를 간다

22.　이 글의 중심 생각을 고르십시오.
　　① 수질 오염으로 인해 물을 안심해서 마실 수 없다.
　　② 수질 오염을 막기 위한 정책이 필요하다.
　　③ 수질 오염을 우려하는 목소리가 높다.
　　④ 수질 오염이 이미 심각한 상황에 이르렀다.

[23-24]　다음을 읽고 물음에 답하십시오.　각 2점

> 　지방에 살던 나는 어릴 때부터 서울 생활을 꿈꾸고 있었다. 대학에 가게 되었을 때 당연히 서울에 있는 대학을 지망했고 꿈에 꾸리던 서울 생활을 하게 되었다. 그러나 대학생이 아르바이트를 하는 것조차 금지되어 있던 시절 집에서 부쳐 주는 돈 가지고는 도저히 한 달 생활을 할 수가 없었다. 집 상황을 뻔히 아는데 돈을 보내 달라고 할 수도 없고 결국은 서울에 사는 친구들 도움을 빌려 가며 학창 생활을 보낼 수밖에 없었다. 고생하는 아들이 안쓰러워 눈물을 보이는 어머니 때문에 거꾸로 내가 눈물이 핑 돈 적도 있었다. 어려운 경제 사정을 생각도 안 하고 그저 서울에 살고 싶어 집을 나온데 대해 송구한 마음도 들었다.

23.　밑줄 친 부분에 나타난 '나'의 심정으로 알맞은 것을 고르십시오.
　　① 답답하다　　　② 어색하다　　　③ 신기하다　　　④ 속상하다

24. **이 글의 내용과 같은 것을 고르십시오.**

　① 우리 부모님은 나한테 돈을 넉넉히 보내 주셨다.
　② 나는 서울에 있는 대학에 진학하는 것을 포기했다.
　③ 나는 서울에 사는 친구들 도움을 많이 받았다.
　④ 나는 아르바이트를 했기 때문에 비교적 여유가 있었다.

[25-27]　다음은 신문 기사의 제목입니다. 가장 잘 설명한 것을 고르십시오.
　 각 2점

25.

> 뮤지컬로 만나는 인기 드라마, 다시 한번 감동을

　① 인기 드라마와 뮤지컬을 같이 보면서 즐길 수 있게 되었다.
　② 드라마와 뮤지컬을 같이 만들어서 보기 좋게 되었다.
　③ 뮤지컬이 드라마로 만들어져서 집에서 볼 수 있게 되었다.
　④ 드라마가 뮤지컬로 만들어져서 다시 한번 볼 수 있게 되었다.

26.

> 프로야구팀 노익장을 과시하다

　① 야구팀이 유니폼을 바꿔 입고 경기를 하였다.
　② 야구팀이 고참 선수의 활약으로 경기에 이겼다.
　③ 야구팀이 젊은 선수로 바뀌고 나서 결과가 좋아졌다.
　④ 야구팀에 나이가 든 선수들이 많아졌다.

27.

> 긴급 수혈, 효과 제한적

　① 수술 중에 피가 모자라서 서둘러 수혈을 하였다.
　② 재정 투자가 이루어져 부분적인 효과를 보기 시작하고 있다.
　③ 계획된 대로 재정 투자가 이루어져 효과가 나타나기 시작했다.
　④ 새 재정 투자가 이루어졌으나 별 효과를 보지 못하고 있다.

[28-31]　다음을 읽고 (　　)에 들어갈 내용으로 가장 알맞은 것을 고르십시오.　각 2점

28.

> 콩은 밭에서 나는 고기라고 불릴 만큼 단백질이 풍부할 뿐만 아니라 수분 함량도 높아서 (　　). 콩 속 단백질이 체력을 올리고 수분이 갈증을 없애주기 때문이다. 여름에 콩국수를 만들어 먹는 이유도 여기에 있다. 또한 콩에 함유된 단백질은 근육량을 그대로 유지시키면서 체중을 감소시키기 때문에 다이어트 식품으로도 활용될 수 있다.

① 기초 체력을 기르는 데 그만이다.　② 기초 체력을 기를 리가 없다.
③ 기초 체력을 좋게 할 수가 없다.　④ 기초 체력을 기를 줄 모른다.

29.

> 발표를 잘 하려면 사전에 충분한 준비가 필요하다. 왜냐하면 정해진 시간에 효율적으로 내가 말하고 싶은 것을 전달해야 하기 때문이다. 그래서 가장 먼저 해야 할 것은 발표할 내용을 완전히 숙지하는 것이다. 그렇지 않으면 발표할 때 (　　) 말을 못하게 된다.

① 말을 더듬거나 요령있게　② 말을 유창하게 하거나 빨리
③ 재잘재잘 말을 하거나 천천히　④ 자신이 없거나 큰소리로

30.

> 시사만화는 각 분야의 시사 문제를 풍자하는 만화이다. 시사만화의 특징은 각 분야의 (　　) 해학과 풍자로 그 시사 문제의 정곡을 비판하는 것이 특징이다. 시사만화 작가는 자신의 만화적 상상력을 동원하여 시사 문제의 이면에 숨은 모순덩어리를 재미있게 그려낸다. 만화가 가지고 있는 왜곡과 생략, 과장 등의 요소를 통해 독자들의 웃음을 이끌어내는 것이다.

① 문제를 다룰망정　② 문제를 다룬다 하더라도
③ 문제를 다룰 수 있겠느냐마는　④ 문제를 다루되

31.

특허 심사라는 것이 있다. 어떤 새로운 기술을 발명했다 하여 특허청에 가져와 심사를 청하는 것이다. 그러면 특허를 신청한 기술이 새로운 것인지 또는 기존에 있는 (   ) 등을 판단하게 된다. 그런데 오늘날과 같은 정보화 시대에 있어서 한정된 심사관들만으로 기존의 기술을 모두 확인하는 것은 불가능한 일이다.

① 기술을 베낀 것인지　　　　② 기술과는 다른 것인지
③ 기술보다 나아진 것인지　　　④ 기술과 똑같은 것인지

[32-34]　다음을 읽고 내용이 같은 것을 고르십시오.　각 2점
32.

해양학자들은 바다 속에 감지기를 설치하여 자신들이 필요로 하는 데이터를 취집한다. 주로 바닷물의 온도라든지 성분의 변화 등을 측정하는 것이다. 감지기의 전원으로서는 일반적으로 전지를 사용하는데 이 전지의 수명이 문제가 되는 경우가 많다. 오래 사용할 수 있는 전지가 설사 있다 하더라도 당연히 영구적이지는 않기 때문이다.

① 해양학자들은 직접 연구 데이터를 취집한다.
② 해양학자들은 감지기로 얻는 데이터를 별로 쓰지 않는다.
③ 감지기에 쓰이는 전지의 수명이 문제가 되는 경우가 많다.
④ 영구적으로 쓸 수 있는 전지가 개발되고 있다.

33.

이번에 전국 여성 골프 대회에서 김정혜 선수가 대회를 연패할 것인지가 주목을 받고 있다. 경쟁이 될 만한 선수가 나오지 않아 무난하게 우승을 차지할 것으로 전망되는 가운데 유일한 변수가 날씨로 지적되는 점이 김 선수의 압도적인 실력을 말해 주고 있다. 그러나 김정혜 선수가 이제까지 강풍이 부는 시합에서 별로 스코어가 좋지 못했기 때문에 뜻지지도 않던 선수의 우승 가능성도 제기되고 있다.

文法編

模擬試験1

模擬試験2

模擬試験3

模擬試験4

最新の出題傾向

① 김정혜 선수는 강풍이 부는 대회에서 좋은 성적을 냈다.
② 이번 골프 대회의 우승 후보는 여러 명 있다.
③ 대회기간 중에는 좋은 날씨가 이어질 것으로 보인다.
④ 김정혜 선수는 작년에는 우승을 차지했다.

34.

어떤 사업이 큰 성공을 거두었다고 해서 그 사업을 얼른 내 지역으로 가져오는 것이 반드시 현명한 판단은 아니다. 왜냐하면 지역 상황에 따라 사업 내용과 사업 환경이 달라질 가능성이 있기 때문이다. 그러므로 같은 사업이라 할지라도 사업 내용을 상황에 맞춰 수정할 필요가 있다. 특히 프랜차이즈 사업 같은 경우 이러한 절차는 반드시 필요하다. 같은 성공이 나를 기다리고 있을 것이라고는 꼭 단정하기 어렵기 때문이다.

① 프랜차이즈 사업은 리스크가 그다지 높지 않다.
② 큰 성공을 거둔 사업은 내 지역에서도 성공할 수 있다.
③ 큰 성공을 거둔 사업은 보편성과 일반성을 가지고 있다.
④ 환경과 상황에 맞춰 사업 내용을 보완할 필요가 있다.

[35-38] 다음 글의 주제로 가장 알맞은 것을 고르십시오. 각 2점

35.

연령과 가구 규모에 따른 노후 준비 행태를 비교 분석한 결과 30대에서 50대까지의 연령대별에서는 2인 가구의 경우 연령대별 차이가 미미한 것으로 나타났다. 그러나 1인 가구는 연령대가 높아질수록 노후에 대한 대비가 미비한 것으로 드러났다. 한편 60대 이상의 연령층에서는 가구 규모와 상관없이 노후를 잘 대비하고 있다는 가구가 전체의 과반수에도 미치지 못했다.

① 60대 이상의 연령층에 대한 노후 대책이 시급하다.
② 가구별 노후 준비 대책을 수립해야 할 필요가 있다.
③ 노후 준비 비율과 연령대와는 별로 관계가 없다.
④ 연령대가 높은 1인 가구가 가장 노후 준비를 잘한다.

36.

　　다른 사람과 함께 있을 때 아무도 말을 하지 않고 침묵이 지속되는 다소 어색한 상황이 생기는 경우가 있다. 이럴 때 침묵을 잘 견디지 못하는 사람은 어색한 상황을 피하기 위해 분위기를 자연스럽게 만들어 보려고 다른 사람에게 말을 걸거나 또는 자기자신을 밝게 보이기 위해 굳이 활발한 행동을 보이거나 하는 경우가 있다. 이러한 것들을 심리학에서는 자기자신을 보호하고자 하는 심층심리의 표출이라고 설명한다.

　　① 초대면인 사람과는 침묵 상황이 발생하기 쉽다.
　　② 어색한 침묵이 싫어서 다른 사람한테 말을 거는 사람이 있다.
　　③ 다른 사람과의 미묘한 분위기를 못 견디는 사람이 있다.
　　④ 다른 사람에게 잘 보이려고 자신을 꾸미는 사람이 있다.

37.

　　교과서는 그 자체가 대단히 훌륭한 읽을거리이다. 그래서 교과서를 읽는 학생들에게도 큰 영향력을 끼친다. 왜냐하면 교과서에 실린 글들이 감수성이 예민한 어린 세대들에게 강렬한 인상을 남기기 때문이다. 학생들은 교과서를 통해 간접적으로 세상을 배우고 인생을 배운다. 그래서 누군가의 글을 교과서에 게재할 때는 신중에 신중을 기할 수밖에 없다. 어느 한쪽에 편중된 가치관이나 인생관을 반영한 글이라면 더욱더 신중해져야 할 필요가 있다.

　　① 교과서는 읽을거리로서는 그다지 좋은 편이 아니다.
　　② 교과서는 학생들에게 별 영향력을 끼치지 못한다.
　　③ 교과서가 일반적이고 보편적인 가치관을 담을 필요는 없다.
　　④ 교과서를 통한 간접 체험만으로 학생들은 많은 것을 배운다.

38.

　　요즘 예능 프로그램은 왕년의 스포츠 스타들이 주름잡고 있는 것 같다. 은퇴 후에도 현역 시절의 우상 같았던 그들 스타를 보고 싶어하는 시청자들의 욕구를 방송사가 잘 충족시킨 결과라 할 수 있겠다. 이러한 예능 프로그램은 주로 실 상황에서 벌어지는 일들을 그대로 보여 주는 아이템으로 방송 포맷을 짜는 경우가 많은데 스포츠 스타 출신의 예능인들이 보여 주는 천재성이나 돌출성 등 예측 불가능한 재미가 인기를 끌고 있는 것으로 보인다.

① 전 스포츠 스타들은 예능 프로그램에 잘 안 나온다.
② 시청자들은 어떤 형태로든 스포츠 스타들을 보고 싶어한다.
③ 이러한 예능 프로그램은 짜여진 각본대로 진행된다.
④ 스포츠 스타들은 정해진 역할과 연출을 강요 받는다.

[39-41] 다음 글에서 《보기》의 문장이 들어가기에 가장 알맞은 곳을 고르십시오. 각 2점

39.

> 경기가 어려워지면 판매량이 줄어드는 것이 당연하다. ㉠ 그런데 신기하게도 불경기가 되면 매출이 늘어난다고 믿는 몇가지 제품이 있다. ㉡ 바로 소주, 미니스커트, 붉은색 립스틱 등이다. ㉢ 이런 제품들의 매출이 오르는 것은 단순히 사람들의 심리 때문이기도 하고 또는 때마침 찾아오는 유행 때문이기도 하다는 것이다. ㉣

《보기》

그러나 경제전문가들은 이러한 속설에 대해 전혀 근거가 없는 이야기라고 일축한다.

---

① ㉠   ② ㉡   ③ ㉢   ④ ㉣

40.

> 책은 서점에 나와 팔리기까지 여러 과정을 거친다. ㉠ 교열도 이 중의 하나인데 이 작업은 흔히 알려져 있는 것처럼 단순히 작자가 써 놓은 글의 오자와 탈자만을 바로잡는 작업은 아니다. ㉡ 동시에 작자 특유의 말투나 글솜씨 등도 지켜 주고 작풍도 유지시켜 준다. ㉢ 그러니 교열은 언어는 물론 다양하고 풍부한 지식으로 본인의 감수성을 가꾸어야 하는 복잡하고도 섬세한 작업이라 할 수 있다. ㉣

《보기》

교열을 하는 사람은 독자들이 책을 쉽게 읽을 수 있도록 독자 눈높이에 맞추어 문장을 바로 잡는 작업도 한다.

---

① ㉠   ② ㉡   ③ ㉢   ④ ㉣

文法編

模擬試驗1

模擬試驗2

模擬試驗3

模擬試驗4

最新の出題傾向

41.

> 우리는 기업의 가치를 그 기업이 내는 영업 이익으로만 판단하고 재기 쉽다. ㉠ 그러나 진정한 기업의 가치는 얼마나 자신들이 올린 영업 이익을 공정한 이익으로 환원하여 스테이크 홀더들에게 공정하게 배분하느냐에 달려 있다고 봐야 할 것이다. ㉡ 물론 이 때의 스테이크 홀더는 이익 공유 집단만을 지칭하는 것은 아니다. ㉢ 왜냐하면 기업이 올리는 이익이라는 것이 결국 그 기업이 속한 사회가 가져다주는 경우가 대부분이기 때문이다. ㉣

《보기》

기업의 목적이 영리 추구에 있는 만큼 그러한 판단도 무리가 아닐지도 모른다.

---

① ㉠   ② ㉡   ③ ㉢   ④ ㉣

[42-43] 다음 글을 읽고 물음에 답하십시오. 각 2점

> 아내가 들어왔다. 오늘도 새벽이다. 나는 그녀가 어디에서 무엇을 하다가 새벽에 들어오는지 알지 못한다. 나는 그런 내가 우습다. 아내인데도 아내가 어디서 무엇을 하는지 물어보지도 못하고 아내도 또한 나한테 아무런 설명도 하지 않으니 말이다. 아내는 나하고 결혼할 때 정말 예뻤다. 아무런 치장을 하지 않아도 뽀얀 살과 하얀 이, 그리고 동글동글한 턱과 갸름한 얼굴선, 잘록한 허리와 가느다란 긴 다리, 어딜 나가도 사람들 시선을 끄는 미인, 뭘 놓고 보아도 나같은 남자와 결혼할 상이 아니었다.
>
> 그런데 오늘은 조금 여느 때와 몸놀림이 달라 보인다. 어딘가 무거운 것 같은 모습을 하고 있다. 뭔가 몸에 이상이라도 생긴 것일까? 아님 오늘따라 유난히 피곤한 것 뿐일까? 그 의문은 쉽사리 풀렸다. 우연히 아내의 코트 밖으로 삐죽 나와 있던 모자수첩을 발견한 것이다. 난 기어이 그 모자수첩을 열어 보고야 말았다. 그리고 망치에라도 얻어맞은 것처럼 충격을 받았다. 벌써 3개월이나 되었다니. 누구 애일까? 어떻게 된 일일까? 며칠 전에 지나가는 말로 아내가 나에게 툭 던진 말이 생각난다.
>
> "당신 애기 좋아하지?"

42. 이 글에 나타난 나의 심정으로 알맞지 않은 것을 고르십시오.

① 당황스럽다   ② 새삼스럽다   ③ 혼란스럽다   ④ 안쓰럽다

文法編

模擬試験1

模擬試験2

模擬試験3

模擬試験4

最新の出題傾向

43. 이 글의 내용과 같은 것을 고르십시오.

① 나는 아내에 대해 별 관심이 없다.

② 아내는 나에게 시시콜콜 별 이야기를 다한다.

③ 아내는 수수께끼 같은 행동을 하고 있다.

④ 나는 아내가 들고 나는 시간을 개의치 않는다.

[44-45] 다음을 읽고 물음에 답하십시오. 각 2점

> 실존주의 철학자이며 문학자인 카프카는 인간의 존재성과 그것을 억압하려는 사회제도와의 갈등을 표현하려 애쓴 사람 중의 하나이다. 그는 인간을 그 어떠한 존재와도 다른 고유한 존재로 보았다. 그럼에도 불구하고 가정이나 학교 또는 사회제도나 국가 등이 그런 고유성과 존재성을 부인하고 인간을 일정한 틀과 기준에 맞춰 교육함으로써 인간성을 말살하고 소거해 버린다고 생각했다. 그 결과로 인해 인간은 자기자신의 고유성보다도 기존 틀 속에서 남을 의식하면서 살아가게 된다고 보았다. 인간은 자신이 원하는 대로 살아가고 싶지만 (   ) 생각한 것이다. 카프카는 작품을 통해 인간의 고유성을 기존의 관념이나 제도, 짜여진 틀 속에 가두려는 부조리를 표현하였다.

44. 이 글을 쓴 목적으로 알맞은 것을 고르십시오.

① 카프카라는 작가의 작품성을 설명하기 위하여

② 인간의 부조리를 작품을 통해 고발하기 위하여

③ 작가가 가지고 있는 편견을 소개하기 위하여

④ 작가의 사회 참여에 대한 일례를 들기 위하여

45. (   )에 들어갈 내용으로 가장 알맞은 것을 고르십시오.

① 기존 틀의 압력이 너무나 강력하다고

② 사회의 도전이 의외로 크다고

③ 국가의 통제가 비교적 유연하다고

④ 사회에 적응하는 것을 피해야 한다고

다음을 읽고 물음에 답하십시오. 각 2점

> 사람은 매일 꿈을 꾼다. 꿈을 꾸지 않는 사람은 없다. 다만 자신이 꿈을 꾸었다는 사실을 잊어버릴 뿐이다. (㉠) 왜 꿈을 잊어버리는지 또 꿈은 왜 꾸는지에 대해서 연구자들은 꿈은 단순히 기억의 재생일 뿐이며 꿈을 잊어버리는 것은 안 잊어버리면 현실 세계와의 혼돈을 빚을 수 있기 때문이라고 설명한다. (㉡) 기억의 재생이라 함은 이전에 있었던 일을 자는 동안에 재생한다고 하는 것이며 현실 세계와의 혼돈이라 함은 만약 꿈이 안 잊혀진 상태로 현실 세계가 시작되면 꿈인지 현실인지 분간을 못하는 혼란이 빚어진다는 것이다. (㉢) 과연 그럴까 하는 의문이 든다. (㉣)

46. 위 글에서 《보기》의 글이 들어가기에 가장 알맞은 곳을 고르십시오. .

> ----------《보기》----------
> 내가 정신적으로 힘들 때면 꿈에 나타나 날 괴롭히는 사람이 있기 때문이다.

① ㉠   ② ㉡   ③ ㉢   ④ ㉣

47. 위 글의 내용과 같은 것을 고르십시오.
① 꿈을 꾼 내용을 다 기억하는 사람이 있다.
② 꿈을 꾸는 동안은 현실 세계와 격리된다.
③ 꿈은 그저 단순한 기억의 한 조각일 뿐이다.
④ 꿈을 안 잊어버리면 정신적인 혼란을 겪을 수 있다.

文法編

模擬試験1

模擬試験2

模擬試験3

模擬試験4

最新の出題傾向

[48-50] 다음을 읽고 물음에 답하십시오. 각 2점

> 그런데 이제는 위성 고고학의 성과로 인해 일일이 손에 흙을 묻혀 가면서 땅을 파헤치지 않아도 유적을 탐사할 수 있게 되었다. 위성 고고학이라 함은 고고학 연구에 인공위성 영상을 활용하는 신 학문 분야를 말하는데 간단히 설명하자면 유적지로 의심되는 곳을 위성으로 먼저 영상으로 찍어서 땅의 모양이나 구조물을 파악한 다음에 이번에는 적외선으로 위성 영상을 찍어 자세히 분석해 보는 것이다. 적외선 영상은 지표면에서 나오는 열을 감지해서 온도 차이를 표시해 주기 때문에 그 영상을 분석해 보면 대략 지표면 아래에 무엇이 있는지를 알 수 있게 된다. 예를 들어 피라미드를 적외선 영상으로 찍으면 피라미드의 어느 부분에 공동상태가 있는지를 알 수 있는데 그 부분을 특정시키면 피라미드의 미 발견공간을 쉽게 탐색할 수 있게 되는 것이다. 최근에는 이런 방식을 사용하여 (   ) 있게 되었다.

48. 이 글의 앞에 올 내용으로 가장 알맞은 것을 고르십시오.
   ① 유적 탐사에 쓰이는 도구들   ② 종래의 유적 탐사 작업 방법
   ③ 고고학 유적의 저조한 발굴율   ④ 고고학 유적 탐사의 문제점

49. 이 글의 내용과 같은 것을 고르십시오.
   ① 위성 영상으로 유물이 묻혀 있는 깊이를 알 수 있다.
   ② 적외선의 열 탐지 능력이 고고학에 응용되고 있다.
   ③ 지형파악에는 적외선 위성 영상이 필수이다.
   ④ 유적 탐사의 첫번 째 작업은 손으로 파헤치는 것이다.

50. (   )에 들어갈 내용으로 알맞은 것을 고르십시오.
   ① 직접 유적지에 가지 않아도 유적을 발견할 수
   ② 유적지에서 손작업을 효율성있게 할 수
   ③ 위성영상만 있으면 누구나 다 찾을 수
   ④ 바다에 있는 유적도 쉽게 탐사할 수

※次を聞いて最も適切な絵またはグラフを選んで下さい。 各2点

1.

> 남자 : 넌 뭐 먹을래? 치즈 떡볶이?
> 여자 : 치즈 떡볶이 별로야. 김밥 먹을래.
> 남자 : 그럼 김밥하고 오뎅 먹자. 내가 가지고 갈테니까 자리에서 기다려.
>
> 男性：君は何食べる？ チーズトッポッキ？
> 女性：チーズトッポッキはいまいちだね。キムパプ食べるわ。
> 男性：じゃあ、キムパプとおでん食べよう。僕が持っていくから席で待ってて。

2.

> 여자 : 어서오세요. 무엇을 도와 드릴까요?
> 남자 : 저, 예금 구좌를 만들고 싶은데요.
> 여자 : 네, 그럼 저쪽 2번 창구에서 안내해 드리겠습니다. 신분 증명서는 가지고
> 　　　오셨어요?
>
> 女性：いらっしゃいませ。何のご用件でしょうか。
> 男性：あのう、預金口座を作りたいのですが。
> 女性：はい、ではあちらの2番窓口でご案内いたします。身分証明書はお持ちですか？

文法編

模擬試験1

模擬試験2

模擬試験3

模擬試験4

最新の出題傾向

3.
男子：2023년에 들어와 한국을 방문하는 외국인의 입국 동향이 변하고 있습니다. 중국인의 한국 입국자 수가 감소하고 일본인을 비롯하여 대만, 타이 등의 동남아 아시아로부터의 외국인 입국자 수가 늘어난 것으로 나타났습니다. 국적별로는 일본이 가장 많고 중국, 대만, 타이 등이 뒤를 이었습니다.

男性：2023年に入って韓国を訪問する外国人の入国動向が変わりつつあります。中国人の韓国入国者数が減少し、日本人を始め台湾、タイなどの東南アジアからの外国人入国者数が高くなったことが明らかになりました。国籍別では日本が一番多く、台湾、タイ、香港が続きました。

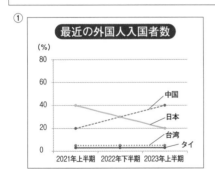 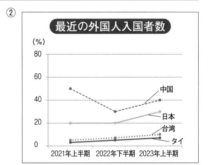

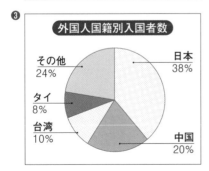 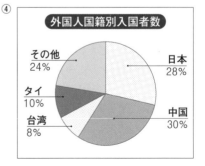

※次を聞いて続く言葉として最も適切なものを選んで下さい。各2点

4.

> 남자 : 퇴근시간인데 한잔하러 안 갈래요?
> 여자 : 저 오늘 약속이 있어요. 먼저 가 볼게요.
> 남자 : _____ .
>
> 男性：退勤時間ですけど、一杯やりに行きませんか。
> 女性：私、今日約束があります。先に失礼しますね。
> 男性：_____ 。

① 約束が毎日あります。　　　　　❷ じゃあ今度ぜひ行きましょう。
③ 私はお腹空いていません。　　　④ 早く帰る日です。

解説　一杯やりませんかと誘う男性に対して女性は先約があるからと断ります。それに対する男性の反応として一番自然なのは選択肢の中では②になります。

5.

> 여자 : 강민 씨, 이번에 면허 시험 보러 간다면서요?
> 남자 : 네. 연습 때는 잘 됐는데 연습대로 될지 모르겠어요.
> 여자 : _____ .
>
> 女性：カンミンさん、今度免許試験受けに行くんですって？
> 男性：はい。練習の時には上手く行ったんですけど、練習の通りになるか分かりません。
> 女性：_____ 。

① 免許試験が上手く行ったことおめでとうございます。
② 運転免許取ってだいぶ経っているのですか。
❸ 上手く行くと思います。心配しないで頑張って下さい。
④ カンミンさんは、運転が上手ですね。

解説　これから運転免許試験に臨むと言っているので、①②④は男性が言ったことと合っていません。③が正解になります。

6.

> 남자 : 미선 씨, 혹시 주변에 사회 잘 보는 사람 있어요?
> 여자 : 네, 한 사람 있어요. 왜요? 필요하세요?
> 남자 : _____ .
>
> 男性：ミソンさん、周りに司会が上手な人、いますか。
> 女性：はい、1人います。どうしたのですか。必要ですか。
> 男性：_____ 。

① はい。私が司会をやります。　　② はい。そんな人はいないそうです。
❸ はい。ちょっと調べてみて下さい。④ はい。変わったことはなさそうです。

解説　男性は司会が上手な人を探しています。それに女性が周りにそういう人がいそうだと言っているので、次の男性の反応としては、その人にやってもらえるかどうかを調べてほしいということになります。答えは③です。

7.

여자 :	요새 저희 제품 판매 실적이 좀 주춤한 것 같아요.
남자 :	그런 것 같지요? 계절이 바뀐 것 때문에 그런 것인지도 모르겠어요.
여자 :	_____ .

女性：最近うちの製品の販売実績が伸び悩んでいるみたいです。
男性：そう見えますよね。季節が変わったからそうなのかもしれませんね。
女性：_____ 。

① 季節が変わったらよくなりそうです。
❷ 何か対策を立てた方がよさそうです。
③ うちの製品は人気が高いです。
④ 依然としてうちのものがよく売れています。

解説　季節が変わったことで製品の売れ行きがおかしくなっていると言っているのは男性なので、①は本文の内容と合っていません。前より売れなくなったことを心配しているので③も正解ではありません。④も相変わらず自社製品が売れていると言っているので間違いです。②が正解になります。

8.

남자 :	미선 씨, 미선 씨 쪽은 몇 명 정도 예상하고 있어요? 우리 집은 한 200명 정도 올 것 같아요.
여자 :	저희 집은 300명 넘을 것 같은데요.
남자 :	_____ .

男性：ミソンさん、ミソンさんの方が何人くらい予想していますか。うちは大体200人くらい来そうです。
女性：うちは300人超えそうですけど。
男性：_____ 。

① じゃあ、うちがもっと来るんですね。
② そんなには多分来ないと思います。
❸ じゃあ、500人くらいに見ておけばいいですかね。
④ その程度ではだめそうですね。

解説　上の会話は結婚式に来てくれる客の数をどのくらい見積もればいいのかを2人で相談している内容になっています。というのも韓国では招待状を使って出席の可否を問う習慣がないからです。したがって式場の規模も出す料理も大体の数字で決めることになります。さて①は人数が逆です。多いのは女性の方なので不正解です。②は相手が300だと言っているのに対しそんなに人が来るかと言っているのでおかしい会話になります。④もそれでは足りないと言っているのでおかしい話になります。正解は③です。

193

※次を聞いて、女性が続けてする行動として最も適切なものを選んで下さい。 各2点

9.

> 여자 : 아, 얘는 왜 전화를 안 받아? 전화 꺼 놓았나?
> 남자 : 왜 그래? 이따 만나기로 한 거 아니었어?
> 여자 : 만나기로 했는데 못 나가게 생겼거든. 그래서 연락하려고 그러는데 전화
> 를 안 받네.
> 남자 : 그럼 할 수 없지. 메시지 남겨 놓아.
>
> **女性** : あぁ、この子は何で電話に出ないんだろう。電話、（電源を）切っておいたのかな。
> **男性** : どうしたの？ 後で会うことにしたんじゃなかった？
> **女性** : 会うことにしたんだけど、出られそうにないのね。それで連絡しようとしているんだ
> けど、電話に出ないのよ。
> **男性** : じゃ仕方ないね。メッセージを残しておけば。

① 約束場所に出かける。　　　　② 予定通りに会う。
❸ メッセージを送る。　　　　　④ 何もしない。

解説　相手が電話に出ないことでいらいらする女性に男性が言ったのはメッセージを残すことでした。なので普通に考えたら女性はまず相手にメッセージを残すと思います。①や②、④は可能性としてないわけではありませんが、選択肢の中で最も自然なのは③と見るのが妥当と思います。

10.

> 여자 : 잠깐 병원에 좀 다녀올게요. 어머니가 병원에 입원하셔서요.
> 남자 : 그러세요? 지난번에 뵀을 때는 아무렇지도 않으시더니 어디 많이 아프세
> 요?
> 여자 : 아니에요. 그렇게 심한 건 아니고요.
> 남자 : 그럼 가 보세요. 여긴 제가 보고 있을게요.
>
> **女性** : ちょっと病院に行ってきます。お母さんが病院に入院しているんですよ。
> **男性** : そうでしたか。この前お会いした時には何でもないように見えましたが、だいぶ具合
> が悪いのですか。
> **女性** : いいえ。そんなに深刻というわけではありません。
> **男性** : どうぞ行って下さい。ここは私が見ていますから。

① お母さんに会う。　　　　　❷ 病院に行く。
③ 病院に入院する。　　　　　④ 家に行ってくる。

解説　①は一見正解に見えますが、病院にいるお母さんに会うわけですから、病院が先に来なければいけません。②が正解になります。病院に入院したのはお母さんですから③は不正解になり、行ってくるのは家ではないので④も不正解になります。

11.

> 여자 : 얘, 네 친구들 오늘 몇 시에 오기로 했니?
> 남자 : 오후 세 시 쯤에 오기로 했는데 왜?
> 여자 : 누나, 그 시간에 친구 만나러 나갈까 하고. 내가 있으면 너희들 방해될 거
> 　　　아니니?
> 남자 : 아니야. 누나 집에 있다고 그랬더니 누나 얼굴 꼭 보겠대.
>
> 女性 : ね、あなたの友達、今日何時に来ることになっているの？
> 男性 : 午後3時くらいに来ることになっているんだけど、どうしたの？
> 女性 : 姉ちゃん、その時間に友達に会いに行こうかなと思って。私がいたら邪魔なんじゃな
> 　　　いの？
> 男性 : 違うよ。姉ちゃんが家にいると言ったら姉ちゃんにぜひ会いたいって言っていたんだ
> 　　　から。

① 外に出かける。　　　　　　　　　② 友達と会う。
③ 弟の友達と遊ぶ。　　　　　　　　❹ そのまま家にいる。

解 説　自分が邪魔になるのを避けて外に出ようとしている女性に弟の男性は自分の友達が女性に会いたがっていることを伝えます。そうするとその次の女性の行動として最も自然なのは④のそのまま家に留まるになります。①も②も可能性がないわけではありませんが、自然な流れではありません。③は結果的にはそうなるかもしれませんが、男性の会話の後にすぐ続く行動として自然なのは④です。

12.

> 남자 : 이거 얼마야? 여기 카드 되지?
> 여자 : 카드 안 되는 데가 어디 있어. 되겠지. 70만 원이라는데 일시불로 할거야?
> 　　　아니면 분할로 할거야?
> 남자 : 3개월 분할로 하지 뭐.
> 여자 : 카드 줘. (잠시 있다가) 이 카드 안 된다는데? 다른 카드는 없어? 아님 내가
> 　　　돈으로 낼까?
> 남자 : 다른 카드는 없는데. 그럼 그렇게 해.
>
> 男性 : これ、いくら？ ここ、カード大丈夫だよね。
> 女性 : カードが使えないところってある？ 大丈夫だよ。70万ウォンだって言うんだけど、
> 　　　一回払いにする？ それとも分割払いにする？
> 男性 : 3回分割にしよう。
> 女性 : カードちょうだい。（ちょっと後で）このカード、だめだってよ。他のカードはない
> 　　　の？ じゃなきゃ私がお金で払おうか。
> 男性 : 他のカードはないんだけど。じゃあそうして。

❶ お金で代金を払う。　　　　　　　② カードで70万ウォンを払う。
③ 商品を買わない。　　　　　　　　④ 他のカードで計算する。

解 説　本文は男性と女性が一緒に買い物に行き、その代金を払う場面での会話です。カード払いにしようとしている男性のカードを預かって女性が払おうとしますが、払えません。女性は2つの選択肢を提案しています。他のカードで支払うか、自分でお金を出すかです。男性は最後に他のカードは持っていないことを伝え、女性の提案通りにすることを了解しています。正解は①になります。

※次を聞いて、聞いた内容と同じものを選んで下さい。 各2点

13.

> 여자 : 구청에서 아기들 양육 지도를 무료로 해 주는 게 있대.
> 남자 : 우리 구에서도 하는구나? 다른 구에서 한단 이야기는 들었는데.
> 여자 : 우리 이번 주말에 애 데리고 한번 가 볼까? 같이 갈 수 있어?
> 남자 : 응, 그래. 알았어. 같이 가자.
>
> 女性：区役所で児童養育指導を無料でやってくれるものがあるって。
> 男性：うちの区でもやるんだ。他の区でやるって話は聞いたことがあるんだけど。
> 女性：今週末子供を連れて一度行ってみようかな。一緒に行ける？
> 男性：うん、いいよ。分かった。一緒に行こう。

① 男性は女性の話を聞かない。
② 男性は養育について関心がない。
❸ 女性は区役所のプログラムに行きたがっている。
④ 女性は児童養育指導を受けに行かない。

解説　選択肢の①ですが、男性は女性の話にきちんと反応し最後に一緒に行こうとも言っているので、本文の内容と一致しません。②ですが、普段から養育問題に関心があり情報を聞いたりしていますからこれも本文の内容と一致しません。④も女性がそのプログラムに参加するという話をしているので事実とは違います。③が正解になります。

14.

> 남자 : 안내 말씀 드리겠습니다. 부산으로 가는 우리 열차는 지금 강풍 경보 구간을 통과하고 있어서 천천히 운행하고 있습니다. 아울러 대전역에 도착하면 부산으로 가는 KTX열차를 먼저 보내기 위해 약 10분간 정차할 예정입니다. 손님 여러분께 불편을 끼쳐 드려 대단히 죄송합니다.
>
> 男性：ご案内申し上げます。釜山行きの当列車はただいま強風警報区間を通過しており、徐行運転をしております。なお大田駅に到着しますと釜山行きKTX列車を先に行かせるため約10分間停車する予定です。お客様にご不便をおかけして誠に申し訳ございません。

① この列車は釜山行きKTX列車だ。　　❷ この列車は大田駅でしばらく停車する。
③ この列車は強風警報区間を通過した。　④ この列車はKTXより先に釜山に着く。

解説　KTXではないので①は不正解です。強風警報区間を通過しているところなので③も不正解です。KTXじゃない列車がKTXより先に釜山に着くことはあり得ません。④も違います。②が正解になります。

15.

男子 : 다음은 생활 정보입니다. 아직도 많이 추우시죠? 지난 겨울이 너무 추웠기 때문에 빨리 봄이 왔으면 좋겠다라고 생각하는 분들이 많이 계실 텐데요. 그래도 겨울 스포츠를 즐기시는 분들은 겨울이 끝나가고 있는 것이 아쉽게 느껴지실 겁니다. 용평스키장이 스키와 스노보드를 즐기시는 분들을 위해 평일 이용권을 70% 할인한다고 그러네요. 또 4인이 이용할 경우 1명은 무료 리프트권을 준다니 이 기회에 얼마 안 남아 있는 겨울 스포츠를 맘껏 즐기시면 어떨까요?

男性 : 次は生活情報です。まだだいぶ寒いですよね。今年の冬が寒すぎたので早く春が来てほしいと考える方も大勢いらっしゃると思いますが。でもウィンタースポーツを楽しむ方たちは冬が終わりかかっていることを残念に思っておられると思います。ヨンピョンスキー場がスキーやスノーボードを楽しむ方たちのために平日利用券70％割引を実施するそうです。また、4人が利用する場合1人無料のリフト券をもらえるので、このチャンスにあまり残っていない冬のスポーツを思い切り楽しんだらいかがでしょうか。

① ウィンタースポーツを楽しめる時間はまだたくさんある。
② 週末に利用するスキー客にも割引の恩恵がある。
③ 今年はもうスキーやスノーボードを楽しむことが出来ない。
❹ 4名で行けば1名の無料券をくれるイベントをやっている。

解説　シーズンも残り少ないと言っているので選択肢の①は内容と一致しません。割引券は平日限定なので、②も内容と一致しません。まだ楽しめるチャンスはありますので、③も本文の内容と一致しません。④が正解になります。

16.

여자 : 서울소극장에서 하는 '애프터 파이브의 앙상블'이 요즘 화제가 되고 있다면서요?
남자 : 네. 애프터 파이브니까 글자 그대로 오후 5시반에 하는 거죠. 그 시간에 누가 들으러 올까 싶었었는데 의외로 성황이랍니다. 연주자들이 봐도 아주 획기적인 시간대인데요. 오히려 연주자들도 기뻐한답니다. 왜냐하면 앙상블 연주니까 길어봐야 한 시간 반 정도에 끝나거든요. 그러니까 7시면 모든 연주가 끝나는 거지요. 듣는 관객들도 퇴근 길에 잠시 들러서 어지러운 머리를 식힐 수 있는 계기가 되니까 좋아하는 것 같습니다.

女性 : ソウル小劇場でやっている 'アフターファイブのアンサンブル' が最近話題になっているそうですね。
男性 : はい。アフターファイブですから文字通り午後5時半にやるんですね。その時間に誰が聴きに来るのだろうと思っていたのですが、意外に盛況らしいです。演奏者たちが見ても画期的な時間ですが、かえって演奏者たちも喜ぶそうです。というのもアンサンブルですから長くて1時間半程度で終わるんですね。ですから7時になったらすべての演奏が終わるわけです。聴く観客も会社帰りにちょっと立ち寄って乱れた頭を冷やすチャンスになるから喜んでいるみたいですね。

❶ アフターファイブのアンサンブルは初めてだ。
② 演奏者たちは演奏時間が早いのを好まない。
③ アンサンブルが終わって再び職場に戻る人がいる。
④ このアンサンブルは予想通りとても成功的だ。

197

※次を聞いて、男性の中心となる考えとして最も適切なものを選んで下さい。　各2点

17.

남자 : 오늘은 몇 시에 일어났어요?

여자 : 오늘도 똑같아요. 저야 밤샘형이니까 늘 늦게 자고 늦게 일어나지요. 저는
그쪽이 훨씬 효율이 좋은 것 같아요.

남자 : 그래요? 나도 쭉 그랬어요. 그런데 우연히 피곤해서 일찍 자 봤더니 일찍
일어나는 거예요. 너무 컨디션이 좋더라고요. 그래서 요즘은 그렇게 해요.

男性：今日は何時に起きたのですか。

女性：今日も同じですよ。私はそもそも夜型ですからいつも遅く寝て遅く起きますね。私は
そっちの方がはるかに効率的です。

男性：そうですか。私もずっとそうでした。しかし偶然疲れて早く寝て見たら早く起きてし
まったんですね。コンディションがとてもいいんですよ。それで最近はそうしています。

① 夜型より朝型の方がよりいい。　　　　② なるべく早く寝た方が健康にいい。

❸ 人の生体リズムは変わることもある。　④ 疲れた時は早く寝た方がいい。

18.

남자 : 지난번에 어떤 연예인이 자기 애한테는 일체 혼을 안 낸다고 이야기 하는
거 봤어?

여자 : 응, 나도 봤어. 좀 심하긴 하던데 뭐 그래도 애가 귀여우면 그럴 수도 있
지.

남자 : 난 그쪽이 그 애 장래를 망치는 일 같아. 그렇게 남 생각 안 하고 막 살 수
있는 사람이 어디 있다고. 잘 가르쳐야지.

男性：この前、ある芸能人が自分の子供には一切怒らないと言っていたのを見た？

女性：うん、私も見たよ。ちょっとやり過ぎかなとは思うけど、まぁ、子供が可愛いかった
らそれもありかもね。

男性：私はそっちがその子の将来を狂わせることになりそうな気がする。そういうふうに他人
を意識しないで自由気ままに生きていける人がどこにいるっていうの。よく教えなきゃ。

① 怒らない親がいるというのが問題だ。

❷ 子供は適度に怒ってあげなければいけない。

③ 子供を可愛がりながら育てる方法もある。

④ 他人を意識しないで生きることも出来る。

19.

여자 : 요새는 명절 때 해외에 나가는 사람이 정말 많은가 봐.

남자 : 그만큼 살만해 졌다는 이야기겠지. 옛날에는 어림도 없었는데.

여자 : 가족에 대한 생각도 많이 바뀐 것 같고.

남자 : 남자들이 바뀌어야지. 나도 남자지만 명절 때 그게 뭐야? 여자들이 죄 졌니? 여자들만 일하고. 남자들은 그냥 놀고 먹고. 정말 바뀌어야 돼.

女性 : 最近は名節の時に海外に出て行く人が本当に多いみたいだね。

男性 : それくらい豊かになったという話でしょう。昔はとんでもないことだったのにね。

女性 : 家族に対する考え方もだいぶ変わったようだし。

男性 : 男が変わらなきゃだめだよ。俺も男だけれど名節の時のあれって何？ 女性に何の罪があるわけ？ 女性ばかり働かされて。男どもはただ飲み食いするだけで。本当に変えないとね。

① 名節は韓国の伝統なので変えられない。

② 名節の時に海外旅行に行くのは賛成できない。

③ 女性たちが名節の時に働くのはよくない。

❹ 名節の風習を本当に変えなければならない時になった。

解説　①や②はもしかしたらそのように考えている人もいるかもしれません。③もそのような人がいるかもしれません。しかし男性は韓国人の持つ名節に対する観念を変える時になったと力説しているので正解は④になります。

20.

여자 : 사장님은 평소 1등이 되지 않겠다 라는 말씀을 자주 하시는 걸로 알고 있는데요. 무슨 특별한 이유가 있으십니까?

남자 : 오해를 하시면 안 되는데요. 저는 1등이 되지 말라는 이야기를 하지는 않습니다. 제 자신이 1등이 안 되겠다 라고 생각하는 거지요. 1등이 되려고 노력하는 것은 대단히 중요합니다. 어떤 세계든 1등이 되는 사람, 기업은 반드시 본받을 만한 데가 있거든요. 그러니까 1등을 하려고 노력을 하는 것은 절대로 나쁜 것이 아닙니다.

女性 : 社長は普段から1位になりたくないという言葉をよくおっしゃっていると聞きましたが、何か特別な理由でもあるのでしょうか。

男性 : 誤解してほしくないんですけどね。私は1位になるなとは言っていません。私自身は1位になりたくないと思っているだけです。1位になりたいと努力することはとても大事なことです。どんな世界だろうが1位になる人、企業は必ず見習うべきところがあるからです。ですから1位になろうと努力をすることは決して悪いことではありません。

❶ 1位からは見習うべきものがたくさんある。

② 1位になろうと努力することはいいことだ。

③ いかなる努力もしないのが悪いことなのだ。

④ 努力をしない企業は淘汰されざるを得ない。

解説　②も③も④もそれなりに言えることです。しかしそのいずれも部分的だったりあるいは本文の中では触れられていなかったりして正解にはなりません。現時点で男性が最も言いたいことは①になります。

여자 : 여보, 이제 당신도 퇴직 얼마 안 남았네? 퇴직하면 뭐 하고 싶어요?

남자 : 글쎄, 뭐 할까? 당신은 뭐 하고 싶어? 교외에다 조그만 커피숍이나 하나 낼까? 거기서 채소도 가꾸어서 샐러드도 팔고.

여자 : 나도 그런 생각을 해 봤어요. 경치도 좋고 국도변에 있으면 좋을 것 같아요.

남자 : 늙어가면서 아무것도 안 하는 것도 그렇고 괜찮을 것 같은데.

女性 : あなた、そろそろあなたも退職が遠くないわね。退職したら何がしたい?

男性 : そうだね、何しようかな。あなたは何がしたいの? 郊外に小さいコーヒーショップでも出そうかな。そこで野菜も育ててサラダも作って出して。

女性 : 私もそれを考えてみました。景色もよく国道沿いであればよさそうです。

男性 : 老いていきながら何もしないのもそうだし、よさそうだけどね。

---

21. 男性の中心的な考えとして最も適切なものを選んで下さい。

 ① 歳を取ったらコーヒーショップを出した方がいい。
 ② 退職したら郊外に引っ越した方が望ましい。
 ❸ 年老いていきながら何もしないのはよくない。
 ④ 家は国道沿いにあった方が便利だ。

 解説 まず①ですが、男性はコーヒーショップのことを1つの案として出しているだけであってそれがベストとは考えていません。②ですが、この内容は言っていません。④のことを言ったのは女性の方です。正解は③になります。

22. 聞いた内容と同じものを選んで下さい。

 ① 男性は退職にはまだ早い年齢だ。 ② 男性は田園生活を考えていない。
 ❸ 女性はコーヒーショップを出すことに賛成だ。 ④ 女性は財テクに関心が多い。

 解説 そろそろ退職と言っているので①は間違いです。郊外に引っ越し云々と言っているので②は本文の内容と一致しません。コーヒーショップを出そうというのは退職後の人生のことを考えてのことであって財テクの手段としてではありません。④も内容とは合っていません。③が正解になります。

※次を聞いて質問に答えて下さい。各2点

남자 : 여보세요. 거기 대한항공이죠? 예약을 변경하고 싶은데요.
여자 : 네, 안녕하세요, 손님. 그러면 성함하고 날짜, 가시는 곳과 시간을 말씀해 주시겠어요?
남자 : 이름은 김민호고요. 날짜는 3월 17일, 일본 나리타, 오후 3시인데요.
여자 : 네, 잠시만 기다리세요. (잠시 후에) 네, 확인되었습니다. 변경 어떻게 도와 드릴까요?
남자 : 날짜를 19일로 변경하고 싶은데요. 나리타 가는 시간은 오전 중이면 몇 시라도 괜찮아요.

男性 : もしもし。大韓航空ですよね。予約を変更したいのですが。
女性 : はい、こんにちは、お客様。そうしたらお名前と日付、行かれるところと時間をおっしゃって頂けますか。
男性 : 名前はキム・ミノで日付は3月17日、日本の成田、午後3時です。
女性 : はい、少々お待ち下さい。（しばらく後で）はい、確認が出来ました。変更どのようになさいますか。
男性 : 日付を19日に変更したいです。成田に行く時間は午前中であれば何時でも結構です。

---

23. 男性が何をしているのかを選んで下さい。

① 日本に行く航空便に席の空きがあるかを問い合わせている。
❷ 自分がしておいた航空便の予約を変更している。
③ 日本に行くのを取り消そうとしている。
④ 成田へ行く時間を変えようとしている。

解説　一番最初の男性の発言の中に「예약을 변경하고 싶은데요」と出ているのでこれが正解になります。②です。

24. 聞いた内容と同じものを選んで下さい。

① 電話では予約の変更が不可能だ。
② 女性は男性からの予約の問い合わせに答えている。
③ 男性は日本に行きたい気持ちが消えた。
❹ 日本に行く日にちが2日後に遅らされた。

解説　電話で問い合わせをしているので選択肢の①は間違いです。②ですが、予約ではなく予約変更なのでちょっとずれています。③ですが、日本に行きたい気持ちが消えたわけではないので本文の内容と一致しません。17日から19日に変更になると2日遅くなるので④が正解になります。

※次を聞いて質問に答えて下さい。 各2点

여자 : 전 축구선수이며 현재 국가대표 장애인 농구 대표선수로 활약하고 계신 조성민 씨를 모시고 이야기 나누고 있습니다. 어떻게 축구선수에서 농구선수가 되신 거지요?

남자 : 제가 축구선수를 하다가 갑자기 교통사고를 당해서 하반신에 마비가 왔거든요. 그래서 좋아하는 축구도 못하게 되고 또 축구밖에 할 줄 모르던 녀석이 이제 뭘 해야 하나 싶어서 아무런 생의 의지도 못 느끼고 죽을 생각만 했었는데 그런 저를 보시고 지금 감독님이 농구장으로 데려가신 거지요. 그 때 장애인 농구팀이 그 체육관에서 연습을 하고 있었거든요. 한번 시험삼아 볼을 만져 봤는데 갑자기 이거다 싶은 거에요. 그때부터 제 인생이 바뀐 거지요.

女性 : 元サッカー選手で現在障碍者バスケットボール韓国代表選手として活躍中のチョ・ソンミンさんをお迎えして話を聞いています。サッカー選手からバスケットボールの選手になったのはどうしてですか。

男性 : 私はサッカーをやっていて突然の交通事故に遭い下半身に麻痺が来ました。それで好きなサッカーも出来なくなり、サッカーしか知らないやつが何をすればいいのだろうと思って何の人生の意欲もなく死ぬことしか考えていませんでしたが、そんな私を見て今の監督がバスケット場に私を連れて行ったのですね。一度試しにボールを触ってみたのですが、その時にこれだという思いが湧いてきたんです。その時から私の人生が変わったんですね。

---

25. 男性の中心的な考えとして最も適切なものを選んで下さい。

    ❶ 誰にでもチャンスが訪れてくる。
    ② 急に障碍者になると死にたい思いに襲われる。
    ③ 生きたいという意志が感じられない時がある。
    ④ サッカーの他にも何かを並行した方がいい。

    解説 ②も③ももしかしたらそういう思いもあったかもしれませんが、最終的に男性が言いたいのはそれではありません。今の自分がいるのはその時に自分をバスケット場に連れて行き、バスケットボールという思いもよらぬものに出会わせてくれた監督のおかげだと言っているので、①が正解になります。

26. 聞いた内容と同じものを選んで下さい。

    ① 障碍者になったのはバスケの選手になった後のことだ。
    ② サッカー選手だった時もバスケを続けていた。
    ❸ 今の監督に出会えたのが大きな幸運だった。
    ④ 障碍者のバスケチームに入るために練習をした。

    解説 まず①ですが、障碍者になったのはサッカー選手の時でしたから、本文の内容と一致しません。②はそんなことは言っていませんので、これも不正解です。障碍者のチームに入るために練習をしたという話もしていませんので、④も間違いです。正解は③になります。

※次を聞いて質問に答えて下さい。各2点

> 남자 : 이번 주말 요양원 봉사 있는 거 알지?
> 여자 : 알고 있어. 그런데 꼭 이렇게 해야 돼? 우리도 바쁘잖아. 이것저것 할 일도 많고.
> 남자 : 그야 그렇지. 하지만 우리같은 사람이 와 주는 걸 학수고대하면서 기다리는 분들 생각을 해 봐. 어떻게 안 갈 수 있어?
> 여자 : 그러니까 하지 말잔 이야기가 아니고 가끔씩 하자는 거지.
> 남자 : 우리한테도 귀중한 시간을 써서 해야 의미가 있지. 나는 그렇게 생각해.
>
> 男性 : 今週末療養院のボランティアがあるのは知っているよね。
> 女性 : 知っているよ。しかしこうしなきゃいけないの？ 私たちも忙しいのよ。あれこれやらなければならないことも多いし。
> 男性 : それはそうだけど。しかし僕たちみたいな人を、首を長くして待ってくれている人たちのことを考えてみて。行かないわけにいかないよ。
> 女性 : だから止めようという話ではなくちょっと減らせばいいじゃない。
> 男性 : 自分たちに貴重な時間を使ってこそ意味があるんだよ。僕はそう思う。

27. 男性が言う意図として適切なものを選んで下さい。

 ① 貴重なものは分かち合わなければいけないんだと分からせるため
 ② 自分たちを待っている方たちがいることを知らせるため
 ❸ ボランティアの真の意味を一緒に共有するため
 ④ 私たちが絶対しなければならないことだということを分からせるため

<u>解説</u>　①も男性が言いたいことではありますが、しかし一部です。②も④も確かにそうですが、これも直接の意図ではありません。男性が女性にこの話をする真の意図は③になります。その意義を女性が理解してくれない限り療養院へのボランティアが長続きしないからです。

28. 聞いた内容と同じものを選んで下さい。

 ① 男性はボランティア活動を減らそうと思っている。
 ② 療養院ではもっと頻繁に来てほしいと願っている。
 ❸ 女性はボランティアの回数を減らそうという提案をしている。
 ④ 男性はボランティア活動をする自分を高く評価している。

<u>解説</u>　男性はボランティア活動の回数を減らそうとは思っていません。①は間違いです。②は本文からは確認できません。④の内容と男性の気持ちとは一致しません。③が正解になります。

여자 : 만두로 유명한 '김여사 만두'의 사장님, 오성진 씨를 모셨습니다. 회사 이름이 김여사인데 실제 성함이 오 씨시고 또 남자분이시네요?

남자 : 네, 저희 집사람이 김 씨입니다. 그래서 김 여사하고 완전히 관계가 없지는 않구요. '김여사'라고 회사 이름을 붙인 건 누구한테나 친숙한 이미지에 착안한 것입니다. 우리가 김여사 이야기는 다 알지만 김여사의 이미지 속에서 뭔가 미워할 수 없는 그런 것이 있잖아요. 그런 이미지를 살렸으면 했던 거지요. 만두 맛도 그렇습니다. 먹어 보고 펄쩍 뛰어오를 만큼 맛있는 건 아닌데 먹고 나면 뭔가 생각나는 그런 맛이지요. 며칠 지나고 보면 만두 맛이 살살 생각나는 그런 맛을 내고 싶었는데 다행히 저희 만두를 사랑해 주시는 분들이 칭찬을 해 주십니다.

女性：餃子で有名な'キムおばさんの餃子'の社長、オ・ソンジンさんをお迎えしました。会社の名前がキムおばさんなのに実際の名字はオで、また男性の方ですね。

男性：はい。私の妻の名字がキムです。ですからキムおばさんとまったく関係がないわけではありませんね。キムおばさんを会社の名前につけたのは誰にとってもなじみのあるイメージに着眼したんです。私たちはキムおばさんの話は皆知っていますが、キムおばさんのイメージに何か憎めないようなものがあるじゃないですか。そのイメージを生かせたらと思いました。餃子の味もそうですね。食べてみて飛び上がるほど美味しいわけではありませんが、何かを思い出させるそういう味ですね。数日経つと妙にその味が思い出されるようなものが作りたかったのですが、幸いに私たちの餃子を喜んでくれる方たちに褒めて頂いています。

---

29. 男性が誰なのか選んで下さい。

   ① キムおばさんという流行語を作った人　　❷ 有名な餃子会社を作った人
   ③ 一度会うと簡単に忘れられない人　　　④ 一度会うと思い出される人

  解説 ③と④はまったく関係のない内容です。①も本文の事実とは合っていません。②が正解になります。

30. 聞いた内容と同じものを選んで下さい。

   ① この会社の名前は何となく適当につけたものだ。
   ② 餃子で有名なこの会社の社長は女性だ。
   ③ 'キムおばさんの餃子'の餃子はあまり人気がない。
   ❹ 流行語のイメージと餃子の味を結合させた。

  解説 「김여사 만두」という言葉の意味ですが、「김」は、韓国ではどこにでも見られる金という名字、「여사」は、女史という意味で「만두」は餃子の意味です。「김여사」はオバタリアンという言葉と似ているイメージを持っている言葉で、この会社の社長はそのイメージを使い会社の名前にしたということです。したがって①は違います。②も社長は男性なので本文の事実とは違います。③も違います。正解は④になります。

※次を聞いて質問に答えて下さい。 各2点

> 남자 : 요즘 일부 식당에서 어린이 출입 금지가 시행되고 있습니다. 그럼 어린이를 동
> 반한 가족들은 그 식당에서는 식사를 못 한다는 이야긴데 물론 식당들은 법에는
> 저촉되지 않는다고 하지만 전 이거 문제라고 보는데요.
> 여자 : 제 생각에는 이건 매우 좋은 시스템인 것 같습니다. 조용히 식사를 즐기고 싶은
> 사람한테는 아주 합리적인 것 같은데요. 저는 그런 식당을 골라서 갈 것 같아요.
> 남자 : 저라면 그런 식당에는 안 갈 것 같습니다. 식당 주인한테도 아이들이 있을텐데
> 그럴 수가 있나 하는 생각이 들어요.
> 여자 : 결국은 아이들을 데리고 다니는 엄마들이 문제라는 이야기겠죠.
>
> 男性：最近一部の食堂で子供出入禁止が施行されています。じゃあ子供同伴の家族はその食堂で
> は食事が出来ないということですが、もちろん食堂は法に触れないからと言ってはいますが、
> 私はこれは問題だと思いますが。
> 女性：私が思うにこれはとてもよいシステムのように見えます。静かに食事を楽しみたい人にとっ
> てはとても合理的です。私はそういう食堂を選んでいくと思います。
> 男性：私ならそういう食堂には行きません。食堂のオーナーさんにもお子さんがいるはずなのに
> よくそれが出来るなという気がしますね。
> 女性：結局は子連れのお母さんたちが問題だということなんでしょう。

31. 男性の中心となる考えとして最も適切なものを選んで下さい。

  ❶ 子供出入禁止という発想に簡単に同意できない。
  ② 食堂にそうさせたお母さんたちが問題だ。
  ③ 子供出入禁止食堂でも行かない理由はない。
  ④ 静かに食事を楽しむ人のための制度も必要だ。

  解説　まず②ですが、男性はそのようには言っていませんので不正解です。③も本文の事実とは違い
  ます。男性は行かないと言っています。④について男性は直接言っていませんので不正解です。正解は
  ①です。

32. 男性の態度として最も適切なものを選んで下さい。

  ① 新しい制度の改善点を指摘している。 　② 新しい制度の施行を賛成している。
  ❸ 新しい制度について批判的な立場だ。 　④ 新しい制度の背景をよく知っている。

  解説　まず①ですが、改善点の話はしていませんので正解ではありません。賛成している立場でもな
  いので②も不正解です。背景をよく知っているかどうかは分からないので④は正解にはなりません。新
  しい制度について批判的な態度を取っているので正解は③になります。

※次を聞いて質問に答えて下さい。各2点

男子：여러분 '기록연구사' 라는 직업이 있다는 것을 아십니까? 현대는 기록의 홍수
라고 할 정도로 그 어느 것 하나 기록이 아닌 것이 없을 정도인데 그렇기 때문에
어떤 기록을 버리고 어떤 기록을 남겨야 할 것인가를 결정하는 게 의외로 어려운
문제입니다. 기록연구사는 이처럼 기록물의 남기고 버릴 것을 결정하는 일을 하
는 사람을 말하는데요. 우리가 자랑하는 유산 중의 하나인 조선왕조실록도 바로
이런 기록물 중의 하나이지요. 그러고 보니 국회에서 중요한 외교 문서가 남아 있
었느니 없어졌느니 시끄럽게 떠들었던 작년 일이 기억납니다.

男性：皆様、'記録研究士' という職業があるということをご存知ですか。現代は記録の洪水と言っ
ていいくらいどれ１つ記録じゃない物がないくらいですが、だからこそどんな記録を捨ててどん
な記録を残すのかというのを決定するのが意外に難しい問題です。記録研究士はこのように記録
物を残し、捨てるものを決める仕事をする人を言うのですが、私たちの誇る遺産の中の１つであ
る朝鮮王朝実録もまさにこのような記録物の中の１つですね。そう言われてみれば、国会で重要
な外交文書が残っていただのなくなっただのって騒いでいた去年のことが思い出されますね。

---

33. 何についての内容なのか適切なものを選んで下さい。

❶ 記録研究士という職業 　　　　　② 朝鮮王朝実録の歴史的価値
③ 記録を選択する方法 　　　　　　　④ 外交文書が重要な理由

> **解説** 　記録研究士という職業を知っているかという質問が最初出てくるので大体この文ではその話
> が続くだろうなという予想がつきます。結局全文その話が続きますので正解は①になります。②も③も
> 部分的な話になります。

34. 聞いた内容と同じものを選んで下さい。

① 記録物はすべて残すのが正しい決定だ。
② 記録物は数百年が経っても保存しなければならない。
❸ 記録研究士は記録を残すのかどうかを決定する。
④ すべての外交文書は絶対になくしてはならない。

> **解説** 　まず①ですが、そのようには言っていません。記録は残したり捨てたりなので不正解です。②
> はそんなものもそうじゃないものもありますのでこれも不正解です。③は記録研究士の仕事の中身を言
> っているので正解です。④は事実と合っていません。

※次を聞いて質問に答えて下さい。各2点

남자 : 존경하는 지역구 주민 여러분. 지난번 선거에 이어 이번에도 저를 선택해 주시고 지지해 주신 데 대해 이 자리를 빌어 감사와 화합의 인사를 드립니다. 제가 지난 임기 동안 해 왔던 일은 무엇보다도 여러분께 약속을 드렸던 일들을 어떻게 실천하느냐였습니다. 이번에도 저를 믿어 주시고 뽑아 주신 것은 바로 제가 공약을 잘 실천했다고 평가해 주신 그 결과라고 생각됩니다. 따라서 이제로부터 5년간은 또 여러분과의 약속을 절대로 지켜 나가는 기간으로 삼겠다는 것이 제 생각입니다. 구체적으로는 지역에서 현재 추진하고 있는 살기 좋은 도시 건설과 건립 중인 국립 의료원의 조속한 완공을 빠른 시일 내에 실행하도록 하겠습니다. 앞으로도 저를 지켜봐 주시기 바랍니다. 감사합니다.

男性 : 尊敬する地域区住民の皆様。前回の選挙に引き続き今回も私を選んで下さり支持して下さりこの場を借りて感謝と和合のご挨拶を申し上げます。私が任期の間取り組んできたことは、何よりも皆様にお約束申し上げたことをどうすれば実践出来るかでした。今回も私を信じて下さって選んで下さったのは、まさに私が公約をよく実行したと評価して下さったその結果であろうと考えております。したがってこれからの5年間はまた皆様との約束を絶対に守っていく期間にしたいというのが私の思いです。具体的には地域で現在推進中の住みよい都市建設と建立中の国立医療院の速やかな竣工を早い時期に実行できるようにしたいと思っております。これからも私を見守って下さい。ありがとうございます。

35. 男性が何をしているのか、適切なものを選んで下さい。

① 地域区にどんな懸案があるのかを紹介している。
❷ 地域区住民のための議政をすることを誓っている。
③ 地域区住民が何を望んでいるのかを調べている。
④ 地域区の発展のために自分を支持してくれるよう頼んでいる。

解説　男性は自分が今までの5年間どんな議員活動をしてきたのかを紹介し、それをさらに続けることを誓っています。正解は②になります。①や③は部分的な話になります。④は支持に感謝する言葉は述べていますが、これからも支持をお願いするような発言はしていません。

36. 聞いた内容と同じものを選んで下さい。

① 地域区にある都市が住みよい都市に選定された。
② この議員は推進中の懸案をすべて解決した。
③ この議員は今回初めて国会議員に当選した。
❹ 地域に国立医療院が建てられている最中だ。

解説　まず①ですが、まだ選定されていませんので不正解です。②ですが、懸案はまだ残っています。③ですが、初めてではありません。正解は④になります。

※次を聞いて質問に答えて下さい。 各2点

여자 : 요즘 학력을 기재하지 않게 하는 기업들이 늘고 있다는데요. 그 이유가 뭡니까?
남자 : 일반적으로 이력서에 출신 고등학교 대학교 등을 적게 되어 있잖아요. 그런데 인사 담당자들이 그걸 보게 되거든요. 그걸 보고 전혀 영향을 받지 않는다는 건 아주 힘든 일이지요. 그리고 이제까지 학력이 좀 더 좋으면 일을 좀 더 잘 해 줄 것이라는 기대 아래 어느 정도 부과점을 줬던 건데 그게 반드시 그렇지도 않다는 반성을 기업들이 하게 된 거지요. 그래서 그런 결정을 하게 된 겁니다. 지연, 학연, 혈연 등으로 묶이지 않았으면 하는 게 바람이지요.

女性：最近学歴を記載させない企業が増えているといいますが。その理由は何ですか。
男性：一般的に履歴書に出身高校、大学などを記すようになっていますよね。ところが、人事担当者がそれを目にするわけですよ。それを見てまったく影響を受けないということは、ほとんどあり得ないことでしょう。そして、今まで学力が少しよければ仕事を少しよくやってくれるという期待のもとに、ある程度賦課点を付けたわけですが、それが必ずしもそうではないと反省を企業がするようになったのです。それで、そのような決定をするようになったわけです。地縁、学縁、血縁などに縛られなければよいというのが望みなのです。

37. 男性の中心的な考えとして最も適切なものを選んで下さい。

    ❶ 履歴書の情報が公正な選抜に影響を及ぼすことがある。
    ② 企業は新入社員応募者の学歴を重視しなければならない。
    ③ 入社後能力を発揮するのはやはり高学歴者だ。
    ④ 企業は新入社員の学力増進を奨励しなければならない。

解説 男性は履歴書に書いてある学歴情報が公正な選抜に影響する可能性があると指摘しています。なおかつ高学歴イコール高能力ではないとの結論を各企業が出しているという話もしています。ですからそれに最も近いのは①になります。残りの②③④はすべて学歴重視の言い方となっていますので不正解です。

38. 聞いた内容と同じものを選んで下さい。

    ① 学力撤廃条項は実質的に効果がない。
    ② この男性は履歴書の写真もなくすべきだと見ている。
    ❸ この男性は学歴撤廃の履歴書について肯定的だ。
    ④ 学歴撤廃は企業の人材開発戦略と無関係だ。

解説 履歴書で学歴を書かせないのは最近やり始めたことですから、①は違う話となります。②に関してはもしかしたらそうかもしれませんが、音声内容からは確認できません。④は学歴条項の撤廃が企業の改善努力によって生み出されたアイディアであることを考えると、本文の内容とは合っていないことになります。正解は③です。

※次を聞いて質問に答えて下さい。 各2点

> 여자 : 이런 갈등은 정부가 방사능 물질 재처리 시설을 지역 주민에 사전 통보 없이 세
> 우면서 시작되었는데요. 그 사실을 알게 된 지역 주민들이 반대를 하고 나선 거죠.
> 남자 : 네, 그렇습니다. 조사를 해 보니 방사능 물질 재처리 시설이 지역에는 아무런
> 영향이 없다고는 하지만 무엇보다도 방사능 물질이라는 점에 대해 지역 주민들이
> 부정적인 생각을 가지고 있고요. 만약에 방사능이 누출이라도 된다면 그야말로
> 주민들의 건강에 치명적인 영향을 미치게 되기 때문에 이런 상황이 점점 심각해지
> 고 있는 거죠. 이런 갈등을 해결하기 위해서는 지역 주민과 정부와의 보다 진지한
> 대화가 필요할 것 같습니다.
>
> 女性 : このような葛藤は、政府が放射能物質再処理施設を地域住民に事前通報なしに建てたこと
> で始まったのですが。その事実を知った地域住民たちが反対に乗り出したのですよね。
> 男性 : はい、そうです。調査をしてみると、放射能物質再処理施設が地域には何の影響もないと
> はいうものの、何よりも放射能物質だという点に対し地域住民たちが否定的な考えを持ってい
> まして。もし放射能が漏れ出しでもしたら、それこそ住民たちの健康に致命的影響を及ぼすこ
> とになるので、このような状況が徐々に深刻になりつつあるのです。このような葛藤を解決す
> るためには、地域住民と政府とのより真摯な対話が必要なようです。

39. この対話の前の内容として最も適切なものを選んで下さい。

① あちこちに放射能物質再処理施設が建っている。
❷ 放射能物質再処理施設をめぐって摩擦が生じている。
③ 放射能物質の漏れ出しが深刻な問題となっている。
④ 政府と地域住民との間で円満な対話が進められている。

> 解説 女性の最初の発言に「이런 갈등이」と出ています。その発言の後に葛藤、対立の中身が紹介
> されています。その内容は放射能物質再処理施設の建設をめぐる地域住民と政府間の対立です。ですか
> ら正解は②になります。①③④はすべて音声内容と合っていません。

40. 聞いた内容と同じものを選んで下さい。

① 放射能物質再処理施設による健康に対する影響はない。
② 放射能物質再処理施設は漏れ出しの可能性がまったくない。
③ 放射能物質再処理施設をめぐる葛藤が解消された。
❹ 放射能物質再処理施設の建設を知らせようとする努力がなかった。

> 解説 まず①ですが、健康に対する影響がないとは本文では言っていませんので不正解です。それ
> から放射能漏れの可能性がまったくないとは言っていませんので②も不正解です。葛藤が解消されたわ
> けでもありませんので③も不正解になります。葛藤、対立があったということは事前に理解を求める努
> 力がなかったということですから、④が正解になります。

※次を聞いて質問に答えて下さい。 各2点

여자 : 용산에 서빙고라는 곳이 있지요. 서쪽에 있는 얼음창고라는 뜻이지요. 그럼 동
빙고도 있었을까요? 물론 있었습니다. 왕실의 얼음을 저장하고 보관해 놓았다가
꺼내서 쓰기도 했던 내빙고도 있었지요. 그러니까 조선시대에 한여름에도 얼음을
사용하고 먹었다는 이야기지요. 냉장고도 없었던 시절에 말입니다. 그런데 얼음
을 채취하는 것은 그렇다치고 도대체 어떻게 한여름까지 얼음을 보관했을까요?
연구에 의하면 특별한 냉동장치가 없는데도 실내가 낮은 온도로 유지되었다고 하
는데요. 무엇보다 창고의 구조가 큰 역할을 했다고 합니다. 이론은 간단하지요.
내부의 온도 변화는 최소화하고 더운 공기는 바로 빠져나가도록 하며 얼음이 녹으
며 생기는 물은 절대 다른 얼음으로 못 가게 만드는 거지요.

女性 : 龍山に西氷庫というところがあります。西にある氷の倉庫という意味です。では東氷庫も
あったでしょうか。もちろんありました。王室の氷を貯蔵し、一旦保管しておいてから、取り
出して使うこともあった内氷庫もありました。つまり、朝鮮時代に真夏でも氷を使用し食べた
という話です。冷蔵庫もなかった時代にです。ところで、氷を採取するのはそれとして、いっ
たいどうやって真夏まで氷を保管したのでしょう。研究によると、特別な冷凍装置がないのに
室内が低い温度に保たれたということですが。何よりも倉庫の構造が大きな役割をしたといい
ます。理論は簡単です。内部の温度変化は最小化し、熱い空気はすぐに出ていくようにし、氷
が溶けて生じる水は、絶対に他の氷の方に行かないようにするのです。

41. この講演の中心となる内容として最も適切なものを選んで下さい。

    ❶ 西氷庫は最初から科学的に設計された建物だった。
    ② 西氷庫を通じて先祖たちの素晴らしい知恵を感じることができる。
    ③ 氷を保管した文化は庶民たちのためのものだった。
    ④ 歴史的記録を探して西氷庫の事実をよく知るべきだ。

   解説 서빙고(西氷庫)가 꽤나 과학적인 근거에 의해서 건립되고 유지되었다는 이야기가 소개되
어 있으므로 ①이 정답이 됩니다. ②는 확실히 그렇지만, 여자가 여기에서 가장 말하고 싶은 내용인가 하면 그
렇지는 않습니다. ③은 음성 내용에서는 언급되지 않았습니다. ④도 언급되지 않았습니다.

42. 聞いた内容と同じものを選んで下さい。

    ❶ 西氷庫は床が傾斜している。
    ② 西氷庫は炭を入れて熱い空気を吸収した。
    ③ 西氷庫は真夏に高い気温まで上がった。
    ④ 西氷庫は温度変化が比較的激しかった。

   解説 炭を入れたという話は出てきていませんので②は不正解になります。1年中低い温度で維持さ
れていたという話ですから③も不正解です。④も内容と一致しません。①ですが、倉庫内の氷の溶けた
水が流れるためにはそのような構造になっていなければいけないので、正解ということになります。

※次を聞いて質問に答えて下さい。各2点

> 남자：지구의 표면 즉 지표는 십수 개의 플레이트로 나누어져 있다. 이 '판'이라고
> 도 불리우는 플레이트는 서로 독립되어 있기 때문에 따로따로 움직인다. 따라서
> 플레이트와 플레이트가 만나는 지점에서는 플레이트와 플레이트가 서로 충돌하
> 기 때문에 지진을 일으키기도 하고 지표 아래 있던 마그마 폭발을 유도해 화산 폭
> 발 같은 자연 재해를 발생시키기도 한다. 그런데 플레이트 간의 충돌은 재해 뿐이
> 아니라 뜻하지도 않은 횡재를 안겨다 주는 경우도 있어서 지각 변동이 일어날 때
> 구리나 금, 석유 등의 자원을 인류에게 제공해 주기도 한다. 이러한 뜻하지도 못
> 한 횡재를 통해 인류는 문명이라는 것을 형성해 오기도 하였다. 실제로 현존하는
> 세계 최대 도시 중 반 정도가 이 플레이트의 경계 근처에 있다. 그러니까 인류는
> 플레이트간의 충돌로 인한 재해와 혜택, 이 두 가지를 동시에 안고 살아가고 있는
> 것이다.
>
> 男性：地球の表面、すなわち地表は、十数個のプレートに分かれている。この「板」とも呼ばれる
> プレートは、互いに独立しているので、別々に動く。したがって、プレートとプレートが出合
> う地点では、プレートとプレートが互いに衝突するので、地震を起こしもし、地表の下にあっ
> たマグマの爆発を誘発し、火山爆発のような自然災害を発生させることもある。ところが、プ
> レート間の衝突は災害だけでなく、予想外の掘り出し物をもたらしてくれる場合もあり、地殻
> 変動が起きるときに銅や金、石油などの資源を人類に提供してくれることもある。このような
> 予想外の掘り出し物を通じて、人類は文明というものを形成してきもした。実際に、現存する
> 世界最大の都市のうち、半分くらいがこのプレートの境界の近くにある。つまり人類はプレー
> ト間の衝突による災害と恩恵、この2つを同時に抱えながら生きていっているわけだ。

43. 何についての内容なのか、適切なものを選んで下さい。

　　① プレートの衝突が人類を発展させた。
　　② プレートの移動により資源も移動する。
　　❸ 人類は危険と恩恵を通じて発展してきた。
　　④ すべての文明はプレートの境界線の上に存在する。

　　解説　まず①ですが、衝突だけで人類が発展してきたわけではありませんので不正解です。②です
　　が、プレートが移動したら資源も移動するという話はしていません。④ですが、すべての文明が全部プ
　　レートの境界線の上に存在しているわけではありませんので、不正解になります。プレートの衝突とい
　　う危険と恩恵、まったく相異なる2つの出来事を通して人類はその文明を発展させてきたという話です
　　ので、③が正解になります。

44. 世界の主要都市がプレートの境界にある理由として適切なものを選んで下さい。

　　❶ 重要な資源を得ることの出来る環境にあったため
　　② 災害を克服できる勇気があったため。
　　③ 多くの人力を動員して危険を把握することができたため
　　④ 地殻変動でプレートが変わったため

　　解説　②や③はもしかしたらそうかもしれませんが、世界の主要都市が文明の象徴ということを考え
　　ると、やはり文明形成に必要な資源を獲得しやすい環境にあったことがその理由と考えるのが妥当なの
　　で、①が正解になります。④は本文の内容とはまったく違う話なので不正解です。

※次を聞いて質問に答えて下さい。 各2点

> 여자 : 여러분은 어떻게 느끼고 계시는지 모르겠습니다만 세계는 이미 새로운 산업혁
> 명의 시대에 발을 들여 놓았습니다. 컴퓨터가 나타나서 여러 분야에 자동화를 가
> 능케 한 것을 우리는 3차 산업혁명이라고 부릅니다만 이 3차 산업혁명의 특징이
> 자원과 제조, 생산, 유통 등의 자동화였다면 이제부터의 산업혁명의 특징으로서
> 는 인공 지능이라는 한 단어로 집약되는 새로운 가치의 창출이 될 것입니다. 구체
> 적으로는 모든 기계와 제품에 인공 지능을 부여해서 지금까지와는 전혀 다른 완
> 전히 새로운 사용법을 만들어내도록 하는 건데요. 예를 들면 청소기 같은 것도 어
> 디를 어느 타이밍에 청소를 해야 하는지를 스스로 판단해서 할 수 있게 되는 겁니
> 다. 에어컨도 그래요. 먼지가 쌓이면 센서로 탐지를 해서 스스로 먼지를 흡수하거
> 나 또는 여기를 청소해 달라고 사람에게 통지를 하는 그런 기능을 만들 수 있는 거
> 지요.

> 女性 : 皆さんはどのように感じていらっしゃるか分かりませんが、世界はすでに新たな産業革命
> の時代に足を踏み入れました。コンピューターが現れて様々な分野に自動化を可能にしたこと
> を、我々は第3次産業革命と呼びますが、この第3次産業革命の特徴が資源と製造、生産、流通
> などの自動化であったとすれば、これからの産業革命の特徴としては、人工知能という単語に
> 集約される新たな価値の創出となるでしょう。具体的には、すべての機械と製品に人工知能を
> 与えて、これまでとはまったく異なる完全に新しい使用法を生み出すようにするものです。た
> とえば掃除機のようなものも、どこをどのタイミングで掃除すべきかを自ら判断して出来るよ
> うになるのです。エアコンもそうです。埃が積もるとセンサーで探知し、自ら埃を吸収したり、
> またはここを掃除してくれと人に通知するという、そのような機能を作ることができるわけで
> す。

45. 聞いた内容と同じものを選んで下さい。

① 新たな産業革命は価値基準を完全に変える。
② 新たな産業革命はこれまでの成果を基盤とする。
③ 新たな産業革命はエネルギーを必要としない。
❹ 新たな産業革命は人工知能を基盤とする。

> 解説　人工知能を基盤とする新しい産業革命は、価値基準までをも変えたりはしませんので、①は不
> 正解です。②ですが、今までの成果を踏まえるかどうかに対して本文では触れていません。③もエネル
> ギーがどうなっていくのかについては言及がありませんので、正解にはなりません。④が正解になりま
> す。

46. 女性の態度として最も適切なものを選んで下さい。

❶ 新たな産業のパラダイムに対し肯定的だ。
② 産業革命の否定的な面を攻撃している。
③ 未来社会の実状について心配している。
④ 人工知能技術に多くの期待をかけている。

> 解説　女性は新しい産業パラダイムに対して肯定的な立場を取っているので、①が正解となります。
> ②は触れられていない内容です。③も特に言及されていません。④は確かにそうですが、これは部分的
> な話となりますので、正解として最も相応しいのは①ということになります。

※次を聞いて質問に答えて下さい。各2点

> 여자 : 전통예술을 더 계승 발전시키기 위해서는 전승자들을 더 발굴, 보호하고 육성하는 정책이 필요하다는 의견이 많이 나오고 있는데요. 어떻게 생각하십니까?
>
> 남자 : 맞는 말씀입니다. 이제까지의 정책은 전승자들을 주 대상으로 했거든요. 전승자 분들을 먼저 인간문화재로 지정해서 생활을 하실 수 있게 한 다음에 그 분들이 제자를 받을 수 있게 도와드리는 거죠. 그리고 그 제자들을 통해 전통예술이 계승되게 만들어가는 겁니다. 그런데 이 방식에 대해 전면적으로 재검토를 해야 할 시점이 된 것 같다는 판단을 현재 하고 있습니다. 가장 큰 문제는 전통예술을 계승 발전시켜 나가야 할 젊은이들이 이 방식을 별로 선호하지 않는다는 단점이 있다는 것입니다. 그래서 어떻게 발굴을 해 나갈 것인가에 대해 현재 중점적으로 연구하고 있고 관계자 여러분들의 의견도 수렴하고 있는 단계에 있습니다.
>
> 女性：伝統芸術をさらに継承発展させるためには、伝承者をさらに発掘・保護し育成する政策が必要だという意見が多く寄せられていますが。どのようにお考えですか。
>
> 男性：その通りです。今までの政策は伝承者を主な対象としていたんですね。伝承者の方たちをまず人間文化財に指定し、生活できるようにしてから、その方たちが弟子を取れるように手助けするわけです。そして、その弟子たちを通じて伝統芸術が継承されるようにしていくわけです。ところで、この方式について全面的に再検討をすべき時点になったようだという判断を現在しています。最も大きな問題は、伝統芸術を継承発展させていくべき若者たちが、この方式をあまり好まないという短所があるというわけです。それで、どのように発掘していくかについて現在重点的に研究しており、関係者の皆さんの意見も集めている段階にあります。

47. 聞いた内容と同じものを選んで下さい。

① 伝統芸術の伝承者たちは弟子を置くことができない。
② 人間文化財に指定される伝承者たちが減っている。
❸ 既存の伝統芸術保護政策が限界に達した。
④ 若い人たちが好む伝統芸術の継承方式がある。

解説　伝統芸術の伝承者として認定されれば弟子を置くこともあるという話なので①は間違いです。伝承者の数が減っているとは特に言っていませんので②も本文の内容と合っていません。④ですが、特にそのようなことは言っていません。今の政策に限界を感じ、いろいろな話を聞いたり研究をしたりということなので、③が正解になります。

48. 男性の態度として適切なものを選んで下さい。

❶ 既存の政策の問題点を正確に診断している。
② 新たな政策の進むべき方向を予測している。
③ 既存の政策の改善点をいくつか提示している。
④ 新たな政策のためのさまざまな意見を聞こうとしている。

解説　女性の質問を受けて、既存の政策の問題点を紹介しながら話を展開しているので①が正解になります。②ですが、現段階では新しい政策の方向は何も決まっていません。したがって不正解です。既存の政策の改善点は特に提示していませんので③も不正解です。④ですが、本文ではもう各界各層の意見を集めていると言っているので、話が少しずれます。

> 여자 : 사회학자들의 연구에 따르면 개인적으로는 아주 인격적이고 자상한 사람이 어떤 특정 집단의 일원이 되었을 때 성격이 돌변하는 경우가 있다고 합니다. 그런 현상은 우리 주변에서도 쉽게 찾아볼 수 있습니다. 끔찍한 집단범죄가 일어났을 때 범인 집 주변 주민들한테 인터뷰를 해 보면 그냥 아주 평범한 청년이었다는 등의 코멘트를 자주 듣는 것도 그런 예 중의 하나입니다. 왜냐하면 어떤 집단에 속했을 때 그 집단이 굉장히 과격한 행동을 하게 되면 그 집단에 대한 충성심이나 집단에서 떨어져 나갔을 때의 반사행동 같은 것에 대한 두려움 때문에 평소의 본인한테서는 상상도 못하는 폭력성이나 잔인성이 폭발하게 되는 심리상태가 발생하기 때문인 거죠. 결국 집단의 속성이나 이해관계 같은 것이 그 집단에 속한 개개인의 행동을 제어하게 되는 겁니다.
>
> 女性：社会学者たちの研究によると、個人的には大変人格があり気の利く人がある特定集団の一員になったとき、性格が突然変わる場合があるといいます。そのような現象は、私たちの身の回りでもたやすく見ることができます。無残な集団犯罪が起きたとき、犯人の家の周辺の住民たちにインタビューをしてみると、とても平凡な青年だったというようなコメントをしばしば聞くのも、そのような例のうちの1つです。なぜならば、ある集団に属していたときにその集団が非常に過激な行動を取ると、その集団に対する忠誠心や、集団から脱落したときの反射行動のようなものに対する恐怖のために、平素の本人からは想像もできない暴力性や残忍性が爆発する心理状態が発生するからです。結局、集団の属性や利害関係のようなものが、その集団に属した個々人の行動を制御することになるのです。

49. 聞いた内容と同じものを選んで下さい。

    ① 集団に属することになると、どんな人でも性格が変わる。
    ② 集団の論理は、結局個人の論理が集まって決定される。
    ③ 個人の持っている道徳性、人格性が集団を変化させることがある。
    ❹ 集団に属している個人は、ある瞬間急変することがある。

  解説 集団に属した人間の性格が皆変わるとは言っていませんので①は不正解です。②や③も、もしかしたらそうかもしれませんが、少なくとも女性は言っていませんので、これも不正解です。本文の中で最も時間を割いて語っているのは④ですので、これが正解になります。

50. 女性の話の仕方として最も適切なものを選んで下さい。

    ❶ ある現象を論理的に説明している。
    ② ある例をあげて自身の仮説を提示している。
    ③ 個人の経験から集団性を分析している。
    ④ 自身の学問的な経験から推論している。

  解説 最も相応しいのは①です。女性が言っているのは自分の仮説ではありませんので②は不正解、自分の経験から集団性を分析しているわけでもないので③も不正解、学問的経験から推論しているわけでもないので④も不正解になります。

第1回 Ⅱ 읽기 正解及び解説

[1-2] ( ) に入る言葉として最も適切なものを選んで下さい。各2点

1. 弟(妹)と私がご飯を( )お母さんが私を呼んだ。

① 作ったり　❷ 作っている時に　③ 作りながら　④ 作るとか

解説　「거나」は「〜したり」、「는데」はこの場合には「〜している時に」、「면서」は「〜しながら」、「든지」は「〜か」の意味になるので、正解は②になります。

2. チョンホさんは大学を( )留学した。

① 出ても　② 出たら　③ 出たとしても　❹ 出るや否や

解説　①は「出ても」、②は「出たら」、③は「出たとしても」、④は「出るや否や」の意味なので、流れとして最も自然なのは④になります。

[3-4] 次の下線部分と意味が似ているものを選んで下さい。各2点

3. 空が暗くなっていくのを見ると、雨でも降るようだ。

① 降ることもある　❷ 降りそうだ
③ 降るはずがない　④ 降ったことがない

解説　「ㄹ/을 모양이다」と「ㄹ/을 것 같다」はほぼ同じ意味になるので、正解は②になります。

4. 他のデパートに行ってみたところで、ここと変わるところはないようだ。

❶ 行くとしても　② 行くと考えても
③ 行くかもしれないので　④ 行くには行ったが

解説　「아/어야＋推量表現/否定表現」は何かをしたとしてもあまり期待出来そうにないという意味の表現なので、「行くとしても」の意味を持つ①が正解になります。一方「아/어야＋する」は「〜しないと〜しない」の意味になります。「거기 도착해 봐야 알아요→そこに着いてみないと分かりません」

[5-8] 次は何についての文なのかを選んで下さい。各2点

5.

| あなたの家族と健康を守ります |
| 各種がん治療専門 |

① 銀行　② 薬局　❸ 病院　④ マート

6.

| 夢とロマンの翼をつける |
| 全世界主要都市、直行便運行 |

① 観光地   ❷ 旅行会社   ③ 港   ④ 空港

7.

| 旅行期間：3泊4日 |
| 移動方法：KTX、バス、徒歩 |
| 遺跡地：国立慶州博物館、仏国寺、石窟庵、吐含山 |

① 交通機関   ❷ 旅行内容   ③ 訪問場所   ④ 日程調整

8.

| 2020.3.1まで美味しく召し上がって下さい |
| 原産地：米国 |
| 製造日：2020.1.30 |

① 衛生管理   ❷ 流通期間   ③ 食品安全   ④ 製造方法

[9-12]　次の文章またはグラフの内容と同じものを選んで下さい。各2点

9.

| 2020 釜山建築文化祭 |
| 期間　2020年10月1日（木）－10月30日（金） |
| 場所　釜山アシアード補助競技場 |
| 展示内容 |
| ＊釜山市建築賞受賞作 |
| ＊第1回大学生アイデア公募展 |
| ＊釜山美しい建物探し公募展 |

① 文化祭は2週間にわたり進行される。
② 大学生アイデア公募展は毎年開かれる。
❸ 文化祭の期間中、釜山市建築賞を受賞した作品が展示される。
④ この期間には美しい建物が同時に展示される。

文法編

模擬試験1

模擬試験2

模擬試験3

模擬試験4

最新の出題傾向

10.

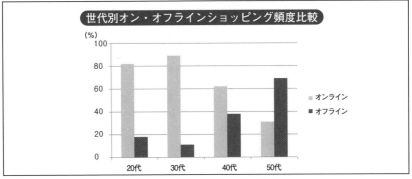

① 50代はモバイルでショッピングをする人が少ない。
② 年齢層が上がるほどオフラインショッピングをする人が多い。
③ 20代が30代よりオンラインショッピングを楽しむ人が多い。
④ 40代は約半数がオフラインショッピングをしている。

11.
> 週末になると、この広場の周辺がライブ会場のようになる。他でもない'あなたも歌手に'という
> テレビ番組のせいだ。この番組は、毎回歌手になりたい人が10人出演し、互いの実力を競う。すで
> に10回目が放送されたが人気が高く、観覧申し込みを事前に先着順で受け付けている。

① この番組は平日に録画する。
② 'あなたも歌手に' は古い番組だ。
③ この番組を見たければ、直接訪問すればよい。
④ この番組は歌手志望生たちが出演する。

解説 「주말이 되면」と書いてあるので①は間違いです。放送10回目で古い番組だとは言えないの
で②も間違いです。観覧申し込みは前もってする必要があると言っているので③も本文の内容と合って
いません。④が正解です。

12.
> 新聞を購読する世代が減少し続けていることが明らかになった。新聞を定期購読している
> 家は昨年よりもさらに減り、今では5軒のうち1軒のみが新聞を読んでいる。いつでも必要な
> ニュースに各種媒体を通じて接することが出来るようになり、急激に紙の新聞購読者数が減少
> しているのだ。

① 紙の新聞を読んでいる人が減って、ニュースの視聴率も減った。
② インターネットの普及率が高まるにつれ、新聞購読率が落ちた。
③ 紙の新聞を読む世帯は、全体の約半分に減った。
④ 新聞を配達購読する世帯が2年連続で減少した。

解説 新聞を読む人が減ったこととニュースの視聴率が落ちたこととどんな関係があるのかは何も
書いてありません。①は正解にはなりません。②も特に関連性について触れられていませんので、正解
になりません。紙媒体の新聞を読む世帯は5軒に1軒と言っているので、半分ではありません。③も不
正解です。④が正解です。

13.
> (가) そのため、母は今でもズボンをあまりはかない。
> (나) ズボンをはくときには、今でも時々母のことを思い出す。
> (다) 祖母は母がズボンをはくのを良く思わなかったという。
> (라) それで母はいつもスカートをはかねばならなかった。

❶ 나-다-라-가　　　　　　② 나-가-라-다
③ 다-가-라-나　　　　　　④ 다-라-나-가

解説 　(나)(다)のうち出だしとしてより自然なのは(나)です。(나)の次に(다)がくることはゆるされても、その逆は言えないからです。また(가)(라)が出だしにくることもできません。(나)(다)の順番が成立するのは①のみです。

14.
> (가) 政府はこのような悩みを減らすために、マイレージ制度を導入することにした。
> (나) 一定期間違反をしていないドライバーに、減点の代わりに褒賞点を与えようというのだ。
> (다) しかしこのような制度があるからといって、規則違反が減るわけではない。
> (라) ドライバーが交通規則に違反すると、罰金とともに減点処分も受ける。

① 가-다-라-나　　　　　　② 가-나-다-라
③ 라-가-다-나　　　　　　❹ 라-다-가-나

解説 　(다)は(라)のあとが理想的です。最も自然なつながりは④ということになります。

15.
> (가) 街が十分に明るいので、必要ないのではないかということだ。
> (나) 本当にそのような費用をかけて撤去するほど差し迫ったことだろうか。
> (다) 街灯をなくそうという主張をする人たちがいる。
> (라) しかし、撤去するにも馬鹿にならない費用がかかる。

① 가-라-다-나　　　　　　② 가-다-라-나
❸ 다-가-라-나　　　　　　④ 다-나-라-가

解説 　(라)は(가)の後に来るのが自然です。それを満たしているのは③です。

[16-18] 次を読んで( )に入る最も適切な表現を選んで下さい。 各2点

16.
> 人は汗で体温を調節する。人の体の温度が上がると、不必要な熱を皮膚の外に送り出すため汗を発生させるのだ。ところが、このとき皮膚のすぐ下に伸びている血管も、熱を冷まそうとして血をより多く送り出す作用をするようになる。それで汗が出ると（ ）現象が起きる。

① 皮膚を通して排出する
② 体から力が抜けるような
③ 体が軽くなるような
❹ 皮膚が赤く見える

解説 　皮膚のすぐ下にある血管が熱を冷まそうとより多く血液を流す働きをすると書いてあるので、正解は④になります。多く流れる血液が人間の目には赤くなっているように映るからです。

17.

　　人間の言語能力が指と密接な関連があるという話がある。つまり、文字を書くとただ単純に指だけ動いているように見えるが、実はその瞬間に人の頭の語彙記憶装置が一緒に連動して動くというのである。なので、外国語が上手になりたければたくさん書けということを言うのである。言葉が上手になりたければ（　　　　）と言うのもこのような理由からだという。

① まず語彙を覚えろと　　　　　　　　　② 指をたくさん動かしてみろと
❸ 腕の動きをたくさんつけてみろと　　　　④ たくさん話せと

解説　本文は、人間の指と脳との間に言語能力のセンサーみたいなものが実は働いているのだという話で、（　）の中もそのような話が入る流れになっていることから②が正解になります。

18.

　　最近若い層を中心に職業に対する考えが変わりつつある。生涯同じ会社に通うとか、家庭より会社により大きな比重を置くといった、いわゆる伝統的な職業観が変化しているのだ。職業を選択する基準も、その職業を他の人がどう見るかよりも（　　　　）まず考える場合が多くなった。自分自身の満足度を重要視する風潮が定着し始めているのだ。

❶ 自分に合うかを　　　　　　　　　　　② 社会的な評価を
③ 家族がどのように考えるか　　　　　　④ 生涯いる価値のあるところか

解説　伝統的な職業観と対立する概念として最も近いのは① になります。

※次を読んで質問に答えて下さい。各2点

　　ある研究者が、個人の社会に対する寄与度の研究をした。研究を始める前に、個人が貢献できる力の大きさは構成員数が多くなることと比例するものと予測した。しかし、研究結果は予想とは完全に異なった。構成員の数と各グループの力の大きさが反比例する現象を見せたのだ。（　　　　）2人で作った組織が最も高い期待値を見せた。

19. （　　　）に入る適切な表現を選んで下さい。

❶ かえって　　　　　② 結局　　　　　　③ ひょっとしたら　　　　④ 必ず

解説　予想通りであれば人数が多い方が組織の発揮する力が大きい結果になるはずだと言い、実際の結果はそれとは正反対のものになったと（　）の前で結論付けています。その直後に2人組織の話が出てくるので、ここに入るものとして最も自然なのは逆接の意味を持つ言葉です。その条件をクリアしているのは①です。

20. この文の内容と同じものを選んで下さい。

① 研究結果は、ほぼ予想したとおりになった。
② この研究は、組織が個人に及ぼす影響についてのものだ。
③ 2人から成るグループは、まったく努力しなかった。
❹ 構成員の数が多いほど個人の寄与度が低かった。

解説　研究結果は予想に反するものでしたので①は合っていません。②や③は本文の内容とは話が逆になっています。正解は④になります。

※次を読んで質問に答えて下さい。 各2点

　環境汚染がすでに現代に至って深刻な水準に達した。爆発的な人口増加と産業の発展によりある程度予見されたことといえるが、中でも我々の生存に最も直結する水質汚染は、これ以上傍観できない最も深刻な問題といえる。この水質汚染を防止するためには、（　　　）という言葉もあるように、個々人の小さな努力から始めることが重要だ。我々の子供たちに澄んだ水を残したかったら、そのような実践を深刻に受け止めなければならない時だ。

21.（　　　）に入る適切な表現を選んで下さい。

　　① 牛を失って牛小屋を直す（盗人を見て縄をなう）
　　❷ 千里の道も一歩から
　　③ 牛の耳に読経（馬の耳に念仏）
　　④ 足のない馬（言葉）が千里を行く（ささやき千里）

　　解説　水質汚染がもはや傍観できないレベルにまで悪くなっている話の中で、手遅れになる前に個々人の小さい努力から始めることの重要性を訴えているので、②が正解になります。

22. 上の文章の中心的な考えを選んで下さい。

　　① 水質汚染により、水を安心して飲むことができない。
　　② 水質汚染を防ぐための政策が必要だ。
　　③ 水質汚染を憂慮する声が高い。
　　❹ 水質汚染がすでに深刻な状況に至っている。

　　解説　①②③すべて言えることで本文の内容とも一致しています。しかしここで最も言いたいことは、水質汚染がもはや深刻な状況に至っているという事実なので、④を正解にすべきだと思います。

※次を読んで質問に答えて下さい。 各2点

　地方で暮らしていた私は、幼い頃からソウルでの生活を夢見ていた。大学に行くことになったとき、当然ソウルにある大学を志望し、夢に見たソウルでの生活をすることになった。しかし、大学生がアルバイトをすることさえ禁止されていた時代に、家から送ってくれるお金だけでは到底一月の生活をすることができなかった。家の状況はよく分かっているので、お金を送ってくれと言うこともできず、結局はソウルに住んでいる友人たちの助けを借りながら、学生生活を送るしかなかった。苦労する息子がいたたまれず涙を見せた母のせいで、逆に私が涙がぽろっと出たこともあった。困難な経済事情を考えもせずに、ただソウルで暮らしたくて家を出たことに対し、申し訳ないという気持ちにもなった。

23.　下線部分に表れた‘私’の心境として適切なものを選んで下さい。

　　① もどかしい　　　　　　　　　　② 気まずい
　　③ 物珍しい　　　　　　　　　　　❹ 心中穏やかでない

　　解説　「눈물이 핑 돌다」は、感激・感動する時や悔しい気持ちで一杯になる時とかに思わず現れてくる現象です。ここはお母さんのやるせない気持ちにつられて涙するので、④が正解になります。

24.　この文の内容と同じものを選んで下さい。

　　① 私の両親は私にお金をたっぷり送ってくれた。
　　② 私はソウルにある大学に進学することを諦めた。
　　❸ 私はソウルに暮らしている友人たちの助けをたくさん受けた。
　　④ 私はアルバイトをしたために比較的余裕があった。

　　解説　お金は充分ではありませんでしたので、①は本文の内容と合っていません。②も合っていません。バイトが出来なくて苦しかったと言っているので、④も一致しません。③が正解になります。

※次は新聞記事のタイトルです。最もよく説明しているものを選んで下さい。　各2点

25.　ミュージカルで出会う人気ドラマ、もう一度感動を

　　① 人気ドラマとミュージカルを同時に見ながら楽しむことが出来るようになった。
　　② ドラマとミュージカルを一緒に作って見栄えが良くなった。
　　③ ミュージカルがドラマ化されて家で見られるようになった。
　　❹ ドラマがミュージカル化されてもう一度見られるようになった。

　　解説　人気ドラマをミュージカルに脚色して上演するという話ですから、④が正解になります。

26.　プロ野球チーム、ベテランがパワーを見せつける

　　① 野球チームがユニフォームを変えて試合をした。
　　❷ 野球チームが古参選手の活躍で試合に勝った。
　　③ 野球チームが若い選手に替わり結果が良くなった。
　　④ 野球チームに歳を取った選手が多くなった。

　　解説　「노익장」は「老益壮」のハングル読みで、年老いてなお元気に気迫あふれる生活をするという意味の言葉です。スポーツでは引退間際の超ベテラン選手のことを指して言う時があります。正解は②です。

27.　緊急輸血、効果は限定的

　　① 手術中に血液が足りず、急いで輸血をした。
　　② 財政投資が行われ、部分的な効果が見え始めている。
　　③ 計画通り財政投資が行われ、効果が現れ始めた。
　　❹ 新たな財政投資が行われたが、これといって効果が出ていない。

　　解説　「긴급 수혈」は緊急輸血という意味ですから、実際の輸血と、どこかに命や流れを必要とするところに何かを投入することを意味する時にも使います。答えは④になります。

文法編

模擬試験1

模擬試験2

模擬試験3

模擬試験4

最新の出題傾向

[28-31] 次を読んで（　　　）に入る最も適切な表現を選んで下さい。各2点

28.　　　大豆は畑で取れる肉と呼ばれるほどたんぱく質が豊富であるのみならず、水分含有量も多くて（　　　）。大豆の中のたんぱく質が体力を高め、水分が渇きを抑えてくれるからだ。夏にコングクス(豆乳麺)を作って食べる理由もここにある。また大豆に含まれるたんぱく質は、筋肉量をそのままに保ちながら体重を減少させるので、ダイエット食品としても活用できる。

❶ 基礎体力を伸ばすのに最適だ。　　　　② 基礎体力を伸ばせるはずがない。
③ 基礎体力を向上させることはできない。　④ 基礎体力を伸ばすすべを知らない。

解説　豊富なたんぱく質と水分は基礎体力につながります。豊富で高いということなので、基礎体力を上げる、増進させるという意味を持つ選択肢を探せばいいということになります。正解は①です。「기르다」は「育てる、飼う」という意味ですが、ここでは伸ばすの意味になっています。

29.　　　発表を上手にしようとしたら、事前に十分な準備が必要だ。なぜならば、決められた時間で効率的に自分が言いたいことを伝達しなければならないからだ。そこでまず初めにすべきことは、発表する内容を完全に熟知することだ。そうでないと、発表するときに（　　　）話せないからだ。

❶ 言いよどんだり要領よく　　　　　　② 流暢に話したり早く
③ ぺちゃくちゃ話したりゆっくり　　　④ 自信がなかったり大声で

解説　発表内容が熟知出来ていない悪い状況の時を説明する内容になっていればいいので、それに最も相応しいのは①になります。

30.　　　時事漫画は、各分野の時事問題を風刺する漫画だ。時事漫画の特徴は各分野の（　　　）ユーモアと風刺でその時事問題の核心を批判するのが特徴だ。時事漫画作家は自身の漫画的想像力を動員して、時事問題の裏に隠れた矛盾の塊を面白く描き出す。漫画の持っているデフォルメや省略、誇張などの要素を通じて、読者の笑いを引き出すのだ。

① 問題を扱うといえども　　　　　　② 問題を扱うといっても
③ 問題を扱うことができるかだが　　❹ 問題を扱うにあたり

解説　「動詞＋되」は「何かの動きをするにあたって／際して」の意味を持つ表現です。これが正解になります。選択肢①から③までは文法編をご参照下さい。

31.　　　特許審査というものがある。ある新しい技術を発明したといって、特許庁に持ち込み審査を請求するものだ。すると、特許を申請した技術が新しいものか、あるいは既にある（　　　）などを判断することになる。しかし、今日のような情報化社会において、限られた審査官だけで既存の技術をすべて把握するのは不可能なことだ。

① 技術を模倣したものか　　　　　　② 技術とは異なるものか
❸ 技術より良くなったものか　　　　④ 技術と同じものか

解説　特許ですから新しい技術、進歩した技術でなければなりません。それを満たしている選択肢は③になります。

[32-34]　次を読んで内容が同じものを選んで下さい。各2点

32.
　　海洋学者は、海の中に感知器を設置して、自分たちが必要とするデータを採集する。主に海水の温度や成分の変化などを測定するのだ。感知器の電源としては、一般的に電池を使用するが、この電池の寿命が問題になることが多い。長期間使用できる電池が仮にあったとしても、当然永久的ではないからだ。

① 海洋学者は自分たちで研究データを収集する。
② 海洋学者は感知器で得られるデータをあまり使わない。
❸ 感知器に使われる電池の寿命が問題になることが多い。
④ 永久的に使える電池が開発されている。

解説　感知器を使うと言っているので①は本文の内容と合っていません。データを取るために感知器を使うわけですから②も不正解になります。永久的に使える電池の開発は夢のような話ですが、本文では触れられていません。③が正解になります。

33.
　　今回、全国女子ゴルフ大会でキム・ジョンヘ選手が大会連覇を果たすかが注目を集めている。競えるような選手が現れず、無難に優勝を手にするものと展望される中で、唯一の変数が天気だと指摘されている点が、キム選手の圧倒的な実力を物語っている。しかし、キム・ジョンヘ選手がこれまで強風が吹く試合であまりスコアが良くなかったため、予想もしなかった選手の優勝の可能性も取り沙汰されている。

① キム・ジョンヘ選手は、強風の吹く大会で良い成績を出した。
② 今回のゴルフ大会の優勝候補は数人いる。
③ 大会期間中には良い天気が続くものと見られる。
❹ キム・ジョンヘ選手は、去年は優勝を手にした。

解説　強風が吹き荒れる大会ではいい成績をあげられていないと言っているので①は本文の内容と違います。いい天気が続くとは言っていませんので③も不正解です。優勝候補はあまりいません。②も不正解です。正解は④になります。

34.
　　ある事業が大成功を収めたからといって、その事業をすぐに自分の地域に持ち込むのは必ずしも懸命な判断ではない。なぜならば、地域の現況によって事業内容や事業環境が異なってくる可能性があるからだ。したがって、同じ事業だといっても事業内容を状況に合わせて修正する必要がある。特にフランチャイズ事業のような場合、このような手続きは必ず必要だ。同じ成功が自分を待っているとは必ずしも断定し難いためだ。

① フランチャイズ事業はリスクがさほど高くない。
② 大成功を収めた事業は、自分の地域でも成功できる。
③ 大成功を収めた事業は、普遍性と一般性を持っている。
❹ 環境と状況に合わせて事業内容を補完する必要がある。

解説　②と③は似たような内容です。正解にはなりません。①ですが、一般的にはそうかもしれませんが、本文ではそのリスクを指摘しているので、これも不正解になります。正解は④です。

[35-38] 次の文のテーマとして最も適切なものを選んで下さい。 各2点

35.

> 年齢と世帯の規模による老後の準備の行動形態を比較分析した結果、30代から50代までの年齢層別では、2人世帯の場合に年齢層別の差がわずかであることが明らかになった。しかし1人世帯は年齢層が高くなるほど、老後に対する準備がほとんどできていないことが分かった。一方60代以上の年齢層では、世帯規模と関係なく老後にしっかり備えているという世帯が全体の過半数にも及ばなかった。

❶ 60代以上の年齢層に対する老後対策が急がれる。
② 世帯別の老後の準備対策を樹立する必要がある。
③ 老後の準備の比率と年齢層はあまり関係がない。
④ 年齢層の高い1人世帯が、最も老後の準備をしっかりしている。

解説 　正解は①になります。②は30代から50代までの2人世帯でほぼ有意義な差が認められなかったという話を踏まえて、不正解にしました。

36.

> 他の人と一緒にいるときに、何も言わずに沈黙が続く多少気まずい状況になる場合がある。このようなとき沈黙に耐えきれない人は、気まずい状況を避けるために雰囲気を自然なものに変えようと他の人に話しかけたり、あるいは自分自身を明るく見せるためにわざと活発な行動を見せたりすることがある。このようなことを、心理学では自分自身を保護しようとする深層心理の表出と説明する。

① 初対面の人とは沈黙の状況が生まれやすい。
② 気まずい沈黙が嫌で、他の人に話しかける人がいる。
❸ 他の人との微妙な雰囲気に耐えられない人がいる。
④ 他の人によく見られようと、自身を飾る人がいる。

解説 　①②④は確かに全部そうかもしれませんが、この文のテーマになるかというとちょっと違うような気がします。正解は③にしました。

37.

> 教科書は、それ自体が大変立派な読み物だ。そのため、教科書を読む生徒たちにも大きな影響力を及ぼす。なぜならば、教科書に載せられた文章は、感受性の鋭敏な若い世代に強烈な印象を残すからだ。生徒たちは、教科書を通じて間接的に世の中を学び、人生を学ぶ。そのため、誰かの文章を教科書に掲載する際には、慎重に慎重を期するしかない。一方に偏重した価値観や人生観を反映した文章であれば、さらに慎重になる必要がある。

① 教科書は読み物としてはさほど良い方ではない。
② 教科書は生徒たちにはあまり影響力を及ぼさない。
③ 教科書が一般的で普遍的な価値観を載せる必要はない。
❹ 教科書を通じた間接体験だけで生徒たちはたくさんのことを学ぶ。

解説 　読み物として良いと言っているので①は間違いです。②も間違いです。③はそうなった時の危険性を指摘しているので、本文の内容と合っていません。正解は④になります。

38.

　　最近芸能番組は、往年のスポーツのスターたちが牛耳っているようだ。引退後にも現役時代の偶像のようだった彼らスターを目にしたがる視聴者の欲求を、放送局が上手に充足させた結果といえるだろう。このような芸能番組は、主に実際の状況で繰り広げられる出来事をそのまま見せるアイテムとして放送フォーマットを組む場合が多いが、スポーツのスター出身の芸能人たちが見せる天才的な面や突出性など、予測不可能な面白さが人気を集めているものと思われる。

① 元スポーツのスターたちは、芸能番組にあまり出てこない。
❷ 視聴者たちは、どのような形にせよスポーツのスターたちを目にしたがる。
③ このような芸能番組は、組まれた脚本のとおりに進行される。
④ スポーツのスターたちは、決められた役割と演出を強要される。

解説　予測不可能なところがこの番組の醍醐味と言っているので、③と④は不正解になります。①も事実と違います。②が正解になります。

[39-41]　次の文章で、《例》の文が入るのに最も適した場所を選んで下さい。　各2点

39.

　　景気が悪くなると販売量が減るのは当然。⑤ ところが、不思議なことに不景気になると売上が増えると信じられているいくつかの製品がある。⑥ 他でもない、焼酎、ミニスカート、赤い口紅などだ。⑦ このような製品の売上が伸びるのは、単純に人々の心理のせいでもあり、あるいはちょうどそのときに訪れた流行のせいでもあるとのことだ。⑧

------------------------------《例》------------------------------

しかし経済の専門家たちは、このような俗説に対しまったく根拠のない話だと一蹴する。

① ⑤　　　　　② ⑥　　　　　❸ ⑦　　　　　④ ⑧

解説　「그러나」は、今展開されている話の流れを逆にする働きを持つ言葉ですから、それを踏まえると、③が正解になります。

40.

　　本は、書店に出て売られるまでにいくつかの過程を経る。⑤ 校閲もその中の１つだが、この作業は一般に知られているように、単純に作者が書いた文章の誤字や脱字だけを直す作業ではない。⑥ 同時に、作家特有の言い方や文章力なども見守り、作風も維持する。⑦ だから校閲は、言語はもちろん多様で豊富な知識で本人の感受性を磨かねばならない、複雑かつ繊細な作業と言うことが出来る。⑧

------------------------------《例》------------------------------

校閲をする人は、読者が本を読みやすいように、読者の目の高さに合わせて文章を直す作業もする。

① ⑤　　　　　❷ ⑥　　　　　③ ⑦　　　　　④ ⑧

解説　「작업도 한다」と書いてあるので、前に作業の説明をしている文があるはずです。正解は②です。

41.

> 我々は企業の価値を、その企業が出す営業利益だけで判断して測りがちだ。㋐ しかし、真の企業の価値は、いかに自分たちが上げた営業利益を公正な利益に還元し、ステークホルダーたちに公正に配分するかにかかっていると見るべきである。㋑ もちろんこのときのステークホルダーは、利益共有集団のみを指すものではない。㋒ なぜならば、企業が上げる利益というものは、結局その企業が属する社会がもたらしてくれる場合が大部分だからである。㋓

《例》

企業の目的が営利追求にあるだけに、そのような判断も無理のないものかもしれない。

---

❶ ㋐   ② ㋑   ③ ㋒   ④ ㋓

解説 例にある「그러한 판단」がどこを指しているのかがポイントとなります。最初の文に判断という言葉が出てきているので、それがその内容ということになります。正解は①です。

[42-43] 次を読んで質問に答えて下さい。 各2点

> 妻が帰って来た。今日も明け方だ。私は、彼女がどこで何をして明け方に帰ってくるのか知るすべもない。私はそんな私が滑稽だ。妻であるのに妻がどこで何をしているのか聞くこともできず、妻もまた私に何の説明もしないのだから。妻は私と結婚したとき本当に美しかった。何のおめかしをせずとも、白い肌と白い歯、そして丸い顎と細長い顔のライン、くびれた腰と細く長い脚、どこに出ても人々の視線を引く美人、どこを見ても私のような男と結婚する顔立ちではなかった。
> ところが、今日は少しいつもとは身のこなしが違って見える。どこか重そうな姿をしている。何か体に異常でも起きたのか。でなければ、今日はいつもなく疲れているだけなのか。その疑問は簡単に解けた。偶然妻のコートの外に顔を出していた母子手帳を発見したのだ。私は遂にその母子手帳を開いて見てしまった。そして、ハンマーで叩かれたように衝撃を受けた。すでに3か月にもなっているとは。誰の子供なのか。どういうことなのか。数日前に話のついでに妻が私に投げかけた言葉が思い出された。
> 「あなた子供好きでしょ?」

42. この文章に表れた '私' の心境として適切でないものを選んで下さい。

① 当惑している   **❷** 今さらのようだ   ③ 混乱している   ④ 痛々しい

解説 ②が正解です。「새삼스럽다」は、改めて既存の価値に気づく時の気持ちを表す言葉なので、この状況では使えません。

43. この文の内容と同じものを選んで下さい。

① 私は妻に対しあまり関心がない。   ② 妻は私に細々といろんなことを話す。
❸ 妻はなぞなぞのような行動を取っている。   ④ 私は妻が出かける時間を気にしない。

解説 関心がないというのはうそです。①は不正解です。どうやら奥さんも旦那さんにあまりしゃべらないようなので②も不正解です。④も違います。かなり気にしています。正解は③です。

[44-45] 次を読んで質問に答えて下さい。各2点

　　実存主義の哲学者で文学者のカフカは、人間の存在性とそれを抑圧しようとする社会制度との葛藤を表現しようと努力した人の1人である。彼は、人間をそのいかなる存在とも異なる固有の存在と見た。それにもかかわらず、家庭や学校あるいは社会制度や国家などがその固有性と存在性を否認し、人間を一定の枠と基準に合わせて教育することにより、人間性を抹殺し消し去ってしまうと考えた。その結果により、人間は自分自身の固有性より既存の枠の中で人を意識しながら生きるようになると見た。人間は自身が望むように生きてゆきたいが（　　　　　　　）考えたのである。カフカは作品を通じて、人間の固有性を既存の観念や制度、組まれた枠の中に閉じ込めようとする不条理を表現した。

44. この文章を書いた目的として適切なものを選んで下さい。

　　　　❶ カフカという作家の作品性を説明するため
　　　　② 人間の不条理を作品を通じて告発するため
　　　　③ 作家が持っている偏見を紹介するため
　　　　④ 作家の社会参与に対し一例を挙げるため

　　解説　正解は①です。他は本文の内容と合っていません。

45. （　　　）に入る最も適切なものを選んで下さい。

　　　　❶ 既存の枠の圧力があまりにも強いと
　　　　② 社会の挑戦が意外に大きいと
　　　　③ 国家の統制が比較的柔軟だと
　　　　④ 社会に適応することを避けなければならないと

　　解説　思うがままに生きていきたいのにそれが出来ないという話の流れになっているので、それを邪魔している何かを選択肢から探せばいいということになります。それに最も近いのは①です。

[46-47] 次を読んで質問に答えて下さい。各2点

　　人は毎日夢を見る。夢を見ない人はいない。ただ自身が夢を見たという事実を忘れているだけだ。（　㋐　）なぜ夢を忘れるのか、またなぜ夢を見るのかについて、研究者たちは夢は単純に記憶の再生であるだけで、夢を忘れるのは忘れないと現実世界との混沌をもたらすためだと説明している。（　㋑　）記憶の再生というのは、以前にあったことを眠っている間に再生するということで、現実世界との混沌というのは、もし夢が忘れられない状態で現実世界が始まると、夢なのか現実なのか区別できない混乱がもたらされるということだ。（　㋒　）果たしてそうなのかという疑問が湧く。（　㋓　）

46. 上の文で〈例〉の文が入るのに最も適した場所を選んで下さい。

------------------------- 《例》 -------------------------
私が精神的に辛いときになると、夢に現れて私を苦しめる人がいるからだ。
----

① ㉠　　　　② ㉡　　　　③ ㉢　　　　❹ ㉣

> **解説**　例は、最後に理由を説明する表現で終わっています。そうすると直前に何か自己主張をする文がなければいけません。それを提供している環境は④です。①から③は１つの話の流れになっており、例が入り込む余地はありません。

47. 上の文の内容と同じものを選んで下さい。

　① 夢を見た内容をすべて覚えている人がいる。
　② 夢を見ている間は現実世界と隔離される。
　③ 夢はただ単純な記憶の一片であるだけだ。
　❹ 夢を忘れないと精神的な混乱がもたらされる可能性がある。

> **解説**　夢をすべて記憶する人はいませんので①は不正解です。夢は再生と言っているので③も不正解になります。②は微妙に話が違います。夢は以前あった現実世界の経験が再生されるのみなのだと本文では言っているので、ちょっと話が違います。本文の内容と一致しているのは④になります。

[48-50]　次を読んで質問に答えて下さい。 各2点

> 　ところが今では衛星考古学の成果により、いちいち手に土を付けながら地面を掘り返さなくても遺跡を探査出来るようになった。衛星考古学というのは、考古学の研究に人工衛星の映像を活用する新しい学問分野のことだが、簡単に説明すると、遺跡地と疑われる場所を衛星でまず映像を撮り、地面のようすや構造物を把握した後、今度は赤外線で衛星映像を撮り詳細に分析してみるものだ。赤外線映像は、地表面から出てくる熱を感知して温度差を表示してくれるので、その映像を分析してみれば、大体地表面の下に何があるかが分かるようになる。たとえばピラミッドを赤外線映像で撮ると、ピラミッドのどの部分に空洞の状態があるのかが分かるのだが、その部分を特定すればピラミッドの未発見空間をたやすく探索することができるようになるわけだ。最近にはこのような方式を使用して（　　　　　　　　）できるようになった。

48. この文章の前に来る内容として最も適切なものを選んで下さい。

　① 遺跡探査に使われる道具　　　　❷ 従来の遺跡探査の作業方法
　③ 考古学遺跡の低い発掘率　　　　④ 考古学遺跡探査の問題点

> **解説**　今は手に泥をつけなくても探査できるようになったと言っているので、それは遺跡の探査方法と思われます。正解は②です。

49. この文章の内容と同じものを選んで下さい

    ① 衛星映像で遺物が埋もれている深さを知ることが出来る。
    ❷ 赤外線の熱探知能力が考古学に応用されている。
    ③ 地形の把握には赤外線衛星映像が必須だ。
    ④ 遺跡探査の最初の作業は手で掘ることだ。

> **解説**　普通の衛星映像で深さまでは分かりませんので、①は間違いです。地形を把握するのは普通の衛星映像だけでも十分なので、③も間違いです。④はまったく違う話です。正解は②になります。

50. （　　　　）に入る内容として適切なものを選んで下さい。

    ❶ 直接遺跡地に行かなくても遺跡を発見することが
    ② 遺跡地で手作業を効率性を持って行うことが
    ③ 衛星映像さえあれば誰でも探すことが
    ④ 海にある遺跡も簡単に探査することが

> **解説**　衛星による探査方法が出来て一番よかったのは現場で泥臭い作業をしなくてもよくなったこと、これが最も言いたいことです。ですから正解は①になります。衛星映像だけで誰にでも見つかるのであれば、考古学者は要りません。③は不正解です。赤外線ですから海は探知できませんので④も不正解です。

文法編

模擬試験1

模擬試験2

模擬試験3

模擬試験4

最新の出題傾向

第2回　Ⅰ　듣기 (1번~50번)

[1-3]　다음을 듣고 가장 알맞은 그림 또는 그래프를 고르십시오. 각 2점

1.
🔊 track2-01

①

②

③

④

2.
🔊 track2-02

①

②

③

④

3.

track2-03

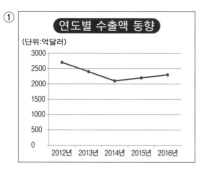

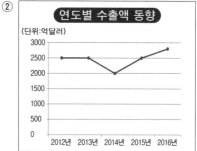

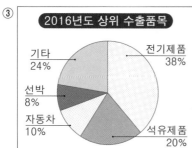

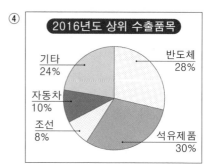

[4-8]　다음을 듣고 이어질 수 있는 말로 가장 알맞은 것을 고르십시오.　각 2점

4.

track2-04

① 지금 거신 전화번호는 현재 사용하지 않는 번호입니다.
② 대단히 죄송합니다. 고객님의 컴퓨터 등록 번호를 가르쳐 주시겠습니까?
③ 사용하시기에 어떠십니까?
④ 항상 감사드립니다.

5.

track2-05

① 사진의 모델이 지인이에요?
② 많은 사람들을 만나셨군요.
③ 아니에요, 실력이지요.
④ 풍경은 어디에서 사셨어요?

6.

🔊 track2-06

① 잘 알았대. 같이 가재.

② 어제 했대. 못 봐서 유감이야.

③ 내일이래. 꼭 보러 가자.

④ 12시 쯤이래. 수업이 문제야?

7.

🔊 track2-07

① 휴가도 제대로 못 가고 어떻게 해?

② 일은 열심히 하는 게 좋아요.

③ 점심 먹으러 갈건데 갈래요?

④ 가기로 했는데 못 갔어요.

8.

🔊 track2-08

① 안 바꿔 줄 줄 알았어.

② 지금 당장 물어봐야겠다.

③ 물어볼 필요는 없지.

④ 날짜 지났을 거야.

[9-12]   다음을 듣고 여자가 이어서 할 행동으로 가장 알맞은 것을 고르십시오. 각 2점

9.

🔊 track2-09

① 남자한테서 중국어 숙제를 받는다.

② 남자에게 이메일을 보낸다.

③ 남자한테 숙제 제출일을 묻는다.

④ 남자한테 번역을 부탁한다.

10.

🔊 track2-10

① 남자를 만나기 위해 화장을 한다.

② 식사를 같이 하기 위해 배달을 시킨다.

③ 요리를 만들기 위해 장을 보러 간다.

④ 식사할 수 있는 장소를 찾아 예약한다.

11.

🔊 track2-11

① 신발장을 연다.   ② 자동차 키를 찾는다.

③ 우산을 편다.   ④ 가방을 닦는다.

12.

① 사장님에게 보고한다.　　　② 숙소에 문의한다.

③ 숙소를 예약한다.　　　④ 조식 메뉴를 확인한다.

track2-12

[13-16] 다음을 듣고 들은 내용과 같은 것을 고르십시오. 각 2점

13. track2-13

① 남자는 방이 추운 원인을 모른다.

② 남자는 내일 수리기사가 온다고 했다.

③ 여자는 보일러 수리를 부탁했다.

④ 여자는 추운 방에 사는 남자를 걱정하고 있다.

14. track2-14

① 베란다 물청소는 비가 온 날에 한해서 가능하다.

② 물청소로 인해 아파트 전체가 피해를 입었다.

③ 물청소에 대한 내용은 아파트 계약서에 기재되어 있다.

④ 관리 사무소는 입주민에게 빨래를 안 하도록 당부했다.

15. track2-15

① 면세점의 지난해 영업이익률이 사상 최고를 기록했다.

② 면세점의 할인 마케팅이 매출이 늘어난 요인이다.

③ 면세점의 매출액이 늘어난 한편 수익성은 크게 떨어졌다.

④ 지난해 영업이익률은 올해보다 대폭 하락했다.

16. track2-16

① 학생들의 작품은 기술력으로 좋은 평가를 받았다.

② 작품전을 통해 학생들의 예술성이 발전될 것이 기대된다.

③ 작품전이 이번에 3번째를 맞이했다.

④ 학교는 작품전으로 인해 수입이 늘어나기를 기대한다.

문法編 模擬試験1 模擬試験2 模擬試験3 模擬試験4 最新の出題傾向

다음을 듣고 남자의 중심 생각으로 가장 알맞은 것을 고르십시오.
각 2점

17.
♩)) track2-17
① 여행을 갈 때 스마트폰은 필수품이다.
② 해외에 가면 현지인과 적극적으로 대화해야 한다.
③ 해외여행을 갈 때는 로밍서비스를 이용하는 게 좋다.
④ 예상치 못 했던 일이 일어나는 것이 해외여행의 매력이다.

18.
♩)) track2-18
① 예매가 취소되기 전에 입금해야 한다.
② 인터넷 뱅킹으로 입금하는 것이 편리하다.
③ 은행에 가서 입금하는 것이 확실하다.
④ 바쁘면 다음 주까지 입금해도 된다.

19.
♩)) track2-19
① 게임은 친구를 사귀기 위한 최선의 방법이다.
② 게임을 한다고 사회성이 부족하지는 않는다.
③ 부모가 게임을 금지할 필요는 없다.
④ 게임을 하면 친구의 얼굴을 안 봐도 된다.

20.
♩)) track2-20
① 상대 선수에 대한 미안함으로 기권했다.
② 지금까지 버틴 것이 만족스러워서 포기했다.
③ 여러 생각을 했지만 너무 아파서 포기할 수밖에 없었다.
④ 경기를 시작하자마자 바로 기권을 결심했다.

[21-22] 다음을 듣고 물음에 답하십시오. 각 2점
♩)) track2-21
21. **남자의 중심 생각으로 가장 알맞은 것을 고르십시오.**
① 출장 가는 곳을 바꿔야 한다.
② 다른 부서와 출장 업무를 논의해야 한다.
③ 출장 갈 사람을 다시 정해야 한다.
④ 출장 기간을 늘려야 한다.

22. 들은 내용과 같은 것을 고르십시오.
  ① 거래처와의 미팅은 같은 건물에서 열린다.
  ② 신제품 설명 외에도 다른 목적이 있다.
  ③ 출장 기간은 전체 4일로 예정되어 있다.
  ④ 출장을 가기 전에 시장 조사를 하기로 했다.

[23-24] 다음을 듣고 물음에 답하십시오. 각 2점 ◀⑴ track2-22
23. 남자가 무엇을 하고 있는지 고르십시오.
  ① 행사 내용에 대해 알아보고 있다.
  ② 행사에 쓸 옷과 가방을 주문하고 있다.
  ③ 행사 참가 신청서를 접수 받고 있다.
  ④ 행사에 참가 가능한 시간을 확인하고 있다.

24. 들은 내용과 같은 것을 고르십시오.
  ① 여자는 자신의 재능을 기부하려고 한다.
  ② 이 행사에서는 오전에만 재능 기부를 받는다.
  ③ 여자는 참가 신청서를 제출하지 않았다.
  ④ 이 행사에서는 옷이나 가방을 수리할 수 없다.

[25-26] 다음을 듣고 물음에 답하십시오. 각 2점 ◀⑴ track2-23
25. 남자의 중심 생각으로 가장 알맞은 것을 고르십시오.
  ① 여성의 특성을 고려한 새 팀 구성이 효과를 볼 것이다.
  ② 보수적인 연구 문화를 개선하려면 여성이 필요하다.
  ③ 연구가 좋은 성과를 내려면 기간을 설정해야 한다.
  ④ 다른 연구실보다 먼저 연구를 완성시키는 것이 목표이다.

26. 들은 내용과 같은 것을 고르십시오.
  ① 이 팀은 허가를 받거나 보고를 할 필요가 없다.
  ② 이 팀은 남녀 동수로 구성되어 있다.
  ③ 이 팀에서는 정해진 연구를 해야 한다.
  ④ 이 팀의 팀장은 교수가 맡고 있다.

🔊 track2-24

27. **남자가 말하는 의도로 알맞은 것을 고르십시오.**
① 유기견의 문제점을 지적하고 개선하려고
② 유기견을 찾아 돌봐 주는 일을 하려고.
③ 유기견의 실태에 대해 조언을 하려고
④ 유기견 보호 센터에 대한 정보를 알려 주려고

28. **들은 내용과 같은 것을 고르십시오.**
① 남자는 유기견 보호 센터에서 일하고 있다.
② 여자는 이 센터에서 반려견을 입양하려고 한다.
③ 이 센터는 주민 센터와 유기견에 관한 정보를 공유한다.
④ 이 센터는 반려견의 출입을 환영하지 않는다.

[29-30] 다음을 듣고 물음에 답하십시오. 각 2점 🔊 track2-25

29. **남자가 누구인지 고르십시오.**
① 기념관의 전시 공간과 내용 등을 설계하는 사람.
② 기념관에 전시된 전시물과 전시품을 설명하는 사람.
③ 전시물을 담은 안내 책자를 만드는 사람.
④ 전시되는 물품의 가치를 평가하는 사람.

30. **들은 내용과 같은 것을 고르십시오.**
① 이번 전시회는 사람들로부터 별로 관심을 끌지 못했다.
② 이번에 전시되는 물품 중에 아주 특별한 것이 있다.
③ 남자는 전시회의 주제를 정하는 일은 하지 않는다.
④ 남자는 전시품에 대해 자세한 내용을 알지 못한다.

[31-32] 다음을 듣고 물음에 답하십시오. 각 2점 🔊 track2-26

31. **남자의 중심 생각으로 가장 알맞은 것을 고르십시오.**
① 한국 기업들이 이 제도를 받아들이는 것은 현실적으로 어렵다.
② 이 제도를 도입하게 되면 근로자의 업무 강도가 달라질 것으로 보인다.
③ 설사 무슨 문제가 발생하더라도 이 제도는 시행되어야 한다고 본다.
④ 임금 문제를 이 제도 도입의 장애 요인으로 생각하는 것은 옳지 않다.

32. 남자의 태도로 가장 알맞은 것을 고르십시오.

① 예상되는 문제에 대해 부정적인 태도로 일관하고 있다.

② 상대방의 질문과 관련이 없는 내용의 답변을 늘어놓고 있다.

③ 제기된 문제를 잘 이해하고 그 해결 방법을 제시하고 있다.

④ 경영자가 아닌 사람들의 생각에는 전혀 동조할 수 없다.

[33-34] 다음을 듣고 물음에 답하십시오. 각 2점　　🔊 track2-27

33. 무엇에 대한 내용인지 알맞은 것을 고르십시오.

① 심리적 증상의 특성과 원인

② 인간 관계의 심리적 영향과 결과

③ 성장 환경과 심리적 특징과의 관계

④ 심리 실험의 부정적 요인

34. 들은 내용과 같은 것을 고르십시오.

① 이 심리 증상이 있으면 불만을 폭력적으로 표출한다.

② 이 심리 증상은 어렸을 때의 가정 환경과 관련이 깊다.

③ 이 심리 증상이 있는 사람은 자주성이 떨어진다.

④ 이 심리 증상을 가지고 있는 사람은 배려심이 많다.

[35-36] 다음을 듣고 물음에 답하십시오. 각 2점　　🔊 track2-28

35. 남자가 무엇을 하고 있는지 고르십시오.

① 데이터 유출 사고 예방을 위한 방지책을 설명하고 있다.

② 신규 고객 서비스의 내용을 언론에 소개하고 있다.

③ 증권 업계가 데이터 유출로 인해 피해를 입고 있다.

④ 사고 수습 상황과 그에 따른 향후 대책을 밝히고 있다.

36. 들은 내용과 같은 것을 고르십시오.

① 혹시 피해가 발생할 경우에는 그에 따른 책임을 진다.

② 증권사에 대한 불신 때문에 업무에 차질이 생겼다.

③ 고객 정보 유출은 일반 국민과는 상관이 없는 일이다.

④ 고객 정보는 암호화되어 있어 피해가 발생하지 않는다.

37. 여자의 중심 생각으로 가장 알맞은 것을 고르십시오.

① 교복은 군복을 대체할 수 있는 상징적 의미가 있다.

② 교복 자율화 조치 이후 사복을 입는 학교가 늘었다.

③ 교복 착용 문제는 정부 정책의 영향이 적지 않다.

④ 사복은 학생들의 과소비나 사치를 유발할 수 있다.

38. 들은 내용과 같은 것을 고르십시오.

① 교복이 처음 만들어진 것은 전쟁에 쓰기 위해서였다.

② 교복 자율화는 과소비와 사치를 막기 위한 조치였다.

③ 교복 착용이 의무화이던 때에는 모자도 같이 썼다.

④ 대학생이 교복을 입은 적은 이제까지 한 번도 없었다.

39. 이 대화 전의 내용으로 가장 알맞은 것을 고르십시오.

① 조선 업계 전반적으로 수주 실적이 호조를 보이고 있다.

② 조선사들이 초호황기를 맞이하여 이익을 늘려 가고 있다.

③ 최근 들어 선박 발주가 주는 바람에 이익도 줄어들고 있다.

④ 조선사들은 이익률이 높지 않은 선박 수주를 기피해 왔다.

40. 들은 내용과 같은 것을 고르십시오.

① 선박 발주가 줄어들고 있어 삼 년 후에는 일감이 없어지게 된다.

② 최근 조선사들의 수주 실적이 좋지 않아 적자를 면치 못하고 있다.

③ 조선사들은 향후 고부가가치 선박을 중심으로 수주를 할 계획이다.

④ 선가 상승은 조선 업계에 있어서 부정적인 요인으로 작용한다.

[41-42]　다음을 듣고 물음에 답하십시오.　각 2점　🔊) track2-31

41. 이 강연의 중심 내용으로 가장 알맞은 것을 고르십시오.

① 암 환자에게 돌을 던지면 안 된다.

② 넓은 시야를 가지고 남을 배려해야 인간관계가 좋아진다.

③ 상대적으로 지위가 높을수록 말의 영향을 받게 된다.

④ 안 좋은 상황에 처한 사람은 깊이 생각할 여유가 없다.

42. 들은 내용과 같은 것을 고르십시오.

① '암 걸리겠다'라는 말은 예전부터 많이 쓰여왔다.

② 속담을 쓰면 자신의 의도를 정확히 전달할 수 있다.

③ 말이나 행동을 신중하게 할 필요는 없다.

④ 생각 없이 말을 하는 사람들은 대개 우월적인 자리에 있다.

[43-44]　다음을 듣고 물음에 답하십시오.　각 2점　🔊) track2-32

43. 무엇에 대한 내용인지 알맞은 것을 고르십시오.

① 세계보건기구는 메르스의 확산을 막기 위해 노력했다.

② 건강을 지키는데 지방자치단체의 역할이 경시되어 왔다.

③ 한국에서 메르스 사태가 확산한 데는 정부의 책임이 크다.

④ 다른 나라에 비해 한국의 메르스 환자 수는 적었다.

44. 지방자치단체에 대한 설명으로 맞는 것을 고르십시오.

① 지방자치제도가 시작한 지 21년이 되었다.

② 지방자치단체가 메르스 사태 수습에 큰 역할을 했다.

③ 지방자치단체의 공헌은 국민에게 잘 알려져 있다.

④ 지방자치단체가 한국을 공포에 떨리게 한 주범이다.

[45-46]　다음을 듣고 물음에 답하십시오.　각 2점　🔊) track2-33

45. 들은 내용과 같은 것을 고르십시오.

① 혼자 살게 된다면 산속에 사는 것이 더 좋다.

② 인간에게 물고기는 떼려야 뗄 수 없는 것이다.

③ 물고기 중에 특히 귀한 것을 '생선'이라고 부른다.

④ 사람들이 물고기를 가공해서 먹는 것은 맛을 위해서다.

46. 여자가 말하는 방식으로 알맞은 것을 고르십시오.
　① 물고기와 인류의 강한 유대를 설명하고 있다.
　② 생선이 건강에 해로울 수 있다고 경고하고 있다.
　③ 물고기와 생선의 공통점을 지적하고 있다,
　④ 음식의 역사에서 물고기의 중요성을 분석하고 있다.

[47-48]　다음을 듣고 물음에 답하십시오.　각 2점　🔊 track2-34
47. 들은 내용과 같은 것을 고르십시오.
　① 책의 줄거리를 요약하는 것이 문학비평이다.
　② 독서 초보자는 타고난 비판능력을 가지고 있다.
　③ 책 내용이 잘 요약된 것이 좋은 독후감이다.
　④ 책의 내용을 제대로 파악해야 비판적 관점이 생긴다.

48. 남자가 말하는 방식으로 알맞은 것을 고르십시오.
　① 학교에서 독후감을 쓰게 하는 것을 부정하고 있다.
　② 문학비평의 역사를 피력하고 있다.
　③ 독서 모임의 중요성을 역설하고 있다.
　④ 학생들의 비판력 부족을 우려하고 있다.

[49-50]　다음을 듣고 물음에 답하십시오.　각 2점　🔊 track2-35
49. 들은 내용과 같은 것을 고르십시오.
　① 프랑스 혁명을 계기로 왕의 세력이 강화되었다.
　② 왕이 있을 때는 왕 혼자만이 자유인으로 군림했다.
　③ 인간 사이의 지배관계 해소는 인류의 오랜 과제이었다.
　④ 자유인이 등장한 결과 왕이 자신의 존재 이유를 증명하게 되었다.

50. 여자가 말하는 방식으로 알맞은 것을 고르십시오.
　① 인간이 인간을 지배하는 불평등성에 문제를 제기하고 있다.
　② 인류 간의 지배관계는 바꿀 수 없다고 주장하고 있다.
　③ 프랑스 혁명의 결과를 부정적으로 평가하고 있다.
　④ 자유인의 탄생 과정에 대한 사례를 소개하고 있다.

文法編

模擬試験1

模擬試験2

模擬試験3

模擬試験4

最新の出題傾向

第2回　Ⅱ　읽기 (1번~ 50번)

[1-2] (　)에 들어갈 가장 알맞은 것을 고르십시오.　각 2점

1.　아침에 일찍 (　) 여덟 시 비행기를 탈 수 있다.
　　① 일어나며　　　　　　② 일어나려고
　　③ 일어나야　　　　　　④ 일어나고자

2.　회사에서 돌아와 보니 동생이 군대에서 (　).
　　① 휴가를 나와 있었다　　② 휴가를 나오게 되었다
　　③ 휴가를 왔으면 했다　　④ 휴가 나오도록 했다

[3-4]　다음 밑줄 친 부분과 의미가 비슷한 것을 고르십시오.　각 2점

3.　아직 며칠 더 시간적 여유가 있으므로 기다리기로 했다.
　　① 있을망정　　　　　　② 있을까마는
　　③ 있으니만큼　　　　　④ 있자마자

4.　다음 주 행사에 차질이 생기지 않도록 다시 한번 점검해 봐.
　　① 생기지 않겠거니와　　② 생기지 않게끔
　　③ 생기지 않고서야　　　④ 생기지 않으려고

[5-8]　다음은 무엇에 대한 글인지 고르십시오.　각 2점

5.

> # 올 최고의 화제작 드디어 개봉
> # 5개국 현지에서 촬영

　① 연극　　　　② 소설　　　　③ 영화　　　　④ 드라마

6.

고 해상도의 우수한 품질
A3 사이즈 사진 출력 가능

① 프린터　　　　　② 디지털 카메라
③ 휴대폰　　　　　④ 비디오 카메라

7.

교통 문화 선진화는 깜빡이부터
작은 것부터 실천입니다.

① 교통 질서　　　　② 행동 요령
③ 자리 양보　　　　④ 봉사 활동

8.

처음 시도하는 중고차 구입
이렇게 구입하세요

① 안전 관리　　　　② 가전 구입
③ 운전 면허　　　　④ 구입 요령

文法編

模擬試験1

模擬試験2

模擬試験3

模擬試験4

最新の出題傾向

[9-12] 다음 글 또는 그래프의 내용과 같은 것을 고르십시오. 각 2점

9.

2018년도 중소기업 지원사업

지원금액　1사 3억 원 계 3사
신청대상　종업원 50명 이하의 중소기업
신청기간　2018년 3월 1일(목)—3월 30일(금)
합격통보　응모사에 직접 연락 (개별연락 무)
주관　　　중소기업청

---

① 이 사업은 사원 수가 많지 않은 기업을 대상으로 한다.
② 지원사업 대상 기업은 홈 페이지에서 발표한다.
③ 이 사업의 지원금액은 총 3억 원이다.
④ 지원사업에 응모한 전 기업에 당락의 연락이 간다.

10.

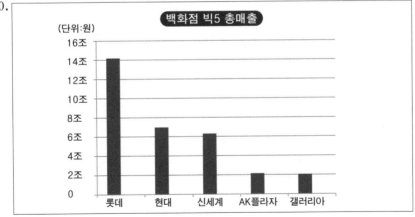

① 상위 삼 사의 매출액이 거의 대부분을 차지한다.
② 두 번째 세 번째의 매출액이 롯데를 약간 웃돈다.
③ AK플라자와 갤러리아는 매출액에 많은 차이가 난다.
④ 업계 삼 위의 백화점이 매출을 일조 늘려도 순위가 바뀌지 않는다.

11.

> 한국대학에서 오는 12월 12일에 한국어 말하기 대회를 개최한다. 이 대회는 한국에 사는 외국인을 대상으로 하며 주제는 '내가 좋아하는 한국' 이다. 참가를 희망하는 사람은 원고지 10장 정도에 발표할 내용을 써서 이메일로 보내면 된다. 참가자는 홈페이지를 통해 알릴 예정이다.

① 이 대회는 예선을 실시한다.
② 대학에서 참가자 접수를 받는다.
③ 참가자는 홈페이지를 보고 확인할 수 있다.
④ 원고는 당일날 직접 제출한다.

12.

> 조리실 안이 보이게 만드는 식당이 늘고 있다. 조리실 안을 보이게 하는 이유는 대체적으로 두 가지가 있다. 하나는 깨끗한 주방을 보여 주겠다는 것이고 다른 하나는 음식을 만드는 과정을 보여 주겠다는 것이다. 둘 다 손님을 끌기 위한 수단이라고 볼 수 있는데 손님들은 익숙해지면 의외로 별 관심이 없어한다. 결국 식당은 맛이 결정하는 것이 아닌가 하는 생각이 든다.

① 식당의 질을 결정하는 것은 결국 맛이다.
② 주방이 깨끗하면 손님이 많이 온다.
③ 음식을 만드는 과정을 보여 주면 손님이 좋아한다.
④ 손님은 퍼포먼스에는 별 관심이 없다.

[13-15] 다음을 순서대로 맞게 배열한 것을 고르십시오. 각 2점

13.

> (가)결과적으로는 소비자를 우리 회사의 가족으로 만들 수 있어서 효과적이다.
> (나)요즘 새로운 광고기법이 주목을 받고 있다.
> (다)그것은 제품을 직접 소개하지 않고 만드는 기업을 소개하는 방법이다.
> (라)기업이 마음에 들면 소비자들은 그 기업에 대해 알아보게 된다.

① 나-다-라-가   ② 나-가-라-다
③ 다-가-라-나   ④ 다-라-나-가

14.

> (가)페트병을 통과하면서 모아진 빛은 어느 정도 시간이 지나면 불꽃을 튀긴다.
> (나)그리고 그 불꽃이 주위에 있는 나뭇잎 등을 태우면서 산불로 번지게 되는 것이다.
> (다)그것은 투명한 페트병이 빛을 모으는 역할을 하기 때문이다.
> (라)산에 올랐다가 아무 생각 없이 버린 생수병이 산불을 일으킬 수 있다고 한다.

① 가-다-라-나　　② 가-나-다-라
③ 라-가-다-나　　④ 라-다-가-나

15.

> (가)좋은 곳에 가서 잘 쉬어야 아이디어가 생긴다는 사람들이 있다.
> (나)그러니 평소에 틈틈이 내 안에 귀중한 것을 많이 쌓아 놓아야 한다.
> (다)아이디어는 결국 자신의 머리 속에서 나오는 것이기 때문이다.
> (라)그렇지만 그런 곳에 가야만 기발한 생각이 떠오르는 것은 아니다.

① 가-라-다-나　　② 가-다-라-나
③ 다-가-라-나　　④ 다-나-라-가

[16-18] 다음을 읽고 (　　)에 들어갈 내용으로 가장 알맞은 것을 고르십시오. 각 2점

16.

> 집에서 채소를 보관하면 오래 못 가는 경우가 많다. 채소가 시드는 이유는 바로 (　　) 때문이다. 따라서 어떻게 보관을 하든 시간이 가면 갈수록 채소는 시들시들 말라갈 수밖에 없다. 시든 채소를 살리려면 뜨거운 물에 넣어 씻는 방법이 있다. 그러면 일시적으로 다시 싱싱해진다.

① 채소를 잘못 씻기
② 수분이 점점 빠져나가기
③ 보관을 하는 방법이 나쁘기
④ 채소는 원래 시드는 먹거리이기

245

17.

조선시대 곳곳에 있었던 서당에서의 교육방법에 시사점이 많다. 이 서당에서는 계절에 따라 다른 교육방법을 썼다고 하는데 추운 겨울에는 아무래도 실내에 있는 시간이 기므로 (   ) 집중을 시키고 더운 여름에는 밖으로 나가 자연과 더불어 시를 짓게 하는 교육을 했다고 한다.

① 어려운 책을 읽게 하여　　　② 안에서 따뜻하게 있게 하여
③ 얇은 옷을 입게 하여　　　　④ 가벼운 운동을 하게 하여

18.

회색분자라는 말이 있다. 흑백논리에서 생겨난 말이다. 흑백논리에서는 사람들이 흑이나 백으로 나뉘는데 회색분자는 어느 쪽에도 속하지 않는 사람을 나타낸다. 믿음을 색깔로 비유하면 하얀색이다. 그렇기 때문에 믿음에 금이 가면 금새 회색으로 변한다. 의심을 잘 하는 사람은 자기가 (   ).

① 회색분자인 셈이다　　　　② 회색분자인 척한다
③ 회색분자인 체한다　　　　④ 회색분자인 양한다

[19-20]　다음을 읽고 물음에 답하십시오. 각 2점

내가 산 상품이 정품인지 아닌지는 고유번호를 확인해 보면 안다. 사람과 마찬가지로 상품이 정품일 경우 고유번호는 하나밖에 없기 때문이다. 그런데 미술품은 고유번호라는 것이 없다. 그 덕분에 진품 확인이 힘들어 (   ) 내가 산 미술품이 진짜인지 가짜인지를 확인해야 할 상황이 생기면 감정을 해야 하는 상황이 발생한다.

19. (   )에 들어갈 알맞은 것을 고르십시오.
　① 설사　　　② 설마　　　③ 과연　　　④ 만약

20. 이 글의 내용과 같은 것을 고르십시오.
　① 미술품이 진품일 경우 고유번호가 매겨진다.
　② 상품이 정품이라면 반드시 고유번호가 있다.
　③ 미술품의 고유번호를 확인하는 작업은 어렵다
　④ 대량생산 상품은 고유번호가 여럿 있다.

[21-22]　다음을 읽고 물음에 답하십시오. 　각 2점

> 누구나 다 그렇지만 실수에 대한 부담감을 가지면 좋은 결과를 얻기가 어려울 때가 있다. 특히 그것이 운동선수가 되면 더욱더 그렇다. 그래서 선수를 지도하는 입장에 있는 사람들은 실수를 연상케 하는 말을 (　　　) 않는 것이 좋다. 왜냐하면 지도자한테 들은 실수를 하지 않기 위해 주의하는 순간에 자세가 흐트러져 실수를 하는 경우가 많기 때문이다.

21. (　　　)에 들어갈 알맞은 것을 고르십시오.

① 귀에 못이 박히도록 하지
② 코웃음 치듯 하지
③ 입 밖에 내지
④ 그냥 멍하게 흘려듣지

22. 이 글의 중심 생각을 고르십시오.

① 실수를 자주 하는 선수는 긍정적인 생각을 가져야 한다.
② 지도자는 늘 언어를 신중하게 선택해야 한다.
③ 어떤 일이든 부담감을 가지지 않은 트레이닝이 필요하다.
④ 실수를 반복하지 않도록 하는 연습도 중요하다.

[23-24]　다음을 읽고 물음에 답하십시오. 　각 2점

> 네 아이를 키우면서 미처 생각하지 못한 것이 있었다. 그것을 깨닫게 된 것은 아이들이 다 커서 각기 가정을 꾸리고 나서였다. 둘째를 만났을 때 늘 그랬듯이 형 이야기, 동생들 이야기를 털어놓으며 한동안 시간을 보냈다. 그리고 나서 둘째 얼굴을 보았더니 별로 얼굴색이 안 좋았다. 무슨 일이 있었나 싶어서 물어본 순간 둘째로부터 상상도 못 했던 말이 돌아왔다. "어머니는 나한테 별 관심이 없지?" 나는 순간 머리를 한 대 얻어맞은 것 같았다. 언제 만나도 자기 안부를 묻기보다 형 걱정, 동생들 걱정을 자기 앞에서 늘 어놓는 어머니가 꽤나 섭섭했던 모양이다. 그도 그럴 밖에. 둘째는 언제나 나한테 전혀 걱정을 안 끼쳤으니까. 그런데 그 둘째가 그런 생각을 품고 있었을 줄이야.

23. 밑줄 친 부분에 나타난 나의 심정으로 알맞은 것을 고르십시오.

① 서운하다　　　　　　② 섭섭하다
③ 신기하다　　　　　　④ 당황스럽다

24. 이 글의 내용과 같지 않은 것을 고르십시오

① 나는 둘째를 의지하는 마음을 가지고 있었다.
② 둘째는 늘 다른 형제들의 이야기를 들어줘야 했다.
③ 둘째는 자신의 마음을 표현하는 법이 없었다.
④ 나는 둘째의 말을 듣고 너무 화가 났다.

[25-27] 다음은 신문 기사의 제목입니다. 가장 잘 설명한 것을 고르십시오.
각 2점

25.

동부 해안 파도 높아, 결항 이어질 듯

① 강한 동풍이 불어 비행기가 이륙을 못 하고 있다.
② 해안 지방에 파도가 밀어닥쳐서 많은 피해를 입고 있다.
③ 동쪽 바다의 파도가 높아서 배가 당분간 못 떠난다.
④ 파도가 높지만 비행기는 정상 운항을 하고 있다.

26.

영화 '가까운 바다' 장안의 화제 속에 개봉 의외로 부진

① 화제를 모은 영화가 개봉되었는데 관객이 들지 않는다.
② 영화 '가까운 바다'에 대한 평가가 별로 좋지 않다.
③ 영화 '가까운 바다'는 예상대로 관객이 아주 많다.
④ 영화 '가까운 바다'의 개봉을 알고 있는 사람은 거의 없다.

27.

신선한 소재로 시청률 껑충

① 참신한 소재의 드라마라서 보는 사람이 많이 늘었다.
② 드라마는 재미있는데 시청률은 별로 달라지지 않고 있다.
③ 새로운 소재의 드라마라서 관심이 커지고 있다.
④ 재미있는 소재인데 시청자들로부터 외면당하고 있다.

文法編

模擬試験1

模擬試験2

模擬試験3

模擬試験4

最新の出題傾向

[28-31]　다음을 읽고 (　　)에 들어갈 내용으로 가장 알맞은 것을 고르십시오. 각 2점

28.

> 소셜 네트워크 노출증에 걸린 사람들이 많다. 이 사람들은 끊임없이 각종 서비스를 이용하여 자신의 모습을 드러낸다. 그리고 그런 노출을 통해 다른 사람과 소통하며 공유하는 것을 즐긴다. 그럼으로써 잠시 잃어버렸던 자신의 정체성을 찾고 (　　). 이것이 소셜 네트워크 서비스가 사람들 사이의 매개체로 각광을 받는 이유이다. 그러니 노출도 대환영이다.

① 마음의 위안도 얻는다.
② 서로간에 연락도 주고 받는다.
③ 자신의 모습도 기록한다.
④ 다른 사람 것도 본다.

29.

> 범인들은 어떤 과정을 통해 자백을 하게 되는 것일까? 전문가들은 복수의 범인이 있는 경우 비교적 자백을 받아내기가 쉽다고 한다. 그 이유는 경찰에 붙잡힐 때부터 각각 분리되어 조사를 받게 되기 때문이다. 간혹 두 사람 간의 결속이 강한 경우도 있지만 대부분의 경우는 (　　) 가벼운 처벌을 받도록 하겠지만 다른 한쪽은 무거운 처벌을 받는다고 회유하면 넘어간다고 한다.

① 자신의 범죄를 먼저 인정하면
② 진심으로 후회하고 뉘우치면
③ 수사에 전력으로 협조하면
④ 상대방에 불리한 이야기를 하면

30.

> 내용은 좋은데 독자들의 관심을 전혀 끌지 못하는 글이 있다. 그런 글들을 보면 이목을 끌지 못하는 제목이 붙어 있는 경우가 많다. 왜냐하면 가장 먼저 보는 것이 글의 제목이기 때문이다. 그래서 독자의 관심을 끌고 싶으면 (　　) 제목을 달아야 한다. 예를 들면 '재테크 방법' 보다는 '당신도 셀럽이 될 수 있다' 라는 제목이 더 좋다. 내 이야기가 될 수 있기 때문이다.

① 읽는 이에게 흥미를 불러일으키는
② 읽는 이가 내용을 쉽게 알 수 있는
③ 읽는 이에게 신뢰가 가는
④ 읽는 이가 내 일이라고 느낄 수 있는

31.

날지 못해 멸종된 도도새를 아는가. 도도새는 천적도 없고 먹이도 풍부한 곳에 있었기 때문에 굳이 애를 써서 하늘을 날 필요가 없었다. 그러다 어느 날 도도새의 낙원에 천적들이 들어왔다. 날지 못하는 새를 잡아먹는 것은 너무나 쉬운 일이었다. 결국 도도새는 멸종되어 버렸다. 우리에게 주는 교훈이 있다. (   ) 언제든지 멸종되어 버릴 수 있다는 것을.

① 안주하는 인생을 살다가는
② 노력하는 인생을 살다가는
③ 구체적인 계획을 세우고 살다가는
④ 남과 비교하면서 살다가는

[32-34] 다음을 읽고 내용이 같은 것을 고르십시오. 각 2점
32.

태권도 시범 행사에 빠지지 않고 등장하는 것이 있다. 바로 격파 시범인데 이러한 송판이나 벽돌을 쳐서 깨뜨리는 격파를 잘 하려면 몇 가지 요령을 익혀야 한다. 첫 번째는 때리는 힘의 방향이 송판이나 벽돌의 한가운데를 향하게 해야 하고 두 번째는 때리는 주먹이나 손과 송판, 벽돌 사이의 간격을 짧게 하고 빠른 속도로 쳐야 위력이 강해진다. 또 체중을 실어서 쳐야 더 효과적이다.

① 격파는 아무나 할 수 있는 것이 아니다.
② 송판이나 벽돌의 정중앙을 노려 쳐야 한다.
③ 체중을 싣는 것보다 짧게 끊어치도록 하는 것이 좋다.
④ 손이나 주먹의 힘만 이용하려면 빠르게 치면 된다.

文法編

模擬試験1

模擬試験2

模擬試験3

模擬試験4

最新の出題傾向

33.

> 유리병을 처음 만들었을 때의 가장 고민거리는 바닥을 어떻게 해서 평평하게 만드느냐였다. 왜냐하면 바닥이 조금이라도 평평하지 않으면 금방 유리병이 넘어지기 때문이다. 그러다가 어느 날 바닥의 한가운데를 잘못하여 손가락으로 밀어 넣은 불량품이 나왔다. 그런데 불량품이라고 하여 버리려고 한쪽 구석에 놓아 두었던 병이 안 넘어지는 것이 아닌가. 게다가 이 병을 와인병으로 썼더니 안성맞춤이었다. 실패가 성공을 낳은 것이다.

① 유리병은 처음부터 가운데가 오목하게 되어 있었다.
② 와인병으로서는 바닥이 평평한 형태가 적합하다.
③ 불량품인 줄 알았던 병이 뜻밖의 발견을 가져왔다.
④ 병 바닥 가운데를 오목하게 만든 것은 아이디어였다.

34.

> 사진은 찍는 사람에 따라 그 느낌이 아주 다르다. 기본적으로 사진을 잘 찍으려면 빛을 잘 이용해야 한다. 빛을 잘 이용하는 것만으로서 꽤 괜찮은 사진을 찍을 수 있다. 무엇보다 중요한 것은 빛이 피사체의 정면을 향하도록 해야 한다는 것이다. 그래야 피사체를 그대로 잘 살릴 수 있기 때문이다. 피사체를 측면에서 찍게 되면 빛이 측면에서 오기 때문에 그림자가 생기게 된다. 물론 이러한 극적 효과를 노리기 위해 옆에서 찍는 경우도 있다.

① 피사체를 옆에서 찍으면 그림자가 생기지 않는다.
② 사진을 잘 찍으려면 전문적인 기술이 필요하다.
③ 좋은 사진은 좋은 카메라를 사용했을 때 나온다.
④ 빛을 잘 이용하는 것만으로 좋은 사진을 만들 수 있다.

[35-38] 다음 글의 주제로 가장 알맞은 것을 고르십시오. 각 2점

35.

> 21세기가 디지털 음악의 시대임에도 불구하고 아직도 여전히 옛 LP레코드를 찾아다니는 사람들이 있다. 음원의 질로 볼 때는 잡음이 전혀 없는 디지털 쪽이 훨씬 좋은 소리가 나는 것처럼 여겨지는데 바늘이 레코드를 긁는 소리가 나는 LP레코드를 선호하는 사람들이 있다는 사실은 얼핏 이해하기 어려운 일이다. 그러나 그 사람들의 의견을 들어보면 디지털 음원이 따라갈 수 없는 음의 깊이가 레코드에 있다는 대답이 돌아온다.

① 단순히 향수병적인 감상으로 LP레코드를 찾는 사람들이 있다.
② 디지털 음원이 압도적으로 양질의 음악을 제공한다.
③ 종래의 LP레코드가 오히려 깊은 음을 간직하고 있다.
④ 디지털 레코드에서도 바늘 긁는 소리가 나는 경우가 있다.

36.

> 요즘의 방송가는 리얼리티 프로그램이 대세이다. 어느 채널을 틀어도 리얼리티 프로그램이 그 채널의 간판 프로그램이 되어 있는 경우가 많다. 그런데 방송 내용은 실제 리얼리티 프로그램에 출연하는 사람의 의도와는 달리 편집이 되어서 나오기 때문에 간혹 그것이 출연자의 진짜 모습인 양 오해를 받는 경우가 있다. 물론 그것은 어디까지나 여러 가지 상황을 연출하기 위한 제작진의 의도에 불과하다.

① 어느 방송을 틀어도 리얼리티 프로그램이 흘러 나온다.
② 새로운 포맷의 방송 프로그램을 개발해야 할 때이다.
③ 리얼리티는 리얼리티이기 때문에 편집은 하지 않는다.
④ 제작진은 출연자의 의도에 맞추어서 편집을 하고 있다.

37.

> 광고는 매일 사람들의 눈과 귀를 쫓아다니며 이것이 이상적인 모습이라는 것을 보여 준다. 최신형 자동차를 구입하면 행복이 보장되고 최신형 냉장고를 들여 놓으면 맛있는 요리를 먹을 수 있으며 광고에 나오는 소주를 먹으면 아주 멋있게 취할 수 있는 것 같은 환상을 품게 된다. 실제로는 전혀 그렇지 않지만 알게 모르게 우리는 광고 속의 상품을 소비하면서 광고가 보여주는 삶이 이상적인 삶이라고 자신을 암시하며 살아간다.

① 광고가 가르쳐주는 생활방식이 이상적이다.
② 대중은 광고로부터 많은 영향을 받는다.
③ 대중은 자신이 보고 싶은 광고를 본다.
④ 광고는 대중의 생활양식을 제시할 수 없다.

文法編

模擬試験1

模擬試験2

模擬試験3

模擬試験4

最新の出題傾向

38.

> 남극은 자연 과학 연구의 최적지로서 유명하다. 지구의 모든 공기가 반드시 남극을 거치기 때문이다. 또 자원의 보고로서도 그 가능성은 무궁무진하다. 그래서 세계 주요 각국은 남극에 과학 기지를 설치하여 각종 연구는 물론 장래 있을 수도 있는 남극의 주도권 싸움의 교두보를 확보하고 싶어 하는 것이다. 그 점에서 한국은 많이 뒤처져있다고 할 수 있다. 이제 시작 단계에 불과한 남극 연구가 앞으로 더 활발하게 진행될 것을 기대해 본다.

① 남극에는 유용한 자원이 별로 없다.
② 남극에는 세계 주요 각국의 허가를 얻어야 들어갈 수 있다.
③ 남극은 빙하기를 연구할 수 있는 최적지이다.
④ 한국의 남극 연구는 이제 막 시작된 걸음마 단계이다.

[39-41]   다음 글에서 《보기》의 문장이 들어가기에 가장 알맞은 곳을 고르십시오. 각 2점

39.

> 사람들은 위대한 인물의 삶이나 인생관에 대해서 알고 싶어한다. ㉠ 그래서 예를 들어 미국 대통령을 하다가 퇴임을 하면 그 자서전이 불티나듯 팔린다. ㉡ 사람들이 위대한 사람들의 자서전을 읽는 것은 그 사람들의 인생에서 배울 것이 있다고 생각하기 때문이다. ㉢ 그러니까 최근의 미국 대통령들의 자서전처럼 가십거리를 찾기 위해서 자서전을 읽는 것이 아니라는 점이다. ㉣

《보기》
그러나 최근의 일반인 자서전 열풍을 보면 조금 심하다는 생각이 든다.
---

① ㉠   ② ㉡   ③ ㉢   ④ ㉣

40.

　　한국의 고전 소설 '흥부전'은 전형적인 인과응보, 개과천선 개념을 다룬 작품이다. ㉠ 동생 흥부는 착하고 욕심이 없는 사람으로, 형 놀부는 심술궂고 욕심이 많은 사람으로 나온다. ㉡ 그러나 현대적인 개념으로 볼 때 욕심이 없다는 것은 어떤 의미에서 보면 게으르다는 것으로 비쳐지기도 하며 또 놀부는 보는 각도를 달리 하면 부지런한 사람으로 보여지기도 한다. ㉢ 한 사회를 대표하는 전형적인 인물로 부각되는 문학작품상의 인물은 그래서 시대가 변하면 그 인물상도 바뀌게 된다. ㉣

《보기》

　　인물에 대한 해석이 현대에 들어와 변화하는 양상을 보이고 있는 것이다.

① ㉠　　　　　② ㉡　　　　　③ ㉢　　　　　④ ㉣

41.

　　잠을 쉬 이루지 못해 고생하는 사람들이 있다. ㉠ 이런 사람들의 뇌는 두뇌 활동을 활발히 할 때 나오는 베타파가 두뇌 활동이 아주 안정적일 때 나오는 세타파보다 많이 나온다. ㉡ 즉 활발한 두뇌 활동이 좀처럼 진정이 안 되는 상태가 길어지므로 해서 잠을 쉽게 못 이루는 상황이 발생하게 되는 것이다. ㉢ 조용한 음악을 듣는 것도 그 중의 한 방법이 된다. ㉣

《보기》

　　따라서 잠을 빨리 자고 싶다면 자기 전에 두뇌를 안정시키는 일을 하는 것이 좋다.

① ㉠　　　　　② ㉡　　　　　③ ㉢　　　　　④ ㉣

文法編

模擬試験1

模擬試験2

模擬試験3

模擬試験4

最新の出題傾向

[42-43] 다음 글을 읽고 물음에 답하십시오. 각 2점

그녀는 정말 맑았다. 그녀를 만나 이야기를 나누노라면 맑은 시냇물을 걷는 느낌이 들었다. 내 주름 투성이의 인생과 얼룩 투성이의 마음이 시원하게 빨리우는 느낌이 들었다. 그리고는 그녀에게 빠져 들어갔다. 나의 관심은 온통 그녀에게로 향했다. 그녀가 먹고 싶은 것을 나도 먹고 싶었고 그녀가 보고 싶은 것을 나도 보고 싶었다. 무엇보다도 그녀가 느끼고 있는 것을 나도 같이 느끼고 싶었다. 그녀의 손끝 발끝 하나 하나가 나를 훑고 지나가고 머리카락 한 올 한 올이 나를 감싸고 지나가는 것 같았다. 이런 맑은 그녀를 낳을 수 있는 부모는 또 어떤 맑은 심성의 소유자일까 하는 생각이 들었다.

어느 날 내 앞에 나타난 그녀의 어머니는 완전히 상상과는 180도 다른 타입의 아무런 특징도 없는 밀랍 인형 같은 사람이었다. 사람이 사람을 낳는데 심성까지 낳는 것은 아니로구나 하는 것을 그 때 알았다.

42. 이 글에 나타난 '나'의 심정으로 알맞은 것을 고르십시오.

① 마음이 기쁨으로 차 있다.
② 기대에 들떠 있다.
③ 가슴이 답답한 상태에 있다.
④ 아주 홀가분한 마음이다.

43. 이 글의 내용과 같은 것을 고르십시오.

① 그녀는 나에게 솟아나오는 것 같은 기쁨을 주었다.
② 그녀는 어머니와 같은 심성을 가지고 있었다.
③ 나는 그녀의 어머니를 만날 기회가 없었다.
④ 그녀는 심성이 고운 사람이 아니었다.

[44-45] 다음을 읽고 물음에 답하십시오. 각 2점

사람들은 때에 따라서 자신에 대한 과신 때문에 일을 그르치는 경우가 있다. 자신에 대한 과신을 버리지 않는 사람은 성공했다는 평가를 받는 사람들 가운데서 자주 나타나는데 이런 사람들이 자기확신을 버리지 않는 이유는 자신이 그런 방식으로 성공을 했다고 믿고 있기 때문이다. 그런데 그런 사람들이 (   )이 있다. 바로 실패했던 일을 제대로 기억하고 있지 않다는 점이다. 즉 실패한 것은 주위의 잘못이며 어쩔 수 없는 상황이었다고 멋대로 자기옹호를 해 버리는 것이다.

44. 이 글을 쓴 목적으로 알맞은 것을 고르십시오.

① 실패체험을 제대로 기억하는 것이 중요함을 강조하기 위해
② 지나친 확신도 확신이기 때문에 가져야 함을 알리기 위해
③ 자신에 대한 과신이 성공하는 경우가 많음을 역설하기 위해
④ 자기확신을 버리고 실패하는 사람이 많음을 증명하기 위해

45. (　　)에 들어갈 내용으로 가장 알맞은 것을 고르십시오.

① 포기하지 않으면 안 되는 상황
② 버려야 할 생각
③ 빠지기 쉬운 함정
④ 자기 포장을 하는 습관

[46-47]　다음을 읽고 물음에 답하십시오.　각 2점

우리의 상에서 빠지지 않는 것이 바로 밑반찬이다. 밑반찬은 한 번 만들어 놓으면 오래 가고 또 매끼 먹을 수 있어서 예로부터 주부들이 선호하던 음식이다. (　㉠　) 예를 들어 시래기나 무말랭이 같은 말린 채소는 겨울철에 부족하기 쉬운 비타민과 무기질을 보충해 주었다. (　㉡　) 해산물에 소금 간을 하여 만든 젓갈류는 또 단백질의 공급원이었다. (　㉢　) 지금은 이러한 밑반찬을 안 만드는 집들고 많고 안 먹는 집들도 많지만 선조들의 생활의 지혜가 녹아 들어간 전통 식문화의 하나인 것이다. (　㉣　)

---

46. 위 글에서 《보기》의 글이 들어가기에 가장 알맞은 곳을 고르십시오.

------------------------《보기》------------------------
그런데 이 밑반찬은 영양을 보충하는 데 있어서도 빼놓을 수 없는 음식이었다.

① ㉠　　　　② ㉡　　　　③ ㉢　　　　④ ㉣

47. 위 글의 내용과 같은 것을 고르십시오.

① 밑반찬은 오랫동안 맛으로 먹어 왔다.
② 예전에는 말린 채소를 먹는 습관이 없었다.
③ 밑반찬은 건강을 유지하는 데 빼놓을 수 없는 음식이었다.
④ 해산물로 만드는 젓갈류는 한국 고유의 음식이 아니다.

[48-50]　다음을 읽고 물음에 답하십시오. 각 2점

　　인류의 문명은 동질성과 이질성이라는 대립 의미를 가진 두 단어로 설명
해 볼 수 있다. 먼저 동질성 문명은 씨족사회 시대부터 공동체의 힘을 쉽게
집결시킬 수 있다는 장점으로 인해 인류 발전의 원동력이 되는 경우가 많았
다. 반면 지금도 지구 곳곳에서 발생하고 있는 갈등과 대립의 원인 제공을
하고 있다는 문제점도 낳았다. 동질성을 강조하면 할수록 (　　　) 커
지기 때문이다.
　　한편 이질성 문명은 비교적 현대에 와서 상호보완적인 요소를 지닌 새로
운 형태의 공동체로서 발생되어 지금은 이른바 현대 문명을 선도하는 입장
에 있다. 이러한 이질성 문명은 자신과의 이질을 배격함으로써 지구 차원의
불행을 초래할 가능성이 있는 동질성 문명에 대해 하나의 대안을 제시할 수
있다.

48. 필사가 이 글을 쓴 목적을 고르십시오.
　　① 시대에 따른 문명의 변화 양상을 설명하기 위해
　　② 동질성 문명의 단점에 대한 경각심을 불러 일으키기 위해
　　③ 이질성 문명의 상대적 우위에 대하여 강조하기 위해
　　④ 이질성 문명이 발생한 시대적 배경을 설명하기 위해

49. 이 글의 내용과 같은 것을 고르십시오.
　　① 동질성 문명은 그다지 결속력이 강하지 못했다.
　　② 이질성 문명은 서로의 이질을 인정하는 방법을 통해 힘을 구축했다.
　　③ 동질성 문명끼리는 공존 공생의 입장을 취해 왔다.
　　④ 이질성 문명은 현대 문명에 묻혀서 사라지고 있다.

50. (　　　)에 들어갈 내용으로 알맞은 것을 고르십시오.
　　① 동질에 대한 집착이
　　② 동질에 대한 유대감이
　　③ 이질에 대한 적대감이
　　④ 이질에 대한 관심이

第2回　Ⅰ　듣기　正解及び解説

※次を聞いて、最も適切な絵またはグラフを選んで下さい。　各2点

1.

> 여자 : 출장 잘 갔다왔어요? 가방 이리 주세요.
> 남자 : 아니야. 가방 무거워. 내가 실을게. 갑시다. 피곤하네.
> 여자 : 오는데 길이 많이 막혔어요. 집까지 시간이 많이 걸릴 것 같아요.
>
> 女性 : 出張、無事に行ってきましたか? バッグ、こちらにください。
> 男性 : いいや。バッグ、重いよ。僕が積むよ。行きましょう。疲れたね。
> 女性 : 来るとき道がすごく混んでいました。家まで時間が結構かかりそうです。

①  ②

❸  ④

2.

> 남자 : 어서오세요. 뭐 찾으시는 제품 있으세요?
> 여자 : 네, 세탁기를 바꾸려고 하는데요. 뭐가 좋나요?
> 남자 : 그러시면 이쪽으로 오십시오. 제가 안내해 드리겠습니다.
>
> 男性 : いらっしゃいませ。何かお探しの製品がございますか?
> 女性 : はい、洗濯機を変えようと思いますが。何がいいですか?
> 男性 : それならこちらへどうぞ。私がご案内いたします。

①  ❷

文法編

模擬試験1

模擬試験2

模擬試験3

模擬試験4

最新の出題傾向

③ 　④

3.

> 여자 : 최근 발표된 한국은행 통계에 따르면 2012년부터 큰 폭으로 감소되고 있
> 었던 수출액수가 2015년부터 조금씩 증가하고 있는 것으로 나타났습니다.
> 한편 2016년도의 수출품목으로는 반도체가 가장 많았고 석유제품과 자동
> 차가 각각 그 뒤를 이었습니다.

> 女性 : 最近発表された韓国銀行の統計によると、2012年から大幅に減少していた輸出額が
> 2015年から少しずつ増加していることがわかりました。一方2016年度の輸出品目として
> は半導体が最も多く、石油製品と自動車が各々それに続きました。

❶

②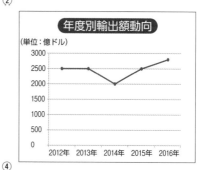

③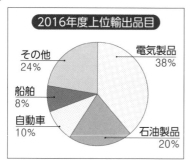

④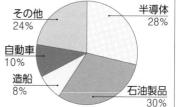

※次を聞いて続く言葉として最も適切なものを選んで下さい。 各2点

4.
남자 : 네, 전화 감사합니다. 고객 지원 센터입니다.
여자 : 컴퓨터가 고장 났는데요.
남자 : ＿＿＿＿＿＿＿＿＿＿＿＿＿＿＿.
　男性：はい、お電話ありがとうございます。お客様サポートセンターです。
　女性：コンピューターが故障したのですが。
　男性：＿＿＿＿＿＿＿＿＿＿＿＿＿＿＿。

① おかけになった電話番号は現在使われておりません。
❷ はい。お客様のコンピューターの登録番号をお教えいただけますか。
③ 使い勝手はいかがですか。
④ 毎度ありがとうございます。

　解説　①は電話をかけ間違えたときに流される自動音声で、電話はかけ間違えていないので不正解です。③は、女性がコンピューターが故障したと言っているので、使い勝手を聞くのは間違いです。④はコンピューターが故障して困っている女性に対して言うことばではありません。正解は②です。

5.
여자 : 이번에 한국 풍경 사진상을 수상하셨다면서요?
남자 : 고맙습니다. 우연히 만난 풍경이 좋았던 것 뿐이에요.
여자 : ＿＿＿＿＿＿＿＿＿＿＿＿＿＿＿.
　女性：今回、韓国風景写真賞を受賞されたんですってね。
　男性：ありがとうございます。出会った風景がたまたまよかっただけですよ。
　女性：＿＿＿＿＿＿＿＿＿＿＿＿＿＿＿。

① 写真のモデルさんはお知り合いですか。
② たくさんの人たちにお会いになったんですな。
❸ いや、実力だと思いますよ。
④ 風鈴はどこでお買いになったんですか。

　解説　①は写真について話していますが、風景写真の話題ではありません。②は、男性は風景に出会ったと言っているのであって、人々にあったわけではないので、不正解です。④は「風景」と「風鈴」が同音異義語であることを利用した引っ掛け問題です。③が正解になります。

6.
남자 : 걸그룹이 오늘 게릴라 콘서트 한다던데. 들었어?
여자 : 진짜? 몇 시래? 나 2시까지 수업 있는데.
남자 : ＿＿＿＿＿＿＿＿＿＿＿＿＿＿＿.
　男性：ガールズグループが今日ゲリラコンサートするらしいよ。聞いた？
　女性：本当？ 何時だって？ 私、2時まで授業あるんだけど。
　男性：＿＿＿＿＿＿＿＿＿＿＿＿＿＿＿。

① よく分かったって。一緒に行こうってよ。
② 昨日したらしい。見られなくて残念だね。
③ 明日だって。絶対見に行こう。
❹ 12時くらいだって。授業どころじゃないよ。

解説　①は伝文型の表現ですからおかしい返事になります。②は昨日だと言っているのでかみ合いません。③は明日だというからこれもかみ合いません。正解は④です。「수업이 문제야?」というのは「授業どころじゃないよ」という意味です。

7.

> 여자：정석 씨, 오늘부터 휴가 간다면서요?
> 남자：네. 그랬는데 급한 일이 있어서 나왔어요.
> 여자：_____.
>
> 女性：ジョンソクさん、今日から休みじゃなかったですか。
> 男性：はい。そうだったんですけど、急ぎの仕事が出来て出てきたんですよ。
> 女性：_____。

❶ 휴미 모록이 취해 드, 이느느 의.

① 休みもろくに取れず、どうするの。
② 仕事は頑張った方がいいんですよ。
③ お昼を食べに行くんだけど、行きますか。
④ 行くことにしたんですけど、行けませんでした。

解説　もしも②で言われたら相当頭に来ます。嫌味200％の言い方です。正解は①です。行けなくて残念だという意味です。

8.

> 남자：이거 환불 기간이 끝났는데 환불 될까?
> 여자：한번 물어나 봐. 밑져야 본전인데.
> 남자：_____.
>
> 男性：これ、払い戻し期間が過ぎているんだけど、出来るかな。
> 女性：一度試しに聞いてみれば？　損はしないからさ。
> 男性：_____。

① 替えてもらえないものだと思った。
❷ 今すぐ聞いてみなければ。
③ 聞いてみる必要はないよね。
④ 日付が過ぎたと思うよ。

解説　正解は②です。①は、替えてもらえることが出来た時の言い方なので、正解にはなりません。

※次を聞いて女性が続けてする行動として最も適切なものを選んで下さい。 各2点

9.

> 여자：너 중국어 잘하지? 내 중국어 숙젠데 좀 제대로 됐는지 봐 줄래?
> 남자：메일로 보내 봐. 언제까지 해 줘야 되는데?
> 여자：오늘 내로 해 줄 수 있어? 급하거든. 내일 내야 돼.
> 남자：그걸 왜 인제 보내니? 알았어. 메일 확인하면 메시지 보낼게.
>
> 女性：ね、あなた、中国語上手だったよね。私の中国語の課題なんだけど、ちゃんと出来たか見てくれる？
> 男性：メールで送ってみて。いつまでやってあげればいいの？
> 女性：今日のうちにやってもらえる？　急いでいるの。明日出さなければいけないんだ。
> 男性：それを何で今送るんだよ。分かった。メール確認したらメッセージ送るね。

① 男性から中国語の課題をもらう。　② 男性にEメールを送る。
③ 男性に宿題の提出日を聞く。　　④ 男性に翻訳を頼む。

解説　正解は②です。

10.

> 여자 : 석민 씨, 요새도 저녁 계속 사 먹어요?
> 남자 : 네. 누가 해 주는 사람도 없으니까 할 수 없죠. 괜찮아요. 귀찮게 밥 안 해
> 　　　도 되니까.
> 여자 : 내가 가서 뭣 좀 만들어 줄까요? 잘 만들지는 못하지만.
> 남자 : 정말요? 나야 좋죠. 그럼 오세요.
>
> 女性 : ソクミンさん、最近も夕食は外食するんですか。
> 男性 : はい。作ってくれる人もいませんから仕方ないですよね。大丈夫です。ご飯炊くの、
> 　　　面倒ですから。
> 女性 : 私が行って何か作ってあげましょうか。上手には作れませんけど。
> 男性 : 本当ですか。私はいいですよ。じゃあいらして下さい。

① 男性に会うために化粧をする。　　② 食事を一緒にするために出前を頼む。
❸ 料理を作るために買い物をする。　④ 食事出来る場所を探して予約をする。

解説　正解は③です。①も女性だったらあり得るかもしれませんが、普通に考えたら③が正解になり
ます。

11.

> 여자 : 경수 씨, 오늘 눈이 많이 쌓인다고 하던데 자동차로 출근해요?
> 남자 : 그래요? 차가 많이 막힐 테니까 지하철로 가야겠어요.
> 여자 : 우산은 챙겼어요?
> 남자 : 가방에 넣어 놨어요. 아, 스노 부츠도 꺼내야 해요.
>
> 女性 : キョンスさん、今日雪が積もるって言うんだけど、車で出勤しますか。
> 男性 : そうですか。車が混むだろうから地下鉄で行きます。
> 女性 : 傘は入れましたか。
> 男性 : カバンに入れておきました。あっ、スノーブーツも出さなきゃ。

❶ 靴箱を開く　　　　　　　② 車のカギを探す
③ 傘を開く　　　　　　　　④ カバンを拭く

解説　男性が最後にスノーブーツを出さなければと言っているので、女性は靴箱を開けて準備すると
予想されます。正解は①になります。

12.

> 여자 : 차장님, 이번 워크숍 숙소 후보를 알아봤는데 한번 확인하시겠어요?
> 남자 : 직원들은 6인실에서 자는 거네요.
> 여자 : 네. 방에서 호수가 보이고 조식도 제공된다고 해요.
> 남자 : 음. 사장님의 방을 따로 잡아야 할 것 같은데, 2인실이 있는지 알아봐 주실
> 　　　래요?
>
> 女性 : 次長、今回のワークショップの宿泊所の候補を調べてみましたが、一回見てもらえま
> 　　　すか。
> 男性 : 社員たちは6人部屋で寝るんですね。
> 女性 : はい。部屋から湖も見えるし、朝食もついているそうです。
> 男性 : うーん。社長の部屋を別に取った方がよさそうなんだけど、2人部屋があるのか調べ
> 　　　てみてもらえますか。

① 社長に報告する   ❷ 宿泊所に問い合わせをする
③ 宿泊所を予約する   ④ 朝食のメニューを確認する

解説 　次長は社長が泊まるためのツインルームがあるのか確認してほしいという発言をしていますので、ワークショップの宿泊場所を決める担当者は候補に挙げた宿泊施設に問い合わせをしなければなりません。それに相応しいのは②になります。

※次を聞いて、聞いた内容と同じものを選んで下さい。各2点

13.
> 여자：이 방이 왜 이렇게 추워? 감기 걸리겠다.
> 남자：응. 보일러가 고장 났나 봐.
> 여자：많이 불편하겠네. AS 센터는 연락해 봤어?
> 남자：응, 그런데 기사님이 일주일 뒤에야 올 수 있대.
>
> **女性**：この部屋、何でこんなに寒いの？ 風邪引きそう。
> **男性**：うん、ボイラーが故障したみたい。
> **女性**：かなり不便そうだね。サービスセンターには連絡した？
> **男性**：うん、しかし担当の人が来られるのは1週間後らしいよ。

① 男性は部屋が寒い理由が分からない。
② 男性は明日ボイラーを修理する人が来ると言った。
③ 女性はボイラーの修理を頼んだ。
❹ 女性は寒い部屋で暮らしている男性を心配している。

解説 　男性はボイラーが故障したと言っているので①は一致しません。修理に来るのは1週間後だと言っており、②も一致しません。アフターサービスを依頼したのは男性なので③も一致しません。正解は④になります。

14.
> 여자：(딩동댕) 관리 사무소에서 안내 말씀드리겠습니다. 어제 입주민에 의한 베란다 물청소로 인해 아래층 입주자가 널었던 빨래가 젖는 피해가 발생했습니다. 물을 사용한 베란다 청소는 우천 시에만 가능하도록 아파트 관리 규정에 명시되어 있으니 이 점 유의해 주시고 입주민 여러분의 협조 부탁드리겠습니다. 감사합니다. (딩동댕)
>
> **女性**：(チャイムの音) 管理事務所からご案内致します。昨日入居者の方のベランダの水掃除により下の階の方の洗濯物が濡れてしまう被害が発生しました。水を使うベランダの掃除は雨天時のみ可能ということがマンション管理規定に明記されていますのでこの点ご留意頂けますよう、入居者の皆様のご協力をよろしくお願い致します。ありがとうございます。(チャイムの音)

❶ ベランダの水洗いは雨の日に限り可能だ。
② 水掃除でマンション全体が被害を被った。
③ 水掃除に関する内容はマンションの契約書に記載されている。
④ 管理事務所は入居者に洗濯をしないようお願いをした。

解説 　水を使った掃除で被害を被ったのは下の階の住民ですから、②は一致しません。掃除に関する注意事項は管理規定に明記されていると言っており、③も一致しません。管理事務所が呼びかけているのは水掃除に関するルールですので④の内容も一致しません。正解は①になります。

263

15.
남자 : 다음 소식입니다. 한국면세점협회에 따르면 지난해 국내 면세점 전체 매출액은 역대 최대치를 기록했습니다. 그러나 지난해 국내 주요 면세점의 영업이익률은 전년보다 큰 폭으로 하락한 것으로 알려졌습니다. 경쟁 격화에 따른 할인 마케팅 등으로 수익성은 떨어진 것으로 분석됩니다.

男性：次のニュースです。韓国免税店協会によると去年の国内免税店全体の売上高が歴代最高値を記録しました。しかし昨年の国内主要免税店の営業利益率は前年度より大幅に下落したものと表れました。競争激化による割引マーケティングなどで収益性は落ちたものと見られます。

① 免税店の去年の営業利益率が史上最高を記録した。
② 免税店の割引マーケティングが売り上げを伸ばした要因だ。
❸ 免税店の売上が伸びた一方、収益性は大幅に落ち込んだ。
④ 去年の営業利益率は今年より大幅下落した。

解説 過去最高額を記録したのは売上額なので①は一致しません。売上額が増加した要因は本文では述べられていないので、②も音声内容と異なります。昨年の営業利益率はその前年と比べて下落したと言っているので、④も一致しません。正解は③になります。

16.
여자 : 올해 열린 학생미술작품전이 독창적이고 개성적인 전시 내용으로 호평을 얻었다고 들었습니다.
남자 : 네. 지난해 6월에 있었던 제1회 기획전의 작품과 비교해서 학생들의 발전된 모습을 한눈에 알아볼 수 있었다는 의견이 많았습니다. 학생미술작품전은 매년 정기적으로 개최할 예정이며, 학생들의 예술적 감성과 창조성을 기르는 동시에 우리 대학교 미술과가 도약하는 계기가 될 것으로 기대하고 있습니다.

女性：今年開かれた学生美術作品展が独創的で個性的な展示内容で好評を博したと聞きました。
男性：はい。去年の6月にあった第1回企画展の作品に比べ、学生たちの成長した姿を一目で見て取れたという意見が多くありました。学生美術作品展は、毎年定期的に開催する予定で、学生たちの芸術的感性と創造性を育むと同時に本学の美術科が飛躍するきっかけとなることを期待しています。

① 学生たちの作品は技術力でいい評価をもらった。
❷ 作品展を通して学生たちの芸術性が伸びることが期待される。
③ 作品展が今回で3度目を迎える。
④ 学校は作品展による収入が増えることを期待する。

解説 作品展によって学生らの芸術的感性と創造性が伸びることを期待していると言っているので②が正解になります。好評だったのは独創的で個性的な作品なので①は内容と一致しません。作品展は今年が2回目なので③も一致しません。学校が期待しているのは美術科が発展することなので④も内容と一致しません。

※次を聞いて、男性の中心となる考えとして最も適切なものを選んで下さい。各2点

17.
> 남자 : 난 다음 주부터 해외여행을 떠나니까 일주일 동안 연락이 안 돼.
> 여자 : 왜 로밍 신청을 안 해? 현지에서 지도를 보거나 식당을 검색하는데 스마트폰이 있으면 좋잖아.
> 남자 : 무슨 일이 일어날지 모르는게 여행의 즐거움이지. 인터넷이 안 되면 자연스럽게 현지 사람들과 소통하게 되고 친해질 수도 있으니까.

> 男性 : 僕は来週から海外旅行に行くので、1週間連絡が取れないよ。
> 女性 : なぜローミングの申し込みをしないの? 現地で地図を見たり食堂を検索するのにスマートフォンがあればいいじゃない。
> 男性 : 何が起きるかわからないのが旅行の楽しみじゃないか。インターネットができなければ、自然に現地の人たちとコミュニケーションを取るようになるし、親しくなることもできるから。

① 旅行に行くときはスマートフォンは必需品だ。
② 海外に行くと現地人と積極的に対話しないといけない。
③ 海外旅行に行くときはローミングサービスを利用するのがよい。
❹ 予想できない事がおきるのが海外旅行の魅力だ。

解説　①や③のような考えは一般的ですが、男性は旅行はむしろ不便な方が楽しいと考えています。②は男性の行動の一部ではありますが、現地の人と会話することだけが旅行の目的ではありませんので、④が正解になります。

18.
> 남자 : 영미 씨, 이번의 예매한 콘서트의 입장료는 입금했어요?
> 여자 : 아뇨, 너무 바빠서 은행에 못 갔어요. 이번 금요일에 가려고요.
> 남자 : 그러면 너무 늦어요. 마감이 이번 수요일인데 그때까지 입금이 안 되면 자동으로 취소가 돼요. 내일까지 인터넷 뱅킹으로 송금하세요.

> 男性 : ヨンミさん、今度の予約したコンサートの入場料は入金しましたか。
> 女性 : いいえ、忙しすぎて銀行にいけませんでした。今度の金曜日に行こうと思って。
> 男性 : それじゃあ遅すぎます。締切が今度の水曜日なので、それまでに入金しないと自動でキャンセルになります。明日までにインターネットバンキングで送金して下さい。

❶ 予約がキャンセルになる前に入金しなければならない。
② インターネットバンキングで入金するのが便利だ。
③ 銀行に行って入金するのが確実だ。
④ 忙しければ来週までに入金してもいい。

解説　男性の話の核心となる「입금이 안 되면 자동으로 취소가 돼요」という部分が聞き取れるかがポイントとなります。②と③は会話の要旨とは関係のない内容ですので正解ではありません。水曜日までに入金する必要があるので、④は内容と一致しません。従って①が正解となります。

19.
```
여자 : 우리 아이는 매일 온라인 게임만 하고 친구들과 어울리지 않아서 걱정돼.
남자 : 나도 학생 시절에는 그랬지. 그런데 게임을 통해서 생긴 친구들도 많아.
여자 : 매일 모니터 화면만 보는데 어떻게 친구가 생겨?
남자 : 온라인 게임은 여러 사람이 협조하면서 진행하거든. 직접 얼굴을 보지 않
       더라도 화면상에서 대화하다 보면 사회성을 기를 수 있지.
```

女性：うちの子は毎日オンラインゲームばかりして、友人たちとは付き合わないので心配よ。
男性：僕も学生時代にはそうだったよ。でも、ゲームを通じてできた友だちも多いよ。
女性：毎日モニター画面ばかりみているのに、どうして友だちができるっていうの。
男性：オンラインゲームは数人が協力して進めるんだ。直接顔を見なくても画面上で対話を
　　　してみると社会性を育てられるんだよ。

① ゲームは友だちと付き合うための最善の方法だ。
❷ ゲームをしているからと社会性が不足することはない。
③ 親がゲームを禁止する必要はない。
④ ゲームをすると友だちの顔を見ないでも済む。

解説　男性が話す「사회성을 기를 수 있지」が聞き取れるかがポイントになります。男性は①のように
ゲームが友人を作る最善の方法だと明言していませんし、③も男性の話には出てきません。友だちに
会わないためにゲームをするわけではないので④も正解ではありません。正解は②になります。

20.
```
여자 : 이번 경기에서 다리 부상으로 아쉽게도 기권하게 되셨는데요. 그 당시의
       심정이 어땠을까가 궁금합니다.
남자 : 여기까지 정말 힘든 시간을 버티면서 올라갔는데, 막상 경기를 시작하고
       나면 너무 아팠어요. 기권하기 전에 많은 생각을 했고, 제가 이 아픈 상태에
       서 시합을 하는 것은 상대방 선수에 대한 예의가 아닌 것 같아서 경기를 포기
       할 수밖에 없었습니다.
```

女性：今回の競技で足の負傷で残念ながら棄権されたんですが。その当時の心境はいかが
　　　だったのか気になります。
男性：ここまで本当に大変な時間を頑張りながら登ったんですが、いざ競技を始めてみると、
　　　とても痛かったんです。棄権する前にいろいろなことを考え、私がこの痛い状態で試合を
　　　するのは相手の選手に対する礼儀ではないような気がして、競技を放棄するしかありませ
　　　んでした。

① 相手の選手に対する申し訳無さで棄権した。
② これまで頑張ってきたことが満足で諦めた。
❸ いろいろ考えてみたが、痛すぎて諦めるしかなかった。
④ 競技を始めるやいなや、すぐに棄権を決心した。

解説　①は試合を棄権した理由の一部ではありますが、それだけが原因ではありません。②、④は
本文中の内容と異なりますので、③が正解になります。

※次を聞いて質問に答えて下さい。各2点

> 여자：과장님, 다음 달 출장 계획을 세워야 하는데요. 3박 4일 일정이면 될까요?
>
> 남자：음, 중요한 출장인데 그건 좀 짧을지도 모르겠어요. 가는 날하고 돌아오는 날 빼면 이틀밖에 없잖아요.
>
> 여자：이번에는 거래처 분들과 만나서 저희 회사 신제품 설명만 하면 되는 거 아닌가요?
>
> 남자：신제품에 대해서 좀 더 깊은 이야기가 나올 수도 있고 또 그쪽 시장 조사도 해야 하니까 일정은 더 여유 있게 잡도록 하세요.
>
> 女性：課長、来月の出張計画を立てなければいけないんですけど、3泊4日の日程でどうでしょうか。
>
> 男性：う〜ん、大事な出張だから、それはちょっと短いかもしれませんね。行きの日と帰りの日を除けば、2日しかないじゃないですか。
>
> 女性：今回は取引先の方たちと会ってわが社の新製品の説明だけをすればよいのではないですか。
>
> 男性：新製品についてもう少し込み入った話が出てくることもあるだろうし、またあちらの市場調査もしなければならないから、日程はもっと余裕をもって組むようにして下さい。

21. 男性の中心的な考えとしてもっとも適切なものを選んで下さい。

① 出張に行くところを変えなければいけない。
② 他の部署と出張業務について話し合わなければいけない。
③ 出張に行く人を決め直さなければならない。
❹ 出張期間を延ばさなければいけない。

　解説　会話は、女性が提示する出張の日程に男性が違う意見を述べるところから始まるので、①は不正解です。他の部署と出張のことを話し合うとも言っていないので、②も不正解です。出張のメンバーを変えるという話も出ていませんので、③も不正解です。正解は、④です。

22. 聞いた内容と同じものを選んで下さい。

① 取引先とのミーティングは、同じ建物で開かれる。
❷ 新製品の説明以外にも他の目的がある。
③ 出張期間は全体で4日に予定している。
④ 出張に行く前に市場調査をすることにした。

　解説　同じ建物で取引先の人たちと会うのを出張とは言わないので、①は不正解です。出張期間はまだ決まっていません。③も不正解です。市場調査をするのは出張先においてです。④も不正解です。②が正解となります。

※次を聞いて質問に答えて下さい。 各2点

남자 : 여보세요, 김수미 님. 여기 행정 복지 센터입니다. 이번 기부 나눔 행사에 재
능 기부자로 참가 신청서 내셨죠?
여자 : 네, 맞아요. 옷 수리하고 가방 수리 재능 기부자로 써서 냈어요.
남자 : 신청서는 잘 받았는데요. 재능 기부를 하시는 시간이 표시가 안 되어 있어서
요. 행사에서 옷 수리를 할 수 있는 시간과 가방 수리를 할 수 있는 시간이 오전
오후로 나뉘어져 있거든요.
여자 : 아, 그래요? 그럼 옷 수리 재능 기부하고 가방 수리 재능 기부하고 양쪽 다 할
게요.

男性：もしもし、キム・スミさん。行政福祉センターです。今回の寄付分かち合いイベントに寄
　　　付者として参加申込書を出されましたよね。
女性：はい、そうです。洋服の修理とバッグの修理才能寄付者と書いて出しました。
男性：申込書はきちんと受け取りましたが、才能寄付をされる時間にチェックがついていなかっ
　　　たんですよ。イベントで洋服の修理が出来る時間とバッグの修理が出来る時間が、午前と午後
　　　に分かれているのですね。
女性：あぁ、そうですか。では、洋服修理の才能寄付とバッグ修理の才能寄付と、両方全部やり
　　　ます。

---

23. 男性が何をしているのか選んで下さい。

　　　① イベントの内容について調べている。
　　　② イベントに使う洋服とバッグを注文している。
　　　③ イベント参加申込書の受付をしている。
　　　❹ イベントに参加可能な時間を確認している。

　　解説　男性は最初の会話で自分が役所の人間であることを告げ、イベント参加申込書のことを女性
に聞いています。したがって①や②は正解にはなりません。また申込書をしっかり受け取ったと言って
いるので、③も不正解です。正解は、④です。

24. 聞いた内容と同じものを選んで下さい。

　　　❶ 女性は自分の才能を寄付しようとしている。
　　　② このイベントでは午前中のみ才能寄付を受け付ける。
　　　③ 女性は参加申込書を提出していない。
　　　④ このイベントでは洋服やバッグを修理することが出来ない。

　　解説　「기부 나눔 행사」とは、参加者が自分の持っているものを寄付し、それを皆で分かち合うこと
を目的として開かれるイベントです。したがって、①が正解となります。男性の説明では、内容によっ
て午前と午後に分かれてイベントが進行すると言っているので、②は不正解です。参加申込は既に役所
に届いていると言っているので、③も不正解です。女性がやろうとしているのは、自分の才能を生かし、
洋服を修理したりバッグを修理したりすることです。④も不正解です。

文法編

模擬試験1

模擬試験2

模擬試験3

模擬試験4

最新の出題傾向

※次を聞いて質問に答えて下さい。 各2点

> 여자 : 교수님 연구실에서는 이번에 여성분들로만 구성된 새로운 연구 팀을 꾸미셨다
> 면서요?
> 남자 : 네, 저는 여성분들이 원하는 것은 같은 여성분들이 가장 잘 안다고 생각합니
> 다. 그래서 여성분들만으로 구성된 연구 팀을 새로 만들었는데요. 쫓기지 않고
> 자유로운 연구 분위기를 보장하기 위해 기간을 따로 설정하지 않았습니다. 그리
> 고 저한테 일일이 허가를 받거나 보고를 하지 않아도 되고요. 서로 자유롭게 의견
> 을 주고 받으면서 여성분들에게 꼭 필요한 신제품을 개발하는 데만 집중하게 했습
> 니다. 이러한 새로운 시도가 큰 성과로 나타날 것을 기대하고 있습니다.
>
> 女性：教授の研究室では今回女性の方だけで構成した新しい研究チームを立ち上げられたとお聞
> きしましたが。
> 男性：はい、私は女性の方々がほしいものは同じ女性の方々が最もよく分かっていると考えてい
> ます。それで女性の方々だけで構成した研究チームを新規に立ち上げました。急かされず自由
> な研究雰囲気を保証するため期間を別途設定することはしませんでした。それから私に一々許
> 可を取ったり報告をしなくてもいいですし。お互いに自由に意見を交わしながら女性の方たち
> に必要な新製品を開発することにだけ集中出来るようにしました。このような新たな試みが大
> きな成果として現れることを期待しています。

25. 男性の中心となる考えとして最も適切なものを選んで下さい。

❶ 女性の特性を考慮した新しいチーム構成が効果を見ると思われる。
② 保守的な研究文化を改善するためには女性が必要だ。
③ 研究がいい成果を出すためには期間を設定しなければならない。
④ 他の研究室より先に研究を完成させるのが目標だ。

　解説　 男性が最後に新しい試みが大きな成果として現れることを期待していると言っているので、①
が正解になります。研究文化の改善のことは言っていませんので、②は不正解です。自由な研究雰囲気
を保証するため期間を設定していないと言っているので、③や④も不正解です。

26. 聞いた内容と同じものを選んで下さい。

❶ このチームは許可を取ったり報告をする必要がない。
② このチームは男女同数で構成されている。
③ このチームでは決められた研究をしなければならない。
④ このチームのチーム長は教授が担当している。

　解説　 女性だけの研究チームなので、②は不正解です。自由に研究をしてよいということなので、③
も不正解です。チーム長の話は特に出ていませんので、④は正解にはなりません。①が正解です。

269

※次を聞いて質問に答えて下さい。各2点

男子：우리 동네 근처에 유기견 보호 센터가 새로 생겼잖아. 거기서 주인한테 버려진
　　　유기견들을 돌봐 준대. 산책도 시켜 주고 목욕도 시켜 준다던데? 식사도 제대로
　　　된 펫 푸드로 제공하는데 원하는 사람한테는 입양도 할 수 있게 해 준대.
여자：나도 한번 가 봤으면 좋겠다. 키우던 강아지가 없어져서 어떻게 할까 생각 중
　　　이었거든. 그런데 입양 절차가 까다롭겠지?
남자：아니야. 센터에 가서 몇 가지 서류만 작성하면 바로 반려견으로 입양이 가능하
　　　대.
여자：그럼 걱정하지 않아도 되겠다. 엄마하고 상의해 봐야겠어.

男性：うちの街の近くに保護犬保護センターが新しく出来たでしょう。そこで飼い主に捨てられ
　　　た保護犬たちを世話してくれるってよ。散歩もさせるし、風呂にも入れるらしい。食事もちゃ
　　　んとしたペットフードを提供していて、希望する人は里親として譲り受けることも出来るら
　　　しいよ。
女性：私も一度行ってみたいね。飼っていたワンちゃんがいなくなったからどうしようかなと考
　　　えていたところなのね。しかし、里親の手続きが面倒でしょう？
男性：いや、センターに行って何点か書類を作成すれば、すぐにペットとして譲り受けることが
　　　可能らしいよ。
女性：じゃあ、気にしないでいいんだね。お母さんと相談しようっと。

27. 男性が言う意図として適切なものを選んで下さい。

　　　① 保護犬の問題点を指摘し、改善しようと。
　　　② 保護犬を探し、世話する仕事をしようと。
　　　③ 保護犬の実態に助言をしようと。
　　　❹ 保護犬保護センターに対する情報を知らせようと。

　　解説　男性は会話の冒頭で捨て犬の保護センターが出来たことを紹介し、そこの状況を説明してい
　　ます。指摘や改善の話はしていませんので、①は不正解です。センターのことを紹介しているだけなの
　　で、②も③も不正解です。正解は、④です。

28. 聞いた内容と同じものを選んで下さい。

　　　① 男性は捨て犬保護センターで働いている。
　　　❷ 女性はこのセンターからペット犬を譲り受けようとしている。
　　　③ このセンターは住民センターと保護犬に関する情報を共有する。
　　　④ このセンターはペット犬の出入りを歓迎しない。

　　解説　本文からは住民センターの話やセンターへのペット犬の出入りの話が出てこないので、③や④
　　は正解にはなりません。男性は保護センターの情報を提供しているだけで勤めているわけではないので、
　　①も正解ではありません。遺棄犬は遺棄犬の音読みで、反려견は伴侶犬の音読みです。入양は入養の
　　音読みで、養子縁組のことです。入양하다は養子にとる（人間）、里親になる（動物）の意味になります。

※次を聞いて質問に答えて下さい。　各2点

여자 : 기념관에서 전시물과 전시품을 결정하는 일을 하신다고 들었는데요?

남자 : 네, 기념관 내부의 전시 공간 구상부터 공간마다 전시품과 전시물을 배치하는 일까지 합니다. 기념관 특별 전시 테마를 결정하는 일도 하고요.

여자 : 이제까지도 그랬지만 이번에도 새로 전시되는 전시품이 많은 주목을 받고 있다고요?

남자 : 네, 이번 전시물은 최근에 진행된 한국전쟁 격전지 발굴 작업에서 나온 건데요. 편지하고 사진, 그리고 만년필이에요. 사진은 격전지에서 전사하신 분의 부인이고요. 편지는 결혼해서 첫날밤만 치르고 바로 자원입대를 하신 고인이 고향 집에 남겨 두고 온 부인을 생각하며 쓴 겁니다. 그런데 그 편지를 부치기도 전에 안타깝게도 전사하신 거지요. 그 편지를, 지금은 할머니가 되셨지만, 아직도 살아 계시는 부인께 전달하면서 많이 울었습니다.

女性：記念館で展示物と展示品を決める仕事をしておられると聞きましたが。

男性：はい、記念館内部の展示空間の構想から空間ごとに展示品と展示物を配置させる仕事までやります。記念館の特別展示テーマを決定することもやっています。

女性：今までもそうでしたが、今回も新たに展示される展示品が多くの注目を集めているとお聞きしました。

男性：はい、今回の展示物は最近行った朝鮮戦争の激戦地発掘作業から出てきたものです。手紙と写真、そして万年筆です。写真は激戦地で戦死した方の奥さんです。手紙は新婚明けてすぐに志願入隊をされた故人が故郷の家に残してきた奥さんを考えながら書いたものです。しかし、その手紙を送る前にもどかしいことに戦死したのです。その手紙を、今はおばあさんになりましたが、まだ生きておられる奥さんに渡しながらだいぶ泣きました。

---

29. 男性が誰なのか選んで下さい。

　　❶ 記念館の展示空間と内容等を設計する人。

　　② 記念館に展示されている展示物と展示品について説明する人。

　　③ 展示物を盛り込んだ案内冊子を作る人。

　　④ 展示される物品の価値を評価する人。

　　解説　冒頭で女性が「決定する 일을 하신다」と言っているので、①が正解です。男性は何を展示するかを決める権限を持っているので、展示される物品に対し説明することも出来るし、案内冊子も作る仕事もするかもしれませんが、本文にそれが書かれているわけではありませんので、②や③、④は正解にはなりません。

30. 聞いた内容と同じものを選んで下さい。

　　① 今回の展示会は人々からあまり関心を引くことが出来なかった。

　　❷ 今回展示される物品の中にとても特別なものがある。

　　③ 男性は展示会の主題を決める仕事はしない。

　　④ 男性は展示品に対して、細かい内容を知らない。

　　解説　展示会は大いに注目されているので、①は正解ではありません。男性は展示会のテーマを決める仕事もしているので、③も正解ではありません。男性は今回の展示会で注目を受けている展示品に対し、細かく説明を施しているので、④も正解になりません。男性は展示品に対し、かなりの思い入れを持っているので、②が正解になります。

271

여자 : 일주일에 사 일만 근무하는 주 사 일제 도입이 시기상조라는 의견이 있는데요.
경영자로서 이 문제를 어떻게 생각하고 계십니까?
남자 : 저는 시기상조라고 생각하지 않습니다. 이제 우리 기업들도 주 사 일제 도입을
적극 검토해야 할 때라고 생각합니다. 저는 주 사 일제가 시행된다고 해서 생산
성이 떨어진다거나 근로자의 업무 강도가 높아질 거라는 생각에 동의하지 않습니
다.
여자 : 그럼 주 사 일제가 되어도 임금을 동일하게 유지해 달라는 요구에 대해서는 어
떻게 생각하십니까?
남자 : 그런 문제 때문에 노사 협의를 하는 것 아닙니까? 근로 시간이 줄어들면 임금
도 어느 정도 삭감이 되어야겠죠. 서로 대화로 풀어야 할 문제라고 봅니다.

女性 : 1週間に4日だけ働く週4日勤務制導入が時期尚早という意見がありますが。経営者として
この問題をどう考えておられますか。
男性 : 私は時期尚早とは考えておりません。もう企業も週4日勤務制の導入を積極的に検討すべき
時だと思います。私は週4日勤務制が施行されるからといって生産性が落ちるとか労働者の業務
強度が高くなるとかという考えには同意しません。
女性 : では、週4日勤務制になっても賃金を同じように維持してほしいという要求に対してはどう
考えておられますか。
男性 : そういった問題のため、労使協議をするのではないですか。労働時間が減ったら賃金もあ
る程度削減すべきでしょう。お互いに対話で解決すべき問題だと思います。

31. 男性の中心となる考えとして最も適切なものを選んで下さい。

① 韓国の企業がこの制度を受け入れるのは現実的に難しい。
② この制度を導入すると勤労者の業務強度が変わってくるだろうと思われる。
❸ 仮に何らかの問題が発生したとしてもこの制度は施行されるべきだと思う。
④ 賃金問題をこの制度導入の障害要因と考えるのはよくない。

解説 「導入を積極検討」と言っているので、①は不正解です。「業務 強度が高くなる거라는 생각
に 동의하지 않습니다」と言っているので、②も正解にはなりません。男性は、④のことは本文の中で
言っていません。女性の質問に対し、自分の意見を述べながら制度導入の必然性を説いているので、③
が正解になります。

32. 男性の態度として最も適切なものを選んで下さい。

① 予想される問題に対し、否定的な態度で一貫している。
② 相手の質問と関わりのない内容の答弁を並べ立てている。
❸ 提起された問題をよく理解し、その解決方法を提示している。
④ 経営者ではない人たちの考えにはまったく同調出来ない。

解説 男性は、女性の問題提起の質問に対し、終始自分の持論をしっかり述べ、生産的な結論を導
き出そうとしています。否定的な態度で一貫しているわけではないので、①は不正解です。また、相手
の質問と関わりのない内容の答弁をしているわけでもないので、②も不正解です。経営者としての意見
を求められて発言していますが、経営者対被雇用者の目線で述べているわけではないので、④も不正解
です。正解は、③です。

※次を聞いて質問に答えて下さい。各2点

> 여자 : 어떤 불만이 있거나 또는 불편을 겪어도 그런 일을 마음속으로 눌러 담으며 바깥으로 잘 표현하지 못하는 사람들이 있습니다. 이들은 자신의 주장을 마음 놓고 잘 표현도 못 하며 다른 사람의 부탁을 거절하기 어려워 고통을 겪기도 합니다. 이것이 착한 사람 증후군을 앓고 있는 사람들의 특징입니다. 착한 사람 증후군은 형제나 자매가 아프거나 혹은 어려운 집안 형편 속에서 자라는 아이들에게서 많이 나타납니다. 형제나 자매가 아프니까 자신은 부모님 말을 잘 듣는 착한 아이여야 한다는 생각, 그리고 집안 형편이 어려우니까 하고 싶은 것, 먹고 싶은 것이 있어도 그런 것들을 억누르며 칭찬을 받고 싶어하는 심리가 쌓여 가며 이런 증후군에 빠지게 되는 것입니다.
>
> 女性 : ある不満があったりまたは不便を感じてもそのことを心の中に抑え込み、表に上手く表現出来ない人たちがいます。彼らは自分の主張を思い切り表現も出来ず、他人からのお願いを断れないで苦しんだりします。これが「善い人症候群」を患っている人たちの特徴です。善い人症候群は、兄弟や姉妹が病気だったり、または苦しい家庭の経済状況の中で育った子供たちによく現れます。兄弟や姉妹が病気だから自分は両親の言うことをよく聞く善い子じゃなければいけないという思い、そして経済状況が苦しいからしたいこと、食べたい物があってもそれを押さえつけながら褒められたいと願う心理が募り、このような症候群に陥るのです。

33. 何についての内容なのか適切なものを選んで下さい。

　　❶ 心理的症状の特性と原因
　　② 人間関係の心理的影響と結果
　　③ 成長環境と心理的特徴との関係
　　④ 心理実験の否定的要因

　解説　女性は冒頭である人たちの心理例を出し、それが「착한 사람 증후군」であると紹介しています。その後は、善い人症候群に対する具体的な説明が続きます。それを踏まえると①が正解になります。人間関係の心理的影響に触れられているわけではないので、②は不正解です。③は内容的には合っていますが、部分的なことなので、正解とは言えません。

34. 聞いた内容と同じものを選んで下さい。

　　① この心理症状があれば不満を暴力的に表出する。
　　❷ この心理症状は小さい時の家庭環境と関連が深い。
　　③ この心理症状がある人は、自主性が落ちる。
　　④ この心理症状を持っている人は、とても思いやりがある。

　解説　不満や不便を感じても表に出せないのがこの心理症状の特徴なので、①は不正解です。③ですが、自主性が落ちるという話はないので、不正解です。④ですが、自分の気持ちを他人に言えないことと思いやりとは別の話です。正解は、②です。

273

男子：인주 증권 대표 이사 김민수입니다. 이번 고객 데이터 유출로 인해 피해를 입으신 고객 여러분들께 머리 숙여 진심으로 사죄드립니다. 그리고 이번 일로 국민 여러분께 증권 업계에 대한 불신과 걱정을 끼쳐 드린 점도 아울러 사죄 말씀드립니다. 데이터 유출이 확인된 직후에 바로 그로 인한 이차 피해가 없도록 관련 조치를 취했으며 현재 관계 기관과 협력하여 유출 경로를 파악하고 있습니다. 고객 정보는 모두 암호화되어 있기 때문에 실제로 이 데이터가 악용될 가능성은 낮을 것으로 보입니다만 만일 실질적인 피해가 확인될 경우에는 그에 상응하는 조치를 신속히 취할 것을 약속드립니다. 앞으로 이런 문제가 다시는 발생하지 않도록 보안 시스템을 개선하도록 하겠습니다. 다시 한 번 고객 여러분과 국민 여러분께 진심으로 사과드립니다.

男性：インジュ証券代表理事のキム・ミンスです。この度の顧客データ流出により被害を受けられたお客様の皆様に心からお詫び申し上げます。そして、この度のことで国民の皆様に証券業界に対する不信とご心配をおかけしたことを併せてお詫び申し上げます。データ流出が確認された直後、すぐにそれによる2次被害がないよう、関連措置を取っており、現在関係機関と協力し、流出経路を把握しております。顧客情報はすべて暗号化されているので、実際このデータが悪用される可能性は低いと思われますが、万が一実質的な被害が確認された場合、それに相応する措置を迅速に取ることをお約束致します。これからこういう問題が再び発生しないように、保安システムを改善するように致します。もう一度お客様の皆様と国民の皆様に心からお詫び申し上げます。

35. 男性が何をしているのか、適切なものを選んで下さい。

① データ流出事故予防のための防止策を説明している。
② 新規顧客サービスの内容をマスコミに紹介している。
③ 証券業界がデータ流出により被害を受けている。
❹ 事故処理状況とそれに従う今後の対策を明らかにしている。

解説 男性は冒頭に、自己紹介と共に「사죄 드립니다」で話を始めています。お詫びの内容ですが、自己紹介の後に続く「고객 데이터 유출 사고(顧客データ流出事故)」です。なので、①は正解にはなりません。予防ではないからです。②もまったく無関係の内容なので、正解にはなりません。顧客データを厳重に管理しなければならないのは証券会社の当然な業務です。なので、③も正解とは言えません。正解は、④です。

36. 聞いた内容と同じものを選んで下さい。

❶ もしも被害が発生する場合には、それに従った責任を負う。
② 証券会社に対する不信のため、業務に支障が出た。
③ 顧客情報流出は、一般国民とは関係のないことだ。
④ 顧客情報は暗号化されているので被害は発生しない。

解説 今のところ実害は発生していませんが、万が一実質的な被害が発生する場合にはそれ相応の措置を取ると言っているので、①が正解です。②は、証券会社に対する不信やそれによる業務への影響がある可能性はありますが、本文で触れられているわけではありませんので、不正解です。③は、代表理事が顧客と国民に対し、お詫びを行っているので、正解にはなりません。④は、被害が発生しないと断言しているわけではないので、正解とは言えません。

※次を聞いて質問に答えて下さい。各2点

> 남자 : 요즘은 대부분이 교복을 입는데 안 그럴 때가 있었다고요?
> 여자 : 네, 교복은 원래 나폴레옹 일세가 학생들을 군인으로 활용하기 위해 입혔던 것을 그 시초라고 보는데요. 천 구백 팔십 삼 년에 교복 자율화 조치가 내려지면서 몇 년간은 중고등학교 학생들도 사복을 입었습니다. 그러니까 그때까지 교복 착용을 강요했던 것을 사복을 입어도 된다고 한 것이지요. 교복 착용을 강요하던 시절에는 중고등학교뿐 만아니라 대학교에도 교복이 있었고 심지어 교모도 있었어요. 그런데 사복을 착용해도 된다고 하다 보니 옷에 대한 과소비, 사치 등이 문제가 되면서 다시 교복으로 환원하게 되는 학교들이 늘어나며 지금처럼 된 거지요.
>
> 男性 : 最近はほとんどが制服を着るけど、そうじゃない時があったようですね。
> 女性 : はい、学校の制服は、元々ナポレオン1世が学生を軍人として活用するために着せたのがその始まりだと言われています。1983年に制服自律化措置が取られ、数年間は中学高校の学生たちも私服を着ました。ですから、その時まで制服着用を強いられていたのを、私服を着てもよいと言ったのです。制服着用を強いていた時には中学高校だけでなく大学にも制服があり、さらに校帽もありました。ところで、私服を着用してもよいと言ったら、洋服に対する過消費、贅沢などが問題になり、再び制服に戻る学校が増え、今のようになったのです。

37. 女性の中心となる考えとして最も適切なものを選んで下さい。

　① 制服は軍服を代替出来る象徴的意味がある。
　② 制服自律化措置以降、私服を着る学校が増えた。
　❸ 制服着用問題は、政府政策の影響が少なくない。
　④ 私服は学生たちの過消費や贅沢を誘発することがある。

　解説　女性は、今は制服が主流だが、そうではない時期があったのかという質問に、中学高校で制度的に、私服を着たり制服を着たりしたのは、1983年の制服自律化措置などの政府政策や過消費や贅沢を警戒する社会的雰囲気が強く影響していると説明しています。それに最も近い③が正解です。①は、本文の中では触れられていませんので、正解にはなりません。②や④は、事実ではありますが、中心となる考えとは言えませんので、不正解です。

38. 聞いた内容と同じものを選んで下さい。

　① 制服が初めて作られたのは戦争に使うためだった。
　② 制服自律化は、過消費や贅沢を防ぐための措置だった。
　❸ 制服着用が義務化だった時には、校帽も一緒に被った。
　④ 大学生が制服を着たことは今まで一度もなかった。

　解説　学校の制服が初めて作られたのは万が一の時に軍服の代替品として使うためであって最初から戦争に使うためではありません。①は不正解です。②は、逆のことを言っているので、不正解です。大学生が制服を着ていた時期もあったので、④も不正解です。正解は、③です。

※次を聞いて質問に答えて下さい。 各2点

> 여자 : 삼 년치 일감을 미리 수주해 이제 조선 업계가 삼십 년마다 돌아오는 슈퍼 사
> 이클에 진입했다는 평가를 받는데요. 앞으로 어떻게 될 것으로 보십니까?
> 남자 : 네, 전체적으로 아주 호조입니다. 국내 빅 쓰리 조선사 중 두 회사가 흑자로 돌
> 아섰고요. 나머지 한 회사도 하반기 흑자 가능성이 커졌습니다. 특히 긍정적인 점
> 은 올해 선박 발주가 줄었는데 오히려 조선 삼 사의 이익이 늘었다는 점입니다.
> 조선사들이 지난 이 년간 수주를 많이 해서 수주 잔고가 탄탄한 상태이고요. 이제
> 는 돈이 되는 선박 위주로 수주를 가려서 하고 있기 때문에 당분간은 상승세가 계
> 속 이어질 것으로 봅니다. 수주 증가와 선가 상승이라는 겹호재가 우리 조선 업계
> 에 아주 긍정적인 요소로 작용하고 있습니다.
>
> 女性 : 3年分の仕事を予め受注し、もう造船業界が30年ぶりに帰ってくるスーパーサイクルに進
> 入したという評価を受けていますが。今後どうなると思われますか。
> 男性 : はい、全体的にとても好調です。国内のビッグ3造船会社のうち、2社が黒字に回りました。
> 残りの1社も下半期に黒字の可能性が高くなりました。特に肯定的なことは、今年船舶発注が
> 減っているのに、かえって造船三社の利益が増えているという点です。造船社が去る2年間受注
> をたくさんしており、受注残高が堅実な状態ですし。今は金になる船舶を中心に受注を選別し
> ているので、当分の間は、上昇の勢いが続くものと思われます。受注増加と船価上昇というダ
> ブル材料がわが造船業界にとても肯定的な要素として働いています。

39. この対話の前の内容として最も適切なものを選んで下さい。

    ❶ 造船業界全般的に受注実績が好調を見せている。
    ② 造船会社が超好況期を迎え、利益を増やしている。
    ③ 最近になり、船舶発注が減ったため、利益も減っている。
    ④ 造船会社は利益率が高くない船舶の受注を避けてきた。

> **解説** 3年分の仕事を予め受注したということなので、その後に続くスーパーサイクルは、何かよい
> ことが特別に起きる意味を持つものであることが予想されます。それを踏まえると、①が正解となりま
> す。②や③は、男性の話から出てくる内容なので、正解にはなりません。④は、3年分の仕事を受注し、
> 好調を見せているという話の前に来る内容とは言えないので、不正解です。女性の話の中から出てくる
> 「일감」は、「仕事になり得るものやこと」の意味です。

40. 聞いた内容と同じものを選んで下さい。

    ① 船舶発注が減っていて3年後には仕事がなくなることになる。
    ② 最近造船会社の受注実績がよくなく、赤字から免れられないでいる。
    ❸ 造船社は今後、高付加価値船舶を中心に受注をする計画だ。
    ④ 船価上昇は、造船業界において否定的な要因として働く。

> **解説** 船舶の発注が減ってはいますが、仕事がなくなるとは言っていないので、①は不正解です。造
> 船大手の3社のうち、2社は黒字、残りの1社も下半期から黒字になると言っているので、②も不正解
> です。船価上昇は、造船業界に訪れた2つの好材料の1つと言っているので、③も不正解です。金にな
> る船舶中心に受注する動きが出てきているということなので、③が正解です。

※次を聞いて質問に答えて下さい。 各2点

여자 : '던진 돌에 개구리 맞아 죽는다' 라는 속담이 있습니다. 생각 없이 발언한 내용이 의도와 다르게 타인에게 상처를 줄 수 있다는 뜻인데요. 요즘 유행어 처럼 '암 걸리겠다' 라는 표현을 쓰는데, 실제로 암 환자나 가족들이 들으면 어떤 기분이 들까요? 갑갑한 상황을 적합하게 표현하려고 한 것이겠지만, 이런 말을 '무심코' 하는 이들은 대부분 큰 사건 없이 평탄한 삶을 살고 있거나 그런 말을 해도 본인은 영향을 받지 않는 비교적 높은 지위에 있는 사람들입니다. 넓은 시야를 가지고, 어떤 말이나 행동을 하기 전에 스스로 깊이 생각하는 사람이 되어야 무심한 돌을 던지지 않고 사람들과 원활한 관계를 맺을 수 있을 것입니다.

女性：「何気なく投げた石にカエルが当たって死ぬ」ということわざがあります。無意識に発言した内容が、意図せず人を傷つけることがあるという意味ですが、最近流行語のように「がんにかかる」という表現を使いますが、実際にがん患者や家族が聞いたらどんな気分になるでしょうか。もどかしい状況をうまく表現しようとしたものでしょうが、このような言葉を「無意識に」口にする人たちは、大部分が大きな事故なしに平坦な人生を送っていたり、そのような言葉を発しても本人は影響を受けない比較的高い地位にいる人々です。広い視野を持って、どのような言葉や行動でもする前に自ら深く考える人になれば、心無い石を投げずに人々と円滑な関係を結ぶことが出来るものです。

---

41. この講演の中心となる内容として最も適切なものを選んで下さい。

① がん患者に石を投げてはいけない。
❷ 広い視野を持って人に配慮すると人間関係が良くなる。
③ 相対的に地位が高いほど言葉の影響を受けるようになる。
④ 良くない状況に処した人は、深く考える余裕がない。

解説　「石を投げる」のはことわざの中の比喩的表現ですので①は正しくありません。③は本文中の内容と反対のことを言っているので間違いです。④のような記述は本文中にはありません。正解は②になります。

42. 聞いた内容と同じものを選んで下さい。

① 「がんにかかる」という言葉は昔からよく使われてきた。
② ことわざを使うと自分の意図を正確に伝えることが出来る。
③ 言葉や行動を慎重にする必要はない。
❹ 考えもなしに言葉を発する人たちは、たいてい優越的な地位にある。

解説　「近ごろ流行語のように」と言っているので①は間違いです。②のように言葉の意図を正確に伝えることとことわざを直接関連づける内容はありません。③は本文と反対のことを言っています。④が正解になります。

남자 : 2015년 여름, 온 나라가 공포에 휩싸였다. 바로 메르스 때문이다. 중동 지역을 시작으로 아시아 지역까지 급속히 퍼진 호흡기 질환으로 우리나라에서도 186명의 환자가 발생했다. 문제가 심각했던 건, 위기 상황에 대처해야 할 정부가 제 역할을 하지 못했다는 것이다. 한국과 세계보건기구(WHO)의 합동평가단은 한국 정부의 정보 공개가 늦어 초기 메르스 방역 정책의 실패를 불러왔다고 평가하기도 했다. 정부가 상황을 수습하지 못하고 갈팡질팡하는 사이, 국민들은 혼란에 빠졌다. 엉킨 실타래를 풀기 시작한 건 어느 한 지방자치단체였다. 전국을 공포에 떨게 했던 메르스 사태는 지역주민들의 건강과 생명을 지키는 데 지자체의 역할이 얼마나 중요한지 보여 줬다. 지방자치제도가 실시된 지 27년, 과연 우리는 지방자치제도에 대해 얼마나 알고 있을까?

男性 : 2015年の夏、国中が恐怖に襲われた。他でもないマーズのためだ。中東地域を皮切りにアジア地域まで急速に広がった呼吸器疾患で、我が国でも186人の患者が発生した。問題が深刻になったのは、危機状況で対処すべき政府が自らの役割を果たせなかったことだ。韓国と世界保健機関(WHO)の合同評価団は、韓国政府の情報公開が遅れたため、初期マーズ防疫政策の失敗を呼んだと評価した。政府が状況を収拾できずおたおたする間に、国民は混乱に陥った。絡まった糸を解き始めたのはある地方自治体だった。全国を恐怖に震え上がらせたマーズの事態は、地域住民の健康と生命を守るのに自治体の役割がいかに重要かを見せつけた。地方自治制度が実施されて27年、果たして我々は地方自治制度についてどのぐらい知っているだろうか。

43. 何についての内容なのか、適切なものを選んで下さい。

① 世界保健機関はマーズの拡散を防ぐために努力した。
② 健康を守るのに地方自治体の役割が軽視されてきた。
❸ 韓国でマーズの事態が拡散したのには政府の責任が大きい。
④ 他の国に比べ韓国のマーズ患者数は少なかった。

解説 ①のようにMERSの拡大を防ぐために世界保健機構が行ったことの記述は本文にありません。②は本文の内容と反対ですので間違いです。④のように他国での患者数に関する記述は本文にはありません。したがって③が正解になります。

44. 地方自治体の説明として適切なものを選んで下さい。

① 地方自治制度が始まって21年になった。
❷ 地方自治体がマーズの事態収拾に大きな役割を果たした。
③ 地方自治体の貢献は国民によく知られている。
④ 地方自治体が韓国を恐怖に落とし入れた主犯だ。

解説 地方自治体制度ができて27年と言っているので①は間違いです。地方自治体について知られていないことが前提になっているので③は本文の内容と異なります。④は本文の内容と反対のことを言っています。正解は②になります。

※次を聞いて質問に答えて下さい。各2点

여자 : 물에 사는 동물을 사람들은 '물고기'라고 싸잡아 부릅니다. '고기'는 생명체가 아니라 인간의 먹거리를 가리키는데요. 물고기 중에 식용으로 쓰이는 것들은 '생선'이라고 불리기도 합니다. 물을 떠난 물고기는 바로 생명이 끊어질 뿐만 아니라 쉽게 부패합니다. 그래서 싱싱해야 한다고 강조하는 '생선'이란 이름을 붙인 것입니다. 그러나 물고기는 싱싱하게만 먹는 것이 아니죠. 부패를 방지하기 위해 소금을 뿌리기도 하고 말리거나 갈아서 가공하기도 합니다. 그만큼 물고기는 인간생활에서 떼어 놓을 수 없는 존재입니다. 그래서 만약 무인도에 가서 혼자 살게 된다면 산속보다 바다가 낫습니다. 인간에 필요한 단백질 공급원이 산보다 바다에 더 많고 잡기도 더 쉬울 때가 많기 때문입니다.

女性 : 水の中で暮らしている動物を人々は「ムルコギ(魚)」とひとくくりにして呼びます。「コギ」は生命体ではなく人間の食べ物を指しますが、ムルコギ(魚)のうち食用に用いられるものを「センソン(生鮮)」とも呼びます。水を離れた魚はすぐに命を絶たれるのみならず、たやすく腐敗します。それで、ピチピチしていないといけないと強調する「センソン(生鮮)」という名前が付いたわけです。しかし、「ムルコギ」は新鮮なうちに食べるだけではないでしょう。腐敗を防ぐために塩を振ったり、干したり、摺って加工したりします。それだけ「ムルコギ」は人間生活に欠かせない存在なのです。それで、もし無人島に行って1人で暮らすことになるとしたら、山の中より海が良いです。人間に必要なたんぱく質の供給源が山よりも海に多く、捕獲も楽なことが多いからです。

---

45. 聞いた内容と同じものを選んで下さい。

①　1人で暮らすことになったら山の中に暮らす方が良い。
❷　人間にとって魚は切り離せないものだ。
③　魚の中で特に貴重なものを「センソン」と呼ぶ。
④　人々が魚を加工して食べるのは味のためである。

解説　山より海に住む方がましだと言っているので①は間違いです。③のように魚の中で貴重なものという記述はありません。魚を加工するのは腐敗を防ぐためであり、味のためとは言っていないので④も異なります。②が正解です。

46. 女性の態度として最も適切なものを選んで下さい。

❶　魚と人類の強いつながりを説明している。
②　魚が健康に害があるかもしれないと警告している。
③　「ムルコギ」と「センソン」の共通点を指摘している。
④　食べ物の歴史において魚の重要性を分析している。

解説　②のような内容は出てきませんので間違いです。③について、魚の中で食用のものを限定する記述はありますが、共通点に関する記述はありません。また食べ物の歴史についての内容は出てきませんので④でもありません。正解は①になります。

여자 : 책의 독후감을 쓰게 되면 줄거리를 나열한 후 교훈적인 감상으로 마무리하는
것이 일반적입니다. 문학비평에서 작품을 평가할 때는 어떤 점이 중요할까요?
남자 : 책을 막 읽기 시작한 사람이 비판적인 논점들을 꿰뚫어 보는 것은 거의 불가능
해요. 그래서 초기에는 좋은 책을 골라 읽는 것이 중요합니다. 다음 단계로 책 내
용을 제대로 요약해 보는 거죠. 그렇게 책의 구조를 잘 파악할 수 있게 되어야 비
판적인 판단 기준이 생깁니다. 비판력을 키우는 좋은 방법이 주변 사람들과 모여
서 책 내용에 대해서 토론하는 것인데요. 이야기하다 보면 의견 차이도 있고, 생
각을 주고받다 보면 점차 비판적 시점을 갖게 됩니다. 이런 연습을 반복하는 것이
비평의 기초적 훈련이라고 할 수 있습니다.

女性：本の読書感想文を書くことになると、あらすじを羅列した後、教訓的な感想で終えること
が一般的です。文学批評で作品を評価する時はどんな点が重要でしょうか。
男性：本をまさに読み始めた人が批判的な論点を見抜くのはほとんど不可能です。ですから、初
期に良い本を選んで読むことが重要です。次の段階としては本の内容をきちんと要約してみる
ことです。このように本の構造をしっかり把握できるようになって初めて、批判的な判断基準
が生まれます。批判力を育てる良い方法が、周りの人たちと集まって本の内容について討論す
ることですが。話をしてみると意見の違いもあり、考えをやりとりしてみると、徐々に批判的
視点を持つようになります。このような練習を反復することが、批評の基礎的な訓練だと言え
るでしょう。

47. 聞いた内容と同じものを選んで下さい。

① 本のあらすじを要約することが文学批評だ。
② 読書の初歩者は先天的な批判能力を持っている。
③ 本の内容がよく要約されたものが良い読書感想文だ。
❹ 本の内容をきちんと把握しないと批判的な観点が生まれない。

解説　文学批評はあらすじの要約だけではなく評論を中心に話しているので①は間違いです。②は本
を読み始めたばかりでは批判的な論点を持つのは不可能だと言っているので内容と一致しません。③の
ように要約の重要性と読書感想文の良し悪しを直接関連づける内容はありません。正解は④です。

48. 男性の話の仕方として最も適切なものを選んで下さい。

① 学校で読書感想文を書かせることを否定している。
② 文学批評の歴史を披瀝している。
❸ 読書会の重要性を力説している。
④ 学生たちの批判力不足を憂慮している。

解説　まず、①のような内容は言っていません。この対談では文学の批評で重要なことについて語っ
ており、歴史のことは言っていないので、②も違います。④のように学生の批判力不足を懸念する内容
も出てきませんので、③が正解になります。

※次を聞いて質問に答えて下さい。 各2点

> 여자 : 인류는 그 탄생부터 왕이라는 존재의 지배를 받아 왔는데요. 그러나 인간이 인
> 간을 지배한다는 것이 문제시되지는 않았습니다. 즉 인류는 평등이라는 개념을
> 모르는 채 존재해 왔지요. 그러다가 그것이 문제라는 것을 알고 바꿔야 한다는 생
> 각이 행동으로 표출된 것이 프랑스 혁명이었습니다. 프랑스 혁명을 계기로, 지배
> 를 받지 않는 자유인이 최초로 나타났어요. 왕이 있는 세계에서는 자유인이 왕 단
> 한 명뿐이었습니다. 하지만 왕을 몰아낸 프랑스 혁명은 지배받지 않는 사람들을
> 만들어냈죠. 그 결과 시민들은 더 이상 지배받지 않는 자유인이 되었습니다. 프랑
> 스 혁명은 신세력이 구세력에 승리하게 된 대표적인 사례라는 점에서 인류 역사상
> 가장 중요한 사건이라고 할 수 있습니다.
>
> 女性：人類はその誕生から王という存在の支配を受けてきたわけです。しかし人間が人間を支配
> するということが問題視されはしませんでした。すなわち、人類は平等という概念を知らない
> まま存在してきたわけです。そうするうちに、それが問題だということを知って、変えねばな
> らないという考えが行動として現れたのがフランス革命でした。フランス革命を契機に、支配
> を受けない自由人が最初に誕生しました。王がいる世界では、自由人は王１人だけでした。し
> かし王を追放したフランス革命は、支配を受けない市民を生み出したのです。その結果、市民
> たちはそれ以上支配を受けない自由人になりました。フランス革命は新勢力が旧勢力に勝利し
> た代表的な事例だという点で人類の歴史上最も重要な事件と言えます。

49. 聞いた内容と同じものを選んで下さい。

① フランス革命を契機に王の勢力が強化された。
❷ 王がいるときは王１人だけが自由人として君臨した。
③ 人間間の支配関係の解消は人類の長い課題だった。
④ 自由人が登場した結果、王が自身の存在理由を証明することになった。

解説　フランス革命によって王が追放されたので①は間違い。人々は平等という概念を知らなかった
とあるので③は文章の内容と異なります。④ですが、本文中にこのような記述はありません。正解は②
になります。

50. 女性の話の仕方として最も適切なものを選んで下さい。

① 人間が人間を支配する不平等性に問題を提起している。
② 人類間の支配関係は変えることはできないと主張している。
③ フランス革命の結果を否定的に評価している。
❹ 自由人の誕生過程に関する事例を紹介している。

解説　人類の不平等性を問題提起する内容ではないので①は間違いです。②は文章と反対のことを
言っています。③についてはフランス革命は重要な事件だと述べており、否定的な評価はしていません。
よって④が正解になります。

[1-2] ( ) に入る最も適切なものを選んで下さい。 各2点

1. 朝早く ( ) 8時の飛行機に乗れる。

① 起きつつ ② 起きようと
❸ 起きなければ ④ 起きようと

> 解説 「며」は「～しながら」、「려고」は「～しようと」、「고자」は「～しようと」の意味です。「아/어야＋動詞」は「～しなければ～しない」の意味になるので、正解は③になります。

2. 会社から帰って来ると、弟が軍隊から ( )。

❶ 休暇をもらって来ていた ② 休暇をもらうことになった
③ 休暇をもらえればと思った ④ 休暇をもらうようにした

> 解説 「휴가를 나오다」は軍隊用語で、軍隊から休みをもらって家に帰ってくることを意味します。それで家に弟が帰ってきていたということですから、①が正解になります。

[3-4] 次の下線部分と意味が似ているものを選んで下さい。 各2点

3. まだ数日時間的余裕が<u>あるので</u>待つことにした。

① あるといえども ② あるかと思うが
❸ あるだけに ④ あるや否や

> 解説 「므로」は「ので、から」の意味です。選択肢からこれと最も近いものを選ぶとしたら、③になります。

4. 来週の行事に支障が<u>生じないように</u>もう一度点検してみろ。

① 生じないだろうが ❷ 生じないように
③ 生じなければ ④ ×

> 解説 「도록」は「するように」の意味を持っている表現です。④のような言い方は間違いです。「생기지 않도록」に一番近いのは②になります。

[5-8] 次は何についての文なのかを選んで下さい。 各2点

5.

> 今年最高の話題作ついに封切り
> 5か国の現地で撮影

① 演劇 ② 小説
❸ 映画 ④ ドラマ

6.

高解像度の優秀な品質
A3 サイズの写真出力可能

❶ プリンター ② デジタルカメラ
③ 携帯電話 ④ ビデオカメラ

7.

交通文化の先進化はウィンカーから
小さなことから実践です

❶ 交通秩序 ② 行動要領
③ 座席を譲ること ④ ボランティア活動

8.

初めて試みる中古車購入
こうやって購入してください

① 安全管理 ② 家電購入
③ 運転免許 ❹ 購入要領

[9-12] 次の文章またはグラフの内容と同じものを選んで下さい。 各2点

9.

2018 年度中小企業支援事業

支援金額　1 社 3 億ウォン　計 3 社
申請対象　従業員 50 人以下の中小企業
申請期間　2018 年 3 月 1 日（木）— 3 月 30 日（金）
合格通知　応募社に直接連絡（個別連絡なし）
主管　中小企業庁

❶ この事業は社員数が多くない企業を対象としている。
② 支援事業の対象企業はホームページで発表する。
③ この事業の支援金額は計 3 億ウォンだ。
④ 支援事業に応募した全企業に当落の連絡が行く。

文法編

模擬試験 1

模擬試験 2

模擬試験 3

模擬試験 4

最新の出題傾向

10.

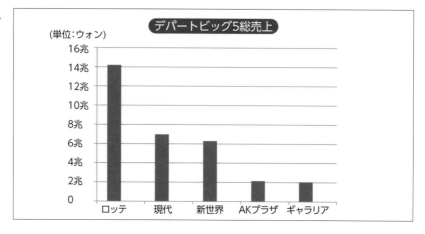

① 上位3社の売上額がほとんど大部分を占めている。
② 2番目と3番目の売上額がロッテを少し上回っている。
③ AKプラザとギャラリアは売上額に大きな差がある。
④ 業界3位のデパートが売上を1兆増やしても順位は変わらない。

11.
> 韓国大学で来る12月12日に韓国語弁論大会を開催する。この大会は韓国に住んでいる外国人を対象にするもので、テーマは'私が好きな韓国'だ。参加を希望する人は、原稿用紙10枚程度に発表する内容を書き、Eメールで送ればよい。参加者はホームページを通じて通知する予定だ。

① この大会は予選を実施する。
② 大学で参加者受け付けを行う。
❸ 参加者はホームページを見て確認できる。
④ 原稿は当日直接提出する。

解説　予選を実施するとは言っていませんので①は間違いです。受け付けはインターネットからですから②も不正解です。原稿は前もってインターネットで送らなければいけないので④も不正解です。正解は③です。

12.
> 調理室の中が見えるようにする食堂が増えている。調理室の中を見えるようにする理由は、おおむね2つある。1つは清潔な厨房を見せようということで、もう1つは食べ物を作る過程を見せようということだ。いずれも客引きのための手段と見ることが出来るが、お客さんは慣れると意外にあまり関心を示さなくなる。結局、食堂は味が決め手ではないかという気がする。

❶ 食堂の質を決めるのは結局味だ。
② 厨房が清潔だとお客さんがたくさん来る。
③ 食べ物を作る過程を見せるとお客さんが喜ぶ。
④ お客さんはパフォーマンスにはあまり関心がない。

解説　②も③も食堂側の都合です。ここで話し手が言いたいのは、食堂の質を決めるのは結局味だということです。正解は①になります。

[13-15] 次を順番通りに正しく並べたものを選んで下さい。 各2点

13.

> (가)結果的には消費者を自社の家族にすることができて効果的だ。
> (나)最近新しい広告技法が注目されている。
> (다)それは、製品を直に紹介せず、作っている企業を紹介する方法だ。
> (라)企業が気に入れば、消費者もその企業について調べるようになる。

❶ 나-다-라-가 　　　② 나-가-라-다
③ 다-가-라-나 　　　④ 다-라-나-가

解説 出だしとして最も自然なのは(나)です。(나)の次は(다)(라)と続きます。正解は①になります。

14.

> (가)ペットボトルを通過して集められた光は、ある程度時間が経つと火花を飛ばす。
> (나)そしてその火花が周辺にある木の葉などを燃やして、山火事として広がるというわけだ。
> (다)それは、透明なペットボトルが光を集める役割をするためだ。
> (라)山に登って無意識に捨てたミネラルウオーターのボトルが、山火事を起こすことがあるという。

① 가-다-라-나 　　　② 가-나-다-라
③ 라-가-다-나 　　　❹ 라-다-가-나

解説 最も自然なつながりは④になります。

15.

> (가)良い場所に行ってしっかり休まないとアイデアが浮かばないという人たちがいる。
> (나)だから、平素から暇あるごとに自分の中に貴重なものをたくさん蓄えなければならない。
> (다)アイデアは、結局自分の頭の中から出てくるものだからだ。
> (라)しかし、そういうところに行かないと奇抜な考えが浮かばないというわけではない。

❶ 가-라-다-나 　　　② 가-다-라-나
③ 다-가-라-나 　　　④ 다-나-라-가

解説 (라)は(가)の後に来るのが自然です。それを満たしているのは①と③ですが、(다)は出だしにはなれませんので①が正解になります。

[16−18] 次を読んで（　　）に入る最も適切な表現を選んで下さい。 各2点

16.　家で野菜を保管すると、長持ちしないことが多い。野菜がクタッとする理由はすなわち（　　）ためだ。したがって、どのように保管しても時間が経つほど野菜はクタクタに乾いていくしかない。クタッとなった野菜をシャッキリさせるには、お湯に入れて洗う方法がある。そうすると一時的に再び新鮮になる。

① 野菜を間違った方法で洗う
❷ 水分がどんどん出て行く
③ 保管する方法が悪い
④ 野菜は本来クタッとする食べ物の

解説　①や③はありそうな話ですが、最も適切な内容ではありません。最も適切なのは②です。

17.　朝鮮時代にあちこちにあった書堂での教育方法に示唆する点が多い。この書堂では、季節ごとに異なる教育方法を用いたというが、寒い冬にはどうしても室内にいる時間が長いので（　　）集中させて、暑い夏には外に出て自然と一体となって詩を作らせる教育をしたという。

❶ 難しい本を読ませて
② 室内で暖かく過ごさせて
③ 薄い服を着せて
④ 軽い運動をさせて

解説　寒い冬ですから、③と④はあり得ません。暖かい室内にいるだけなら、書堂に行く必要がありません。正解は①になります。

18.　灰色分子という言葉がある。白黒思考（二者択一的思考）から生まれた言葉だ。白黒思考では人々が黒や白に分けられるが、灰色分子はどちらにも属さない人を表す。信頼を色に例えると白だ。そのため、信頼にひびが入るとすぐに灰色に変わる。疑いやすい人は自分が（　　）。

❶ 灰色分子であることになる
② 灰色分子の振りをする
③ 灰色分子の振りをする
④ 灰色分子の振りをする

解説　「셈이다」は「そういう論法だ、そういう計算だ」という意味です。ですから①が正解になります。②③④はすべて似たような意味の表現です。

※次を読んで質問に答えて下さい。各2点

> 自分が買った商品が正規品であるかどうかは、固有番号を確認してみればわかる。人と同様に、商品が正規品である場合は固有番号が1つしかないからだ。ところが、美術品は固有番号というものがない。そのため本物の確認が難しく（　　　　）自分が買った美術品が本物か偽物かを確認しなければならない状況になると、鑑定をしなければならない状況が生まれる。

19. （　　　）に入る適切な表現を選んで下さい。

① たとえ　　　　　　　　　　　　② まさか
③ 果たして　　　　　　　　　　　❹ 万一

解説　「もしも」という意味を持つ言葉を選べばいいので④が正解になります。

20. この文の内容と同じものを選んで下さい。

① 美術品が本物である場合、固有番号が付けられる。
❷ 商品が正規品だったら、必ず固有番号がある。
③ 美術品の固有番号を確認する作業は難しい。
④ 大量生産商品は固有番号がいくつかある。

解説　美術品には固有番号がありませんから①と③は不正解になります。いくら大量生産であっても固有番号はしっかり付与されますので④も不正解になります。正解は②です。

※次を読んで質問に答えて下さい。各2点

> 誰でも皆そうだが、失敗に対するプレッシャーを抱くと良い結果を得にくいときがある。特にそれが運動選手だと一層そうだ。それで、運動選手を指導する立場にある人たちは、失敗を連想させる言葉を（　　　）ないのがよい。なぜならば、指導者から聞いた失敗をしないよう注意した瞬間に、姿勢が乱れて失敗をする場合が多いからだ。

21. （　　　）に入る適切な表現を選んで下さい。

① 耳にタコが出来るほど言わ
② 鼻で笑うように言わ
❸ 口に出さ
④ ただぼうっと聞き流さ

解説　①は耳にタコが出来るほどの意味で、②は鼻で笑うという意味、④はぼうっと聞き流してしまうという意味です。正解は③の口に出さないという意味になります。

22. この文章の中心的な考えを選んで下さい。

    ① 失敗をよくする選手は、肯定的な考えを持つべきだ。
    ❷ 指導者はいつも言葉を慎重に選ぶべきだ。
    ③ どんなことでも、プレッシャーを抱かないトレーニングが必要だ。
    ④ 失敗を繰り返さないようにする練習も重要だ。

   解説   ①③④はすべてそうかもしれませんが、ここで言いたいこととは少し違います。正解は②です。

※次を読んで質問に答えて下さい。 各2点

> 4人の子供を育てながら、考えつかないことがあった。それを悟るようになったのは、子供たちが皆大きくなって自分の家庭を持つようになってからだった。次男に会ったとき、いつもそうしていたように兄の話、弟妹たちの話を打ち明けながらしばし時間を過ごした。そうしてから次男の顔を見たところ、あまり顔色が良くなかった。どうしたのかと思って尋ねた瞬間、次男から想像もしなかった言葉が返ってきた。「母さんは僕には別に関心ないんでしょう」私はその瞬間頭を一発殴られたような気がした。いつ会っても自分の安否を問うより、兄の心配、弟妹の心配を自分の前で並べ立てる母親がずいぶん恨めしかったようだ。それもそのはず。次男はいつも私にまったく心配をかけなかったのだから。なのに、その次男がそんな考えを抱いていたとは。

23.   下線をした部分に表れた '私' の心境として適切なものを選んで下さい。

    ① 名残惜しい
    ② 恨めしい
    ③ 物珍しい
    ❹ 当惑している

   解説   「머리를 한 대 얻어맞다」は、思いもよらぬことを聞いて頭を殴られた気分になる時の言い方です。ですから④が正解になります。

24.   この文の内容と<u>同じでない</u>ものを選んで下さい。

    ① 私は次男に頼る気持ちを持っていた。
    ② 次男はいつも他の兄弟たちの話を聞いてやらなければならなかった。
    ③ 次男は自分の心を表さなかった。
    ❹ 私は次男の言葉を聞いてひどく腹が立った。

   解説   ④はお母さんの気持ちではありません。お母さんは次男から予想だにしなかったことを言われ、戸惑っているだけです。

文法編

模擬試験1

模擬試験2

模擬試験3

模擬試験4

最新の出題傾向

※次は新聞記事のタイトルです。最もよく説明しているものを選んで下さい。 各2点

25.

> 東部海岸波高く、欠航が続く模様

① 強い東風が吹いて、飛行機が離陸できないでいる。
② 海岸地方に波が押し寄せて、多くの被害を被っている。
❸ 東の海の波が高く、船が当分の間出港できない。
④ 波は高いが、飛行機は正常運行している。

解説 「결항」は船にも飛行機にも使います。波の話が書いてありますから、正解は③です。

26.

> 映画「近い海」、巷の話題の中で封切り、意外に不振

❶ 話題を集めた映画が封切りになったが、観客が入らない。
② 映画「近い海」に対する評価があまり良くない。
③ 映画「近い海」は予想どおり観客がとても多い。
④ 映画「近い海」の封切りを知っている人はほとんどいない。

解説 「장안의 화제」とは巷の話題という意味です。つまり公開前にある程度噂になったということです。ですから正解は①になります。映画館などに客が入ることを「관객이 들다」と言う時があります。

27.

> 新鮮な素材で視聴率跳ね上がる

❶ 斬新な素材のドラマなので、見る人がとても増えた。
② ドラマは面白いが、視聴率はあまり変わっていない。
③ 新しい素材のドラマなので、関心が高まりつつある。
④ 面白い素材だが、視聴者たちから顔を背けられている。

解説 「껑충」は、ぴょんと跳ね上がる様子を表す言葉です。視聴率が跳ね上がったという意味です。③はなぜ不正解なのかと思うかもしれませんが、これから関心が高まるわけではありませんので、不正解になります。正解は①です。

[28-31] 次を読んで( ) に入る最も適切な表現を選んで下さい。 各2点

28.

> ソーシャルネットワーク露出症にかかっている人が多い。この人たちは絶え間なく各種サービスを利用して自分の姿をさらけだす。そしてそのような露出を通じて、他の人と疎通し共有することを楽しむ。そうすることにより、しばしの間忘れていた自分のアイデンティティーを探し、( )。これがソーシャルネットワークサービスが人々の間のメディアとして脚光を浴びる理由。だから露出も大歓迎だ。

① 心の慰めを得る
② 互いの間で連絡もやり取りする
③ 自分の姿も記録する
④ 他の人のものも見る

解説　SNS露出症と言っているので②の互いに連絡を取り合うというのは本文の趣旨とは合いません。最も適切なのは①になります。

29.
　　犯人はどのような過程を経て自白をするようになるのだろうか。専門家たちは、複数の犯人がいる場合、比較的自白を取りやすいと言う。その理由は、警察に捕まったときからそれぞれ引き離されて調査を受けるからだ。ときには2人の間の結束が強い場合もあるが、大部分の場合は（　　　）軽い処罰を受けるようにするが、もう1人は重い処罰を受けると言って懐柔すると、自白するという。

❶ 自分の犯罪を先に認めると
② 心から後悔し悔やむと
③ 捜査に全力で協力すると
④ 相手に不利な話をすると

解説　自白に関係する話ですから①が正解です。②も言おうと思えば言えますが、本文の流れからでは①の方がより自然です。

30.
　　内容は良いのに、読者の関心をまったく引くことのできない文章がある。そのような文章を見ると、注目を引かない題が付いている場合が多い。なぜならば、最初に目にするのが文章の題だからだ。そこで読者の関心を引きたければ（　　　）題を付けなければならない。たとえば、'財テクの方法'よりも'あなたもセレブになれる'という題の方が良い。自分の話になり得るからだ。

① 読み手に興味を湧かせる
② 読み手が内容を理解しやすい
③ 読み手に信頼される
❹ 読み手が自分のことだと感じられる

解説　最後に自分の話になるからであると書いてあるところが、選択肢を選ぶポイントとなります。①②③すべて言える内容だからです。本文の内容と照らし合わせ、最も適切なものは④になります。

31.
　　飛ぶことができずに絶滅したドードー鳥を知っているだろうか。ドードー鳥は、天敵もおらず餌も豊かなところにいたために、敢えて努力して空を飛ぶ必要がなかった。しかしある日、ドードー鳥の楽園に天敵たちが入って来た。飛べない鳥を捕食するのはいともたやすいことだった。結局ドードー鳥は滅亡してしまった。我々に与えてくれる教訓がある。（　　　）いつでも滅亡してしまう可能性があるということを。

① 安住する人生を生きていると
② 努力する人生を生きていると
③ 具体的な計画を立てて生きていると
④ 人と比べながら生きていると

解説 「안주」は安住です。発音が似ているので覚えやすいと思います。①が正解になります。

文法編

模擬試験1

模擬試験2

模擬試験3

模擬試験4

最新の出題傾向

[32-34] 次を読んで内容が同じものを選んで下さい。各2点

32.

> テコンドーの実演行事に必ず登場するものがある。他でもない撃破の実演だが、このような松の板やレンガを叩いて割る撃破を上手にするためには、いくつかの要領を身に付けねばならない。第一は、叩く力の方向が松の板やレンガのど真ん中に向かわねばならず、第二は、叩く拳骨や手と松の板、レンガの間の間隔を短くし、速い速度で叩かないと威力が強まらない。また体重を乗せて打つとさらに効果的だ。

① 撃破は誰でも出来るものではない。
❷ 松の板やレンガのど真ん中を狙って叩かねばならない。
③ 体重を乗せることより、短く叩くようにするのがよい。
④ 手や拳骨の力だけを利用するには、速く叩けばよい。

解説 テコンドーの板割りやブロック割りは結構誰でもやります。①は内容と合っていません。③ですが、体重を乗せて打った方が理想ですので間違いです。④も間違いです。正解は②になります。

33.

> ガラスの瓶を初めて作ったときの最大の悩みは、底をどうやって平らにするかということだった。なぜなら、底が少しでも平らでないと、すぐにガラス瓶は倒れるからだ。そんなある日、底の真ん中を誤って指で押し込んだ不良品が出た。ところが、不良品だといって捨てようと片隅に置いておいた瓶が倒れないではないか。その上、この瓶をワインの瓶として使ったところおあつらえ向きだった。失敗が成功を生んだのだ。

① ガラスの瓶は最初から中央がへこんでいた。
② ワインの瓶としては底が平らな形が適する。
❸ 不良品だと思った瓶が、意外な発見をもたらした。
④ 瓶底の真ん中をへこませたのはアイデアだった。

解説 ガラス瓶の下がへこんでいるのは最初からではありませんので①は間違いです。下がへこんでいるものをワイン瓶として使ったということですから②も内容とは合っていません。④はたまたま失敗から学んだという事実と合いませんので不正解です。正解は③になります。

34.

> 写真は撮る人によりその印象がずいぶん異なる。基本的に写真を上手に撮ろうと思ったら、光を上手に利用しなければならない。光を上手に利用することだけで、かなり良い写真を撮ることができる。何よりも重要なのは、光が被写体の前面に向かうようにしなければならないということだ。そうしてこそ、被写体をそのまま上手に生かすことができるからだ。被写体を側面から撮ると、光が側面から来るので影ができる。もちろん、このような劇的効果を狙うために横から撮ることもある。

① 被写体を横から撮ると影ができない。
② 写真を上手に撮るには専門的な技術が必要だ。
③ 良い写真は良いカメラを使ったときに出来る。
❹ 光を上手に利用することだけで良い写真を撮ることが出来る。

解説 被写体を横から撮ると、影が出来ます。①は本文の内容と合っていません。②や③は確かにそうですが、本文で言いたい内容ではありません。正解は④になります。

[35−38] 次の文のテーマとして最も適切なものを選んで下さい。 各2点

35.

> 21世紀がデジタル音楽の時代であるにもかかわらず、未だに昔のLPレコードを探し歩く人たちがいる。音源の質を見ると、雑音がまったくないデジタルの方が遥かに良い音が出るように感じられるが、針がレコードを引っかく音がするLPレコードを好む人たちがいるという事実は、すぐには理解し難いことである。しかし、その人たちの意見を聞いてみると、デジタル音楽が及ぶことのできない音の深みがレコードにあるという答えが返ってくる。

① 単純に郷愁病的な感傷からLPレコードを求める人たちがいる。
② デジタル音楽が圧倒的に良質の音楽を提供する。
❸ 従来のLPレコードがかえって深い音を持っている。
④ デジタルレコードでも針が引っかく音がする場合がある。

解説 単純にノスタルジアでLPレコードを探し歩くわけではないので①は間違いです。②はそうではないものもあるという話ですから、本文の内容とは合っていません。④はデジタル処理をすると普通はあり得ない話ですので、これも間違いです。正解は③です。

36.

> 最近のテレビ業界は、リアリティー番組が大勢だ。どのチャンネルを点けても、リアリティー番組がそのチャンネルの看板番組になっている場合が多い。ところが、放送の内容は実際にリアリティー番組に出演する人の意図とは異なり、編集されて出てくるので、時としてそれが出演者の本当の姿であるかのように誤解を受ける場合がある。もちろんそれは、あくまでも様々な状況を演出するための制作陣の意図に過ぎない。

❶ どの放送を点けてもリアリティー番組が流れてくる。
② 新しいフォーマットの放送番組を開発すべきときだ。
③ リアリティーはリアリティーであるために編集はしない。
④ 制作陣は出演者の意図に合わせて編集をしている。

解説 この文のテーマとして最も相応しいのは①です。②は確かにそうかもしれませんが、本文の内容とはかけ離れています。③は本文の内容と違います。④も本文の内容と違います。

37.

> 広告は毎日人々の目や耳を追いかけ、これが理想的な姿であるということを見せる。最新型の自動車を買うと幸福が保証され、最新型の冷蔵庫を設置すると美味しい料理が食べられ、広告に出てくる焼酎を飲むととてもかっこよく酔えるような幻想を抱かせてくれる。実際には全くそうではないのだが、知ると知らずと我々は広告の中の商品を消費しながら、広告が見せる生活が理想的な生活だと自分に暗示して生きている。

① 広告が教えてくれる生活の仕方が理想的だ。
❷ 大衆は広告から多くの影響を受ける。
③ 大衆は自分の見たい広告を見る。
④ 広告は大衆の生活様式を提示することができない。

解説　コマーシャルが提案する生活様式が理想的なわけではありませんので①は間違いです。大衆はコマーシャルから影響を受けやすいので②が正解になります。③はそうかもしれませんが、ここでは言っていません。④は一部そのような働きをしていることも事実なので間違いです。

38.

> 南極は自然科学研究の最適地として有名だ。地球のすべての空気が必ず南極を通るためだ。また資源の宝庫としてもその可能性は無尽蔵だ。そのため、世界の主要な国々は南極に科学基地を設置し、各種研究はもちろん将来起こり得る南極の主導権争いの橋頭堡を確保したがるのだ。その点で韓国は大変遅れを取っていると言える。まだ出発段階に過ぎない南極研究が、今後さらに活発に進められることを期待する。

① 南極には有用な資源があまりない。
② 南極には世界の主要な国々の許可を得ないと入ることができない。
③ 南極は氷河期を研究できる最適地だ。
❹ 韓国の南極研究は今まさに始まったよちよち歩きの段階だ。

解説　南極が資源の宝庫と書いてあるので①の有用な資源があまりないというのはおかしい話となります。②や③は事実と違います。④が正解になります。

[39-41]　次の文章で、《例》の文が入るのに最も適した場所を選んで下さい。　各2点

39.

> 人々は偉大な人物の生涯や人生観について知りたがる。㋠　そのため、たとえば米国大統領を務めて退任すると、その自叙伝が飛ぶように売れる。㋡　人々が偉大な人々の自叙伝を読むのは、その人々の人生から学ぶものがあると考えるためだ。㋢　つまり、最近の米国大統領たちの自叙伝のように、ゴシップの種を探すために自叙伝を読むのではないという点だ。㋣

------ 《例》------
しかし最近の一般人の自叙伝ブームを見ると、少し行き過ぎだという思いがする。

① ㋠　　　❷ ㋡　　　③ ㋢　　　④ ㋣

解説　「그러나」は、今展開されている話の流れを逆にする働きを持つ言葉ですから、それを踏まえると、②が正解になります。

40.
　　韓国の古典小説『興夫伝』は典型的な因果応報、改過遷善（誤りを悔い改め善くなること）概念を扱った作品だ。⑦ 弟のフンブは善良で欲のない人で、兄ノルブは意地悪で欲の深い人間として登場する。ⓛ しかし、現代的な観点から見ると、欲がないということはある意味では怠けているというふうに映ることもあり、またノルブは見る角度を変えれば働き者に見えることもある。ⓒ ある社会を代表する典型的な人物として浮き彫りにされる文学作品上の人物は、そのため時代が変わるとその人物像も変わることになる。ⓔ

--------------------------------《例》--------------------------------
人物に対する解釈が、現代に入って変化する様相を見せているのだ。

① ⑦　　　　② ⓛ　　　　❸ ⓒ　　　　④ ⓔ

　解説　例は人物評が一通り終わらないと言えない内容なので③が正解になります。

41.
　　なかなか眠れずに苦労する人たちがいる。⑦ このような人たちの脳は、頭脳活動を活発にするときに出るベータ波が、頭脳活動が非常に安定的なときに出るシータ波より多く出ている。ⓛ すなわち、活発な頭脳活動がなかなか鎮まらない状態が長くなることにより、なかなか眠れない状況が発生するのだ。ⓒ 静かな音楽を聴くこともその中の１つの方法となる。ⓔ

--------------------------------《例》--------------------------------
したがって、早く眠りたければ眠る前に頭脳を安定させることをするのが良い。

① ⑦　　　　② ⓛ　　　　❸ ⓒ　　　　④ ⓔ

　解説　最も流れ的に自然なのは③です。

[42−43]　次の文を読んで質問に答えて下さい。 各2点

　　彼女は本当に澄んでいた。彼女と会って話をすると、澄んだ小川の中を歩く感じがした。私の皺だらけの人生と染みだらけの心がスッキリと洗われる感じがした。そして、彼女に引き込まれていった。私の関心はすべて彼女に向かった。彼女が食べたいものを私も食べたく、彼女が見たいものを私も見たかった。何よりも彼女が感じていることを私も一緒に感じたかった。彼女の手先足先１つ１つが私をすすぎ落として通り過ぎ、髪の毛１本１本が私を包んで通り過ぎて行くようだった。このような澄んだ彼女を生むことの出来る両親はまたどのような澄んだ心の持ち主だろうかということも考えた。
　　ある日、私の前に現れた彼女の母親は、完全に想像とは180度異なるタイプの、何の特徴もない蜜蝋の人形のような人だった。人が人を産むとき、心根まで生むのではないのだということをその時知った。

42.　この文章に表れた '私' の心境として適切なものを選んで下さい。

　❶ 心が喜びで満ちている。
　② 期待に胸を膨らませている。
　③ 心がもどかしい状態にある。
　④ とてもスッキリした心境だ。

　解説　①が正解です。②の「기대에 들떠 있다」は、これからの出来事に使います。上の話は現在進行形なので、選択肢の中で最も自然なのは①になります。

43. この文の内容と同じものを選んで下さい。

❶ 彼女は私に湧き溢れるような喜びを与えてくれた。
② 彼女は母親と同じ心を持っていた。
③ 私は彼女の母親に会う機会がなかった。
④ 彼女は心の美しい人ではなかった。

解説　お母さんにがっかりしたという話が書いてあるので②③は不正解です。正解は①になります。

[44-45] 次を読んで質問に答えて下さい。各2点

　人々は時として自分に対する過信のせいで事をしくじる場合がある。自分に対する過信を捨てない人は、成功したと評価される人たちの中によく現れるが、このような人たちが自己確信を捨てない理由は、自分がそのようなやり方で成功したと信じているからだ。ところが、そのような人たちが（　　　）がある。他でもない、失敗したことをきちんと記憶していないという点だ。すなわち、失敗したのは周囲の間違いで仕方のない状況だったと、勝手に自己擁護をしてしまうのだ。

44. この文章を書いた目的として適切なものを選んで下さい。

❶ 失敗経験をきちんと記憶することが重要であることを強調するため
② 過度な確信も確信なので、持つべきであることを知らせるため
③ 自分に対する過信が成功する場合が多いことを力説するため
④ 自己確信を捨てて失敗する人が多いことを証明するため

解説　正解は①です。他は本文の内容と合っていません。

45. （　　）に入る内容として最も適切なものを選んで下さい。

① 諦めなければいけない状況
② 捨てるべき考え
❸ 陥りやすい落とし穴
④ 自己カムフラージュをする習慣

解説　「빠지기 쉬운 함정」が最も自然な言い方となります。③が正解です。

[46-47] 次を読んで質問に答えて下さい。各2点

　我々の食膳で欠けることのないものが他でもないミッパンチャン（常備のおかず）である。ミッパンチャンは一度作っておけば長持ちし、また毎食食べられるので昔から主婦たちが好んだ食べ物である。（　㋠　）たとえば干し菜っ葉や切り干し大根のような乾燥野菜は、冬に不足しがちなビタミンとミネラルを補ってくれる。（　㋡　）海産物に塩をして作った塩辛類もまたたんぱく質の供給源だった。（　㋢　）今はこのようなミッパンチャンを作らない家も多く、食べない家も多いが、先祖たちの生活の知恵が溶け込んだ伝統食文化の1つなのである。（　㋣　）

46. 上の文で〈例〉の文が入る最も適切なところを選んで下さい。

--《例》--
ところで、このミッパンチャンは栄養を補うのになくてはならない食べ物だった。
----

❶ ㄱ　　　　　② ㄴ　　　　　③ ㄷ　　　　　④ ㄹ

　解説　　例は、前に出てきた밑반찬の説明を付け加えるような内容です。正解は①です。

47. 上の文の内容と同じものを選んで下さい。

① ミッパンチャンは長い間味がいいので食べてきた。
② 以前は干し野菜を食べる習慣がなかった。
❸ ミッパンチャンは健康を維持するのに欠かせない食べ物だった。
④ 海産物で作る塩辛類は韓国固有の食べ物ではない。

　解説　　正解は③です。

[48−50]　次を読んで質問に答えて下さい。　各2点

　　人類の文明は、同質性と異質性という対立する意味を持った2つの単語で説明してみることが出来る。まず同質性文明は、氏族社会時代から共同体の力をたやすく集結させられるという長所により、人類発展の原動力になる場合が多かった。反面、今でも地球のところどころで発生している葛藤と対立の原因を提供しているという問題点も生み出した。同質性を強調すればするほど（　　　　）大きくなるからだ。
　　一方異質性文明は、比較的現代にきて相互補完的な要素を持った新しい形の共同体として発生し、今はいわゆる現代文明を先導する立場にある。このような異質性文明は、自分とは異質のものを排撃して地球次元の不幸をもたらす可能性がある同質性文明に対し、1つの対案を提示することが出来る。

48. 筆者がこの文を書いた目的を選んで下さい。

❶ 時代による文明の変化の様相を説明するため
② 同質性文明の短所に対する警戒心を呼び起こすため
③ 異質性文明の相対的優位について強調するため
④ 異質性文明が発生した時代的背景を説明するため

　解説　　時代によって文明の様態も変わってきたという話ですので①が正解になります。

49. この文章の内容と同じものを選んで下さい。

① 同質性文明はさほど結束力が強くなかった。
❷ 異質性文明は互いの異質を認める方法を通じて力を構築した。
③ 同質性文明どうしは、共存共生の立場を取ってきた。
④ 異質性文明は、現代文明に埋もれて消えつつある。

　解説　　①③は本文の事実と合っていません。④は先導していると言っている本文の内容と合いません。正解は②です。

50. （　　）に入る内容として適切なものを選んで下さい。

    ① 同質に対する執着が
    ② 同質に対する紐帯感が
    ❸ 異質に対する敵対感が
    ④ 異質に対する関心が

    解説   正解は③です。

文法編

模擬試験1

模擬試験2

模擬試験3

模擬試験4

最新の出題傾向

第3回　Ⅰ　듣기 (1번~ 50번)

[1-3]　다음을 듣고 가장 알맞은 그림 또는 그래프를 고르십시오. 각 2점

1.
🔊 track3-01

①

②

③

④

2.
🔊 track3-02

①

②

③

④

3. track3-03

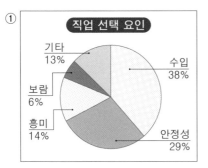
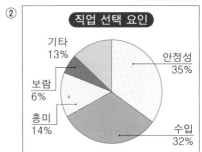
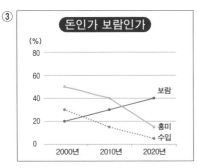
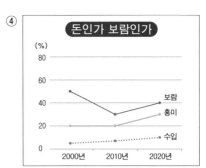

[4-8] 다음을 듣고 이어질 수 있는 말로 가장 알맞은 것을 고르십시오. 각 2점

4. track3-04

① 모임 다녀왔군요.　　　　② 먼 곳으로 갔다 왔어요.
③ 모자 꼭 쓰고 가세요.　　④ 더울 때는 집에서 쉬세요.

5. track3-05

① 일하다 보니 마음에 안 맞아서　② 회사가 너무 마음에 들거든.
③ 지금 회사는 분위기가 괜찮아.　④ 회사 일이 바빠서 안 돼.

6. track3-06

① 그렇지? 잘 갔다 왔지?
② 그래서 혼자 잘 갔다 왔어.
③ 그래서 가족하고 따로따로 갔어.
④ 그렇지? 섭섭하게 생각했겠지?

7. 🔊 track3-07

① 난 그것도 괜찮을 것 같아요.
② 분위기가 정말 좋네요.
③ 집중이 안 되면 앉아서 하세요.
④ 편안해서 일이 더 잘 될 것 같아요.

8. 🔊 track3-08

① 죄송합니다. 저는 못 갈 것 같습니다.
② 알겠습니다. 미리 말씀드리겠습니다.
③ 출장 잘 다녀오십시오.
④ 감사합니다. 상무님 잘 모시겠습니다.

[9-12]   다음을 듣고 여자가 이어서 할 행동으로 가장 알맞은 것을 고르십시오. 각 2점

9. 🔊 track3-09

① 외식하러 갈 레스토랑을 예약한다.
② 집에서 퇴근하는 남편을 기다린다.
③ 바로 집에서 나가서 전철을 탄다.
④ 전화를 걸어 택시를 부른다.

10. 🔊 track3-10

① 병원에 진료접수를 한다.　　② 병원에 앉아서 기다린다.
③ 약국에 약을 타러 간다.　　④ 잠깐 볼일을 보러 갔다 온다.

11. 🔊 track3-11

① 책자를 보고 소파를 고른다　　② 소파를 놓을 장소를 정한다.
③ 소파를 보러 다닌다.　　④ 책자를 보면서 커피를 마신다.

12. 🔊 track3-12

① 다음 학기 시간표를 짠다
② 안 정해진 선생들한테 연락한다.
③ 시간표에 따라 교실을 정한다
④ 정해진 안을 가지고 보고하러 간다.

文法編

模擬試験1

模擬試験2

模擬試験3

模擬試験4

最新の出題傾向

[13-16] 다음을 듣고 들은 내용과 같은 것을 고르십시오. 각 2점

13. 🔊 track3-13
　　① 남자는 이 프로그램에 대해 만족해 한다.
　　② 남자는 이 프로그램에 참가할 계획이 없다.
　　③ 여자는 이것을 체험해 볼 마음이 없다.
　　④ 여자는 이 프로그램을 모른다.

14. 🔊 track3-14
　　① 점심시간에는 계단을 이용해야 한다.
　　② 사무실의 냉방은 일정 온도를 유지해야 한다.
　　③ 8시 이후에는 모든 전기 제품을 끈다.
　　④ 밤에는 냉방을 사용할 수 없다.

15. 🔊 track3-15
　　① 자율 방범 순찰제도는 작년부터 실시되었다.
　　② 국제 시의 일부 지역에서 실시하고 있다.
　　③ 시민들로부터 높은 지지를 받고 있다.
　　④ 순찰은 자신들이 원하는 시간에 돌도록 한다.

16. 🔊 track3-16
　　① 시장의 카페에서 다양한 먹거리를 판다.
　　② 이 시장을 관광지로 널리 알리려고 하고 있다.
　　③ 시장에 관광객이 몰리면서 카페가 생겼다.
　　④ 이 시장에서는 다양한 음식을 살 수 있다.

[17-20] 다음을 듣고 남자의 중심 생각으로 가장 알맞은 것을 고르십시오.
각 2점

17. 🔊 track3-17
　　① 영어 회화를 꼭 해야 할 필요는 없다.
　　② 기왕 시작했으면 끝까지 해 보는 것도 좋다.
　　③ 영어는 필요한 만큼만 해 두면 된다.
　　④ 영어는 회사 일에 필요하기 때문에 해야 한다.

18. 🔊 track3-18
① 칭찬을 해 주면 다른 사람한테 칭찬 받는다.
② 칭찬을 받으면 그것을 의식해서 행동하게 된다.
③ 칭찬을 받으면 그것을 다른 사람한테 돌려 줘야 한다.
④ 칭찬을 해 주면 받는 사람이 의욕이 생긴다.

19. 🔊 track3-19
① 커피숍에 장시간 있는 것은 영업 방해이다.
② 커피숍에서 학생들이 시간을 보내는 것은 당연한 일이다.
③ 커피숍 주인이 학생들을 더 배려해야 한다.
④ 몇 시간을 있든 돈을 냈으니까 문제 없다.

20. 🔊 track3-20
① 진정한 화해는 나를 돌아보는 데서 시작된다.
② 서로의 말과 행동을 돌아보는 데서 화해가 시작된다.
③ 상대방의 말을 돌이켜보고 거기에서 실마리를 찾아야 한다.
④ 화해하려면 상대방의 행동을 잘 살펴야 한다.

[21-22] 다음을 듣고 물음에 답하십시오. 각 2점 🔊 track3-21
21. 남자의 중심 생각으로 가장 알맞은 것을 고르십시오.
① 가족은 같이 사는 것이 이상적이다.
② 할 수만 있으면 혼자 사는 것이 좋다.
③ 혼자 사는 것이 좋은 점만 있는 것은 아니다.
④ 교통이 불편하면 독립하는 것도 좋다.

22. 들은 내용과 같은 것을 고르십시오.
① 여자는 아빠와의 사이가 좋지 않다.
② 여자는 집에서 빨래, 밥, 청소를 다 해야 한다.
③ 여자의 아버지는 딸의 독립을 반대한다.
④ 여자는 회사 가는 게 불편해서 독립을 원한다.

文法編

模擬試験1

模擬試験2

模擬試験3

模擬試験4

最新の出題傾向

[23-24] 다음을 듣고 물음에 답하십시오. 각 2점 　●)) track3-22

23. 여자가 무엇을 하고 있는지 고르십시오.
   ① 새로운 회사로 옮겨가려고 상담을 하고 있다.
   ② 부서를 옮기려고 고민하고 있다.
   ③ 부서를 바꿔 볼 것을 권유하고 있다.
   ④ 회사를 그만두라고 충고하고 있다.

24. 들은 내용과 같은 것을 고르십시오.
   ① 부서를 옮기려면 담당 부장에게 이야기해야 한다.
   ② 여자는 일하고 있는 회사가 마음에 들지 않는다.
   ③ 여자는 남자가 무슨 전공인지 알지 못한다.
   ④ 남자는 부장과 부서 옮기는 건에 대해 상담을 하고 있다.

[25-26] 다음을 듣고 물음에 답하십시오. 각 2점 　●)) track3-23

25. 남자의 중심 생각으로 가장 알맞은 것을 고르십시오.
   ① 한번 시작한 일은 끝까지 해야 한다.
   ② 마음을 먹으면 그대로 실천을 하는 것이 중요하다.
   ③ 자신에게 한계란 없다는 것을 느낀다.
   ④ 강한 정신력만 있다면 못 할 것이 없다.

26. 들은 내용과 같은 것을 고르십시오.
   ① 남자는 고통을 겪다가 레이스를 포기했다.
   ② 남자는 레이스 도중에 많은 한계를 경험했다.
   ③ 남자는 도전 자체에는 의미가 없다고 생각했다.
   ④ 남자는 특별한 어려움 없이 완주에 성공했다.

[27-28] 다음을 듣고 물음에 답하십시오. 각 2점 　●)) track3-24

27. 남자가 말하는 의도로 알맞은 것을 고르십시오.
   ① 일반학교의 폐단을 일깨워 주기 위해.
   ② 대안학교의 장점을 알려 주기 위해.
   ③ 아이의 양육 방법에 대해 비판을 하기 위해.
   ④ 아이의 교육 문제에 대해 조언을 주기 위해.

28. 들은 내용과 같은 것을 고르십시오.
    ① 남자는 대안학교의 좋은 점을 이해하고 있다.
    ② 여자는 대안학교로 아이를 보내려고 하고 있다.
    ③ 여자는 일반학교에 다니는 아이가 못마땅하다.
    ④ 남자는 대학에 반드시 가야 된다고 생각한다.

[29-30] 다음을 듣고 물음에 답하십시오. 각 2점   ◀)) track3-25
29. 남자가 누구인지 고르십시오.
    ① 전통 공예가   ② 전통 조각가
    ③ 동양 화가   ④ 서양 화가

30. 들은 내용으로 맞는 것을 고르십시오.
    ① 한지는 인공적인 처리를 거쳐 완성된다.
    ② 한지의 색깔은 세월이 흘러도 변함이 없다.
    ③ 한지는 외국인들한테는 생소해서 인기가 없다.
    ④ 한지는 조명이 비추면 색감이 잘 안 산다.

[31-32] 다음을 듣고 물음에 답하십시오. 각 2점   ◀)) track3-26
31. 남자의 중심 생각으로 가장 알맞은 것을 고르십시오.
    ① 송별회는 조용한 장소에서 하는 것이 좋다.
    ② 송별회는 국제식당이어야 한다.
    ③ 송별회에 부사장이 참석하는 것은 좋지 않다.
    ④ 송별회 장소를 다시 알아볼 필요는 없다.

32. 남자의 태도로 가장 알맞은 것을 고르십시오.
    ① 동료의 업무내용에 대해 이해를 나타내고 있다.
    ② 동료의 무능함에 화를 내고 있다.
    ③ 동료의 사무 처리를 부정적으로 보고 있다.
    ④ 동료를 무시하고 자신이 나서고 있다.

文法編

模擬試験1

模擬試験2

模擬試験3

模擬試験4

最新の出題傾向

[33-34]　다음을 듣고 물음에 답하십시오.　각 2점　　🔊 track3-27

33. 무엇에 대한 내용인지 알맞은 것을 고르십시오.

　① 축하와 감사의 표현인 선물
　② 대표적 돌잔치 선물인 금반지
　③ 최근 부쩍 내린 금값
　④ 돌 선물의 종류

34. 들은 내용과 같은 것을 고르십시오.

　① 금값이 비싸져서 돌반지가 없어졌다.
　② 돌잔치 때 금반지를 사가는 것은 옛 습관이다.
　③ 요즘은 돌잔치 때 옷이나 장난감을 선물한다.
　④ 돌 선물을 사는 사람들은 뭘 살지 고민한다.

[35-36]　다음을 듣고 물음에 답하십시오.　각 2점　　🔊 track3-28

35. 남자가 무엇을 하고 있는지 고르십시오.

　① 국제교류화 사업에 동참할 것을 요청하고 있다.
　② 상공회의소 청년부 사업내용을 설명하고 있다.
　③ 한일 양국간의 관계 개선을 지지하고 있다.
　④ 상공회의소 사업에 대한 동의를 호소하고 있다.

36. 들은 내용과 같은 것을 고르십시오.

　① 이 사업은 청년부가 주관한다.
　② 청년부 회원들이 교류사업을 담당한다.
　③ 청년부는 이제까지 국제교류화 사업에 참여해 왔다.
　④ 이 간담회는 국제교류화 사업 추진을 위해 마련되었다.

[37-38]　다음을 듣고 물음에 답하십시오.　각 2점　　🔊 track3-29

37. 남자의 중심 생각으로 가장 알맞은 것을 고르십시오.

　① 기업 경영은 시너지 효과를 어떻게 만드느냐다.
　② 기업 경영은 사람 경영이다.
　③ 사원을 어떻게 경쟁관계로 만드느냐가 중요하다.
　④ 사원을 어떻게 형 아우로 만드느냐가 중요하다.

38. 들은 내용과 같은 것을 고르십시오.
　① 친족 경영은 주목을 받는 사업 방식이다.
　② 친족 경영은 이미 널리 알려져 있는 방식이다.
　③ 친족 경영은 지극히 한국적 경영방식이다.
　④ 친족 경영은 새로운 경영 수법의 하나이다.

[39-40]　다음을 듣고 물음에 답하십시오.　각 2점　◀》 track3-30
39. 이 대화 전의 내용으로 가장 알맞은 것을 고르십시오.
　① 국토 균형 발전에 농촌이 걸림돌이 되고 있다.
　② 농촌은 기본적으로 식량 공급의 기능을 한다.
　③ 농촌을 지키는 것이 국가와 국민에 이익이 된다.
　④ 도시와 농촌이 잘 조화를 이루고 있다.

40. 들은 내용과 같은 것을 고르십시오.
　① 농촌의 기능은 산소 공급에 있다.
　② 농촌의 기능은 눈에 보이는 것만이 전부가 아니다.
　③ 농촌을 살리기 위한 비용이 너무 많이 들어간다.
　④ 농촌이 낙후된 것은 도시의 책임이다.

[41-42]　다음을 듣고 물음에 답하십시오.　각 2점　◀》 track3-31
41. 이 강연의 중심 내용으로 가장 알맞은 것을 고르십시오.
　① 웃음에는 진짜 웃음과 가짜 웃음이 있다.
　② 얼굴 근육이 움직이는 웃음이 진짜 웃음이다.
　③ 고객 서비스 담당자들은 가짜 웃음을 가르친다.
　④ 입은 진실을 말하고 눈은 거짓을 말한다.

42. 들은 내용과 같은 것을 고르십시오.
　① 눈이 웃으면 근육이 움직인다.
　② 입꼬리가 움직이면 가짜로 웃는 증거이다.
　③ 진실된 웃음은 마음에서 나온다.
　④ 연습을 하면 진짜 웃음도 웃을 수 있다.

文法編

模擬試験1

模擬試験2

模擬試験3

模擬試験4

最新の出題傾向

[43-44] 다음을 듣고 물음에 답하십시오. [각 2점]   ◀)) track3-32

43. 무엇에 대한 내용인지 알맞은 것을 고르십시오.

① 신라 시대에는 국제 무역이 활발하게 이루어졌다.

② 신라 시대에는 신분 제도가 있었다.

③ 신라 시대에는 구슬 공예 기술이 크게 발달하였다.

④ 신라 시대에는 외국인의 얼굴을 하는 것이 유행하였다.

44. 유리 구슬에 대한 설명으로 맞는 것을 고르십시오.

① 이 유리 구슬은 신라인이 만들었다.

② 이 유리 구슬의 크기는 동전 만하다.

③ 이 유리 구슬에 새겨진 사람은 당시의 신라인이다.

④ 이 유리 구슬은 귀족층이 몸에 지니던 것이다.

[45-46] 다음을 듣고 물음에 답하십시오. [각 2점]   ◀)) track3-33

45. 들은 내용과 같은 것을 고르십시오.

① 식사를 하는 속도로 그 사람이 어떤 사람인지 안다.

② 식사를 하는 속도가 빠른 사람은 굼벵이형이다.

③ 식사를 하는 속도가 느린 사람은 속전속결형이다.

④ 식사를 하는 속도와 일하는 속도는 다르다.

46. 남자의 태도로 알맞은 것을 고르십시오.

① 사람의 성격에는 좋은 점도 나쁜 점도 있다.

② 느긋하게 식사를 즐기는 사람은 융통성이 없다.

③ 식사를 빨리 하는 사람은 성격이 차분하다.

④ 뭐든지 중간이 좋다.

[47-48]　다음을 듣고 물음에 답하십시오.　각 2점　🔊) track3-34

47. 들은 내용과 같은 것을 고르십시오.
　　① 야구를 즐기는 사람은 볼거리도 즐긴다.
　　② 프로 야구 경기장에 가면 볼거리가 있다.
　　③ 프로 야구 경기장에서는 행사를 하지 않는다.
　　④ 프로 야구는 오락이 아니다.

48. 남자가 말하는 방식으로 알맞은 것을 고르십시오.
　　① 전문적인 지식으로 문제를 올바르게 진단하고 있다.
　　② 구단의 경영 방법에 대하여 찬성하고 있다.
　　③ 프로 야구를 오락 산업으로 규정하고 있다.
　　④ 스포츠, 오락 어느 쪽도 가능성이 있음을 강조하고 있다.

[49-50]　다음을 듣고 물음에 답하십시오.　각 2점　🔊) track3-35

49. 들은 내용과 같은 것을 고르십시오.
　　① 지진 안전 지대가 존재한다.
　　② 지진에 대한 생각은 예나 지금이나 바뀌지 않는다.
　　③ 지진은 드물게 발생하는 자연 재해일 뿐이다.
　　④ 지진을 생활의 일부분이라고 생각하면 대비할 수 있다.

50. 여자가 말하는 방식으로 알맞은 것을 고르십시오.
　　① 지진 현상을 논리적으로 설명하고 있다.
　　② 자연 재해에 대한 심리적 접근법을 제시하고 있다.
　　③ 학문적 근거를 들어 지진 안전론을 주장하고 있다.
　　④ 자신의 주장을 일방적으로 전개하고 있다.

文法編

模擬試験1

模擬試験2

模擬試験3

模擬試験4

最新の出題傾向

第3回 Ⅱ 읽기(1번~ 50번)

[1-2] (   )에 들어갈 가장 알맞은 것을 고르십시오. 각 2점

1. 우리 선생님은 차가워 (   ) 마음은 따뜻하다.
    ① 보이는 만큼　　　　　　② 보이다가
    ③ 보여야　　　　　　　　④ 보여도

2. 학교에 (   ) 비가 오기 시작했다.
    ① 도착하면　　　　　　　② 도착하고자
    ③ 도착하니까　　　　　　④ 도착해도

[3-4] 다음 밑줄 친 부분과 의미기 비슷한 것을 고르십시오. 각 2점

3. 정사원 자리를 <u>구하기는커녕</u> 계약사원 자리 구하기도 힘들다.
    ① 구하는 셈치고　　　　　② 구하기는 고사하고
    ③ 구할 바에야　　　　　　④ 구할 참이라서

4. 그는 다시 <u>건강해질 수만 있다면</u> 무슨 일이든 못 하겠느냐고 했다.
    ① 건강해진다면야　　　　② 건강해지다시피
    ③ 건강해져야만　　　　　④ 건강해진다든가

[5-8] 다음은 무엇에 대한 글인지 고르십시오. 각 2점

5.

```
FULL HD, 동영상 재생, HDMI 출력
블루레이 디스크 대응
```

    ① 텔레비전　　　　　　　② 복사기
    ③ DVD플레이어　　　　　④ 형광등

6.

~1년에 단 한 번 통큰 세일~
여러분을 기다립니다

① 마트　　　② 식당　　　③ 편의점　　　④ 맨션

7.

여러분의 만약을 책임집니다

원활한 지급 절차, 저렴한 비용

① 보험 가입　　② 접수 방법　　③ 주의 사항　　④ 교환 방법

8.

뚜껑을 돌려서 엽니다
　아래쪽 손잡이를 끝까지 돌립니다
　　손잡이를 다시 왼쪽으로 딸깍 소리가 날 때까지 돌립니다
　　숨을 들이마십니다
　　　뚜껑을 돌려서 닫습니다

① 사용 방법　　② 실내 환경　　③ 제품 안내　　④ 건강 관리

[9-12]　다음 글 또는 그래프의 내용과 같은 것을 고르십시오.　각 2점

9.

자연보호 환경캠페인 걷기 대회

언제 : 2018년 5월 26일(토) 13:00
어디서 : 한강공원
누가 : 환경연합
무엇을 : 한강공원 걷기, 자연보호 홍보 및 환경 캠페인,
　　　　쓰레기 줍기, 17:00 행사 종료 예정

※참가하시는 분에게는 점심 도시락과 음료수를 제공합니다.

---

① 자연보호 홍보와 환경 캠페인이 끝나면 행사가 종료된다.
② 한강공원을 걷는 것 이외에는 다른 행사가 없다.
③ 이 걷기 대회에 참가하려면 각자 점심을 준비하여야 한다.
④ 환경연합 회원들이 한강공원을 걸으면서 하는 대회이다.

10.

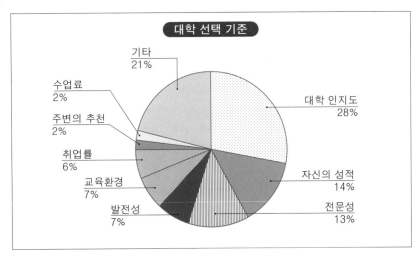

① 가고자 하는 대학이 명문대학인가 아닌가는 중요하지 않다.
② 대학의 전문성이나 발전성보다도 성적으로 대학을 결정하는 학생이 많다.
③ 가족이나 친지 등의 의견을 들어 자신의 대학을 정하는 학생이 의외로

많다.

④ 등록금이 싼 대학을 선호하는 경향이 있다.

11.

> 요새 초록색 콩나물을 찾는 사람들이 늘고 있다. 종래에 우리가 먹던 노란색 콩나물은 보통 검은색 천으로 가려 어두운 곳에서 기르는데 이 초록색 콩나물은 가리지 않고 그냥 밝은 곳에서 자라게 하는 게 다르다. 그러면 햇빛을 많이 받기 때문에 점점 초록색으로 변하게 된다. 이 초록색 콩나물은 종래의 노란색 콩나물보다 영양가가 높은 점이 특징이다.

① 노란색 콩나물보다 영양가가 높은 초록색 콩나물

② 콩나물 기를 때 가리는 검은색 천

③ 햇빛을 받고 자라는 노란색 콩나물

④ 요즘 찾는 사람이 부쩍 늘어난 노란색 콩나물

12.

> 손을 움직이는 것이 뇌와 관련이 있다는 이야기를 많이 한다. 그래서 손을 자주 움직이면 뇌 기능이 좋아진다는데 특히 평소에 자주 쓰지 않는 손을 움직이는 것이 좋다는 것이다. 그렇다면 가족 중에서도 손을 가장 많이 쓰는 주부들이 가장 뇌 기능이 발달되어 있다는 이야기인데 과연 그럴 법도 한 이야기이다.

① 평소에 쓰던 손을 계속 쓰는 것이 뇌 기능에 좋다.

② 주부들이 뇌 기능이 좋은 것은 손을 쓰기 때문이다.

③ 손을 움직이는 것이 뇌와 관련이 있다.

④ 가족 가운데에는 가장이 가장 뇌가 발달되어 있다.

文法編

模擬試験1

模擬試験2

模擬試験3

模擬試験4

最新の出題傾向

[13-15] 다음을 순서대로 맞게 배열한 것을 고르십시오. 각 2점

13.

> (가) 낙서를 하면 스트레스를 푸는 데 도움이 되기 때문이다.
> (나) 종종 장난으로 낙서를 하는 사람들이 있다.
> (다) 아무도 안 볼 것이라고 생각하기 때문이다.
> (라) 그런데 낙서에는 거칠고 상스러운 말도 많이 적혀 있다.

① 나-다-라-가
② 나-가-라-다
③ 다-가-라-나
④ 다-라-나-가

14.

> (가) 옥수수나 밀같은 곡류도 그러한 상품의 대표적인 예이다.
> (나) 그래서 곡류의 가격이 오르면 빵이나 국수의 가격도 덩달아 오르게 된다.
> (다) 곡류는 대개 빵이나 국수 등을 만드는데 원재료로 사용하는 경우가 많다.
> (라) 시중의 상품 중에는 물가에 끼치는 영향이 큰 상품들이 있다.

① 가-다-라-나
② 가-나-다-라
③ 라-가-다-나
④ 라-다-가-나

15.

> (가) 그래서 외국어를 모른다면 넓은 세상으로 나아갈 수 있는 자유를 잃게 된다.
> (나) 다른 문화권 사람들과 교류를 할 수 있기 때문이다.
> (다) 외국어를 할 수 있다는 것은 행복한 일 중의 하나이다.
> (라) 교류를 하면서 나는 그들을 통해 그들은 나를 통해 세상을 본다.

① 가-라-다-나
② 가-다-라-나
③ 다-가-라-나
④ 다-나-라-가

16.

갈수록 봄이 점점 짧아지고 여름이 빨리 시작된다. 지구 온난화의 영향이라고들 그러지만 이러한 변화 때문에 상품의 매출 경향도 바뀌어 간다. 여름의 대표적 과일이라 할 수 있는 수박도 그 영향을 받아서 ( ). 예년 같으면 판매량이 거의 없을 법한 4월 5월에 수박 판매량이 증가하고 있는 것이다.

① 점점 비싸지고 있다.
② 재배하는 농가들이 늘어나고 있다.
③ 판매시기가 빨라지고 있다.
④ 여름에 사기가 힘들어지고 있다.

17.

물을 유리컵에 부어 넣고 수위를 잘 조절하면 훌륭한 악기가 된다. 그것이 가능한 이유는 공기 진동 때문이다. 예를 들어 물이 잔뜩 담긴 유리컵은 두드려도 공기 진동이 발생하기 어렵기 때문에 낮은 소리가 난다. 반대로 물이 얼마 안 담긴 유리잔을 두드리면 높은 소리가 난다. 그러니까 ( ) 소리의 높낮이가 결정되는 것이다.

① 유리컵의 크기에 따라
② 유리컵에 담겨 있는 물의 양에 따라
③ 유리컵을 두드리는 세기에 따라
④ 유리컵을 두드리는 도구에 따라

18.

살다 보면 우연히 눈먼 돈이 생기기도 한다. 그런데 평소에 돈을 잘 안 쓰는 사람도 이런 돈이 생기면 펑펑 쓰는 경우가 많다. 쉽게 번 돈 쉽게 나간다는 것인데 이는 힘들여 노력해서 벌지 않았으니 ( ) 생각하기 때문이다. 그래서 돈은 돌고 도는 것이라는 말이 있는지도 모르겠다.

① 다 쓰는 것이 맞다고
② 은행에 넣어야 한다고
③ 빚을 갚아야 한다고
④ 아껴서 써야 한다고

文法編

模擬試験1

模擬試験2

模擬試験3

模擬試験4

最新の出題傾向

[19-20] 다음을 읽고 물음에 답하십시오. 각 2점

> 광고는 반드시 소비자의 눈을 끌어야 한다. 그렇지 않으면 광고로서의 기능을 상실하기 때문이다. 예를 들어 미용실에서 어떤 사람이 머리를 한다고 치자. 이 사람은 머리가 다 될 때까지 몇 시간을 기다려야 한다. 더군다나 혼자 온 사람이라면 (   ). 이때 자연스럽게 고객의 눈을 끄는 광고가 있다면 고객은 무의식적으로 그 광고를 보게 된다.

19. (   )에 들어갈 알맞은 것을 고르십시오.

① 어떻게 시간을 보낼까 궁리하게 된다
② 어디에 광고가 있는지를 찾게 된다
③ 잘 방법을 연구하게 된다
④ 친구를 만나려고 하게 된다

20. 이 글의 내용과 같은 것을 고르십시오.

① 고객이 보지 않는 광고도 있다.
② 광고는 소비자의 눈을 끌어야 성공이다.
③ 자연스럽게 눈에 띄는 광고는 효과적이지 않다.
④ 강제로 보게 만드는 광고는 좋지 않다.

[21-22] 다음을 읽고 물음에 답하십시오. 각 2점

> 중세에 서양에서 만들어진 지도를 보면 바다에 괴물이 그려져 있는 것들이 있다. 당연한 이야기지만 중세 사람들은 먼 바다에 나가본 경험이 없었기 때문에 바다에 무서운 생물이 살고 있을 것으로 믿었다. 그래서 지도에 그려 넣는 바다 괴물의 모습이 (   ) 잘 팔렸다. 그러나 이러한 전설들은 실제로는 다른 데 그 목적이 있는 경우가 많다. 왜냐하면 먼 바다로 나간 배가 돌아오지 않을 경우 그 책임을 바다 괴물 탓으로 돌려 자신들은 책임을 면해야 하기 때문이다.

21. (   )에 들어갈 알맞은 것을 고르십시오.

① 예쁘고 귀여울수록
② 아장하고 통통할수록
③ 무섭고 괴상할수록
④ 두렵고 괴팍할수록

22. 이 글의 중심 생각을 고르십시오.

① 중세 지도에는 당시 사람들의 생각이 반영되어 있다.

② 중세 지도에는 바다 괴물이 그려져 있는 것이 많다.

③ 중세에는 먼 바다를 나가는 사람들이 많았다.

④ 중세 사람들은 보지 못한 것에 대한 두려움이 없었다.

[23-24] 다음을 읽고 물음에 답하십시오. 각 2점

> 혼자 계신 시어머니를 두고 다시 서울로 올라오는 발걸음이 그리 가볍지는 않았다. 하지만 그 마음도 며칠 가지 않았다. 시어머니가 기어이 서울로 올라오신 것이다. 어머니는 집에 들어오자마자 김치를 담근다 청소를 한다 바쁘셨다. 내가 들척이기 귀찮아서 그냥 쑤셔 놓은 창고도 열어보시곤 하나하나 다 꺼집어내서 닦고 쓸고 해서 다시 척척 제자리에 넣어 두셨다. 아들 집에 오셨으니 그냥 푹 쉬시라고 <u>아무리 말을 해도 들은 척도 하지 않았다.</u> 마치 일 못 해서 좀 쑤시는 사람처럼. 그렇게 한 사흘을 움직이시더니 기어코 들어누우셨다. 원래 시골에 계실 때부터 조금씩 몸이 안 좋았는데 탈이 난 것이었다.

23. 밑줄 친 부분에 나타난 나의 심정으로 알맞은 것을 고르십시오.

① 번거롭다   ② 섭섭하다

③ 민망하다   ④ 속시원하다

24. 이글의 내용과 같은 것을 고르십시오.

① 우리 시어머니는 아주 깔끔한 분이셨다.

② 우리 시어머니는 김치 담그기를 좋아하는 분이셨다.

③ 우리 시어머니는 시골에 혼자 사는 것을 좋아하셨다.

④ 우리 시어머니는 내 말을 잘 듣는 편이셨다.

文法編

模擬試験 1

模擬試験 2

模擬試験 3

模擬試験 4

最新の出題傾向

[25-27]　다음은 신문 기사의 제목입니다. 가장 잘 설명한 것을 고르십시오.
각 2점

25.

> 우윳값 인상, 유제품 가격도 줄줄이

① 우윳값이 올라서 유제품이 안 팔리고 있다.
② 우윳값이 올라서 유제품 가격도 덩달아 오르고 있다.
③ 유제품 가격이 줄줄이 올라서 우윳값도 오르고 있다.
④ 우윳값은 올랐는데 유제품 가격은 제자리이다.

26.

> 재활용품, 이게 정말 폐기물?

① 재활용품은 보면 금방 식별할 수 있다.
② 재활용품을 만들어서 폐기물을 줄여나가고 있다.
③ 산업 폐기물로 만들어서 값이 아주 싸다.
④ 산업 폐기물로 만든 재활용품이라고 믿기지 않는다.

27.

> 계절 거꾸로, 환자들 병원에 북적대

① 기온이 갑자기 올라 감기를 앓는 사람이 많다.
② 쌀쌀한 봄 날씨에 병원을 찾는 환자가 많다.
③ 병원에서 이벤트가 있어 사람들이 많이 참석한다.
④ 부당진료에 대한 항의를 하는 사람이 많다.

다음을 읽고 (   )에 들어갈 내용으로 가장 알맞은 것을 고르십시오. 각 2점

28.

> 동화는 어린이를 위한 책이다. 그러나 책은 책이기 때문에 어른이 읽어서 안 된다는 법도 없다. 실제 요즈음 동화책을 읽는 어른들이 늘고 있다는 이야기를 듣는다. 동화를 통해 (   ) 것일까. 허나 굳이 동화책을 읽어서까지 자신의 마음을 정화시켜야 할 만큼 그렇게 혼탁하다면 동심으로는 쉽게 되돌아갈 수 있을까?

① 어린이의 마음을 이해하려는
② 마음의 평화를 얻으려는
③ 가족과 한마음이 되려는
④ 동심으로 되돌아가 보려는

29.

> 진짜 예술가는 방법을 가리지 않는다. 분출되어 나오는 자신의 창작 의욕을 도저히 억누를 수가 없기 때문이다. 예를 들어서 어떤 화가가 진정한 예술가라면 손이 없으면 발로 표현할 것이고 돈이 없어서 그림 재료를 못 산다면 흙으로라도 자신의 예술성을 표현할 것이다. 그러니까 방법론이니 창작론이니 하는 것은 (   )이 아닌가 하는 생각이 든다.

① 열심히 연구하는 사람들의 창작성
② 배부른 사람들의 예술성
③ 진지한 예술가들의 발상
④ 시대를 앞서는 예술성

30.

> 지우개는 다른 문구류와 오래 같이 있으면 그 문구류에 달라붙고 싶어한다. 지우개를 만들 때 넣는 어떤 특수한 물질 때문이라고 하는데 재미있는 현상이 아닐 수 없다. 지우개를 만들기 위해 약품을 넣는다는데 이 약품이 플라스틱을 만나면 고무와 플라스틱을 달라붙게 만드는 것이다. 그러니까 그 약품이 플라스틱을 (   ) 하는 것이다.

① 지우개로 만들어 보겠다고
② 달라붙게 하겠다고
③ 떨어지게 하겠다고
④ 완전히 녹여 버리겠다고

文法編

模擬試験1

模擬試験2

模擬試験3

模擬試験4

最新の出題傾向

31.

> 힙합이라는 음악 장르가 있는 모양이다. 왜 모양이라고 하느냐면 별로 마음에 들지 않기 때문이다. 그런데 힙합을 하는 사람들은 자기들끼리 만나면 뭔가 독특한 인사를 주고 받는다. 그러니까 힙합을 하는 사람들은 뭔가 서로 (   ) 모양이다. 불현듯 바로 이것이 힙합의 매력이 아닌가 하는 생각이 들었다. 그러니까 힙합은 음악이긴 한데 생활 그 자체인 거다. 서로 주고받고 확인하고 나누고. 그것을 음악이라는 형태로 발전시킨 뿐인 것이다.

① 확인을 해야 하는
② 의식을 주고 받아야 하는
③ 우리는 하나라는 의식을 느끼는
④ 인정을 해 줘야 한다고 생각하는

[32-34] 다음을 읽고 내용이 같은 것을 고르십시오. 각 2점

32.

> 겨울철에 우리를 즐겁게 해 주는 귤은 정말 환상적인 과일이다. 운동을 하고 나서 귤 한 조각을 입에 넣었을 때 퍼져 나가는 감귤 과즙의 시원함과 청량감은 이루 말할 수 없다. 그런데 귤은 그런 만족감을 우리에게 제공해 준 후에 '절 버리지 마시고 껍질도 쓰세요' 라고 말한다. 나는 귤껍질을 비닐봉지에 넣고 전자레인지에 돌리면 휴대용 손난로가 된다는 걸 전혀 몰랐다.

① 운동 후에 먹는 귤은 갈증을 더하게 한다.
② 시원함과 청량감을 주는 것은 콜라가 제일이다.
③ 귤껍질도 알고 나면 쓸모가 있다.
④ 귤은 일 년 내내 먹을 수 있는 과일 중의 하나이다.

33.

> '빨주노초파남보' 우리는 무지개 색깔을 이렇게 말한다. 이 7색설은 뉴턴이 실험을 통해서 빛을 일곱 가지 색으로 분리하면서 정설로 굳어지게 되었다. 그런데 이 일곱 색이 만약 필요없는 사람들이 있다면 그 사람들도 일곱 색을 인식하고 쓰고 일곱 색이 있다고 믿고 있을까? 대답은 노이다. 인간이 색을 인식하는 것은 생활에 필요하기 때문이다. 하양, 노랑, 빨강, 파랑, 까망 이 외에 색을 나타나는 순수 한국어가 있는가? 그러니 옛 한민족은 색깔을 다섯 가지 밖에 쓰지 않았다고 할 수 밖에 없다.

① 색깔은 구분할 필요가 있을 때만 인식하고 쓴다.
② 무지개 색은 누가 봐도 일곱 개이다.
③ 무지개 색의 숫자에 대해서는 이론의 여지가 없다.
④ 무지개 색은 누가 정한 것이 아니다.

34.

대구광역시에서 유엔식량기구총회를 도울 자원봉사자를 모집한다. 신청
자격은 국적과 연령에 관계없이 한국에 거주하는 사람에 한하며 영어에 능
통한 사람을 우선 선발 대상으로 한다. 신청자에 대해서는 먼저 서류 심사
를 거쳐 어느 정도의 인원을 선발한 다음 면접 심사 후 최종 합격자를 선정
한다. 자원봉사자로 최종 결정된 사람은 총회 기간 동안 교통 안내를 비롯
한 행정 업무 전반을 담당하게 된다.

① 자원봉사자는 한국 국적을 가지고 있는 사람에 한한다.
② 영어를 잘하지 못해도 다른 외국어를 할 수 있으면 된다.
③ 서류 면접은 하지 않으며 면접 심사로 최종 결정한다.
④ 총회 기간이 끝나면 자원봉사도 종료된다.

[35-38]　다음 글의 주제로 가장 알맞은 것을 고르십시오.　각 2점
35.

건물 지붕의 모양은 그 지역의 여러가지 특성에 기인하는 경우가 많다.
예를 들어 추운 지방일수록 건물 지붕이 경사져 있고 더운 지방일수록 지붕
경사가 완만한 것이 바로 그런 예이다. 건물 지붕을 경사지게 만드는 것은
눈 무게 때문이다. 눈이 많이 쌓이면 눈의 무게를 이기지 못해 지붕이 무너
지는 경우가 있기 때문이다. 반면 더운 지방에서는 강한 햇빛을 막기 위해
가능한 한 지붕을 넓고 평평하게 만들게 된다.

① 열대 지방의 지붕은 비교적 평평하게 만든다.
② 눈이 많이 오는 지역의 지붕은 어딜 가도 비슷하다.
③ 지붕의 형태도 그 지역의 문화와 생활 풍습을 반영한다.
④ 추운 곳의 건물 지붕은 경사진 모습을 하고 있다.

36.

　　운동 선수가 경기를 시작하기 전에 큰 소리로 고함을 지르는 것을 자주 목격한다. 이런 모습을 경기 당일은 물론 평상시에 연습을 할 때도 볼 수 있다. 그 이유는 고함을 지르면서 연습에 임하거나 하면 정신력 강화와 집중력 강화에 도움을 주기 때문이다. 꼭 운동 선수가 아니라도 자리에서 일어날 때 소리를 낸다든지 무거운 것을 같이 들 때 '하나, 둘, 셋' 하는 소리를 내는 것도 이치는 전부 같다. 소리를 지르고 정신을 집중시킬 때 힘이 더 나오게 된다.

① 힘이 들 때는 소리를 내며 움직일 필요가 있다.
② 큰 소리를 내면서 뭔가를 하면 집중력이 높아진다.
③ 고함을 지르는 것과 정신력 향상과는 관계가 있다.
④ 무거운 것을 들 때는 소리를 내는 것이 효과적이다.

37.

　　문자 메시지를 주고받을 때 이모티콘을 통해 감정을 표시하는 경우가 있다. 초창기에는 단순한 문자나 또는 얼굴 표정 위주였었는데 지금은 캐릭터를 이용한 것이라든지 또는 인기 연예인의 캐리커처를 이용한 것 등이 인기를 끌고 있다. 어떤 전문가가 이모티콘이 언어의 표현력을 퇴보시킨다는 지적을 한 적이 있다. 이모티콘을 쓴다고 언어의 표현력이 퇴보되고 이모티콘을 쓰지 않으면 언어의 표현력이 보장된다니 그 발상 자체가 유치하다고 아니할 수 없다. 이모티콘이 정말 그렇게 대단한 영향을 미칠 수 있는가?

① 이모티콘은 점점 다양한 형태로 발전하고 있다.
② 이모티콘은 언어 표현력과는 별로 상관이 없다.
③ 이모티콘은 이제 중요한 커뮤니케이션 도구로 자리잡았다.
④ 이모티콘이 사람의 언어에까지 영향을 끼치지는 않는다.

38.

> 사랑을 고백할 때는 상대방의 어느 쪽에서 이야기를 하느냐도 신경을 써야 될지도 모른다. 왼쪽 귀는 오른쪽 뇌와 연결되어 있는데 바로 이 오른쪽 뇌가 감성적인 부분을 제어하고 있기 때문이다. 반면 이성적인 말은 오른쪽 귀를 통해서 하는 것이 보다 효과적일지 모른다. 오른쪽 귀는 이성적인 부분을 콘트롤하는 왼쪽 뇌와 연결되어 있기 때문이다. 그렇지만 그런 걸 일일이 의식해가면서 사랑의 고백을 하거나 칭찬, 농담을 하거나 하는 사람이 있다면 오히려 그쪽이 싫을 것 같다.

① 사람의 뇌는 각기 맡은 역할이 다르다.
② 사랑의 고백은 오른쪽 뇌에 하는 것이 좋다.
③ 업무지시 등의 이성적인 이야기는 왼쪽 뇌에 하는 것이 좋다.
④ 뇌의 역할 분담에 맞춘 대화를 하는 것이 좋다.

[39-41] 다음 글에서 《보기》의 문장이 들어가기에 가장 알맞은 곳을 고르십시오. 각 2점

39.

> 때때로 인간의 욕망은 금기에 의해 더 강해지는 경우가 있다. ㉠ 어떤 일에 대해서 금기가 생기면 오히려 그것을 깨고 싶어지고 그 과정에서 금기의 대상에 집착하며 욕망이 강화되는 것이다. ㉡ 예를 들어 하지 말라면 더 하고 싶고 먹지 말라면 더 먹고 싶어지는게 이에 해당한다. ㉢ 이렇듯 웬일인지 인간은 하지 말라거나 무엇을 하라고 강요할 때 그것을 반대로 행동하려는 욕구가 강해진다. ㉣

------《보기》------
이는 비단 금기뿐만이 아니라 지나친 강요를 할 때도 발생한다.

① ㉠   ② ㉡   ③ ㉢   ④ ㉣

40.

> 　대체 에너지로서 여러 가지가 있는 가운데 그 중에서도 발전 가능성이 큰 것이 풍력이다. ㉠ 그런데 풍력 발전에 필수 불가결한 바람이 시간과 장소에 따라 편차가 크기 때문에 지속적인 환경을 유지하게 하는 것이 쉬운 일이 아니다. ㉡ 따라서 풍력 발전이 효과적이기 위해서는 설치 장소에 대한 사전 예비 조사가 타당성 있게 이루어져야 한다. ㉢ 그러나 바람만 어느 정도 확보될 수 있다면 에너지 효율이 좋기 때문에 앞으로도 많은 기대를 해 볼 수 있는 대체 에너지이다. ㉣

─────《보기》─────
　그러지 않으면 안정적인 전기를 확보할 수 없고 고액의 사업비와 유지비를 낭비하는 결과가 되기 때문이다.

① ㉠　　　　② ㉡　　　　③ ㉢　　　　④ ㉣

41.

> 　사람들은 모르는 사람과 인사를 나눌 때 상대방의 직업이 자동차 판매원이면 일단 긴장부터 한다. 나한테 자동차를 팔려고 할 거라고 생각하기 때문이다. ㉠ 그래서 그 사람한테 어느 정도 방어적인 자세를 취하게 된다. ㉡ 그래서 이러한 역할 기대에 따라 생각을 하기도 하고 또는 그 역할 기대에 맞춰 행동을 하기도 한다. ㉢ 자동차 판매원 이야기로 돌아가 보자. 그는 자동차를 일체 권하지 않으므로써 오히려 고객의 경계심을 풀 수 있게 된다. ㉣

─────《보기》─────
　사람들은 이와 같이 상대방이 자신의 직책이나 직업에 맞춰 행동할 것으로 예상하고 기대하는 경우가 있다.

① ㉠　　　　② ㉡　　　　③ ㉢　　　　④ ㉣

호영은 문 앞에 서서 언제나처럼 열쇠를 꺼내 들고 문을 열었다. 순간 그는 몸을 뒤로 제꼈다. 가슴이 쿵쾅쿵쾅거렸다. 그는 안으로 뛰어 들어갔다. 여기저기 살펴보아도 없어진 것도 없는 것 같고 나간 그대로였다.

"분명히 잠가 놓고 나갔는데……"

그는 다시 방 밖으로 나와 발 아래로 보이는 동네 어귀를 바라보며 담배를 꺼내 물었다.

"잠근다고 했는데 열어 놓고 나갔나 보다……"

그 때 희미한 골목 등불 아래로 걸어오는 낯익은 모습이 있었다. 어머니였다. 양쪽에 장본 것을 들고 걸어오는 그 모습은 영락없이 우리 어머니였다.

"언제 오셨어요? 오시려면 연락이나 하든가……"

"왜? 내가 못 올 데 왔니? 뭐하러 연락해?"

평상시와 다름없는 모자 간의 대화, 호영은 마음 깊숙한 곳에서 배어 나오는 안도감과 까닭 모를 희열을 느끼면 집안으로 들어갔다.

42. **이 글에 나타난 호영의 심정으로 알맞은 것을 고르십시오.**
   ① 허전하다   ② 두근두근거린다
   ③ 흐뭇하다   ④ 마음이 놓인다

43. **이 글의 내용과 같은 것을 고르십시오.**
   ① 호영은 문을 잠그지 않고 나갔다.
   ② 호영 어머니는 미리 호영에게 연락을 했었다.
   ③ 어머니가 장을 보고 집으로 돌아오고 있었다.
   ④ 호영은 어머니와 같이 산다.

[44-45] 다음을 읽고 물음에 답하십시오. 각 2점

> 　돌고래를 야생으로 돌려보내려면 주도면밀한 준비가 필요하다. 돌고래가 좁은 수족관에서 생활하는 동안 야생에서의 생활 방법을 어느 정도 잊어버렸기 때문이다. 본격적인 야생 적응 훈련을 시작하기에 앞서 건강 검사를 실시한다. 그리고 나서 자연 환경에 무리없이 잘 적응할 수 있도록 실제 바다와 유사한 환경을 만들고 사람들의 접근을 (　　　　). 실제 바다에서 스스로 먹이를 사냥해서 먹을 수 있는 능력을 되살려 주는 것도 중요하다. 그런데 이러한 일들을 수행해나갈 때 한 가지 다행스러운 것은 돌고래가 지능이 높아서 적응 훈련을 잘 받으면 자연으로 돌아가도 빨리 적응할 수 있다는 점이다.

44. 이 글의 중심 생각으로 알맞은 것을 고르십시오.
　① 돌고래를 야생으로 돌려 보내려면 주도면밀하게 해야 한다.
　② 돌고래는 지능이 높기 때문에 야생 적응 프로그램을 잘 이해한다.
　③ 야생에 적응하게 하기 위해 먹이 사냥 능력을 키워 준다.
　④ 돌고래는 수족관에 살면 야생에서의 생활 방법을 잊어버린다.

45. (　　　)에 들어갈 내용으로 가장 알맞은 것을 고르십시오.
　① 원칙적으로 차단시킨다
　② 부분적으로 허용한다
　③ 언제든지 가능토록 한다
　④ 가능한 한 최소화한다

다음을 읽고 물음에 답하십시오. 각 2점

말썽도 많던 남대문이 복원 공사를 마쳤다. 이러한 문화재 복원에서는 무엇보다도 중요한 것은 문화재를 원래의 모습대로 되돌리는 것이다. (㉠) 그래서 문화재를 보수할 때는 최소한의 부분적인 보수공사만 하고 재료나 기법 등은 전통적인 방식을 그대로 사용하려고 한다. (㉡) 전통 방식이라고 하지만 그렇다고 해서 그것이 기술적으로 뒤떨어진 방식을 의미하는 것은 아니다. 왜냐하면 그 당시에는 최고의 기술이었기 때문이다. (㉢) 재료 등은 전통적인 방식을 그대로 사용해야 하지만 문화재 복원에 첨단 기술을 사용하는 것을 꼭 거부할 필요는 없다. (㉣)

46. 위 글에서 《보기》의 글이 들어가기에 가장 알맞은 곳을 고르십시오.

《보기》

남아 있는 건축물을 보더라도 오히려 현대 기술이 못 쫓아갈 정도의 최고 기술이 사용되고 있는 것을 확인할 수 있다.

① ㉠   ② ㉡   ③ ㉢   ④ ㉣

47. 위 글의 내용과 같은 것을 고르십시오.
① 문화재 복원에 첨단 기술을 적용하는 것도 방법이다.
② 문화재를 복원할 때는 그 시점에서 최고의 재료를 써야 한다.
③ 문화재를 보수할 때는 전체적으로 한다.
④ 전통기술을 그대로 답습할 필요는 없다.

[48-50] 다음을 읽고 물음에 답하십시오. **각 2점**

> 인간이 정말 겨울잠을 잘 수 있을까? 영화에서나 나오는 냉동인간은 정말 가능한 것일까? 일반적으로 곰이나 박쥐 같은 동물들은 날씨가 추워지면 체온이 낮아진다. 체온이 낮아지면 거기에 맞춰 심장 박동, 혈액 순환, 호흡 속도 등의 모든 체내 활동도 따라서 느려지고 점차 최소한의 움직임만 가진 채 멈추게 된다. 그리고 기나긴 겨울잠에 들어가는 것이다. 동면을 하는 동물들이 봄에 다시 깨어나 활동할 수 있는 것은 '엔케팔린'이라는 호르몬 덕분이라고 한다. 그럼 이론적으로는 이 호르몬을 인간에게 투여한다면 인간도 겨울잠을 잘 수 있게 되는 걸까?
>
> 인간이 겨울잠을 자는 상상은 인간의 더 오래 살아보겠다는 망상이 빚어낸 허황된 꿈이다. 죽어가는 사람을 냉동시켰다가 의학이 진보된 미래에 다시 깨어나 살아나게 하겠다든지 장시간의 수술에 견디도록 저체온 상태로 만든다든지 하는 것들은 어떻게든 (　　　) 인간의 에고이즘의 한 편린일 뿐이나.

48. 필자가 이 글을 쓴 목적을 고르십시오.
　　① 동물의 동면에 대한 과학적 지식을 알려 주기 위해
　　② 영생이라는 헛된 꿈을 좇는 인간의 죄성을 설명하기 위해
　　③ 사람이 겨울잠을 잘 수 있는 메커니즘을 설명하기 위해
　　④ 냉동인간에 대한 호기심을 충족시켜 주기 위해

49. 이 글의 내용과 같은 것을 고르십시오.
　　① 엔케팔린이라는 호르몬이 인간의 동면을 가능케 한다.
　　② 냉동인간은 과학적 기술의 집대성으로 얼마든지 가능하다.
　　③ 죽음을 두려워하는 사람이 동면을 하려고 한다.
　　④ 동물은 동면을 통해 생존의 가능성을 높여 나간다.

50. (　　　)에 들어갈 내용으로 알맞은 것을 고르십시오.
　　① 죽음을 면하고자 하는　　　② 장수를 해 보려는
　　③ 살아남고자 몸부림치는　　　④ 삶을 틀켜쥐려는

※次を聞いて最も適切な絵またはグラフを選んで下さい。 各2点

1.
> 남자 : 저, 경비실인데요. 택배 안 찾아가셨네요?
> 여자 : 네, 죄송합니다. 여기 놓아 주세요. 감사합니다.
> 남자 : 택배 기사 아저씨가 어제 경비사무실에 놓고 갔어요.
>
> 男性：あのう、警備室ですが。宅配、受け取っていきませんでしたね。
> 女性：はい、すみません。こちらに置いてください。ありがとうございます。
> 男性：宅配の人が昨日警備事務室に置いていきました。

2.
> 여자 : 산 정상까지 가는 케이블카는 어디서 타면 되죠?
> 남자 : 네, 2층으로 올라가시면 케이블카 입구라고 쓰여 있습니다.
> 여자 : 감사합니다. 화장실은 어디 있나요?
>
> 女性：山の頂上まで行くケーブルカーはどこで乗ればいいですか。
> 男性：はい、２階に上がっていただくと、ケーブルカー入り口って書いてあります。
> 女性：ありがとうございます。トイレはどこにありますか。

文法編

模擬試験1

模擬試験2

模擬試験3

模擬試験4

最新の出題傾向

3.

> 남자 : 청년들을 대상으로 직업 선택 요인을 조사한 결과 수입이라는 응답이 가장 많고 안정성과 흥미가 뒤를 잇는 가운데 보람이라는 응답은 아주 적었습니다. 이는 보람이나 흥미보다도 점점 현실적인 요소를 중요시하는 청년들의 심리를 잘 나타낸 것으로 보입니다.
>
> 男性：若者たちを対象に職業選択要因を調査した結果、収入という答えが最も多く、安定性と興味が続く中でやりがいという答えは極めて少なかったです。これはやりがいや興味よりもだんだん現実的な要素を重要視する若者たちの心理をよく表していると思われます。

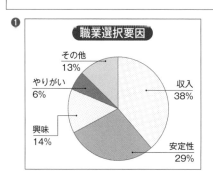

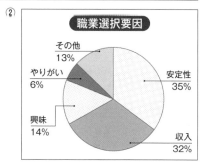

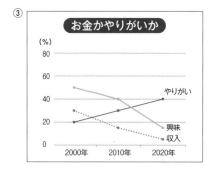

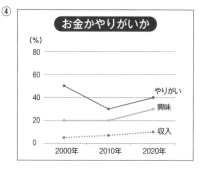

※次を聞いて続く言葉として最も適切なものを選んで下さい。各2点

4.

| 남자 : 요새 날씨가 너무 덥네요. 내일은 더 더워진다는데.
| 여자 : 내일 밖에서 모임이 있는데 큰일이네요.
| 남자 : _____.
|
| 男性：最近気候がずいぶん暑いですね。明日はもっと暑くなるといいですが。
| 女性：明日、外で集まりがあるんですが、困りましたね。
| 男性：_____。

① 集まりに行ってきたんですね。
② 遠いところに行ってきました。
❸ 帽子を必ず被って行ってください。
④ 暑いときは家でお休みなさい。

解説　①は行ってきたのかと言っているのでおかしいです。②も遠くに行ってきたと言っているのでおかしいです。③は帽子をかぶることを勧めているので暑さ対策になります。これが正解です。④はおかしいアドバイスになります。

5.

| 여자 : 요새 다른 회사 알아보고 있어.
| 남자 : 왜? 지금 회사 마음에 든다고 했잖아.
| 여자 : _____.
|
| 女性：最近他の会社を当たっているの。
| 男性：どうして。今の会社が気にいっているって言ったじゃない。
| 女性：_____。

❶ 働いてみたら私に合わなくて。
② 会社がとても気に入っているのよ。
③ 今の会社は雰囲気がいいわ。
④ 会社の仕事が忙しくてだめよ。

解説　会社を移りたいと言っているのでそれに見合う内容は①になります。正解は①です。

6.

| 남자 : 가족들하고 여행 가고 싶었는데 이것저것 할 일이 많아서 못 갔어.
| 여자 : 그걸 무리해서라도 갔어야지.
| 남자 : _____.
|
| 男性：家族と旅行に行きたいんだけど、あれこれやることが多くて行けなかった。
| 女性：それを無理してでも行くべきだったわ。
| 男性：_____。

① そうだよね。無事に行って来てよかったよね？
② それで1人で行ってきたんだよ。
③ それで家族と別々に行ったんだ。
❹ そうだよね。さみしく思っただろうね。

解説　女性は無理してでも行かなきゃだめでしょうと言っています。ですからそれに対する男性の反応として正しいのは④になります。④が正解です。

文法編

模擬試験1

模擬試験2

模擬試験3

模擬試験4

最新の出題傾向

7.

> 여자 : 요새 서서 일하게 하는 회사들이 늘어나고 있다네요. 서서 일하는 거 어떤 기분인지 모르겠어요.
> 남자 : 난 그런 회사에선 일 못 할 것 같아요.
> 여자 : ＿＿＿＿＿＿＿＿＿＿＿＿＿＿＿.
>
> 女性：最近立って仕事をする会社が増えているそうね。立って仕事するってどんな気分かわからないわ。
> 男性：僕はそんな会社では働けそうにないな。
> 女性：＿＿＿＿＿＿＿＿＿＿＿＿＿＿＿＿＿。

❶ 私はそれもよさそうですよ。
② 雰囲気が本当にいいわね。
③ 集中できなければ、座ってして下さい。
④ 楽で仕事がもっとよくできそうだわ。

解説 相手の男性がそんな会社では仕事が出来そうにないと言っていますので、それに対するレスポンスとして最も相応しいものは①になります。④は言いそうですが、最初の会話でどんな気持ちなのか分からないと言っておいてすぐさま掌を返して楽に仕事が出来そうだというのはおかしいので不正解です。

8.

> 남자 : 상무님, 다음 달에 갈 해외출장 저 꼭 보내 주십시오. 열심히 잘 하겠습니다.
> 여자 : 그래요? 좋은 기획데 한번 생각해 보죠.
> 남자 : ＿＿＿＿＿＿＿＿＿＿＿＿＿＿＿.
>
> 男性：常務、来月の海外出張に私を是非行かせて下さい。一生懸命頑張ります。
> 女性：そうですか。いい機会だから一度考えてみましょう。
> 男性：＿＿＿＿＿＿＿＿＿＿＿＿＿＿＿＿＿。

① 申し訳ありません。私は行けそうにありません。
② わかりました。事前にお話しするようにします。
③ 出張、気をつけて行ってきて下さい。
❹ ありがとうございます。常務にしっかりお仕えします。

解説 常務から考えてみるねと言われているので、それに対する部下の反応としては礼を言うしかありません。正解は④です。

※次を聞いて女性が続けてする行動として最も適切なものを選んで下さい。各2点

9.

> 여자 : 여보세요. 당신이에요? 오늘 밖에서 외식할래요? 내가 시내로 나갈게요.
> 남자 : 좋아. 그런데 어디 가고 싶어? 예약해 놓을까?
> 여자 : 아니에요. 당신 바쁜데 내가 예약해 놓을게요. 이탈리아 레스토랑 괜찮죠?
> 남자 : 응, 괜찮아. 그럼 나 퇴근하고 바로 갈테니까 이따 봐.
>
> 女性：もしもし。あなたですか。今日外で外食しましょうか。私が市内に行きますよ。
> 男性：いいよ。で、どこに行きたいの。予約しておこうか。
> 女性：いいえ。あなたは忙しいから、私が予約しておくわ。イタリアンレストラン大丈夫でしょう？
> 男性：うん、いいよ。じゃあ、僕は会社が終わってすぐ行くから。あとでね。

① 外食しに行くレストランを予約する。
② 家で退勤する夫を待つ。
③ すぐに家から出て行って電車に乗る。
④ 電話をかけてタクシーを呼ぶ。

解説 予約は自分の方からすると言っているので、女性はこの後、予約を入れることになります。①が正解です。

10.
여자 : 오늘 사람이 많네요. 많이 기다려야 되나요?
남자 : 네, 날씨가 갑자기 추워져서 그런지 많네요. 한 시간 더 기다리셔야 될 것 같은데요.
여자 : 지금 접수해 놓고 잠깐 나갔다 와도 돼요?
남자 : 네, 늦지 않게만 오세요.

女性：今日は人が多いですね。かなり待つんですかね。
男性：はい。天気が急に寒くなったせいか多いですね。あと1時間は待つと思います。
女性：今受付しておいて、ちょっとあとに戻って来てもいいかしら。
男性：はい、遅れないように来てください。

① 病院で診療受付をする。
② 病院で座って待つ。
③ 薬局に薬をもらいに行く。
④ ちょっと用事を済ませに行って来る。

解説 ちょっと行ってきていいかといい、病院の人から許可を取っているのでこの後、女性は用事を済ませに出かけることになります。正解は④です。

11.
여자 : 우리 집 소파를 좀 바꾸려고 하는데요.
남자 : 이쪽으로 오셔서 한번 보시죠. 여기 책자에도 많이 있으니까 마음에 드시는 거 있으면 말씀하세요.
여자 : 가게에는 딱 마음에 드는 게 없더라고요. 책자를 좀 볼게요.
남자 : 네, 그럼 앉아서 천천히 보세요. 저희가 배달 설치 다 해 드리거든요.

女性：うちのソファーをちょっと取り替えようと思うのですが。
男性：こちらにいらして一度ご覧ください。こちらの冊子にもたくさんございますので、お気に入りのものがあればおっしゃって下さい。
女性：お店には好みにピッタリのものはなかったんですよ。冊子をちょっと見てみますね。
男性：はい、ではお座りになってゆっくりご覧ください。当社で配達も設置もすべていたしておりますので。

① 冊子を見てソファーを選ぶ。
② ソファーを置く場所を決める。
③ ソファーを見て歩く。
④ 冊子を見ながらコーヒーを飲む。

解説 冊子を見たいと言う女性に対し、男性は冊子を渡してごゆっくりと言い、席を外します。ですから女性は座ってゆっくりソファーの冊子を見ることになります。正解は①です。

12.

> 남자 : 이 선생님, 다음 학기 시간표 다 짰어요?
> 여자 : 네, 일정 다 나왔어요. 교실만 정하면 돼요. 그런데 아직 안 정해진 선생님
> 이 몇 분 계세요.
> 남자 : 그건 내가 알아보고 있어요. 몇 군데 연락해 놓았으니까 며칠 내로 연락
> 올 거예요.
> 여자 : 알겠습니다. 그럼 교실 정해지는 대로 보고 드리겠습니다.
>
> 男性：イ先生、次の学期の時間割、組み終わりましたか。
> 女性：はい、日程がすべて出ました。教室さえ決めればいいんです。でも、まだ決まってい
> ない先生が何人かいらっしゃいます。
> 男性：それは私が調べています。数か所連絡しておいたので、数日以内に連絡が来るでしょ
> う。
> 女性：分かりました。では、教室が決まり次第ご報告します。

① 次の学期の時間割を組む。
② 決まっていない先生たちに連絡する。
❸ 時間割にしたがって教室を決める。
④ 決まった案を持って報告しに行く。

解説　女性は最後に報告しますと言っているのですが、何を報告するかと言うと教室を決めることで
す。なので、③が正解となります。②をやるのは男性の方です。④はまだその段階ではありません。

※次を聞いて、聞いた内容と同じものを選んで下さい。各2点

13.

> 여자 : 서바이벌 체험 잘 갔다 왔어요?
> 남자 : 네, 가 봤더니 매주 하더라고요. 다음 주에도 가 볼까 하고요.
> 여자 : 그래요? 거기 여자도 갈 수 있어요? 나도 한번 가 보고 싶어요.
> 남자 : 진짜요? 그럼 제가 예약해 놓을게요.
>
> 女性：サバイバル体験、行ってきましたか。
> 男性：はい、行ってみたら毎週やっていました。来週にも行ってみようと思います。
> 女性：そうですか。そこは女性も行けるんですか。私も一度行ってみたいです。
> 男性：本当ですか。では私が予約しておきます。

❶ 男性はこのプログラムに対して満足している。
② 男性はこのプログラムに参加する計画がない。
③ 女性はこれを体験してみるつもりがない。
④ 女性はこのプログラムを知らない。

解説　男性は来週また行くと言っていますので②は間違いです。その体験を楽しんできたのかと男性
に聞いているので④も間違いです。女性は一度自分も行ってみたいと言っているので③も間違いになり
ます。正解は①です。

文法編

模擬試験1

模擬試験2

模擬試験3

模擬試験4

最新の出題傾向

14.

> 여자 : (딩동댕) 안내 말씀드리겠습니다. 에너지 절약을 위해서 사원 여러분의
> 협조를 부탁드립니다. 사무실의 냉방 온도는 28도를 유지해 주시고 점심시간
> 에는 사용하지 않는 컴퓨터를 꺼 주시기 바랍니다. 밤 8시 이후에는 엘리베이
> 터가 운행되지 않으니 이 점 착오 없으시기 바랍니다. (딩동댕)
>
> 女性：(チャイムの音) ご案内申し上げます。節電 (エネルギー節約) のために社員の皆さん
> のご協力をお願いします。事務室の冷房温度は28度を保っていただき、昼休みには使って
> いないコンピューターを消していただくようお願いします。夜8時以降にはエレベーター
> が運行されませんので、この点、お間違いのないようお願いします。(チャイムの音)

① 昼休みには階段を利用しなければならない。
❷ 事務室の冷房は一定温度を保たねばならない。
③ 8時以後にはすべての電気製品を切る。
④ 夜には冷房を使用できない。

| 解説 | 昼に止めるのはパソコンです。①は間違いです。8時以降止まるのはエレベーターなので③も
間違い、冷房が使えないとは言っていないので④も間違いです。②が正解となります。

15.

> 남자 : 국제 시에서는 지난 1월부터 자율 방범 순찰제를 도입했습니다. 이것은
> 각 지역마다 주민들 몇 분을 뽑아서 정해진 시간에 자신들의 주거 지역을 순
> 찰을 돌 수 있게 하는 제도인데요, 도입한 지 3개월 됐습니다만 시민들로부터
> 아주 좋은 반응을 얻고 있습니다.
>
> 男性：国際市では、去る1月から自主防犯パトロール制を導入しました。これは各地域ごと
> に住民数人を選び、決められた時間に自分たちの住居地域をパトロールして回れるように
> する制度ですが、導入して3か月経ちましたが、市民たちから大変良い反応を得ています。

① 自主防犯パトロール制度は昨年から実施された。
② 国際市の一部の地域で実施している。
❸ 市民たちから高い支持を得ている。
④ パトロールは自分たちが望む時間に回れるようにする。

| 解説 | 1月からスタートしたと言っているので①は間違いです。パトロールは決まった時間に行かな
ければなりません。④も間違いです。正解は③です。

16.

여자 : 이곳은 요새 새로운 외국인 관광지로 인기를 끌고 있는 부산의 한 재래시
　　　장입니다. 이 시장의 상인회 회장님을 모셨습니다. 인기의 비결이 뭡니까?

남자 : 비결은 바로 '조금씩 카페'입니다. 저희 시장에 아주 다양한 먹거리가 있
　　　거든요. 그 먹거리를 조금씩 사다가 먹을 수 있는 장소를 시장 안에 마련한
　　　거지요. 이 카페에서는 음료수도 제공합니다. 그러니까 마치 소풍 가는 것 같
　　　은 겁니다. 어른들이 아주 좋아해요. 특히 외국인 관광객한테 아주 많은 인기
　　　가 있습니다.

女性 : こちらは最近新しい観光地として人気を集めている釜山のある在来市場です。この市
　　　場の商人会の会長さんをお招きしました。人気の秘密は何ですか。

男性 : 秘訣は他でもない '少しずつカフェ' です。私どもの市場にとても多様な食べ物があ
　　　るんです。その食べ物を少しずつ買って食べることの出来る場所を市場の中に設けたんで
　　　すよ。このカフェでは飲み物も提供しています。ですから、ちょうど遠足に行くようなも
　　　のです。大人たちがとても喜んでいます。特に外国人観光客に絶大な人気があります。

① 市場のカフェで多様な食べ物を売っている。
② この市場を観光地として広く知らせようとしている。
③ 市場に観光客が押し寄せてきてカフェができた。
❹ この市場では多様な食べ物を買うことが出来る。

解説　カフェで食べ物を売るわけではないので①は間違いです。すでに知られているので②も間違い
です。③は逆の話です。正解は④です。

※次を聞いて、男性の中心となる考えとして最も適切なものを選んで下さい。各2点

17.

남자 : 미지 씨, 요새는 영어 회화 학원에 안 가세요?

여자 : 이제 그만 가려고요. 지금 하는 것만 해도 어느 정도는 해서 회사 일로 고
　　　민하는 건 없거든요. 그런데 굳이 더 다닐 필요가 있나 싶어서요.

남자 : 기왕에 시작한 거 아예 네이티브처럼 할 수 있게 되면 좋잖아요. 한번 끝
　　　까지 해 보면 어때요?

男性 : ミジさん。最近は英会話学校に行かないんですか。

女性 : もう止めようと思って。今の状態でもある程度は出来るので、会社の仕事で悩むこと
　　　はないんですよ。なのに、敢えて通い続ける必要があるかと思って。

男性 : 一旦始めたことだから、いっそネイティブのように出来るようになったらいいじゃな
　　　いですか。一度最後までやってみたらどうですか。

① 英会話を必ずやる必要はない。
❷ せっかく始めたのだから最後までやってみるのも良い。
③ 英語は必要なだけやっておけば良い。
④ 英語は会社の仕事で必要なのでしなければならない。

解説　最後までやり通せばどうですかと言っているので①は間違いです。③も間違いです。④は言っ
ていません。正解は②です。

18.
남자 : 야, 너 좀 전에 네 후배 엄청나게 칭찬하던데, 왜 그랬어?

여자 : 응, 걔 정말 좋은 애야. 학과 일 몽땅 다 하고 애들이 뭐 좀 도와 달라고 할
때 난 걔가 거절하는 걸 못 봤어. 그런데 공부도 잘해.

남자 : 그렇구나. 근데 네가 너무 칭찬을 하니까 걔가 네 앞에서 꼼짝 못하겠다.
네가 뭐 부탁하면 걔 아무 말도 못하고 네 일 해 줘야 될 거 아니야.

男性：おい、お前この間お前の後輩をめちゃくちゃ褒めていたけど、どうしたの。

女性：うん、あの子本当にいい子なのよ。学科の仕事も全部やって、皆が何かちょっと手
伝ってくれっていうと、私はあの子が断るの見たことないの。でも、勉強もできるの。

男性：そうなんだ。でも、お前があまりにも褒めるから、あの子はお前の前で身じろぎもで
きないね。お前が何かを頼んだら、あの子は何も言えずにお前の仕事をしなきゃならない
じゃないか。

① 褒めると、他の人から褒められる。

❷ 褒められると、それを意識して行動するようになる。

③ 褒められたら、それを他の人に返してあげなければならない。

④ 褒めると、褒められた人は意欲が湧く。

解説　正解は②です。①③は言っていません。④は言いそうですが、意欲が湧いてくるのと意識して
行動するようになるのとは違います。男性が言いたいのは、意識して行動するようになるの方です。④
は不正解です。

19.
여자 : 야, 우리 커피숍 가서 시험공부 하자. 도서관은 분위기가 별로야.

남자 : 괜찮을까? 하루종일 있어야 하는데 주인 눈치 보이잖아.

여자 : 뭐가 문제야. 요즘은 다 그렇게 하잖아. 커피숍은 그러라고 있는 거지. 공
짜로 있는 것도 아닌데 뭐.

남자 : 그래도 커피 한 잔 시켜 놓고 하루종일 있어 봐. 커피숍도 손님이 많이 와
야 장사가 될 거 아니야. 어느 정도 있으면 나가 줘야지.

女性：ねえ、私たちコーヒーショップに行って試験勉強しようよ。図書館は雰囲気がイマイ
チなのね。

男性：大丈夫かなあ。1日中いなければならないのに、店主の目が気になるじゃない。

女性：何が問題なのよ。最近はみんなそうしてるじゃない。コーヒーショップはそのために
あるのよ。ただで居座るわけでもないのに。

男性：それでもコーヒー1杯注文して1日中いてみなよ。コーヒーショップもお客さんがた
くさん来てこそ商売になるわけじゃないか。ある程度いたら、出てあげなきゃ。

❶ コーヒーショップに長時間いるのは営業妨害だ。

② コーヒーショップで学生たちが時間を過ごすのは当然のことだ。

③ コーヒーショップの店主が学生たちにもっと配慮しなければならない。

④ 何時間いようがお金を払ったのだから問題ない。

解説　②③④はそういう言い分もあるかもしれませんが、ここで男性が言いたがっていることとは違
います。男性は①の方を考えています。①が正解となります。

336

文法編

模擬試験1

模擬試験2

模擬試験3

模擬試験4

最新の出題傾向

20.

여자 : 권 교수님, 이번 책에서 가장 말씀하시고 싶으셨던 게 뭡니까?

남자 : 상대방과의 진정한 화해를 원한다면 상대방이 아닌 나를 보라는 거지요. 우리는 화해한다고 하면서 상대방이 했던 말이나 행동을 먼저 건드리고 그걸 나는 이해할 수 있다 뭐 이런 말을 합니다. 그러니까 화해한다고 하면서 다시 싸우게 되거든요. 내가 어떻게 했는가를 먼저 이야기 하라는 거지요.

女性 : クォン教授、今回の本で最もおっしゃりたかったことは何ですか。

男性 : 相手との本当の和解を望むなら、相手ではなく自分を見ろということです。私たちは和解すると言いながら、相手の言葉や行動をまず挙げつらって、それを自分が理解できるとかなどと言います。だから、和解すると言いながらまた争うようになるのです。自分がどのようにしたかをまず話せということです。

❶ 真の和解は自分を振り返ることから始まる。

② 互いの言葉と行動を振り返ることから和解が始まる。

③ 相手の言葉を振り返り、そこから糸口を探さねばならない。

④ 和解するには、相手の行動をよく観察しなければならない。

解説 ②も③も④もそれなりに言えることです。しかしそのいずれも部分的だったりあるいは本文の中では触れられていなかったりして正解にはなりません。現時点で男性が最も言いたいことは①になります。

※次を聞いて質問に答えて下さい。 各2点

여자 : 넌 좋겠다. 네 아빠가 혼자 살아도 된다고 허가하셔서. 나도 그러고 싶은데 우리 아빠가 막무가내야. 내가 애도 아니고.

남자 : 넌 막내잖아. 네 아빠가 너한테는 꼼짝도 못 하신다면서? 그런데 네 아빠가 널 놔 주겠니? 그리고 지금 학교도 다니기 편한데 왜 나와? 이유가 없잖아.

여자 : 가깝긴 하지만 의외로 교통이 불편해서 시간도 많이 걸리고 어쩌다 애들이랑 놀다 보면 금방 차 끊기는데 그럼 눈치 보이고 그런단 말이야.

남자 : 혼자 사는 게 편한 것만 있는 줄 알아? 너 지금까지 네가 빨래, 설거지, 청소 다 해 본 적 있어? 생활비는 어떻게 할 건데? 그리고 혼자 살아 보니까 첫째는 늦게 일어나고 밥도 제대로 안 먹게 되더라고.

女性 : あなたはいいわね。あなたのお父さんが独り暮らしを許可してくれて。私もそうしたいけれど、うちのお父さんがまったくだめだと言うのよ。私は子供でもないのに。

男性 : 君は末っ子じゃないか。君のお父さんは君の言いなりなんだろ。なのに君のお父さんが君を放っておくかい？ そして今学校も通いやすいのにどうして家を出るの？ 理由がないじゃないか。

女性 : 近いけれど意外と交通が不便で時間もかかって、たまに友だちと遊んでいるとすぐにバスとかもなくなって、気にしなきゃいけないのがいやなの。

男性 : 独りで暮らすのが気楽なことだけだと思っているの？ 君は今まで洗濯、皿洗い、掃除のすべてをしたことがあるの？ 生活費はどうするつもりなの？ そして独りで暮らしてみたら、いかんせん遅く起きてご飯もまともに食べなくなるんだよ。

21. 男性の中心的な考えとしてもっとも適切なものを選んで下さい。

    ① 家族は一緒に住むのが理想的だ。
    ② できるものなら1人で暮らした方がよい。
    ❸ 1人で暮らすのは良いことばかりではない。
    ④ 交通が不便なら独立するのも良い。

   解説 ①や④は男性が考えている可能性があります。しかし上の会話では言っていません。②はそもそも言っていません。正解は③です。

22. 聞いた内容と同じものを選んで下さい。

    ① 女性は父親との仲が良くない。
    ② 女性は家で洗濯、炊事、清掃をすべてしなければならない。
    ❸ 女性の父親は娘の独立に反対している。
    ④ 女性は会社に行くのが不便で独立を望む。

   解説 まず①ですが、逆です。②は違います。掃除、洗濯などしていません。④も違います。今学生だからです。正解は③になります。

※次を聞いて質問に答えて下さい。各2点

남자 : 솔미 씨는 지금 회사 어때? 나는 우리 회사 적성에 안 맞는 것 같아. 너무 힘들어.
여자 : 그럼 부서를 좀 바꿔 달라고 그러지. 자기네 회사 매스컴 담당 부서 있잖아. 거기로 가면 재미있을 거 아니야. 원래 전공이고.
남자 : 그렇게 하려면 결국 우리 부장한테 이야기해야 하는데 눈치 보여서 그렇게 할 수가 있어야지. 좀 부담스러워.
여자 : 그렇게 생각하지 말고 한번 이야기해 봐. 그러다 스트레스 쌓이면 결국 회사 그만두어야 되잖아.

男性：ソルミさんは今の会社どうなの？ 僕はうちの会社が適性に合わないようで。きつすぎるんだ。
女性：では部署をちょっと変えてほしいと言ったらどう？ あなたの会社にマスコミ担当部署があるでしょ。そこに行けば、面白そうじゃない。本来の専攻だし。
男性：そうするには結局うちの部長に話さなければいけないけど、気が引けてそうもできないんだよね。ちょっと負担だな。
女性：そういうふうに考えないで、一度話してみれば。それでストレスが溜まったら、結局会社を辞めることになるよ。

---

23. 女性が何をしているのか選んで下さい。

    ① 新しい会社に移ろうと相談している。
    ② 部署を移ろうとして悩んでいる。
    ❸ 部署を変えてみることを勧めている。
    ④ 会社を辞めるよう忠告している。

   解説 会社が大変だと言っているのは男性の方です。①は不正解です。女性が部署を移ろうという話をしているわけでもありません。男性に会社を辞めるようにという話もしていませんので④も不正解です。正解は③になります。

文法編

模擬試験1

模擬試験2

模擬試験3

模擬試験4

最新の出題傾向

24. 聞いた内容と同じものを選んで下さい。

    ❶ 部署を異動するには担当部長に話さねばならない。
    ② 女性は仕事をしている会社が気に入らない。
    ③ 女性は男性が何の専攻なのか知らない。
    ④ 男性は部長と部署を異動する件について相談している。

   | 解説 | 男性の専攻のことを知っていますので③は不正解です。④ですが、相談をしているわけではありません。女性のアドバイスを聞いているだけです。女性が自分の会社が気に入らないとは言っていないので②も不正解です。正解は①になります。

※次を聞いて質問に答えて下さい。 各2点

> 여자 : 최고의 스포츠맨만 출전한다는 철인 스파르타 3종경기를 완주하신 전동석 씨
> 를 모셨습니다. 이런 어려운 도전을 하신 이유가 뭡니까?
> 남자 : 제 안에 있는 한계가 뭔가를 몸 전체로 느끼고 싶었습니다. 철인 스파르타 3종
> 경기는 매번 한계가 찾아옵니다. 그런데 그 한계가 정말 한계가 아닌 것을 몇 번
> 체험해야 완주가 가능하거든요. 매번 탈락자가 속출하고 정해진 시간에 완주하는
> 사람이 느불 정도입니다. 불본 정신적, 육체적 고통은 이루 말을 할 수가 없지만
> 완주했을 때 느끼는 기쁨과 감동 또한 말로 형언할 수 없을 정도입니다. 그런데
> 그것보다 제가 정말 잘 했다고 생각하는 것은 도전을 하고 바로 그 자리에 섰다는
> 겁니다.
>
> 女性 : 最高のスポーツマンだけが出場するという鉄人スパルタ・トライアスロンを完走されたチョ
> ン・ドンソクさんをお迎えしました。このような難しい挑戦をなさった理由はなんですか?
> 男性 : 私自身の限界が何かを体全体で感じたかったからです。鉄人スパルタ・トライアスロンは
> 毎回限界が訪れます。ところがその限界が本当に限界ではないことを何度か体験してこそ完走
> が可能になりますね。毎回脱落者が続出し規定時間内に完走する人が珍しいほどです。もちろ
> ん精神的、肉体的苦痛は到底言葉にできませんが、完走したときに感じる喜びと感動もまた言
> 葉では言い表せないほどです。ですがそれより、私が本当によくやったと考えるのは挑戦して、
> まさにその位置に立ったということです。

25. 男性の中心的な考えとして最も適切なものを選んで下さい。

    ① 一度始めたことは最後までやらなくてはならない。
    ❷ 決心したならそのまま実践することが重要だ。
    ③ 自分に限界というのはないと感じる。
    ④ 強い精神力さえあればできないことはない。

   | 解説 | 選択肢すべて言えそうな内容です。しかし男性の中心となる考えは最後の文に表れているように、チャレンジをし、そこに立つことです。それに一番近いのは②です。

26. 聞いた内容と同じものを選んで下さい。

    ① 男性は苦痛を味わってレースを諦めた。
    ❷ 男性はレース途中に多くの限界を経験した。
    ③ 男性は挑戦自体には意味がないと考えた。
    ④ 男性は特に難しいことなく完走に成功した。

※次を聞いて質問に答えて下さい。 各2点

남자 : 요즘 그 집 애 어때? 학교는 가게 됐어?
여자 : 가긴 하는데. 학교 가는 거 자체가 엄청 스트레스인가 봐. 워낙 우리 애가 개성
　　도 강하고 성격도 강해서 잘 부딪히기는 하는데.
남자 : 그럼 꼭 일반학교를 고집하지 말고 대안학교 같은 것도 생각해 봐. 아이들이
　　비교적 자유스럽게 크잖아.
여자 : 근데 고민스러워. 거기에서 어떻게 대학을 가?
남자 : 꼭 대학에 가야만 해? 그리고 요새는 대안학교에서도 입시 공부 가르친다잖아.
　　자유롭게 공부할 수 있으니까 딱 좋을 것 같은데.

男性：この頃、子供の様子はどう？ 学校は行くようになった？
女性：行くことは行くんだけど。学校に行くこと自体がものすごくストレスみたいで。もともと
　　うちの子の個性が強くて、性格も頑固でよく衝突することはあるけれど。
男性：それでは必ずしも一般の学校に固執せずに、フリースクールのようなものも考えてみたら？
　　子供たちが比較的自由に育つじゃない。
女性：でも悩ましいわ。そこからどうやって大学へ行くの？
男性：必ず大学に行かなくちゃならないの？ それに最近はフリースクールでも入試の勉強を教え
　　るというじゃない。自由に勉強できるからちょうど良いと思うんだけど。

---

27. 男性が言う意図として適切なものを選んで下さい。

    ① 一般学校の弊害を思い知らせるため。
    ② フリースクールの長所を教えるため。
    ③ 子供の養育方法に対して批判をするため。
    ❹ 子供の教育問題に対して助言を与えるため。

解説　男性は、女性の子供にベストとなる道を一生懸命アドバイスしています。それを踏まえると①
③は違います。また②も話の流れでは出てきますが、それが会話の意図にはなりませんので、正解では
ありません。正解は④です。

28. 聞いた内容と同じものを選んで下さい。

    ❶ 男性はフリースクールの良いところを理解している。
    ② 女性はフリースクールに子供を入れようとしている。
    ③ 女性は一般学校へ通う子供が気にくわない。
    ④ 男性は大学に必ず行かなければならないと考えている。

解説　②はまだ悩んでいる段階です。③は女性が考えていることとは違います。④も男性が考えてい
ることとは違います。正解は①になります。

※次を聞いて質問に答えて下さい。 各2点

> 여자 : 선생님, 이번 선생님 작품의 해외 전시회 때 대단한 성황이었다구요. 어떤 매력 때문일까요?
> 남자 : 저한테 매력이 있는 건 아니고요. (웃음) 우리 한국의 전통 종이, 한지의 매력 때문인 것 같아요. 요즘 종이는 화학 처리를 해서 만들지만 한지는 처음부터 끝까지 자연 친화적이거든요. 그러니까 시간이 지나고 세월이 흘러도 색상이나 느낌이 변함이 없어요. 제가 한지로 서랍장을 하나 만들었거든요. 그게 벌써 10년이 지났어요. 이번 전시회 때 일부러 그것을 가지고 갔습니다. 10년이 지났는데 아직도 색상이 선명하고 특히 조명을 받으면 그 색감이 기가 막히거든요. 외국인들의 마음을 사로잡은 게 바로 그런 부분인 것 같아요.
>
> 女性 : 先生、先生の今回の作品の海外展示会は大盛況だったそうですね。どのような魅力があったのでしょうか？
> 男性 : 私に魅力があるのではないですよ(笑)　我々韓国の伝統紙、韓紙の魅力のためのようです。最近の紙は化学処理をして作るけれど、韓紙は最初から最後まで自然調和的ですね。ですから時間が経ち歳月が流れても色や感触が変わりません。私が韓紙で箪笥を一竿作ったんですけれど。それは既に10年経ました。今回の展示会の時に敢えてそれを持っていきました。10年が過ぎてもまだ色が鮮明で、特に照明を受けるとその色合いは言葉も出ません。外国の人たちの心を捉えるのは、まさにそのような部分のようです。

29. 男性が誰なのか選んで下さい。

    ❶ 伝統工芸家　　　　　　　　② 伝統彫刻家
    ③ 東洋画家　　　　　　　　　④ 西洋画家

  解説　「한지(韓紙)」は分かりやすく言うと和紙みたいなものです。正解は①になります。

30. 聞いた内容と同じものを選んで下さい。

    ① 韓紙は人工的な処理を経て完成される。
    ❷ 韓紙の色は歳月が流れても変わることがない。
    ③ 韓紙は外国人には馴染みが薄くて人気がない。
    ④ 韓紙は照明が当たると色合いがよく出ない。

  解説　韓紙は自然処理をしますので①は間違いです。③は外国でかなりの話題になったという話ですから、事実と違います。④は逆です。正解は②になります。

※次を聞いて質問に答えて下さい。 各2点

> 남자：심지연 씨, 송별회 '국제식당' 맞죠? 아까 부사장님이 확인하시던데.
> 여자：아뇨, 아직 장소 못 정했어요. 금요일에 예약 꽉 찼대요. 그래서 다른 장소를
>   잡아야 할 것 같아서요.
> 남자：그래요? 거기가 조용하고 좋은데. 그럼 다시 알아봐 줘요.
> 여자：알겠습니다. 다시 알아보고 연락 드릴게요.
>
> 男性：シム・ジヨンさん、送別会、「国際食堂」でいいんですよね。さっき副社長が確認していた
>   ので。
> 女性：いいえ、まだ場所は取っていません。金曜日は予約がいっぱいらしいです。それで別の場
>   所を取らないといけないんですよ。
> 男性：そうですか。そこが静かでいいんだけどな。じゃあまた調べてみて下さい。
> 女性：分かりました。調べ直して連絡します。

31. 男性の中心となる考えとして最も適切なものを選んで下さい。

    ❶ 送別会は静かな場所でやった方がいい。
    ② 送別会は国際食堂でなければいけない。
    ③ 送別会に副社長が出席するのは良くない。
    ④ 送別会の場所を調べ直す必要はない。

  解説   他の食堂を当たってみるという女性の話に特に何も言っていないので、②は間違いです。④も
間違いです。③は上の会話からは分かりません。正解は①になります。

32. 男性の態度として最も適切なものを選んで下さい。

    ❶ 同僚の仕事内容について理解を示している。
    ② 同僚の無能ぶりに腹を立てている。
    ③ 同僚の事務処理を否定的に見ている。
    ④ 同僚を無視して自分がしゃしゃり出ている。

  解説   男性は、女性の同僚に怒っているわけでも、否定的に見ているわけでも、自分がしゃしゃり出
ているわけでもないので、①が正解になります。

※次を聞いて質問に答えて下さい。 各2点

> 남자：선물은 축하나 감사의 마음을 표현하는 것이지요. 선물 하면 아이를 가진 부모 입장에서는 돌잔치를 생각하지 않을 수 없는데요. 금반지는 돌잔치의 대표적인 선물입니다. 그런데 금값이 한동안 부담스러울 정도로 비쌌지요. 그래서 반지를 못 사고 대신에 옷이나 장난감을 들고 가는 사람들이 많았습니다. 그런데 올해 들어 금값이 내리면서 다시 돌 선물로 금반지를 구입하는 사람들이 늘었다고 합니다. 선물이라는 게 받는 사람 입장에서는 기쁘지만 사는 사람 입장에서는 여간 고민스러운 게 아닙니다.

> 男性：プレゼントはお祝いや感謝の気持ちを表現するものです。プレゼントと言えば子を持つ親の立場からはトルジャンチ（子供の1歳の誕生日の祝いパーティ）のことを思わずにはいられません。金のリングはトルジャンチの代表的なプレゼントです。しかし金の値段がしばらく負担になるくらい高かったです。それでリングが買えず代わりに洋服やおもちゃを持っていく人が多かったです。しかし今年に入り、金の値段が下がり再びトルジャンチで金のリングを購入する人が増えたと言います。プレゼントというのは頂く立場の人にとって嬉しいのですが、買う人の立場からはなかなか悩ましいものです。

33. 何についての内容なのか適切なものを選んで下さい。

    ❶ お祝いと感謝の表現であるプレゼント
    ② 代表的なトルジャンチのお祝いの品である金のリング
    ③ 最近ぐんと下がった金の値段
    ④ 1歳のお祝いの品の種類

   解説　正解は①です。②の金のリングは話の大半を占めてはいますが、それを語っているわけではありませんので、正解にはなりません。

34. 聞いた内容と同じものを選んで下さい。

    ① 金の値段が高くなりトルのリングがなくなった。
    ② トルジャンチの時に金のリングを買っていくのは古い習慣だ。
    ③ 最近はトルジャンチの時に服やおもちゃをプレゼントする。
    ❹ 1歳のお祝いの品を買う人は何を買うか悩む。

   解説　何を買えばいいのか悩ましいと言っているので④が正解になります。

※次を聞いて質問に答えて下さい。 各2点

> 남자 : 오늘 이렇게 저희 청년부가 주최하는 간담회에 참석해 주신 여러분 진심으로 감사의 말씀을 드립니다. 부산시 상공회의소 청년부 부장 김신호입니다. 오늘 이 간담회는 부산시의 '국제교류화 사업'에 우리 청년부 회원 여러분의 많은 참여를 부탁드리고자 마련한 자리입니다. 국제교류화 사업은 한국과 일본, 양국의 젊은 인재들을 좀더 활발하게 교류시켜보자는 게 취지입니다. 이 사업은 일자리 창출은 물론 보다 나은 양국간의 관계를 구축하는데 많은 도움이 될 것으로 기대됩니다. 이런 사업에 저희 청년부가 동참할 수 있는 것은 좋은 기회라 생각됩니다. 여러분의 협조 잘 부탁드립니다.
>
> 男性 : 今日このように私共青年部が主催する懇談会にご出席下さった皆様、誠にありがとうございます。釜山市商工会議所青年部部長のキム・シノです。今日のこの懇談会は釜山市の「国際交流化事業」に私共青年部会員の皆様のたくさんのご参加を賜りたく設けた席です。国際交流化事業は韓国と日本、両国の若い人材をより活発に交流させてみようじゃないかというのが趣旨です。この事業は就職口の拡大はもちろん、よりよい両国間の関係を構築するのに大いに寄与するものと期待をしております。こういう事業に私共青年部が携われるのはいいチャンスだと思っております。皆様のご協力宜しくお願い致します。

35. 男性が何をしているのか、適切なものを選んで下さい。

    ❶ 国際交流化事業に参加することを要請している。
    ② 商工会議所青年部の事業内容を説明している。
    ③ 日韓両国間の関係改善を支持している。
    ④ 商工会議所事業についての同意を訴えている。

  解説 正解は①です。

36. 聞いた内容と同じものを選んで下さい。

    ① この事業は青年部が主管する。
    ② 青年部会員たちが交流事業を担当する。
    ③ 青年部は今まで国際交流化事業に参加してきた。
    ❹ この懇談会は国際交流化事業推進のために設けられた。

  解説 青年部主管の事業ではありません。①は間違いです。青年部の会員たちが直接担当するかどうかは分かりませんので②も間違いです。③は今回の事業が初めてなわけですから間違いです。正解は④です。

文法編

模擬試験1

模擬試験2

模擬試験3

模擬試験4

最新の出題傾向

※次を聞いて質問に答えて下さい。各2点

여자 : 대표님은 '친족 경영'이라는 아주 생소한 경영을 하고 계시는 것으로 들었는 데요. 무슨 경영법인지 소개 좀 해 주시겠습니까?

남자 : 말만 들으면 딱 욕 먹게 되어 있지요. 먼저 친족의 개념에 대해 말씀드리겠습니다. 이 친족은 민법상의 친족이 아닙니다. 우리가 회사에 들어와 만난 관계인데도 불구하고 후배 사원이 선배 사원보고 '형님, 형님' 그러잖아요? 그러면 진짜 형인가요? 아니죠. 그런데 이 형 아우 관계가 되면 경우에 따라 엄청난 시너지 효과가 나거든요. 그래서 그걸 좀 확대해서 가족이 아니고 친족 경영을 해 보자 하는 생각을 한 거죠. 그러니까 내 회사인 거죠. 우리 이모 회사고 삼촌 회사인 거예요. 우리 5촌 당숙 회사인 거죠. 이렇게 생각하고 경영을 하고 일을 하자는 생각입니다.

女性 : 代表は「親族経営」というとても珍しい経営をしておられるものとお聞きしましたが、どんな経営法なのかご紹介頂けますか。

男性 : 言葉だけを聞くと叩かれそうで。まず親族の概念について言わせて下さい。この親族は民法上の親族ではありません。私たちは会社に入って出会った関係であるにも関わらず、後輩社員が先輩社員に「兄さん、兄さん」と言います。じゃあ本当に兄なのですか。違いますね。ところが兄ちゃん、弟の関係になると場合によってとんでもないシナジー効果を発揮します。それでそれをちょっと拡大して家族ではなく親族経営をしてみようと思い付いたわけです。ですから自分の会社なんです。自分の叔母の会社であり、叔父の会社なのです。自分の叔父の会社なのですね。こういうふうに考えて経営をして仕事をしようというわけです。

---

37. 男性の中心的な考えとして最も適切なものを選んで下さい。

    ① 企業経営はシナジー効果をどうやって作り出すかだ。

    ❷ 企業経営は人の経営である。

    ③ 社員をいかに競争関係として仕掛けるかが大事だ。

    ④ 社員をいかに兄ちゃんと弟に仕立てていくのかが重要だ。

   解説   人の考え方を変え、それを経営に役立てようと考えているという内容なので、②が正解になります。

38. 聞いた内容と同じものを選んで下さい。

    ① 親族経営は注目される事業方式だ。

    ② 親族経営はすでに広く知られている方式だ。

    ❸ 親族経営は極めて韓国的な経営方式だ。

    ④ 親族経営は新しい経営手法の1つだ。

   解説   赤の他人に「形」と言う風習を生かした経営手法と言っているので、正解は③です。

여자：농촌이 국토 균형 발전의 기본이라고 말씀하셨잖아요? 농촌 하면 낙후됐다, 농사, 식량 뭐 이런 것들을 떠올리게 되는데 국토 균형 발전의 기본이라는 게 이해가 안 갑니다.
남자：낙후라는 건 어디까지나 도시인 입장에서 그렇게 보는 것이고요. 농촌이라는 지역적 특성, 환경적 특성을 이해해야 하는 겁니다. 만약 전 국토가 다 도시화된다고 생각해 보세요. 그럼 산소 공급을 누가 하지요? 그러니 환경 보호 기능이 있는 거고요. 지역적 특성이라는 건 전통 문화의 보존 기능입니다. 도시에 있는 전통 문화는 없거든요. 그래서 농촌이 눈에 보이는 것 이상의 가치를 지니는 것입니다.

女性：農村が国土均衡発展の基本だとおっしゃいましたね。農村と言えば、後れている、農業、食糧、こういったことを思い浮かべますが、国土均衡発展の基本というのが理解出来ませんが。
男性：後れと言いますけど、あくまでも都市の人の目から見た時にそう見ているだけであってですね。農村という地域的特性、環境的特性を理解しなければなりません。もしもすべての国土が都市化すると考えてみて下さい。すると酸素の供給は誰がするのですか。ですから環境保護機能があるというわけです。地域的特性とは、伝統文化の保存機能です。都市にある伝統文化はないでしょう。ですから農村は目に見える物以上の価値を持っているのです。

39. この対話の前の内容として最も適切なものを選んで下さい。

    ① 国土均衡発展に農村が妨げになっている。
    ② 農村は基本的に食糧供給機能を担う。
    ❸ 農村を守るのが国家と国民の利益になる。
    ④ 都市と農村がうまく調和を成している。

  解説 国土の均衡発展に農村が妨げになっているという主張ではないので①は間違いです。農村の機能には複数あると言っているので②も間違いです。都市と農村が調和をなしているのであれば、対談が成り立ちません。④も間違いです。正解は③です。

40. 聞いた内容と同じものを選んで下さい。

    ① 農村の機能は酸素供給にある。
    ❷ 農村の機能は目に見えるものだけがすべてではない。
    ③ 農村を生かせるための費用があまりにも高くつく。
    ④ 農村が後れたのは都市の責任だ。

  解説 ①は部分的な話です。③も④もそのようなことは言っていません。正解は②です。

※次を聞いて質問に答えて下さい。 各2点

文法編

模擬試験1

模擬試験2

模擬試験3

模擬試験4

最新の出題傾向

> 남자 : 입은 거짓말을 해도 눈은 거짓말을 못 한다는 말이 있습니다. 사회 생활을 하
> 다 보면 재미없는 농담을 듣고 웃어야 할 때도 있고 마음에 없는 사람과 만나 하
> 등 쓸데없는 이야기와 쓸모없는 시간을 보내면서 그리고 웃어야 할 때가 있습니
> 다. 그런데 이렇게 억지로 웃는 웃음을 웃을 때는 절대로 눈이 움직이지 않습니
> 다. 입만 움직이지요. 반면 정말 재미있어서 웃을 때는 눈과 입 주위의 근육이 다
> 움직입니다. 눈가에 주름도 생기고 눈도 작아지며 입 꼬리도 위로 올라가지요. 그
> 래서 웃는 법을 가르치는 고객 서비스 담당자들은 이렇게 웃도록 가르치는 거랍니
> 다. 그런데 아무리 가르쳐도 사교적으로 웃는 웃음은 눈이 움직이지 않습니다. 그
> 래서 눈은 거짓말을 못 한다는 거지요. 정말로 웃는지 아닌지는 눈을 보시면 압니
> 다.
>
> 男性 : 口は嘘をついても、目は嘘がつけないという言葉があります。社会生活をしていると、つ
> まらない冗談を聞いて笑わなければならないときもあり、思いもしない人と出会い、何ら意味
> のない話と意味のない時間を過ごしながら、また笑わなければならないときがあります。とこ
> ろが、このように無理に笑うときには絶対に目が動きません。口だけが動きます。反面、本当
> に面白くて笑うときは、目と口の周囲の筋肉がすべて動きます。目尻に皺もでき、目も小さく
> なり、口元も上に上がります。それで、笑い方を教える顧客サービス担当者たちは、このよう
> に笑うように教えるとのことです。しかし、どんなに教えても社交的に笑う笑いは目が動きま
> せん。それで、目は嘘をつけないというわけです。本当に笑っているかどうかは目を見ればわ
> かります。

41. この講演の中心となる内容として最も適切なものを選んで下さい。

❶ 笑いには本物の笑いと嘘の笑いがある。
② 顔の筋肉が動く笑いが本物の笑いである。
③ 顧客サービス担当者たちは嘘の笑いを教えている。
④ 口は真実を言い、目は嘘を言う。

解説 男性の中心的な考えは①です。他の選択肢は部分的な話になります。

42. 聞いた内容と同じものを選んで下さい。

① 目が笑うと筋肉が動く。
② 口元が動いたらわざと笑っている証拠だ。
❸ 本当の笑いは心から出て来る。
④ 練習をすると本当の笑いもできる。

解説 ④はそう考える人もいるかもしれませんが、本文の男性はそうは思っていませんので、正解に
はなりません。正解は③です。

남자 : 지금 보이는 이 유리구슬은 통일신라 시대 지배층이 사용한 목걸이에 달려 있던 것이다. 자세히 살펴보면 불과 지름 2cm 밖에 안 되는 작은 구슬 안에 사람의 얼굴이 새겨져 있다. 그런데 옛 한국인의 얼굴은 아니다. 그럼 이 구슬은 어디에서 왔고 이 구슬에 새겨진 사람은 어느 나라 사람일까? 당시 신라에 뛰어난 구슬 공예 기술이 없었다는 점을 생각하면 점점 의혹은 깊어만 간다. 우리는 그와 비슷한 구슬을 찾아 나섰다. 그리고 마침내 동남 아시아의 작은 섬에서 제작 기법이 비슷한 구슬을 찾아냈다. 구슬 안의 얼굴이나 제작 기법 등이 아주 유사하다. 그러면 수천 키로나 떨어진 이곳 동남 아시아의 작은 섬과 통일신라가 교역을 했단 말인가? 우리가 직접 교역을 했던 증거는 찾을 수가 없었지만 당시 청해진을 중심으로 이루어졌던 국제 해상 무역의 규모를 생각해 볼 때 이 구슬이 신라의 지배층에 건너갔을 가능성은 충분히 있다.

男性 : 今見えるこのガラス玉は、統一新羅時代の支配層が使用した首飾りにかかっていたものだ。詳しく見ると、わずか直径2cmにしかならない小さな玉の中に人の顔が彫られている。しかし昔の韓国人の顔ではない。ではこの玉はどこから来て、この玉に彫られた人はどこの国の人だろうか。当時、新羅にずば抜けた玉工芸技術がなかったという点を考えると、どんどん疑惑は深まるばかりだ。我々はそれと似た玉を探しに出た。そしてついに、東南アジアの小さな島で制作技法の似た玉を探し当てた。玉の中の顔や、制作技法などがたいへんよく似ている。では、数千キロも離れたこの東南アジアの小さな島と統一新羅が交易をしたというのだろうか。我々は直接交易をした証拠を見つけられなかったが、当時清海鎮を中心に行われた国際海上貿易の規模を考えるとき、この玉が新羅の支配層の手に渡った可能性は十分にある。

43. 何についての内容なのか、適切なものを選んで下さい。

    ❶ 新羅時代には国家貿易が活発に行われた。
    ② 新羅時代には身分制度があった。
    ③ 新羅時代には玉工芸技術が大きく発達した。
    ④ 新羅時代には外国人の顔をすることが流行した。

    解説   正解は①です。②は事実ですが、中心的な内容ではありません。③④は違います。

44. ガラス玉についての説明として適切なものを選んで下さい。

    ① このガラス玉は新羅人が作った。
    ② このガラス玉の大きさはコインほどである。
    ③ このガラス玉に彫られた人は当時の新羅人だ。
    ❹ このガラス玉は貴族階層が身につけていたものだ。

    解説   新羅人はこのガラス玉を作っていません。大きさは直径2cmです。玉に彫られていた人は新羅人ではありません。正解は④です。

※次を聞いて質問に答えて下さい。各2点

男子：식사를 하는 속도로 사람의 성향을 어느 정도 알 수 있다고 그럽니다. 예를 들어 같이 있는 사람의 식사 속도와 상관없이 느긋하게 혼자 식사를 즐기는 사람이 있죠? 이 사람은 자기 리듬에 맞춰 세상을 사는 사람이죠. 믿을 수 있을 지는 모르지만 융통성이 있을 지는 의문입니다. 같이 식사를 하러 갔는데 다른 사람은 다 먹고 이야기를 나누고 있는데 혼자서 천천히 먹고 있으니 말이지요. 반면 밥을 무지하게 빨리 먹고 기다리는 사람도 있습니다. 이런 사람은 행동이나 일 처리가 빠른 타입입니다. 그래서 상사나 동료로부터 일을 잘한다는 평가를 받기도 합니다. 그렇지만 그 속전속결형 성격 때문에 대형 사고를 치거나 돌이킬 수 없는 실수를 저지를 때가 있습니다. 그리고 멀쩡하던 사람이 갑자기 쓰러지는 경우도 있고요. 뭐든지 적당히 중간 쯤이 좋을까요?

男性：食事をする速度で、人の性格をある程度知ることが出来るといいます。たとえば、一緒にいる人の食事速度とは関係なく、ゆっくりと1人で食事を楽しむ人がいますよね。この人は自分のリズムに合わせて世の中を渡っている人ですよ。信じることは出来るかもしれませんが、融通性があるかは疑問です。一緒に食事をしに行ったのに、他の人は食べ終わって話をしているのに、1人でゆっくり食べているんですから。反面、ご飯を無茶苦茶早く食べて待っている人もいます。このような人は、行動や仕事の処理が早いタイプです。それで、上司や同僚から仕事ができるという評価を受けることもあります。しかし、速戦即決型の性格のお陰で、大事故を起こしたり、取り返しのつかない失敗をするときがあります。そして、ピンピンしていた人が突然倒れる場合もありますし。何でも適度に中間程度がいいのでしょうか。

45. 聞いた内容と同じものを選んで下さい。

❶ 食事をする速度でその人がどのような人であるかが分かる。
② 食事をする速度が速い人はのろまだ。
③ 食事をする速度が遅い人は速戦即決型だ。
④ 食事をする速度と仕事をする速度は違う。

解説 ②と③は説明が逆です。④はそうではないと本文で言っているので間違いです。①が正解になります。

46. 男性の態度として最も適切なものを選んで下さい。

❶ 人の性格には良い点も悪い点もある。
② ゆっくり食事を楽しむ人は融通性がない。
③ 食事を早くする人は性格が落ち着いている。
④ 何でも中間がよい。

解説 正解は①です。②④はそのように考えている可能性もありますが、最も相応しいものではありません。

여자 : 요즘은 경기장에 가면 볼거리가 많습니다. 경기가 시작하기 전에 연예인이나 유명인들이 시구를 하기도 하고 또 쉬는 시간을 이용해서는 가수와 치어 리더들이 공연도 합니다. 관객 입장에서는 경기도 볼 수 있고 행사도 즐길 수 있으니까 일석이조일 것 같은데요. 관객에게 다양한 서비스를 제공하려고 하는 구단 측의 노력도 인정을 해야 할 것 같은데요.

남자 : 구단 측의 그런 노력은 당연한 거고요. 안 하면 몰라도 시작했으면 철저하게 해야지요. 그것보다도 프로 야구라는 걸 뭘로 볼 거냐에 따라 판단이 완전히 달라집니다. 스포츠로 본다면 시구도 필요없고 치어 리더를 내세워 볼거리를 마련할 필요도 없겠지요. 그런데 프로 야구를 엔터테인먼트 산업의 하나로 본다면 이야기는 완전히 달라집니다. 더 해야 합니다. 지금 것 가지고는 부족하지요. 어정쩡하게 하니까 양쪽에서 다 불평이 나오는 거지요.

女性 : 最近は競技場に行くと見ものが多いです。競技が始まる前に芸能人や有名人たちが始球式もするし、また休憩時間を利用して歌手やチアリーダーが公演もします。観客の立場としては競技も見られ、行事も楽しめるので一石二鳥と言えそうですが。観客に多様なサービスを提供しようとする球団側の努力も認めなければならないと思いますが。

男性 : 球団側のそのような努力は当然なことですよ。しないならまだしも、始めたなら徹底してしなければ。それよりも、プロ野球というものの何を見るかによって判断が完全に異なってきます。スポーツとして見るなら、始球式も必要ないし、チアリーダーを立ててショーを準備する必要もありません。しかし、プロ野球をエンターテインメント産業の1つとして見るならば、話はまったく異なってきます。もっとやらなければなりません。今のものでは足りません。中途半端にやるから、双方から不満が出てくるのです。

47. 聞いた内容と同じものを選んで下さい。

① 野球を楽しむ人は、ショーも楽しむ。
❷ プロ野球競技場に行くとショーがある。
③ プロ野球競技場ではイベントを行わない。
④ プロ野球は娯楽ではない。

解説　まず①ですが、野球好きの人は他が要らないという立場なので間違いです。③は現状とは違います。④はそのように判断が分かれるので正解にはなりません。②が正解です。

48. 男性の話の仕方として最も適切なものを選んで下さい。

❶ 専門的な知識で問題を正しく診断している。
② 球団の経営方法に対し賛成している。
③ プロ野球を娯楽産業として規定している。
④ スポーツ、娯楽のいずれでもない可能性があることを強調している。

解説　②は違います。球団の経営方式についても多少批判的な立場にいます。③は決まった結論ではありませんのでこれも間違いです。④は確かにそうですが、言い方ではなく内容です。それに強調はしていません。正解は①です。

※次を聞いて質問に答えて下さい。 各2点

女子 : 이젠 한국도 지진 안전 지대가 아닌데요. 한 해 지구상에 지진이 몇 번 정도 발생할 것 같으세요? 약 50만 번 일어납니다. 당연하지요. 여러 조각으로 나뉘어 있는 플레이트 위에서 우리가 생활하는데 이 플레이트가 움직이거든요. 플레이트와 플레이트가 만나면 충돌도 일어나고요. 그러니까 우리가 느끼지 못할 뿐이지 우리가 지진이라고 부르는 건 일주일 평균 지구상 어딘가에서 약 만 번 정도 일어나고 있는 거지요. 그러니까 보는 각도를 바꿔야 된다고 봅니다. 지진을 재해라고 볼 게 아니라 생활이라고 봐야 되는 거예요. 이렇게 보는 각도를 바꾸면 대비책이 나오게 됩니다. 모르고 지나가니까 나하고 상관없는 일이라고 생각하는 거거든요.

女性 : もう韓国も地震安全地帯ではありません。1年に地球上で地震が何回程度起きていると思いますか。約50万回起きています。当然でしょうね。いくつかのかけらに分かれているプレートの上で我々が生活しているわけですが、このプレートが動くわけですよ。プレートとプレートが出合うと衝突も起きます。だから、私たちが感じないだけであって、我々が地震と呼ぶものは1週間平均で地球上どこかに約1万回程度起きているんです。だから見る角度を変えねばならないと思います。地震を災害としてみるのではなく、生活だと見なければなりません。このように見る角度を変えると、対策が出てきます。知らないでやり過ごしているから、自分とは関係ないものだと考えるんですよ。

---

49. 聞いた内容と同じものを選んで下さい。

① 地震の安全地帯が存在する。
② 地震に対する考えは昔も今も変わっていない。
③ 地震はたまに起きる自然災害に過ぎない。
❹ 地震を生活の一部だと考えれば備えることが出来る。

解説　地震安全地帯はありません。地震についての考え方はだいぶ変わってきました。地震はとても頻繁に発生します。正解は④です。

50. 女性の話の仕方として最も適切なものを選んで下さい。

① 地震の現象を論理的に説明している。
❷ 自然災害に対する心理的接近法を示している。
③ 学問的根拠を挙げて地震安全論を主張している。
④ 自分の主張を一方的に展開している。

解説　地震現象そのものを説明しているわけではありませんので①は間違いです。地震安全論は言っていません。自分の主張を一方的に言っているわけでもありません。正解は②です。

第3回　Ⅱ　읽기　正解及び解説

[1-2]（　　　）に入る最も適切なものを選んで下さい。 各2点

1. うちの先生は冷たく（　　　　　　）、心は温かい。

① 見えるくらい　　　　　　　　　② 見えて
③ 見えてこそ　　　　　　　　　　❹ 見えても

解説 「는 만큼」は「〜しているだけに」、「다가」は「〜していて」、「아/어야」は「〜しないと（〜しない）」の意味です。「아/어도」は「〜しても」の意味なので、④が正解になります。

2. 学校に（　　　　　　）雨が降り始めた。

① 着いたなら　　　　　　　　　　② 着こうとして
❸ 着いたら　　　　　　　　　　　④ 着いても

解説 「니까」は原因理由の意味になる場合と、発見系の意味になる場合の2つあります。この場合は発見の意味になります。正解は③です。学校に着いたら雨が降り始めることに気づいたという意味です。

[3-4] 次の下線部分と意味が同じものを選んで下さい。 各2点

3. 正社員の職を得るどころか、契約社員の職を得るのも難しい。

① 得るつもりで　　　　　　　　　❷ 得るどころか
③ 得るなら　　　　　　　　　　　④ 得るところで

解説 「커녕」は「〜どころか」の意味です。それに最も近いのは②になります。

4. 彼は再び健康になりさえするなら、どんなことでもできないことはないと言った。

❶ 健康になるなら　　　　　　　　② 健康になるように
③ 健康になってこそ　　　　　　　④ 健康になるとか

解説 「건강해질 수만 있다면」は「健康になりさえすれば」「健康になることさえ出来れば」の意味なので、①が正解になります。①は「건강하다＋지다＋면＋야」の構造をしているもので、「야」は「それに関して言えば」の意味を持つ言葉ですから、「健康になる、それに関して言えば」の意味になり、「건강해질 수만 있다면」に最も近い意味になります。

[5-8] 次は何についての文なのかを選んで下さい。 各2点

5.

> FULL HD、動画再生、HDMI出力
> ブルーレイディスク対応

① テレビ
② コピー機
❸ DVD プレイヤー
④ 蛍光灯

6.

> ～年に一度だけの大型セール～
>
> 皆様をお待ちしています。

❶ スーパーマーケット
② 食堂
③ コンビニ
④ マンション

7.

> 皆様のもしもを責任持ちます。
>
> 円滑な支給手続き、安価な費用

❶ 保険加入
② 受付方法
③ 注意事項
④ 交換方法

8.

> 蓋を回して開けます。
> 下のレバーを最後まで回します。
> レバーを再度左にカチンと音が出るまで回します。
> 息を吸います。
> 蓋を回して閉めます。

❶ 使用方法
② 室内環境
③ 製品案内
④ 健康管理

[9-12]　次の文またはグラフの内容と同じものを選んで下さい。各2点

9.

> ### 自然保護環境キャンペーン、歩き大会
>
> 日時：2018年5月26日（土）13：00
> 場所：漢江公園
> 主催：環境連合
> 内容：漢江公園歩き、自然保護広報および環境キャンペーン、ゴミ拾い、
> 　　　17：00行事終了予定
>
> ※参加なさる方には昼のお弁当と飲み物をご提供します。

❶ 自然保護広報と環境キャンペーンが終わったら行事が終了する。
② 漢江公園を歩くこと以外には他の行事がない。
③ この歩き大会に参加するには各自昼食を用意しなければならない。
④ 環境連合の会員たちが漢江公園を歩きながらする大会だ。

文法編

模擬試験1

模擬試験2

模擬試験3

模擬試験4

最新の出題傾向

10.

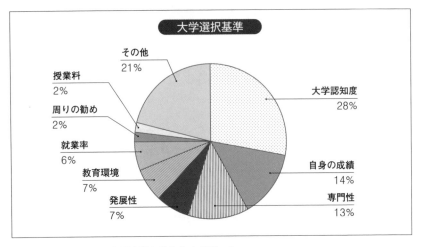

① 行こうとする大学が名門大学か違うかは重要でない。
❷ 大学の専門性や発展性よりも成績で大学を決める学生が多い。
③ 家族や知り合いなどの意見を聞いて自身の大学を決める学生が意外に多い。
④ 授業料が安い大学を好む傾向がある。

11.

近頃、緑色の豆もやしを求める人が増えている。従来私たちが食べていた黄色い豆もやしは、ふつう黒い布で（光を）遮って暗いところで育てるが、この緑色の豆もやしは遮らずにそのまま明るいところで育つようにするところが異なる。そうすると、日差しをたくさん受けるので徐々に緑色に変わっていく。この緑色の豆もやしは従来の黄色い豆もやしより栄養価が高い点が特徴だ。

❶ 黄色い豆もやしより栄養価が高い緑色の豆もやし
② 豆もやしを育てるとき遮る黒い布
③ 日を受けて育つ黄色い豆もやし
④ 最近求める人がぐんと増えた黄色い豆もやし

解説　黄色のもやしより緑色のもやしの方がより栄養価が高いという話なので、①が正解になります。②は事実ではありますが、上の文がもやしに関する話なので②が正解になることはあり得ません。

12.

手を動かすことが脳に関連するという話をよくする。それで手をしょっちゅう動かすと脳の機能がよくなると言うが、特に普段あまり使わない手を動かすのがいいという。ならば家族の中でも手をたくさん使う主婦たちがもっとも脳の機能が発達しているということになるが、なるほどそういうこともありうる話だ。

① 普段使っている手をずっと使うのが脳の機能にいい。
② 主婦たちが脳の機能がいいのは手を使うからだ。
❸ 手を動かすことが脳に関連する。
④ 家族の中で家長がもっとも脳が発達している。

解説　手と脳とはどこかで連動しており、手先を使うのは脳にいい刺激になるということだから家族の中では断然お母さんがその対象となるでしょうという話ですが、かといって②は正解にはなりません。本文ではそこまで言っていません。最も自然なのは③です。

[13-15] 次を順番どおりに合うように並べたものを選んで下さい。 各2点

13.
> (가)落書きをしたらストレス解消に役立つからだ。
> (나)しばしば、いたずらで落書きをする人がいる。
> (다)誰も見ないはずだと思うからだ。
> (라)しかし、落書きにはぞんざいで下品な言葉もたくさん書かれている。

① 나-다-라-가   ❷ 나-가-라-다
③ 다-가-라-나   ④ 다-라-나-가

解説 出だしとして最も自然なのは (나) です。(나) の次は (가) が自然ですから②が正解になります。

14.
> (가)トウモロコシや小麦のような穀類もそんな商品の代表的な例だ。
> (나)それで穀類の価格が上がるとパンや麺の価格も連動して上がることになる。
> (다)穀類はだいたいパンや麺などを作るのに原材料として使う場合が多い。
> (라)市中の商品の中には物価に及ぼす影響が大きい商品がある。

① 가-다-라-나   ② 가-나-다-라
❸ 라-가-다-나   ④ 라-다-가-나

解説 出だしとして最も有力なのは (라) です。(가) に「그러한 상품」と書いてあるのでこれが (라) に続くことになります。正解は③です。

15.
> (가)なので外国語を知らないと広い世界に出ていく自由を失うことになる。
> (나)ほかの文化圏の人たちと交流することができるからだ。
> (다)外国語ができるということは幸せなことの1つだ。
> (라)交流をしながら私は彼らを通して、彼らは私を通して世界を見る。

① 가-라-다-나   ② 가-다-라-나
③ 다-가-라-나   ❹ 다-나-라-가

解説 (가) は (라) の後に来るのが自然です。それを満たしているのは④です。④が正解になります。

[16-18] 次を読んで（ ）に入る内容として最も適切なものを選んで下さい。 各2点

16.
> だんだん春が短くなり、夏が早く始まる。地球温暖化の影響だと言うが、こうした変化のために商品の売出傾向も変わっていく。夏の代表的な果物だと言えるスイカもその影響を受けて（   ）。例年なら販売量がほとんどなかったような4月、5月にスイカの販売量が増えているのである。

① だんだん高くなっている。   ② 栽培する農家が増えている。
❸ 販売時期が早くなっている。   ④ 夏に買うのが難しくなっている。

解説 スイカは夏の果物で、本文は気候の影響で販売時期がずれてきたと言っているので③が正解になります。

17.

> 水をガラスのコップに注ぎ入れて水位をうまく調節すれば、立派な楽器になる。それが可能な理由は空気の振動のためだ。例えば、水がいっぱい入ったガラスのコップは叩いても空気の振動が発生しにくいので低い音が出る。逆に水がいくらも入っていないコップを叩くと高い音が出る。だから（　　　）音の高い低いが決まるのだ。

① ガラスのコップの大きさによって
❷ ガラスのコップに入っている水の量によって
③ ガラスのコップを叩く強さによって
④ ガラスのコップを叩く道具によって

解説 音の高低を決めるのは水の量です。②が正解になります。

18.

> 生きていれば偶然に予期もしないお金ができることもある。しかし普段お金をあまり使わない人も、こんなお金ができるとばんばん使う場合が多い。たやすく稼いだお金はたやすくなくなるということだが、これは苦労して努力して稼がなかったので（　　　）考えるからだ。だから、お金は巡りめぐるものだ、という言葉があるのかもしれない。

❶ 全部使うのが正しいと
② 銀行に入れなければならないと
③ 借金を返さなければならないと
④ 大事に使わなければならないと

解説 流れ的に①を正解とします。

※次を読んで質問に答えて下さい。 各2点

> 広告は必ず消費者の目を引かなければならない。そうでなければ広告としての機能を失うからだ。例えば美容室である人が髪をセットするとしよう。この人はセットが終わるまで何時間か待たなければならない。ましてや一人で来た人なら（　　　）。このとき自然に顧客の目を引く広告があったら顧客は無意識的にその広告を見るようになる。

19. （　　　）に入る適切な表現を選んで下さい。

❶ どのように時間をつぶそうか考えるようになる
② どこに広告があるのかを探すようになる
③ 寝る方法を研究するようになる
④ 友達に会おうとするようになる

解説 何時間も待たされるという件が前の文にあるので、①が正解となります。

20. この文の内容と同じものを選んで下さい。

① 顧客が見ない広告もある。
❷ 広告は消費者の目を引いてこそ成功する。
③ 自然に目につく広告は効果的ではない。
④ 強制的に見るようにする広告はよくない。

解説 コマーシャルですから、自然に目についても、半強制的に目に入っても、目につきさえすれば成功ということになります。正解は②です。

※次を読んで質問に答えて下さい。各2点

> 中世に西洋で作られた地図を見ると、海のところに怪物が描かれているものがある。当然の話だが中世の人々は遠い海に出た経験がなかったので、海に恐ろしい生物が生きているだろうと信じていた。なので地図に描き込む海の怪物の姿が（　　　）よく売れた。しかしこのような伝説は実際には違うところに目的がある場合が多い。なぜなら遠い海に出た船が戻って来なかった場合、その責任を海の怪物のせいにして自分たちはその責任を免れないといけないからだ。

21.（　　　）に入る適切な表現を選んで下さい。

① きれいでかわいいほど
② 小さくてぽっちゃりしているほど
❸ 怖くて怪しいほど
④ 恐ろしくて気難しそうなほど

解説　怪物の姿ですから、③が正解になります。「괴곽하다」は、人の性格が捻じ曲がり、何に対しても奇怪な反応を見せたり行動をしたりする様を表す形容詞です。動物には使いません。

22. この文がもっとも言いたいことを選んで下さい。

❶ 中世の地図には当時の人々の考えが反映されている。
② 中世の地図には海の怪物が描かれている物が多い。
③ 中世には遠い海に出る人々が多かった。
④ 中世の人々は見ていないものに対する怖さがなかった。

解説　③と④は事実と違います。②は事実ではありますが、中心となる考えではありません。①が正解です。

※次を読んで質問に答えて下さい。各2点

> 1人暮らしの姑を置いてソウルに帰ってくる足取りがさほど軽くはなかった。でもその気持ちは何日も続かなかった。姑がついにソウルに来たのだ。お母さんは家に入るや否やキムチを漬けるだの、掃除をするだの忙しかった。私が触るのが面倒でそのまま突っ込んでおいた倉庫も、開けてみてはいちいち全部取り出して、拭いたり掃いたりしてまたてきぱきと元の場所にしまっておいた。息子の家に来たんだから何もせずにゆっくり休んでといくら言っても聞いたふりもしなかった。まるで仕事したくてむずむずしている人のように。そのように3日ほど動いてはついに寝込んでしまった。もともと田舎にいる時から少しずつ体調を悪くしていたのをこじらせたのだ。

23.　下線部分に現れる私の心境として正しいものを選んで下さい。

① 煩わしい　　　　　　　　　② 寂しい
❸ 心苦しい　　　　　　　　　④ すっきりする

解説　「민망하다」は、見ていて何か気まずい気持ちにさせられる思いがする状態を言います。正解は③です。「번거롭다」は、基本的に人にはあまり使いません。

24. 上の文の内容と同じものを選んで下さい。

　　❶ うちの姑はとてもきれい好きな方だった。
　　② うちの姑はキムチを漬けるのが好きな方だった。
　　③ うちの姑は田舎で１人で暮らすのが好きだった。
　　④ うちの姑は私の言うことをよく聞くほうだった。

　　解説　義理のお母さんがやってくれたのはキムチだけではないので、②はちょっとずれます。田舎での１人暮らしが好きな人はソウルに来ません。③も不正解です。正解は①です。

※次は新聞記事のタイトルです。最もよく説明したものを選んでください。 各2点

25. ┌───┐
　　│　牛乳の値段引き上げ、乳製品価格も相次いで　│
　　└───┘

　　① 牛乳の値段が上がって、乳製品が売れない。
　　❷ 牛乳の値段が上がって、乳製品の価格もつられて上がっている。
　　③ 乳製品の価格が相次いで上がっていて、牛乳の値段も上がっている。
　　④ 牛乳の値段は上がったが、乳製品の価格はそのままだ。

　　解説　牛乳の値段が上がって乳製品価格もそれにつられてぞろぞろという意味の見出しなので②が正解になります。

26. ┌───┐
　　│　リサイクル品、これが本当に廃棄物？　│
　　└───┘

　　① リサイクル品は見ればすぐ識別できる。
　　② リサイクル品を作って廃棄物を減らしつつある。
　　③ 産業廃棄物で作ったので値段がとても安い。
　　❹ 産業廃棄物で作ったリサイクル品だとは信じられない。

　　解説　産業廃棄物で作ったリサイクル品のようにはとても見えないという趣旨の見出しなので、④が正解になります。

27. ┌───┐
　　│　季節逆さまに、患者で病院がごった返し　│
　　└───┘

　　① 気温が急に上がって風邪を患っている人が多い。
　　❷ 冷たい春の天気に病院を訪れる患者が多い。
　　③ 病院でイベントがあって人々が多く参加する。
　　④ 不当診療に対する抗議を行っている人が多い。

　　解説　「북적대다」は人でごった返している様子を表す言葉です。季節が逆さまにと言っているので、大体春に使う表現ということになります。②が正解になります。

[28-31]　次を読んで（　　）に入る最も適切なものを選んで下さい。各2点

28.

> 　童話は子供のための本だ。しかし本は本なので大人が読んでいけないことはない。実際最近は童話の本を読む大人が増えているという話を聞く。童話を通して（　　　）のだろうか。しかしあえて童話の本を読んでまで自分の気持ちを浄化させなきゃいけないほどそんなに濁っているのなら童心には簡単に戻れるだろうか。

① 子供の気持ちを理解しようとする　　　　❷ 心の平和を得ようとする
③ 家族と同じ気持ちになろうとする　　　　④ 童心に戻ってみようとする

解説　選択肢はどれを取っても言えると思います。しかし本文に「정화(浄化)」という言葉が出てくるのでそれに合わせると②が正解になります。

29.

> 　本物の芸術は方法を選ばない。噴出してくる自分の創作意欲をどうしても抑えることができないからだ。例えば、ある画家が真の芸術家なら手がなければ足で表現するだろうし、お金がなくて絵の材料が買えなかったら土をもってでも自分の芸術性を表現するであろう。だから方法論だの、創作論などというのは（　　　）ではないかと思う。

⑴ 一生懸命研究する人たちの創作性　　　❷ 満ち足りている人たちの芸術性
③ 真剣な芸術家たちの発想　　　　　　　④ 時代を先取りした芸術性

解説　真の創作意欲を持つ人は、どんな手を使ってでもそれを形にするのだから、方法論云々を論じるのは、所詮裕福な人たちの言葉の綾に過ぎないという話なので、②が正解になります。

30.

> 　消しゴムはほかの文具類と長く一緒にいるとその文具類にくっつきたがる。消しゴムを作る時に入れるある特殊な物質のためだというが、面白い現象と言わざるを得ない。消しゴムを作るため薬品を入れるというが、この薬品がプラスチックに出会うとゴムとプラスチックをくっつけるのである。つまりこの薬品がプラスチックを（　　　）するのだ。

❶ 消しゴムにしてみようと　　　　　　　② くっつくようにしようと
③ 離すようにしようと　　　　　　　　　④ 完全に溶かそうと

解説　流れ的に自然なのは①です。

31.

> 　ヒップホップという音楽ジャンルがあるらしい。どうして「らしい」と言うのかというと、あまり気に入らないからだ。ところでヒップホップをする人たちは自分らで会ったら何か独特な挨拶を交わす。だからヒップホップする人たちが何かお互い（　　　）らしい。ふとまさにこれがヒップホップの魅力ではないかと考えた。だからヒップホップは、音楽でありながら、生活そのものなのだ。お互い取り交わし確認し分け合って。それを音楽という形に発展させただけなのだ。

① 確認をしなければならない
② 儀式を取り交わさなければいけない
❸ 私たちは1つだという意識を感じる
④ 認めてあげなければいけないと思う

解説　ヒップホップの人たちは仲間で会うと独特な挨拶を交わすと言い、それがヒップホップの精神だと言っているので、正解は③です。①も②も言えそうな気もしますが、確認ではないし、儀式でもないので不正解です。

[32-34] 次を読んで内容が同じものを選んで下さい。 各2点

32.

冬の季節に私たちを楽しませてくれるミカンは本当に素晴らしい果物だ。運動したあとに
ミカンひとかけらを口に入れたときに広がっていくミカンの果汁の冷たさと清涼感はなんとも
言えない。しかしミカンはそのような満足感を私たちに提供したあとに「私を捨てないで皮も
使ってください」と言う。私は、ミカンの皮をビニール袋に入れて電子レンジに回せば携帯型
カイロになるということを全然知らなかった。

① 運動後に食べるミカンは喉に渇きを増す。
② 冷たさと清涼感をくれるのはコーラが一番だ。
❸ ミカンの皮も知ってみれば役に立つ。
④ ミカンは1年中食べられる果物の中の1つだ。

解説　①は事実と逆の話なので不正解です。②は人によって意見が違うと思います。正解は③です。

33.

「赤朱黄緑青紺紫」私たちは虹色をこう言う。この7色の説はニュートンが実験を通じて光を
7種類の色に分離したことで定説として定着した。ところがこの7色がもし必要ない人たちが
いたら、その人たちも7色を認識して7色があると信じるだろうか。答えはノーだ。人間が色
を認識するのは生活に必要だからだ。白、黄色、赤、青、黒以外に色を表す純粋な韓国語があ
るだろうか。だから昔の韓国の民族が色を5つしか使わなかったとしか言いようがない。

❶ 色は区別する必要があるときだけ認識して使う。
② 虹色は誰が見ても7色だ。
③ 虹色の数字に関しては異論の余地がない。
④ 虹色は誰かが決めたわけではない。

解説　虹の色が7つなのかについては異論があると言っているので③は不正解です。②と④も違いま
す。正解は①です。

34.

テグ広域市でUN食糧機構総会を手伝うボランティアを募集している。申し込み資格は国籍
と年齢を問わず、韓国に居住している人に限り、英語が堪能な人を優先選抜の対象とする。申
請者に対しては、まず書類審査を経てある程度の人数を選抜したあと、面接審査後最終合格者
を選定する。ボランティアとして最終決定された人は総会期間中に交通案内を始め行政業務全
判を担当することになる。

① ボランティアは韓国国籍を持っている人に限る。
② 英語が上手じゃなくても違う外国語ができればいい。
③ 書類面接は行わないで面接審査で最終決定する。
❹ 総会期間が終わったらボランティア活動も終了する。

解説　①や②は事実と違います。書類審査を通してある程度の人数にすると言っているので③も不
正解です。正解は④になります。

[35-38] 次の文のテーマとして最も適切なものを選んで下さい。各2点

35.

　建物の屋根の形はその地域のいろいろな特性に基づく場合が多い。例えば、寒い地方ほど建物の屋根が傾いていて、暑い地方ほど屋根の傾斜が緩いのがまさにその例である。建物の屋根を傾けて作るのは雪の重さのためだ。雪がたくさん積もれば雪の重さに耐えられず屋根が崩れてしまうことがあるからである。半面、暑い地方では強い日差しを防ぐためにできるだけ屋根を広く平らに作ることになる。

① 熱帯地方の屋根は比較的平らに作る。
② 雪が多く降る地方の屋根がどこに行っても似ている。
❸ 屋根の形もこの地域の文化と生活風流を反映する。
④ 寒いところの建物の屋根は傾いた形をしている。

　解説　①②④すべて言えることですが、そのどれも部分的な話に過ぎません。テーマを挙げるとしたら③になります。

36.

　運動選手が競技を始める前に大きい声で叫ぶのをよく目撃する。このような姿を競技当日はもちろん普段の練習の時もよく見られる。その理由は、大声で叫びながら練習に臨んだりすると精神力強化や集中力強化に効果があるからだ。別に運動選手じゃなくても席から立ちあがるときに声を出したり、重いものを持ち上げるときに「いち、に、さん」という声を出すのも理屈は全部同じだ。声を出して気持ちを集中させる時に力がもっと出るようになる。

① 大変な時は声を出して動く必要がある。
② 大声を出して何かをすると集中力が高まる。
❸ 大声で叫ぶのと精神力向上とは関係がある。
④ 重い物を持つときは声を出すのが効果的だ。

　解説　選択肢が4つとも本文の内容と一致します。しかしテーマとして選ぶことになると①②④は部分的な話のような気がします。正解は③です。

37.

　携帯でメールを送りあうときに絵文字で感情を表す場合がある。最初のころは単純な字や顔の表情が主だったが、今はキャラクターを利用したものだとかまたは人気芸能人の似顔絵を利用したものなどが人気を集めている。ある専門家は絵文字が言語の表現力を退化させると指摘したことがある。絵文字を使うといって言語の表現力が退化して、絵文字を使わなければ言語の表現力が保障されるとは、その発想自体が幼稚だと言わざるを得ない。絵文字が本当にそれほど大きな影響を与えられるのか？

① 絵文字はだんだん多様な形に発展している。
② 絵文字は言語表現力とはあまり関係がない。
③ 絵文字はもはや重要なコミュニケーションツールとして定着した。
❹ 絵文字が人間の言語にまで影響を及ぼすことはない。

　解説　①③は言える内容ではありますが、最も中心となるテーマではありません。④が正解です。

38.
　　愛を告白するときは相手のどちら側で話をするべきか気をつけなければいけないかもしれな
い。左の耳は右の脳とつながっているが、まさにこの右の脳が感性的な部分を制御しているか
らだ。半面、理性的な言葉は右の耳を通したほうがより効果的かもしれない。右の耳は理性的
な部分をコントロールする左の脳とつながっているからだ。しかしそういうことをいちいち意
識しながら愛の告白をしたり、褒めたり、冗談を言う人がいたら、むしろそのほうが嫌な気が
する。

❶ 人の脳は各々務める役割が違う。
② 愛の告白は右の脳にしたほうがいい。
③ 業務指示などの理性的な話は左の脳にしたほうがいい。
④ 脳の役割分担に合わせた会話をしたほうがいい。

解 説　選択肢は４つとも言えます。しかしテーマを選ぶとしたら①になります。

[39-41]　次の文で《例》の文章が入るのに最も正しいところを選んでください。　各２点

39.
　　時々、人間の欲望はタブーによってより強くなる場合がある。（　㋐　）あることに対してタ
ブーができるとむしろそれを壊したくなり、その過程の中でタブーの対象に執着し欲望が強化さ
れるのだ。（　㋑　）たとえばやるな、と言われたらもっとやりたくなるし、食べるなと言われた
らもっと食べたくなるのがこれにあたる。（　㋒　）このようになぜか人間はやるなと言われたり、
何かをやれと強要されるときに、それを反対に行動しようとする欲求が強くなる。（　㋓　）

------------------------------ 《例》 ------------------------------
　これはただタブーだけでなく、度が過ぎる強要をするときも発生する。
----

①㋐　　　　　　　❷㋑　　　　　　　③㋒　　　　　　　④㋓

解 説　「이는」という表現は何かを付け加えたい時に使う表現です。一番相応しいのは②です。

40.
　　再生可能エネルギーとしていろいろある中で、その中でも発展の可能性が大きいのが風力で
ある。（　㋐　）ところが風力発電に必要不可欠な風が時間と場所によって偏差が大きいため、
持続的な環境を維持させることが容易なことではない。（　㋑　）よって風力発電が効果的で
あるためには設置場所に対する事前予備調査が妥当性を持って行われなければいけない。
　　（　㋒　）しかし風さえある程度確保できれば、エネルギー効率がよいため、これからも多
くを期待できる再生可能エネルギーである。（　㋓　）

------------------------------ 《例》 ------------------------------
　そうしなければ安定的に電気を確保することができず、高額の事業費と維持費を浪費する結
果になるためだ。
----

①㋐　　　　　　　②㋑　　　　　　　❸㋒　　　　　　　④㋓

解 説　正解は③です。

41.

　　人は知らない人と挨拶を交わす時、相手の職業が自動車販売員だったらひとまず緊張する。自分に自動車を売ろうとするだろうと考えるからだ。（　㋐　）だからその人にある程度防御的な態度を取ってしまう。（　㋑　）だからこのような役割期待によって考えたりもするし、またはその役割期待に合わせて行動したりもする。（　㋒　）自動車販売員の話に戻ってみよう。彼は自動車を一切勧めないことで、むしろお客さんの警戒心を解くことになる。（　㋓　）

《例》

　　人はこのように相手が自分の肩書や職業に合わせて行動することを予想して期待する場合がある。

---

① ㋐　　　　　　　❷ ㋑　　　　　　　③ ㋒　　　　　　　④ ㋓

| 解説 | 流れ的に自然なのは②です。 |

[42-43] 次の文を読んで質問に答えて下さい。各2点

　　ホヨンはドアの前に立ち、いつものように鍵を取り出してドアを開けた。とっさに彼は体を後ろに反らした。胸が高ぶった。彼は中に走って入っていった。あちらこちらよく見回してみてもなくなったものもなさそうだし、出ていった時のままだった。
　　「確かに閉めてから出かけたのに…」
　　彼は再び部屋の外に出て足元に広がる町の入り口を眺めながらタバコを出してくわえた。
　　「閉めたと思ったけど、開けっ放しで出たようだな…」
　　その時、ぼんやりしている路地の明かりの下を歩いてくる見慣れた姿があった。母だった。両手に買い物した物を持って歩いてくるその姿は間違いなく自分の母だった。
　　「いつ来たんですか？ 来るなら連絡でもすればいいのに…」
　　「どうしてだ？ 私が来ちゃいけないところでも来たのか？ 連絡なんて」
　　いつもと変わらない親子の会話、ホヨンは胸の深いところからにじみ出てくる安心感と訳の分からない喜悦を覚えながら家の中に入っていった。

42. この文に現れるホヨンの心境として正しいものを選んでください。

① 心細い　　　　　　　　　　② ドキドキする
③ 微笑ましい　　　　　　　　❹ ほっとする

| 解説 | ④が正解です。ほっとしているというのが心境です。「두근두근」は期待感と緊張感の時に使うものなので、ここでは合いません。 |

43. 上の文の内容と同じものを選んで下さい。

① ホヨンはドアを閉めないで出ていった。
② ホヨンのお母さんは予めホヨンに連絡をした。
❸ お母さんが買い物をして家に帰ってくるところだった。
④ ホヨンはお母さんと一緒に住んでいる。

| 解説 | ③が正解です。 |

次を読んで質問に答えて下さい。各2点

> 　イルカを野生に返すためには周密な準備が必要だ。イルカが狭い水族館で生活しているうちに、野生で生きる方法をある程度忘れてしまったからである。本格的な野生適応訓練を始める前に、健康検査を実施する。それから自然環境に無理なく上手に適応するために、実際の海と似た環境を作って人々の接近を（　　　　　）。実際の海で自ら餌を捕まえて食べられる能力を蘇らせるのも大事だ。しかしこのような作業を遂行していく中でひとつ幸いなことは、イルカは知能が高いため、適応訓練をちゃんと受けておけば自然に帰っても早く慣れることができるということだ。

44. 上の文のテーマとして適切なものを選んで下さい。

❶ イルカを野生に返すためには周密にしなければならない。
② イルカは知能が高いため野生適応プログラムをよく理解する。
③ 野生に適応させるために餌を捕まえる能力を育む。
④ イルカは水族館に住むと野生での生き方を忘れてしまう。

> 解説　中心となる考えですから①が正解になります。他は部分的な話です。

45. （　　　）に入る最も適切なものを選んで下さい。

❶ 原則的に遮断させる
② 部分的に許容する
③ いつでも可能にする
④ できる限り最小化する

> 解説　野生に戻すことをするわけですから①が正解になります。

次を読んで質問に答えて下さい。各2点

> 　トラブルも多かった南大門の復元工事が終わった。このような文化財の復元において何よりも重要なことは、文化財を元の姿に戻すことだ。（　㋐　）だから文化財を補修するときは最小限の部分的補修工事だけ行って、材料や技法などは伝統的な方式をそのまま使用しようとする。（　㋑　）伝統方式と言うけれど、だからと言ってそれが技術的に劣る方式を意味するわけではない。なぜならその当時においては最高の技術だったからである。（　㋒　）材料などは伝統的な方式をそのまま使用しなければならないが、文化財復元に先端技術を使用することを必ずしも拒否する必要はない。（　㋓　）

46. 上の文で〈例〉の文が入る最も適切なところを選んで下さい。

> ──────────────《例》──────────────
> 　残っている建築物を見ても、むしろ現代技術が追い付けないほどの最高技術が使用されていることが確認できる。

① ㋐　　　　　② ㋑　　　　　❸ ㋒　　　　　④ ㋓

> 解説　正解は③です。

47. 上の文の内容と同じものを選んで下さい。

❶ 文化財復元に先端技術を適用するのも方法だ。
② 文化財を復元するときは、その時点での最高の材料を使わなければならない。
③ 文化財を補修するときは全体的に行う。
④ 伝統技術をそのまま踏襲する必要はない。

解説 ②はその時点でと言っているので本文の内容と微妙にずれます。文化財の補修は最小限度にとどめるのが原則なので③も間違いです。④は一見どこが違うのかという気がするかもしれませんが、伝統技術は踏襲しなければなりません。先端技術はその後のことだからです。ですから正解は①です。

[48-50] 次を読んで質問に答えて下さい。各2点

人間が本当に冬眠をすることができるだろうか。映画に出てくる冷凍人間は本当に可能なのだろうか。一般的に熊やコウモリのような動物は天気が寒くなると体温が低くなる。体温が低くなればそれに合わせて心拍、血液循環、呼吸速度などのすべての体内活動も遅くなり、だんだん最小限の動きだけ持ったまま止まるようになる。そして長い長い冬眠に入るのだ。冬眠をする動物たちが春にまた起きて活動できるのは「エンケファリン」というホルモンのおかげだという。では理論的にはこのホルモンを人間に投与すれば人間も冬眠できるようになるのだろうか。

人間が冬眠するという想像は、もっと長生きしたいという人間の妄想が醸し出した雲をつかむような夢だ。死んでいく人を冷凍させておいて医学が進歩した未来に再び蘇らせるとか、長時間の手術に耐えられるように低体温状態にするといったことはどうしてでも（　　　）人間のエゴイズムの1つの片鱗に過ぎない。

48. 筆者がこの文を書いた目的を選んで下さい。

① 動物の冬眠に対する科学的知識を教えるため
❷ 永世という空しい夢を追う人間の罪深さを説明するため
③ 人が冬眠できるメカニズムを説明するため
④ 冷凍人間に対する好奇心を満たしてあげるため

解説 一見見たら全部言えそうに見えます。が、人間の冬眠についてそれは人間のエゴが生み出した空しい妄想だと痛烈に批判しているので、やはり②を正解にすべきです。

49. この文の内容と同じものを選んでください。

① エンケファリンというホルモンが人間の冬眠を可能にする。
② 冷凍人間は科学的技術の集大成でいくらでも可能である。
③ 死を恐れる人が冬眠しようとする。
❹ 動物は冬眠を通じて生存の可能性を高めていく

解説 人間の冬眠が可能だとは言っていません。①は不正解です。冷凍人間もまだです。③は妄想です。④が正解になります。

50. （　　）に入る最も適切なものを選んで下さい。

❶ 死を免れようとする　　　　　② 長生きしようとする
③ 生き残ろうともがく　　　　　④ 人生を引っ掴もうとする

解説 正解は①です。

模擬試験第4回では、本番の試験さながらの紙面を再現しました。

また、듣기では、案内の音声やインターバルの秒数まで、忠実に再現しています。

何度も繰り返し練習して、試験の形式に慣れてください。

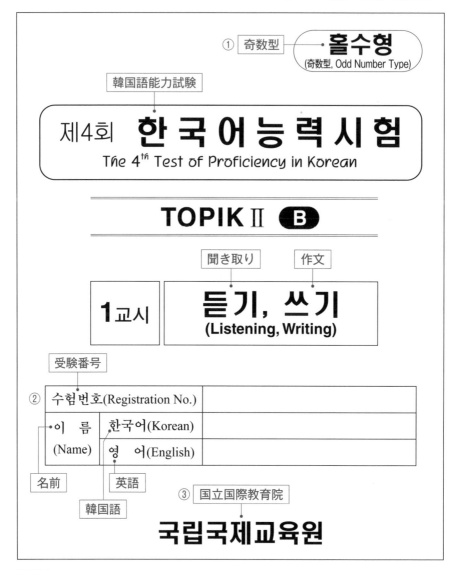

① 奇数型

홀수형
(奇数型, Odd Number Type)

韓国語能力試験

제4회 한국어능력시험
The 4th Test of Proficiency in Korean

TOPIK Ⅱ **B**

聞き取り　作文

1교시

듣기, 쓰기
(Listening, Writing)

受験番号

② 수험번호(Registration No.)

이 름　한국어(Korean)
(Name)　영 어(English)

名前　英語

韓国語

③ 国立国際教育院

국립국제교육원

解説

①右上に、홀수형 (奇数型) あるいは 짝수형 (偶数型) と表記されています。ご自分の受験番号の末尾と合っているかどうかを確認して下さい。合っていない場合は、手を上げて、監督官に知らせて下さい。試験場では、このことをアナウンスしない場合もあります。

②表紙は、韓国語と英語の併記となっています。

③韓国語能力試験 TOPIK を主管する、韓国の機関の名前です。

表紙を開くと、「留意事項」というページが現れます。試験前にひととおり目をとおしておきましょう。「留意事項」は、表紙と同様、韓国語と英語の併記になっています。

文法編

模擬試験1

模擬試験2

模擬試験3

模擬試験4

最新の出題傾向

유 의 사 항
Information

1. 시험 시작 지시가 있을 때까지 문제를 풀지 마십시오.
   Do not open the booklet until you are allowed to start.

2. 수험번호와 이름을 정확하게 적어 주십시오.
   Write your name and registration number on the answer sheet.

3. 답안지를 구기거나 훼손하지 마십시오.
   Do not fold the answer sheet; keep it clean.

4. 답안지의 이름, 수험번호 및 정답의 기입은 배부된 펜을 사용하여 주십시오.
   Use the given pen only.

5. 정답은 답안지에 정확하게 표시하여 주십시오.
   Mark your answer accurately and clearly on the answer sheet.

   marking example

6. 문제를 읽을 때에는 소리가 나지 않도록 하십시오.
   Keep quiet while answering the questions.

7. 질문이 있을 때에는 손을 들고 감독관이 올 때까지 기다려 주십시오.
   When you have any questions, please raise your hand.

〔和訳〕　留意事項
1. 試験開始の指示があるまで問題を解かないで下さい。
2. 受験番号と名前を正確に記入して下さい。
3. 答案用紙を曲げたり汚さないで下さい。
4. 答案用紙の名前、受験番号及び解答の記入は、配布したペンを使用して下さい。
5. 正解は、答案用紙に正確に表示して下さい。
6. 問題を読む時には、声を出さないで下さい。
7. 質問がある時には、手を上げ、監督官が来るまで待って下さい。

第4回　Ⅰ　듣기(1번～50번)

[1-3]　다음을 듣고 가장 알맞은 그림 또는 그래프를 고르십시오. 각 2점

1.
 track4-01

①　②

③　④

2.
 track4-02

①　②

③　④

文法編

模擬試験 1

模擬試験 2

模擬試験 3

模擬試験 4

最新の出題傾向

3.

◀)) track4-03

①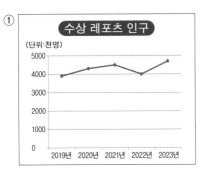

②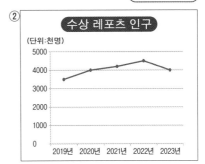

③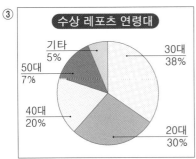

④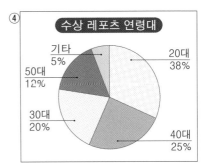

[4-8] 다음을 듣고 이어질 수 있는 말로 가장 알맞은 것을 고르십시오. 각 2점

4.

◀)) track4-04

① 몰라서 못 쓰겠어요.
② 어디 좀 보여 주세요.
③ 모르면 써야 돼요.
④ 알아서 다행이에요.

5.

◀)) track4-05

① 택시 타고 갈 거예요.
② 저는 집으로 가요.
③ 이러다가 늦겠어요.
④ 저는 먼저 갈게요.

6.

🔊 track4-06

① 상품이 잘 될 것 같아요.　② 잘 팔리는 상품을 알아요.
③ 최선을 다했으니까 지켜봅시다.　④ 생각보다 잘 안 팔려요.

7.

🔊 track4-07

① 아뇨, 저는 안 그랬어요.　② 석호가 그러던데요.
③ 잘 모르고 그랬대요.　④ 석호는 엠티 안 간대요.

8.

🔊 track4-08

① 반품 영수증이 없어요.
② 여기에서 사면 반품이 안 돼요.
③ 고객서비스 카운터는 어디에 있어요?
④ 영수증을 받을 수 있어요?

[9-12] 다음을 듣고 여자가 이어서 할 행동으로 가장 알맞은 것을 고르십시오. 각 2점

9.

🔊 track4-09

① 카톡을 보낸다.　② 집에 다녀온다.
③ 휴대전화를 확인한다.　④ 일 때문에 못 간다.

10.

🔊 track4-10

① 보증금을 지불한다.　② 메일로 사진을 보낸다.
③ 집을 보러 간다.　④ 매달 집세를 낸다.

11.

🔊 track4-11

① 열쇠를 놓아 둔다.　② 집으로 간다.
③ 자동차를 연다.　④ 열쇠를 찾는다.

12.

🔊 track4-12

① 사람들에게 물어본다.　② 회식 장소로 간다.
③ 삼겹살을 먹는다.　④ 다른 장소로 결정한다.

[13-16] 다음을 듣고 들은 내용과 같은 것을 고르십시오. 각 2점

13. ◀)) track4-13
① 남자는 사고를 냈다.
② 남자는 연락을 했다.
③ 여자는 많이 기다렸다.
④ 여자는 밧데리가 없었다.

14. ◀)) track4-14
① 탑승 안내 방송은 한 번만 한다.
② 아직 탑승을 하지 않은 손님이 있다.
③ 항공기는 반드시 제 시간에 출발한다.
④ 이 비행기는 하네다 공항에서 왔다.

15. ◀)) track4-15
① 철강 제품의 수출 실적이 많이 회복되었다.
② 이사분기에는 수출 실적이 좋지 못했다.
③ 경제 동향 자료는 지난주에 나왔다.
④ 자동차 수출 실적이 조금씩 좋아지고 있다.

16. ◀)) track4-16
① 남자는 지난주까지 유럽에 있었다.
② 남자는 한국에서 순회연주를 했다.
③ 남자는 유럽에서 환영을 못 받는다.
④ 남자는 여러 작품을 연주하지 않는다.

[17-20] 다음을 듣고 남자의 중심 생각으로 가장 알맞은 것을 고르십시오.
각 2점

17. ◀)) track4-17
① 잘 먹고 잘 쉬고 잘 자야 건강해진다.
② 산이나 바다의 신선한 공기는 건강에 좋다.
③ 운동을 해야만 건강이 주어지는 것은 아니다.
④ 건강을 위해 운동을 하는 사람은 보기 좋다.

18.
① 다음 주에는 참석자를 확인하는 일을 한다.
② 참석자 명부를 만드는 일을 우선해야 한다.
③ 모임에 올 사람 숫자대로 주문을 해야 한다.
④ 시간이 없으면 다음 주에 명부를 만들어도 좋다.

●) track4-18

19.
① 학원은 뭐든지 매일 가는 것이 좋다.
② 어릴 때 많이 배워 놓는 것이 도움이 된다.
③ 부모는 시키고 싶은 것을 아이에게 하게 한다.
④ 아이들은 하고 싶은 것을 하게 해야 효과가 난다.

●) track4-19

20.
① 중요한 작품은 생명을 바치는 노력이 있어야 한다.
② 좋은 작품을 만들려면 집중력이 있어야 한다.
③ 먹는 것을 잘 먹어야 좋은 작품을 만들 수 있다.
④ 체력이 없으면 좋은 작품을 만들 수 없다.

●) track4-20

[21-22] 다음을 듣고 물음에 답하십시오. 각 2점

●) track4-21

21. 남자의 중심생각으로 가장 알맞은 것을 고르십시오.
① 회의실은 환하고 밝은 곳으로 하는 것이 좋다.
② 내 의견을 끝까지 고집할 생각은 없다.
③ 재무팀의 리폼에 관한 의견을 무시할 수 없다.
④ 내 방은 사무실에서 가까운 곳으로 해야 한다.

22. 들은 내용과 같은 것을 고르십시오.
① 새 회의실은 이사장실 옆에 만들기로 했다.
② 여자는 모두의 의견을 이사장에게 전달했다.
③ 새 회의실을 만드는데 많은 비용이 들어간다.
④ 여자는 이사장의 생각을 모두에게 납득시켰다.

文法編

模擬試験1

模擬試験2

模擬試験3

模擬試験4

最新の出題傾向

[23-24] 다음을 듣고 물음에 답하십시오. 각 2점

🔊 track4-22

23. 여자가 무엇을 하고 있는지 고르십시오.
   ① 고객에게 홈페이지를 보도록 안내하고 있다.
   ② 고객에게 무주택 세대주인가를 확인하고 있다.
   ③ 고객에게 대출 상품에 대한 설명을 하고 있다.
   ④ 고객에게 관련 서류를 갖출 것을 요구하고 있다.

24. 들은 내용과 같은 것을 고르십시오.
   ① 대출 신청은 홈페이지에서 하도록 되어 있다.
   ② 은행에서는 고소득자에 대한 대출을 하지 않는다.
   ③ 주택 담보 대출액의 상한선은 정해진 것이 없다.
   ④ 서민형 안심전환대출은 무주택 세대주가 대상이다.

[25-26] 다음을 듣고 물음에 답하십시오. 각 2점

🔊 track4-23

25. 남자의 중심 생각으로 가장 알맞은 것을 고르십시오.
   ① 뿌리공원에서는 조상을 공경하는 법을 가르친다
   ② 뿌리공원을 통해 자신의 성과 이름을 확인해야 한다.
   ③ 뿌리공원은 뿌리 인식을 위한 소중한 배움의 장이다.
   ④ 뿌리공원이 권위 존중의 분위기 조성에 앞장서고 있다.

26. 들은 내용과 같은 것을 고르십시오.
   ① 뿌리공원은 우리의 뿌리를 잘 알자는 취지로 만들어졌다.
   ② 성과 이름이 어떻게 지어졌는지를 모르는 사람은 없다.
   ③ 질서가 흔들리는 것은 족보를 모르기 때문이다.
   ④ 권위 존중은 꼭 필요 불가결한 것이라고 생각한다.

[27-28] 다음을 듣고 물음에 답하십시오. 각 2점

🔊 track4-24

27. 남자가 말하는 의도로 알맞은 것을 고르십시오.
   ① 아파트 주민회에 대한 소감을 말하려고
   ② 아파트 주민회 참석을 부탁하려고
   ③ 아파트 주민회 방식을 변경하려고
   ④ 아파트 주민회에 김치를 기부하려고

28. 들은 내용과 같은 것을 고르십시오.
    ① 아파트 주민회에는 우리 동 사람들만 모였다.
    ② 여자는 아파트 주민회에 나가지 않았다.
    ③ 아파트 주민회에서는 김장 김치도 만들었다.
    ④ 남자는 아파트 주민회에 혼자 참석했다.

[29-30]   다음을 듣고 물음에 답하십시오. 각 2점   ◀》 track4-25

29. **남자가 누구인지 고르십시오.**
    ① 강변가요제에 출전하여 연주하는 사람
    ② 강변가요제에 대해 책임을 지고 있는 사람
    ③ 강변가요제에서 안전을 담당하는 사람
    ④ 강변가요제에서 사건 사고를 대비하는 사람

30. 들은 내용으로 맞는 것을 고르십시오.
    ① 강변가요제에 가려면 차를 타고 갈 수 밖에 없다.
    ② 공연장에는 화장실이 없어서 전철역을 이용해야 한다.
    ③ 스탭들이 많이 있기 때문에 별 애로사항을 느끼지 않는다.
    ④ 여러 사건, 사고에 대비하여 만반의 준비를 하고 있다.

[31-32]   다음을 듣고 물음에 답하십시오. 각 2점   ◀》 track4-26

31. **남자의 중심 생각으로 가장 알맞은 것을 고르십시오.**
    ① 왜 굳이 차별이라는 말을 쓰는지 이해를 못 하겠다.
    ② 여자들이 가지고 있는 인식을 바꿔야 한다고 본다.
    ③ 여자들이 군대를 가야 한다고 하는 주장도 타당하다.
    ④ 남성들의 인식에 변화가 없다는 것에 동의할 수 없다.

32. **남자의 태도로 가장 알맞은 것을 고르십시오.**
    ① 여성단체의 주장에 대해 반대한다.
    ② 남성들의 입장을 대변하고 있다.
    ③ 차별이라는 말에 대해 비판적이다.
    ④ 자신의 생각을 별로 내세우지 않는다.

文法編

模擬試験1

模擬試験2

模擬試験3

模擬試験4

最新の出題傾向

[33-34]　다음을 듣고 물음에 답하십시오.　각 2점　　　◀)) track4-27

33.　무엇에 대한 내용인지 알맞은 것을 고르십시오.

① 인류의 생존을 위협하는 환경문제

② 자유의 여신상이 가라앉고 있다는 이야기

③ 남극의 빙하가 녹고 있는 이유

④ 남극의 빙하가 매년 동결되는 시기

34.　들은 내용과 같은 것을 고르십시오.8

① 남극의 빙하가 떠돌아다니는 계절이 되었다.

② 남극의 빙하가 다 녹으려면 수천 년은 걸린다.

③ 빙하가 소멸되는 것을 멈출 수 있는 방법은 없다.

④ 자유의 여신상이 물에 잠기는 상상을 해 본다.

[35-36]　다음을 듣고 물음에 답하십시오.　각 2점　　　◀)) track4-28

35.　남자가 무엇을 하고 있는지 고르십시오.

① 신입사원들에게 설교를 하고 있다.

② 입사식에서 사장 훈시를 하고 있다.

③ 자신의 신입사원 때를 회상하고 있다.

④ 신입사원에게 노동의 의의를 가르치고 있다.

36.　들은 내용과 같은 것을 고르십시오.

① 신입사원 때 뭘 했었는지를 되돌아 봐야 할 때이다.

② 회사에 왜 들어왔는지의 의미를 굳이 되새길 필요는 없다.

③ 월급을 많이 주는 회사에 들어온 것은 다행스러운 일이다.

④ 회사, 가족, 나 자신 그 어느 쪽도 소홀히 할 수 없다.

[37-38]　다음을 듣고 물음에 답하십시오.　각 2점　　　◀)) track4-29

37.　여자의 중심 생각으로 가장 알맞은 것을 고르십시오.

① 꽃이 쉽게 시들어버리지 않게 할 수 있다.

② 꽃은 자르면 도관막힘을 일으키게 된다.

③ 꽃을 자를 때 양동이를 이용하면 좋다.

④ 꽃은 반드시 짧은 시간에 잘라 줘야 한다.

38. 들은 내용과 같은 것을 고르십시오.
① 꽃을 물속에서 자르면 흡수력 때문에 오래가지 못한다.
② 꽃대의 자른 단면을 잠시 공기에 노출시키면 오래간다.
③ 물 갈아주는 것을 게을리하면 꽃은 오래가지 않는다.
④ 꽃이 금방 시들어버리는 것은 꽃대를 자르기 때문이다.

[39-40] 다음을 듣고 물음에 답하십시오. 각 2점   ◀)) track4-30
39. 이 대화 전의 내용으로 가장 알맞은 것을 고르십시오.
① 재개발 사업과 인프라 정비사업을 동시 진행한다.
② 사업추진 이후에 예상치 못했던 문제들이 발생했다.
③ 재개발 사업을 전면적으로 재검토하기로 결론지었다.
④ 주택경기 침체를 이유로 반대를 하는 조합원이 있었다.

40. 들은 내용과 같은 것을 고르십시오.
① 교통체증 문제는 이 사업을 실패로 이끌 수도 있다.
② 모든 문제를 다 해결하면서 사업을 해 나갈 수는 없다.
③ 이 사업에 대해 부정적인 생각을 가진 조합원이 있었다.
④ 해결해야 할 과제가 있지만 이 사업은 끝까지 진행한다.

[41-42] 다음을 듣고 물음에 답하십시오. 각 2점   ◀)) track4-31
41. 이 강연의 중심 내용으로 가장 알맞은 것을 고르십시오.
① 영감이 있어야 노력을 하게 된다.
② 에디슨은 정말 천재이다.
③ 우연한 발견도 노력의 대가이다.
④ 노력을 하지 않는 천재도 있다.

42. 들은 내용과 같은 것을 고르십시오.
① 에디슨의 명언은 와전된 것이다.
② 대발견은 우연히 나오는 것이 아니다.
③ 영감이 중요한 것은 말할 필요도 없다.
④ 노력은 영감과 같이 이루어져야 한다.

文法編

模擬試験1

模擬試験2

模擬試験3

模擬試験4

最新の出題傾向

[43-44] 다음을 듣고 물음에 답하십시오. 각 2점 　🔊 track4-32

43. 무엇에 대한 내용인지 알맞은 것을 고르십시오.

   ① 장미는 아주 오래전부터 관상용으로 쓰인 꽃이다.

   ② 장미는 재배를 통해 확대된 꽃이다.

   ③ 클레오파트라는 장미를 아주 사랑했다.

   ④ 장미는 약으로도 쓰였다.

44. 장미에 대한 설명으로 맞는 것을 고르십시오.

   ① 장미는 고대 중국에서는 볼 수 없었다.

   ② 안토니우스는 장미 향수를 썼다.

   ③ 오늘날 우리가 보는 장미는 원예종이다.

   ④ 장미전쟁이라는 전쟁이 있었다.

[45-46] 다음을 듣고 물음에 답하십시오. 각 2점 　🔊 track4-33

45. 들은 내용과 같은 것을 고르십시오.

   ① 금지는 사회가 멋대로 만들어 놓은 것이다.

   ② 금지는 질서를 유지하는데만 쓰이고 있다.

   ③ 금지는 우리가 만들어 놓은 약속이다.

   ④ 금지가 풀리면 대담해질 때가 있다.

46. 남자의 태도로 알맞은 것을 고르십시오.

   ① 미처 깨닫지 못했던 현대 사회의 일면을 소개하고 있다.

   ② 인간성 존중의 시대의 한 예를 예시하고 있다.

   ③ 자동차 운전시 주의사항에 대해 강조하고 있다.

   ④ 음주 후의 행동에 대하여 설명하고 있다.

[47-48] 다음을 듣고 물음에 답하십시오. 각 2점 🔊 track4-34

47. 들은 내용과 같은 것을 고르십시오.

① 주민들은 시설 건립을 반기는 분위기다.

② 주민들과 준비 단계에서 협력적 관계를 만들 수 있었을 것이다.

③ 주민들은 집값 보상에 응할 준비를 하고 있다.

④ 주민들은 시설에 들어설 전망대에 무료 입장 가능하다.

48. 남자가 말하는 방식으로 알맞은 것을 고르십시오.

① 전문적인 지식으로 문제를 올바르게 진단하고 있다.

② 시에 대해 우호적인 태도를 취하고 있다.

③ 지역 주민들의 주장에 대해 비판적인 입장에 있다.

④ 소각장 건립에 대해 비관적인 견해를 가지고 있다.

[49-50] 다음을 듣고 물음에 답하십시오. 각 2점 🔊 track4-35

49. 들은 내용과 같은 것을 고르십시오.

① 창업을 할 때 세워야 할 것은 캐쉬 플로우 계획이다.

② 창업을 하는데 필요한 것은 입지조건이다.

③ 창업을 하는데 중요한 것은 자신감이다.

④ 창업을 할 때 해야 할 것은 인맥 형성이다.

50. 여자가 말하는 방식으로 알맞은 것을 고르십시오.

① 창업의 어려움을 나열하고 있다.

② 성공적인 창업의 예를 설명하고 있다.

③ 창업의 문제점을 조목조목 지적하고 있다.

④ 위험한 창업 사례를 소개하고 있다.

模擬試験第4回では、本番の試験さながらの紙面を再現しました。
何度も繰り返し練習して、試験の形式に慣れてください。

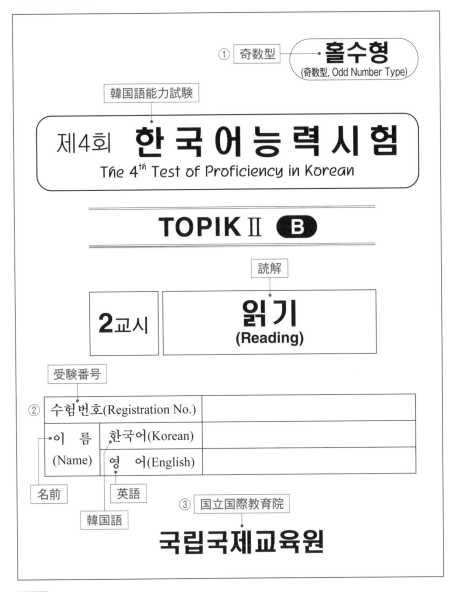

① 奇数型

홀수형
(奇数型, Odd Number Type)

韓国語能力試験

제4회 **한 국 어 능 력 시 험**
The 4th Test of Proficiency in Korean

TOPIK Ⅱ **B**

読解

2교시

읽기
(Reading)

受験番号

② | 수험번호(Registration No.) | |
| 이 름 | 한국어(Korean) | |
| (Name) | 영 어(English) | |

名前　　韓国語　　英語

③ 国立国際教育院

국립국제교육원

解説

① 右上に、홀수형 (奇数型) あるいは짝수형 (偶数型) と表記されています。ご自分の受験番号の末尾と合っているかどうかを確認して下さい。合っていない場合は、手を上げて、監督官に知らせて下さい。試験場では、このことをアナウンスしない場合もあります。

② 表紙は、韓国語と英語の併記となっています。

③ 韓国語能力試験 TOPIK を主管する、韓国の機関の名前です。

表紙を開くと、「留意事項」というページが現れます。試験前にひととおり目をとおしておきましょう。「留意事項」は、表紙と同様、韓国語と英語の併記になっています。

유 의 사 항
Information

1. 시험 시작 지시가 있을 때까지 문제를 풀지 마십시오.
   Do not open the booklet until you are allowed to start.

2. 수험번호와 이름을 정확하게 적어 주십시오.
   Write your name and registration number on the answer sheet.

3. 답안지를 구기거나 훼손하지 마십시오.
   Do not fold the answer sheet; keep it clean.

4. 답안지의 이름, 수험번호 및 정답의 기입은 배부된 펜을 사용하여 주십시오.
   Use the given pen only.

5. 정답은 답안지에 정확하게 표시하여 주십시오.
   Mark your answer accurately and clearly on the answer sheet.

   marking example ① ● ③ ④

6. 문제를 읽을 때에는 소리가 나지 않도록 하십시오.
   Keep quiet while answering the questions.

7. 질문이 있을 때에는 손을 들고 감독관이 올 때까지 기다려 주십시오.
   When you have any questions, please raise your hand.

〔和訳〕 留意事項
　　　 1. 試験開始の指示があるまで問題を解かないで下さい。
　　　 2. 受験番号と名前を正確に記入して下さい。
　　　 3. 答案用紙を曲げたり汚さないで下さい。
　　　 4. 答案用紙の名前、受験番号及び解答の記入は、配布したペンを使用して下さい。
　　　 5. 正解は、答案用紙に正確に表示して下さい。
　　　 6. 問題を読む時には、声を出さないで下さい。
　　　 7. 質問がある時には、手を上げ、監督官が来るまで待って下さい。

文法編

模擬試験 1

模擬試験 2

模擬試験 3

模擬試験 4

最新の出題傾向

第4回　Ⅱ　읽기 (1번~50번)

[1-2] (　) 에 들어갈 가장 알맞은 것을 고르십시오. 각 2점

1.　은행에 (　) 조금 일찍 집을 나갔다.
　　① 들르면서　　　　　　　② 들르려고
　　③ 들러야　　　　　　　　④ 들러서

2.　어떤 대학에 (　) 열심히만 하면 된다.
　　① 들어가든지　　　　　　② 들어가더니
　　③ 들어가다가　　　　　　④ 들어가거나

[3-4] 다음 밑줄 친 부분과 의미가 비슷한 것을 고르십시오. 각 2점

3.　전화를 안 받는 걸 보니 지금 <u>바쁜가 보다</u>.
　　① 바쁠 것 같다　　　　　② 바쁘나 보다
　　③ 바쁜 모양이다　　　　　④ 바쁠 수 있다

4.　배가 고팠는지 자리에 <u>앉기가 무섭게</u> 정신없이 먹는다.
　　① 앉으니까　　　　　　　② 앉으면서
　　③ 앉고나서　　　　　　　④ 앉자마자

[5-8] 다음 대화를 잘 듣고 이어질 수 있는 말을 고르십시오. 각 2점

5.

좋은 장내 세균의
좋은 먹이 !
"프로바이오틱스"

　① 요구르트　　② 우유　　③ 주스　　④ 포카리스웨트

6.

~ 필기도구가 패션이 된다
비지니스맨의 스테이터스~

① 연필 　　② 필통 　　③ 만년필 　　④ 지우개

7.

토요일 07:00
학교 정문 앞에서 출발
늦잠 자기 없기.
꼭 제시간에 모여 주세요.

① 산행 안내 　　② 시간 관리 　　③ 출발 장소 　　④ 일정 소개

8.

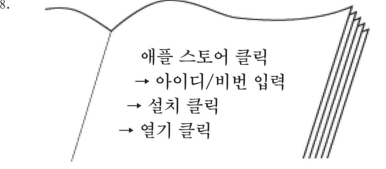

애플 스토어 클릭
→ 아이디/비번 입력
→ 설치 클릭
→ 열기 클릭

① 구입 방법 　　② 이용 순서 　　③ 클릭 절차 　　④ 설치 순서

[9-12] 다음 글 또는 그래프의 내용과 같은 것을 고르십시오. 각 2점

9.

도서 대출 및 반납 안내

【이용 대상】
* 본교 재학생, 교직원, 일반회원
* 졸업생 및 지역주민은 일반회원으로 가입 후 대출 가능

【도서 대출】	신분	책수	기간
	학생	5책	15일
	교직원	20책	90일
	일반회원	3책	10일

※ 연체할 경우 연체 일수의 2배 기간 동안 대출 중지

① 학교를 졸업하면 도서 대출을 받을 수 없다.
② 도서 반납을 연체한 경우 도서 대출을 못 받게 된다.
③ 교수들은 90일 동안 도서 대출을 받을 수 있다.
④ 재학생은 최대 2주일까지 도서 대출을 받을 수 있다.

10.

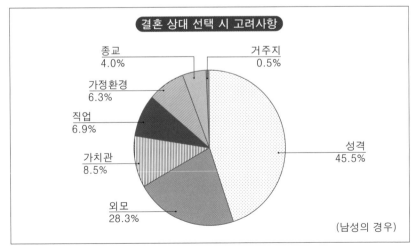

결혼 상대 선택 시 고려사항

종교 4.0%
거주지 0.5%
가정환경 6.3%
직업 6.9%
성격 45.5%
가치관 8.5%
외모 28.3%
(남성의 경우)

① 상대방의 가치관을 중요시하는 사람이 의외로 많다.
② 아내가 될 여자의 성격을 중요시하는 사람이 제일 많다.
③ 상대방의 성격보다 외모를 중시하는 사람이 많다.
④ 아내가 될 여자의 종교를 중시하는 사람이 적지 않다.

11.

> 최근 혼자서 밥을 먹거나 술을 마시는 혼밥, 혼술 등 이른바 혼족들이 급격히 늘고 있다. 혼족들의 이야기를 들어보면 다른 사람의 눈치를 볼 것 없이 편한 시간에 먹거나 마실 수 있기 때문에 부담이 없어서 좋다고 말한다. 나보다 우리, 개인보다 팀을 생각하는 풍조를 식사와 술자리를 통해 다져 왔던 우리들의 생활 방식에도 변화가 생겨난 것일까?

　① 식사 때 다른 사람의 눈치를 보는 사람이 많다.
　② 혼밥, 혼술은 내가 정할 수가 있다는 점이 좋다.
　③ 나보다 우리를 생각하는 마음이 점점 줄어든다.
　④ 혼족으로 인해 생활 방식이 바뀌지는 않는다.

12.

> 얼마 전에 한 졸업생으로부터 편지가 왔다. 최근에 전에 일하던 직장을 그만두고 지금 일하는 회사로 옮겼다는 이야기와 학교 다닐 때 선생님이 몇 번이나 이야기하곤 했던 "나중에 후회할 거야"라는 말의 뜻을 이제는 알 것 같다는 내용이었다. 그 말의 뜻을 알 것 같다는 것은 결국 후회가 시작되고 있다는 말이니 더 후회가 안 되도록 무슨 말이라도 건네줘야겠다는 생각이 든다.

　① 선생님이 보낸 편지에 졸업생이 답장을 보내 왔다.
　② 졸업생은 처음에 잘못 취직한 것을 후회하고 있다.
　③ 졸업생은 후회한다는 게 무슨 뜻인지 모르고 있다.
　④ 선생님은 졸업생에게 안타까운 마음을 가지고 있다.

[13-15]　다음을 순서대로 맞게 나열한 것을 고르십시오. 각 2점

13.

> (가) 그것은 북쪽의 대륙 기단이 습도가 없기 때문이다.
> (나) 한국의 겨울은 춥고 건조한 것이 특징이다.
> (다) 그래서 겨울에는 북서풍이 강하게 부는 것이다.
> (라) 그런데 이 북쪽의 시베리아 기단은 고기압이다.

　① 나-가-다-라　　　　　　② 나-가-라-다
　③ 나-라-가-다　　　　　　④ 나-라-다-가

14.

> (가) 어느 날 어머니가 병이 나서 죽기 전에 자기를 개울가에 묻어 달라고 유언을 남겼다.
> (나) 그런데 청개구리는 이번만큼은 어머니 말을 들어야겠다고 생각하고 개울가에 묻었다.
> (다) 그래서 어머니 무덤이 떠내려갈까 봐 청개구리는 비만 오면 운다.
> (라) 옛날에 뭐든지 어머니의 말을 반대로 하는 청개구리와 청개구리 어머니가 살았다.

① 라-가-나-다 ② 라-가-다-나
③ 라-나-가-다 ④ 라-나-다-가

15.

> (가) 이러한 느낌의 차이는 혈중 혈당 수치가 얼마나 빨리 올라가느냐에 달려 있다.
> (나) 왜냐하면 고기는 소화되는데 시간이 오래 걸려서 뭔가 부족하다는 생각을 하기 때문이다.
> (다) 반면 밥이나 냉면 같은 것을 먹으면 쉽게 배부름을 느끼기 때문에 포만감을 맛보려고 먹게 된다.
> (라) 고기를 잔뜩 먹었는데도 마지막에 밥이나 냉면을 먹는 사람이 많다.

① 라-가-나-다 ② 라-가-다-나
③ 라-나-가-다 ④ 라-나-다-가

[16-18] 다음을 읽고 ( )에 들어갈 내용으로 가장 알맞은 것을 고르십시오. │각 2점│

16.

> 교사들은 자신이 맡은 학생들을 평가할 때 첫 시험을 잘 본 학생에 대해 ( ) 첫인상을 갖게 되는 경우가 많다. 그 학생이 기말시험을 못 보면 교사는 원래는 실력이 좋은데 어떤 다른 원인 때문에 기말시험을 못 보았을 것이라고 생각하게 된다. 그 이유는 그 학생에 대한 첫인상이 다음 행동의 평가에까지 영향을 주기 때문이다.

① 똑똑한 학생이라는 ② 예의가 바른 학생이라는
③ 머리를 잘 쓰는 학생이라는 ④ 운동을 잘하는 학생이라는

17.

쇼핑이 이성적인 활동인가 아니면 감정적인 활동인가. 행동경제학자들은 이론의 여지없이 감정적인 활동으로 본다. 김치냉장고 판매량을 분석한 흥미있는 데이터가 있다. 매년 대학수학능력시험이 끝난 뒤에 최고치를 기록했다는 것이다. 자녀의 인생에 있어서 가장 (   ) 안도감과 더불어 그동안 자신을 희생해 왔다는 억제된 감정의 해방이 김치냉장고의 구입을 촉발한다는 것이다.

① 어려운 시기였다는　　　　② 중요한 시험이 끝났다는
③ 간단한 수속이 끝났다는　　④ 복잡한 경험을 했다는

18.

외식을 자주 하면 건강을 해치고 집밥을 먹어야 건강을 지킬 수 있는 것일까. 예전과는 달리 요즘은 집에서 밥을 먹어도 가공식품을 (   ) 경우도 많고 인스턴트 식품을 사다가 전자렌지로 데워서 먹는 경우도 많다. 그렇다면 차라리 식당에서 직접 만들어서 내주는 음식을 먹는 편이 더 건강에는 좋을 것이 아닌가 하는 생각을 해 본다.

① 집에서 만들어서 먹는　　　② 직접 요리해서 먹는
③ 주문해서 가져다 먹는　　　④ 마트에서 사다가 먹는

[19-20]　다음을 읽고 물음에 답하십시오.　각 2점

댓글이란 인터넷 게시물 밑에 남기는 짧은 글을 말한다. 어떤 인터넷 게시물이든 보통 게시물의 밑에 댓글란을 두어 게시물의 내용과 관련하여 독자가 자신의 의견을 표현할 수 있도록 되어 있다. 자신의 의견을 자유로이 말할 수 있게 해 놓았기 때문에 (   ) 댓글 내용에 대해서 토론이 벌어지기도 하고 때에 따라서는 인터넷 기사를 쓴 사람과 댓글을 단 사람간에 비난이나 비판이 난무하기도 한다.

19. (   ) 에 들어갈 알맞은 것을 고르십시오.

　　① 완전히　　　② 전혀　　　③ 언제나　　　④ 때때로

20. 위 글의 내용과 같은 것을 고르십시오.
    ① 모든 게시물에 댓글을 달 수 있는 것은 아니다.
    ② 독자가 자신의 의견을 남길 수 없는 게시물도 있다.
    ③ 댓글을 다는 사람은 인터넷 기사를 비판할 수 없다.
    ④ 댓글을 통해서 서로 다른 의견을 나누는 경우가 있다.

[21-22]　다음을 읽고 물음에 답하십시오.　각 2점

> 어릴 때부터 연예인이 되려는 꿈을 꾸는 청소년들이 있다. 오늘날처럼
> 한류가 전세계적인 화제를 부르고 걸 그룹이나 남자 아이돌 그룹들이 엄청
> 난 인기를 끌고 있는 현실을 보면 그런 꿈을 꾸는 아이들을 보고 (　　　)
> 만 할 수도 없다. 이미 엔터테인먼트 산업 규모가 30조 원을 육박하고 있는
> 것을 보아도 그것도 훌륭한 인생을 사는 방법 중의 하나라는 점을 이제 우
> 리 어른들이 인정해야 할 때이다.

21. (　　)에 들어갈 알맞은 것을 고르십시오.
    ① 허황된 꿈을 좇는다고　　　　② 영리한 생각을 한다고
    ③ 상상할 수도 없는 짓을 한다고　④ 금방 후회할 거라고

22. 위 글의 중심 생각을 고르십시오.
    ① 엔터테인먼트 산업에 종사하려는 청소년을 육성해야 한다.
    ② 시대의 변화에 따라 어른들의 생각도 유연해져야 한다.
    ③ 연예인이 되려는 청소년들의 판단을 존중해야 할 때이다.
    ④ 아이돌 그룹이 인기를 끄는 현실을 이제 인정해야 한다.

[23-24]　다음을 읽고 물음에 답하십시오.　각 2점

> 우리 아버지는 자기 자식들에 대해서 자상하게 뭔가를 해 주는 타입이 아
> 니었다. 자식들의 생일이 언제인지도 몰랐고 자식들을 데리고 어딘가로 놀
> 러갈 줄도 모르는 그런 사람이었다. 그런데다가 아주 엄하고 무서웠기 때문
> 에 어릴 때에는 감히 그런 부분에 대해서 대놓고 불평을 하거나 아버지 말
> 을 거역하거나 할 여지가 전혀 없었다. 그래서 나이가 들어가면서 우리를
> 그렇게 다루고 마음에 상처를 심어 준 아버지가 점점 싫어지기 시작했다.
> 때에 따라서는 나이가 들어 점점 몸이 쇠약해지면서 나타나는 자기자신의
> 불편함을 전혀 받아들이려고 하지 않는 아버지의 완고함에 대해 노골적으
> 로 싫은 마음을 내비치기도 하였다. <u>왜 나이가 들어가면서 뭔가를 깨우쳐가</u>
> <u>는 마음이 전혀 없을까 하는 생각이 들었다.</u>

23. 밑줄 친 부분에 나타난 '나'의 심정으로 알맞은 것을 고르십시오.

① 싫증이 난다　　　　　　② 오기가 난다

③ 짜증이 난다　　　　　　④ 용기가 난다

24. 위 글의 내용과 같은 것을 고르십시오.

① 우리 아버지는 예전에는 가족에게 따뜻한 분이셨다.

② 나는 나이가 들면서 아버지를 이해할 수 있게 되었다.

③ 우리 형제들은 어릴 때 아버지를 거역할 수가 없었다.

④ 아버지는 늙어가면서 성격이 많이 부드러워지셨다.

[25-27]　다음 신문 기사의 제목을 가장 잘 설명한 것을 고르십시오.

각 2점

25.

> 꽁꽁 얼어붙은 전통시장, 인터넷 몰은 '한파 특수'

① 길이 얼어붙어서 시장에 못 가는 사람들이 많아졌다.

② 추위로 인해 인터넷 몰에서 장을 보는 사람이 늘었다.

③ 인터넷 몰은 날씨와 상관없이 특수를 누리고 있다.

④ 전통 시장이 난방 대책을 충분히 마련하고 있지 않다.

26.

> 가상 화폐 거품 꺼질까, 비트 코인 등 일제 폭락

① 부풀려진 가상 화폐 값이 정상을 되찾을지도 모른다.

② 비트 코인은 거품 경기를 완전히 극복하게 했다.

③ 가상 화폐가 거품을 없애는 데 큰 역할을 했다.

④ 가상 화폐 가격이 폭등한 것은 거품이 아니었다.

27.

> '강 건너 불구경' 교통사고 피해자 과다 출혈로 사망

① 사고 당한 사람을 못 본 척하며 지나가 결국 죽게 만들었다.

② 자동차 사고로 인한 화재가 일어나 결국 피해자가 죽었다.

③ 불구경을 하다가 교통사고를 당해 결국 출혈로 사망했다.

④ 교통사고를 당해 피를 많이 흘리다가 죽었다.

文法編

模擬試験1

模擬試験2

模擬試験3

模擬試験4

最新の出題傾向

[28-31]　다음을 읽고 (　　)에 들어갈 내용으로 가장 알맞은 것을 고르십시오.　각 2점

28.

> 사람의 머리카락은 케라틴이라고 하는 경질 단백질로 형성되어 있다고 한다. 우리 머리카락의 직경은 0.05mm에서 0.15mm정도이며 하루에 평균 0.3mm, 1년에 약 11cm 정도 자란다고 한다. 한편 머리카락의 색깔이 피질에 포함되어 있는 멜라닌 색소에 의해 결정된다는 것은 이미 (　　　) 머리카락 한 가닥이 약 100g의 무게를 견딜 수 있고 머리카락 전체로 약 12 t의 무게를 지탱할 수 있다고 하니 그야말로 상상도 못 할 일이다.

① 널리 알려진 사실인데　　　② 알고 있는 일인데

③ 발표된 연구 결과인데　　　④ 결정되어 있는 사실인데

29.

> 설날 아침이 되면 종교나 집안의 가풍과 상관없이 어느 집에서나 대개 차례를 지낸다. 차례란 설날과 추석에 아침 일찍 지내는 제사를 말한다. 차례를 지내고 나면 떡국을 먹는다. 떡국은 흰쌀을 빻아서 만들며 떡국에 들어가는 떡은 둥근 형태를 하고 있다. 왜 설날 먹는 대표적 음식인 떡국을 흰떡을 사용해서 만드는가 하면 새해 첫날이 밝아오니까 (　　　) 흰떡을 사용한다는 설이 지배적이다. 떡국의 떡이 둥근 것은 둥근 태양을 상징해서라는 이야기도 있지만 확실한 설은 아니다.

① 청결하게 일년을 지내라는 상징으로

② 밝게 일년을 지내라는 상징으로

③ 새롭게 일년을 시작하라는 뜻으로

④ 일년을 조심스럽게 시작하라는 뜻으로

30.

> 흔히 팩스라고 불리우는 팩시밀리란 통신회선을 통해서 화상 정보를 멀리 보내는 기능을 가지고 있는 장치 또는 전송한 문서를 말한다. 인터넷이 대중화된 오늘날 팩스가 과연 필요한가 하는 일부의 시각에도 불구하고 여전히 팩스는 공공기관이나 기업 등의 최일선에서 활약하고 있다. 그것은 디지털 파일로 바꾸기 어려운 종이문서를 언제든지 간편하게 전송할 수 있고 또 전화선만 있으면 (　　　) 기계 다루는 법을 잘 모르는 사람이라도 쉽게 사용할 수 있다는 장점이 있기 때문이다.

① 아무도 다 이용할 수 있으며
② 누구나 다 걸 수 있으며
③ 아무도 다 보낼 수 있으며
④ 누구나 다 사용할 수 있으며

31.

> 분식회계란 기업이 허위로 회계처리를 실시하여 각종 재무 제표를 작성한 다음 그것으로 허위 결산보고를 하는 행위를 말한다. 대표적인 분식회계 수법으로서는 결산서에 들어가는 손익계산서의 경상수지를 조작하여 마치 기업이 양호한 경영실적을 내고 있는 것처럼 보이는 방법이 있다. 이러한 분식결산을 하기 위해서는 이중장부를 만들어 놓는 경우가 많다. 따라서 어떤 기업의 장부가 하나가 아닐 경우 대부분 그 기업의 분식회계를 의심하게 된다. (   ) 탈세를 할 목적으로 오히려 실적을 나쁘게 위장하여 분식회계를 할 때도 있다.

① 경우에 따라서는   ② 황에 맞추어서
③ 경험에 비추어서   ④ 경영자에 의해서

[32-34] 다음을 읽고 내용이 같은 것을 고르십시오. 각 2점

32.

> 스트라디바리우스는 바이올리니스트라면 누구나 다 가지고 싶어 하는 명기이다. 스트라디바리우스는 17세기에서 18세기에 걸쳐 이탈리아의 스트라디바리 일가가 만든 바이올린을 가리키는데 그 중에서도 안토니오 스트라디바리가 만든 바이올린이 제일 유명하다. 그는 생애에 걸쳐 약 1,000여 대의 현악기를 제작했다고 하는데 현재 약 600개 정도가 남아있다 그런데 도대체 왜 현대의 첨단기술이 300년 전의 수제 바이올린의 음색을 따라가지 못하는 것일까?

① 첨단 기술로 만든 것이 스트라디바리우스보다 낫다.
② 스트라디바리가 만든 바이올린은 음색이 뛰어나다.
③ 스트라디바리우스를 원하지 않는 바이올리니스트도 있다.
④ 지금의 스트라디바리우스는 현대에 와서 제작한 것이다.

文法編

模擬試験1

模擬試験2

模擬試験3

模擬試験4

最新の出題傾向

33.

> 반딧불이는 개똥벌레라고도 하는데 배마디 아래쪽에 발광기를 가지고 있는 희귀한 곤충이다. 우리가 쓰는 백열등은 전기에너지의 불과 10%만을 가시광선으로 바꾸는 데 비해 반딧불이는 무려 90%를 가시광선으로 바꾼다. 인간이 개발한 전구는 불과 10%밖에 목적을 달성하지 못하고 나머지는 열에너지로 바뀌어 버려지고 마는데 생물발광을 하는 반딧불이는 10%밖에 버리는 것이 없으니 창조의 조화가 오묘하다 하지 않을 수 없다.

　① 반딧불이는 에너지의 10%만을 가시광선으로 바꾼다.
　② 백열 전등은 에너지 전환 효율이 아주 높은 제품이다.
　③ 반딧불이는 머리 부분에서 빛을 발하는 곤충이다.
　④ 인간의 지혜로 알 수 없는 생물의 신비가 아주 많다.

34.

> 리니언시 제도에 문제점이 많다는 지적이 끊이지 않는다. 적발하기 어려운 담합이나 카르텔을 기업들이 자진하여 신고했을 때 과징금을 면제하거나 경감시켜 주는 것이 취지임에도 불구하고 대기업들이 이 자진신고자 감면제도를 오히려 악용하고 있다는 비판이 나오고 있는 것이다. 자신들이 담합을 해 놓고도 적발되었을 때 거액의 과징금을 무는 것이 싫어서 서로 앞을 다투어 자진신고를 하여 과징금을 감면 받는다니 정말 모순된 일이다.

　① 리니언시 제도를 악용하여 과징금을 감면 받는 기업이 있다.
　② 자진신고자 제도는 대기업을 중심으로 잘 실행되고 있다.
　③ 담합이나 카르텔을 하는 기업은 과징금을 면제받지 못한다.
　④ 담합을 했다 하더라도 자진신고만 하면 과징금을 안 문다.

[35-38]　다음 글의 주제로 가장 알맞은 것을 고르십시오.　各 2점

35.

> 데이터나 각종 통계자료 등을 자신의 주장의 근거로 삼는 경우가 있다. 그런데 정부가 발표하는 각종 통계자료라면 그래도 믿을 만하지만 개인이 연구목적으로 수집하는 각종 데이터의 경우 어디까지 신뢰를 할 수 있는가가 문제가 되는 경우가 많다. 왜냐하면 자신이 제시하는 데이터가 신빙성이 있고 객관적인 것처럼 만들고 그것을 통해서 자신의 주장을 합리화하려는 케이스가 적지 않기 때문이다.

① 정부가 발표하는 통계자료도 때때로 틀릴 경우가 있다.
② 데이터나 통계자료를 자기 합리화의 도구로 쓰면 안 된다.
③ 연구목적으로 쓰는 데이터는 신뢰성을 물을 필요가 없다.
④ 자신의 주장을 정당화하기 위한 데이터는 써도 된다.

36.

> 아프리카 코끼리가 하루에 먹어 치우는 식물의 뿌리나 풀, 과일, 나무껍질 등을 다 합치면 약 150kg에 달하며 물도 평균 100ℓ는 마신다. 코끼리는 아주 기억력이 뛰어난 동물이라서 수십 키로 떨어져 있는 물의 냄새를 맡을 수 있고 수백 키로 떨어져 있는 급수지의 위치도 정확하게 기억한다. 수원지의 물이 완전히 메말랐을 때는 우물을 파서 물을 확보하는 재주도 가지고 있기 때문에 그 지역의 야생동물들을 죽음으로부터 지켜 주는 중요한 역할을 감당하기도 한다.

① 코끼리는 대식가이기 때문에 같은 곳에 머무를 수 없다.
② 코끼리는 뛰어난 후각으로 멀리 있는 동물을 알아차린다.
③ 코끼리는 장거리 이동을 할 정도로 기억력이 좋지 않다.
④ 코끼리는 여러가지 능력을 가지고 있는 영리한 동물이다.

37.

> 한국의 노인 빈곤율이 심각하다는 보도가 있었다. 그 이유가 무엇일까? 노후 대책을 잘 세워 놓지 않은 본인들에게 도 그 책임이 있을지 모르지만 그게 노인빈곤 문제의 결정적 원인인 것 같지는 않다. 부모는 자식을 위해 희생해야 된다는 한국인이 가지고 있는 근본적이고 구조적인 사고방식이 빚어 내는 행태가 아닌가 하는 생각을 지울 수가 없다. 실제 경제적으로 궁핍한 생활을 하고 있는 노인들의 이야기를 들어보면 자신이 가지고 있는 모든 재산을 자녀들을 위해 써 버린 나머지 정작 자신의 노후에 쓸 돈은 전혀 없는 딱한 처지에 놓여진 사람들이 많다.

① 노인빈곤 문제는 꼭 본인들의 책임이라고만 할 수 없다.
② 자식을 위해 자신을 희생한다는 생각은 좋지 않다.
③ 노후대책에 쓸 돈을 남겨 놓는 노인들이 늘고 있다.
④ 가진 재산을 자식을 위해 써버리는 것은 어리석은 일이다.

38.

> 　　정당한 자기주장과 막무가내식의 나 중심주의와는 차원이 다르다. 내가 응당 누려야 할 권리가 침해를 받는다면 그것에 대해서는 과감히 싸워야겠지만 말도 안되는 자기중심주의적 주장을 정당한 권리주장이라고 착각을 한다면 그야말로 단세포적인 발상이라고 아니할 수 없다. 물론 오랫동안 억제되어 온 사회환경 속에서 살다가 이제 겨우 인식의 해방을 누리는 지금 다소의 격한 자기주장에 대해 이해를 거두겠다는 것은 아니지만 지나친 자기중심적 주장을 하는 사람들을 보면 역겹다는 느낌을 지울 수가 없다.

① 지나친 자기주장은 권리의 억제에 대한 반항으로 나타난다.
② 자기중심적 주장을 하는 사람을 보면 딱하다는 생각이 든다.
③ 자기주장은 정당하고 적당한 범위 내에서 이루어져야 한다.
④ 자기중심적 사고는 누려야 할 권리가 침해받을 때 나타난다.

[39~41]　다음 글에서 《보기》의 문장이 늘어가기에 가장 알맞은 곳을 고르십시오. 　　각 2점

39.

> 　　여름철이 되면 심한 발냄새 때문에 고민하는 사람이 있다. ㉠ 발에서 나는 냄새는 바로 발에 서식하는 세균이나 박테리아 등의 화학작용 때문이다. ㉡ 이런 지독한 발 냄새를 없애는 방법은 아주 간단하다. 발에 서식하는 균을 처치해 버리거나 균이 증식을 못하는 환경을 만들어 주는 것이다. ㉢ 그래서 반드시 땀을 잘 흡수해 주는 면양말을 신고 여러 켤레의 신발을 번갈아 사용하며 실내에서는 슬리퍼로 갈아신는 등의 노력을 하는 것이 좋다. ㉣

-------《보기》-------
이 균은 특히 땀이 날 때 활발히 증식되는데 땀이 많이 나는 여름철이 되면 당연히 더욱더 활발해질 수 밖에 없다.
----

①㉠　　　　②㉡　　　　③㉢　　　　④㉣

40.

> 　　현직 고교 교사들이 삼인 시집을 냈다. 이 시집은 다른 시집들과는 좀 성격이 다르다. ㉠ 그런데 그 투박한 언어 집합체 속에서 아이들을 가르치는 선생님들의 진심이 문득문득 묻어져 나온다. ㉡ 이런 게 사람의 마음을 울리는 시집이라는 생각이 든다. 미사여구가 아니면 어떠랴. 세련된 시어가 아니면 어떠랴. 진심은 그런 것이 아닌 것을. ㉢ 그래서 뭔가를 안다는 사람은 늘 조심해야 한다. 시는 이렇게 쓰는 거야. 소설은 그렇게 쓰는 게 아니야. 에세이를 그렇게 쓰면 되나. ㉣

41.

인공지능 개발이 점점 가속화되고 있다. ㉠ 설마 그런 게 가능하랴 싶었던 무인 자동차는 물론 영화 속에서나 있을 법했던 얼굴 인식 기술 등 상상치도 못했던 새로운 기술이 속속 출현하고 있다. ㉡ 사람의 지능을 대체하는 인공지능은 실용화가 가능하다면 그야말로 꿈과 같은 이야기이기 때문에 연구자들은 그 개발에 오랫동안 심혈을 기울여왔다. ㉢ 이 두 핵심기술의 확보로 인해 인공지능 기술은 앞으로 비약적인 기술 혁신을 보일 것으로 관측된다. ㉣

《보기》

그럼에도 불구하고 이렇다 할 가시적인 성과가 없었던 것은 방대한 데이터 축적 기술과 데이터를 서로 연결하는 신경망 구축에 애를 먹었기 때문이다.

---

① ㉠   ② ㉡   ③ ㉢   ④ ㉣

[42-43] 다음 글을 읽고 물음에 답하십시오. 각 2점

얼핏 보아도 깔끔하고 똑똑하게 생긴 선생님이 우리 아들의 담임선생님이 된 것은 정말 다행스러운 일이었다. 1반부터 12반까지 한 사람씩 담임선생님 소개가 이어질 때 3반이 되기만을 바랐는데 정말 그렇게 되었다. 그다지 학군이 좋은 것도 아니고 그렇다고 남의 집 자식처럼 머리가 엄청 좋은 것도 아닌데 어떻게든 대학에 가려면 우리 선생님같이 똑부러진 선생님한테 걸려야 된다는 게 내 생각이었다. 아니나 다를까 우리 아들은 엄마 생각대로 되어 갔다. 학교 이야기는 도통 안 하던 녀석이 입에 침이 마를 정도로 선생님 칭찬을 해댔다. 아무리 깨워도 이불 속에서 꼼지락거리면서 제 힘으로 일어날 줄을 모르던 물러 터진 녀석이 <u>설마 또박또박 제 시간에 일어나 단정하게 학교에 갈 준비를 할 줄 누가 알았으랴.</u> "엄마, 시험 공부해야 하니까 내일 새벽에 깨워 주세요"라고 했을 때 나는 이게 꿈인가 생시인가 볼을 꼬집어 보고 싶은 심정이었다.

우리 아들 반은 뭘 해도 1등을 하는 모양이었다. 달이 바뀌는 게 기다려질 정도였다. 매달 이번 달은 우리 반이 국영수 싹 쓸었다는 둥 전체 50등 안에 든 숫자가 제일 많다는 둥 내가 기뻐할 만한 소식만 꼬박꼬박 물어오니 그도 그럴 밖에.

42. 밑줄 친 부분에 나타난 '나'의 심정으로 알맞은 것을 고르십시오.
① 갑갑하다　　　　　② 감격스럽다
③ 조심스럽다　　　　④ 의심스럽다

43. 위 글의 내용과 같은 것을 고르십시오.
① 기대하지 않았던 분이 아들 담임선생님이 되었다.
② 아들의 학교생활이나 집에서의 모습에 실망했다.
③ 아들 담임선생님한테 진심으로 감사드리고 싶다.
④ 아들을 통해 듣는 학교 이야기가 마음에 안 들었다.

[44-45] 다음 글을 읽고 물음에 답하십시오.　각 2점

조선 시대의 대표적인 여류 문인 및 서화가이자 조선 최고의 성리학자 율곡 이이의 어머니이기도 한 신사임당은 2009년 발행된 5만 원권의 모델이 된 인물이다. 화폐에 여성이 등장한 것은 두 번째다. 1962년 발행됐다가 한 달도 안 돼 폐기된 100환 지폐에 한복을 입은 어머니와 아들이 저금 통장을 들고 있는 모습이 나오는데 47년만에 여성이 화폐에 다시 등장한 것이다.

한국은행은 2009년 상반기에 5만 원권 발행을 준비하면서 한은 부총재와 각계 전문가들이 모인 화폐도안자문위원회를 만들었다. 신사임당은 5만 원권의 다른 후보였던 장영실과 끝까지 각축을 벌였다고 한다. 한은은 한국 사회의 양성 평등 의식을 제고하고 여성의 사회 참여에 긍정적으로 기여한다는 취지로 신사임당을 최종 선정했다.

5만 원권의 앞면에는 신사임당의 초상화와 함께 신사임당의 작품으로 전해지는 '묵포도도'와 '초충도수병'이 삽입되어 있다. 그런데 이 '묵포도도'에는 재미있는 이야기가 전해진다. 잔칫날 음식을 하다가 치마가 더러워져 어쩔 줄 모르고 당황해 하는 어떤 아낙네에게 신사임당이 다가가 그 치마를 벗으라 하고 음식이 묻어 더러워진 곳에 묵으로 포도도를 그려 (　　　　　) 것이다.

44. ( )에 들어갈 말로 가장 알맞은 것을 고르십시오.

① 가지고 나가 팔도록 해 주었다는
② 다른 치마와 바꿀 수 있게 했다는
③ 잔칫날 음식을 잘 만들어 주었다는
④ 위기를 모면하게 해 주었다는

45. 윗글의 주제로 가장 알맞은 것을 고르십시오.

① 신사임당은 뛰어난 화가 및 문인으로서 당대에 명성을 떨쳤다.
② 신사임당은 양성 평등과 여성의 사회 참여에 깊은 영향을 끼쳤다.
③ 신사임당은 여류 화가이자 어머니로서 후대에 좋은 모범이 되고 있다.
④ 신사임당은 잔칫날 음식을 도맡아 할 정도로 음식 솜씨가 뛰어났다.

[46-47] 다음 글을 읽고 물음에 답하십시오. 각 2점

여야가 국회에서 교권 보호 관련 법안 4개를 모처럼 합의 처리했다. 교원의 정당한 생활지도는 아동 학대로 보지 않고, 학교 민원 처리는 학교장이 책임지며, 또 학부모의 악성 민원을 교권 침해 유형에 추가하는 내용 등이다.

교사 사망 사건의 충격이 컸던 탓도 있지만 교권 회복 운동을 주도한 것이 '탈정치'를 원칙으로 내세운 단체라는 점에 주목할 필요가 있다. 이 단체는 원래 교사 간에 수업 자료를 공유하려는 목적으로 만들어진 커뮤니티로 모든 정치색을 배제한다. 이들은 수만 명이 참석하는 집회를 열면서도 정치적 구호를 전혀 쓰지 않았다. 집회 비용도 서로 갹출해 쓰고 집회 시간이 끝나면 쓰레기도 거둬 가 경찰들한테도 좋은 인상을 남겼다. 그래서 교육부는 교권 회복 대책을 전교조나 교총이 아니라 이 단체와 주로 논의했다. 만약 이 운동을 전교조가 주도했으면 여당이 반대했을 것이고 교총이 주도했다면 야당이 반대했을 것이다.

서로 간의 갈등을 풀고 합의를 이끌어 내는 것은 결코 쉬운 일이 아니다. 그런데 그 일을 솔선수범해야 할 정치권이 오히려 갈등을 조장하고 확대 재생산하여 정쟁에 이용한다. 야당은 최근에 이어진 파업에서 불법 행위를 감싸고 오히려 조장했다. 때로는 대형 참사조차 상대방에 대한 공격 소재로 삼는다. 누구를 위해 존재하는 정치인지 기가 막힐 노릇이다. 이번 교권 회복 운동은 정치가 끼지 못하게 해야 사회 갈등이 해소되고 문제 해결이 이루어질 수 있음을 보여 주는 좋은 사례가 되었다.

46. 윗글에 나타난 필자의 태도로 가장 알맞은 것을 고르십시오.
    ① 학부모의 악성 민원으로 교권이 침해받고 있는 상황은 개선되어야 한다.
    ② 갈등을 해소하는 데 앞장서야 할 정치가 제 역할을 못 하고 있다.
    ③ 전교조 혹은 교총이 주도하는 교권 회복 운동은 반대를 초래할 뿐이다.
    ④ 교육부는 정치색을 띠지 않는 단체와 교권 회복에 대해 논의해야 한다.

47. 윗글의 내용과 같은 것을 고르십시오.
    ① 교권 보호 관련 법안에 대하여 보기 드물게 여야가 합의했다.
    ② 교권 보호 관련 법안에 대한 학부모들의 민원은 잘못된 일이다.
    ③ 교권 보호 운동은 '탈정치'를 원칙으로 삼아야 성공할 수 있다.
    ④ 정치적 구호를 외치지 않는 집회를 해야 갈등을 해소할 수 있다.

[48-50]　다음 글을 읽고 물음에 답하십시오.　각 2점

> 　제조물책임법은 국가가 국민의 생명과 재산을 보호할 수 있어야 한다는 기본 명제를 실천하고자 하는 취지 아래 만들어진 법이다. 인간이 사회생활을 영위해 나가는 데 있어서 무엇인가를 만들어서 남에게 팔아 이익을 얻고 누군가가 그것을 사서 이용한다면 그 둘 사이에는 암묵적이고 기본적인 신용거래, 즉 먹고 입고 사용해도 아무런 탈이 없을 것이라는 거래가 이루어졌다고 보아야 한다. 왜냐하면 그것을 사서 쓰는 사람은 그것을 사용함으로써 어떤 피해가 발생할 것이라고는 (　　　　　　) 때문이다. 상상해 보라. 슈퍼에서 어떤 식품을 구입할 때 먹고 죽을 수도 있다는 생각을 해야 하는가? 따라서 물건을 만들어서 팔고 싶은 사람이 있으면 반드시 그 상품에 대해 안전하다는 개런티를 부여해야 한다. 만약 개런티를 할 수 있는 자신이 없다면 제조를 해서도 안 되고 판매를 해서도 안 된다. 이것이 제조물책임법의 법적 논리이다.

48. 필자가 이 글을 쓴 목적을 고르십시오.
    ① 제조물책임법이 왜 만들었지를 설명하기 위해서
    ② 신용거래가 왜 중요한가를 강조하기 위해서
    ③ 국가가 국민의 생명과 재산을 보호하기 위해서
    ④ 상품에 대한 개런티의 중요성을 인식시키기 위해서

49. (　　)에 들어갈 내용으로 알맞은 것을 고르십시오.
    ① 눈곱만치도 생각하지 않기　　② 털끝만큼도 마음이 없기
    ③ 눈치코치 없기로 유명하기　　④ 발톱만큼도 관심이 없기

50. 밑줄 친 부분에 나타난 필자의 태도로 알맞은 것을 고르십시오.

① 상품을 만들어서 판매하려면 반드시 품질보증을 해야 한다.

② 상품을 제조 판매하는 사람은 반드시 안전을 책임져야 한다.

③ 상품을 제조 판매하려면 개런티에 대한 자신이 있어야 한다.

④ 제조물책임법은 국가 보증제도의 일환으로 만든 것이다.

TOPIK Ⅱ 듣기 (1번~50번)
TOPIK Ⅱ 聞き取り (1番~50番)

音楽

안내 말씀

안녕하십니까? 듣기 평가를 위한 안내 말씀을 드립니다. 잠시 후 시험이 시작되오니 감독관과 수험생 여러분은 본 안내를 들으며 잡음 없이 소리가 잘 들리는지 소리의 크기가 적당한지 또 시험장 주변에서 소음이 들리지 않는지 확인해 주시기 바랍니다. 문제가 있을 경우 감독관은 본 안내를 정지시킨 후 조치를 취해 주십시오. 음악이 끝나면 듣기 평가가 시작됩니다. 감사합니다.

訳

ご案内

　こんにちは。聞き取り評価のためのご案内です。間もなく試験が始まりますので、監督官と受験生の皆さんは、本案内を聞きながら、雑音なく音が綺麗に聞こえるか、音の大きさは適切か、また、試験場周辺から騒音が聞こえてこないか、確認して下さい。支障がある場合、監督官は本案内を止め、措置を行って下さい。音楽が終わると、聞き取りの評価が始まります。ありがとうございます。

解説　この案内は、聞き取り試験開始直前に、韓国語で流れます。この案内放送が終わると、聞き取り試験に入ることになります。

音楽

제XX회 한국어능력시험 Ⅱ 듣기, 아래 1번부터 30번까지는 듣기 문제입니다. 문제를 잘 듣고 질문에 맞는 답을 고르십시오. 두 번씩 읽겠습니다.

訳

第XX回韓国語能力試験Ⅱ聞き取り、次の1番から30番までは、聞き取りの問題です。問題をよく聞き、質問に合う答えを選んで下さい。

解説　音楽が終わると、上記の案内が韓国語で流れます。ここからが聞き取り試験となります。

文法編

模擬試験1

模擬試験2

模擬試験3

模擬試験4

最新の出題傾向

※次を聞いて最も適切な絵またはグラフを選んで下さい。 各2点

1.

여자 : 계란 프라이 두 개 했는데 괜찮아요?
남자 : 그래 됐어. 햄하고 소시지도 구웠어? 커피는 내가 끓일까? 커피에 설탕하고 프림 넣을 거야?
여자 : 소시지만 몇 개 구웠어요. 설탕은 넣고 프림은 넣지 마세요.
女性：目玉焼き２つ作ったけど大丈夫ですか？
男性：うん、いいよ。ハムとソーセージも焼いた？ コーヒーは僕が淹れようか？ コーヒーに砂糖とクリーム入れる？
女性：ソーセージだけ何個か焼きました。砂糖は入れてクリームは入れないでください。

①    ②

③    ④

2.

남자 : 계산 도와드리겠습니다. 우유 2개, 아이스크림 1개, 라면 하나, 만 팔천 원입니다. 봉투 필요하세요?
여자 : 네, 주세요. 카드 결제 되죠?
남자 : 네, 봉투값 50원 추가입니다.
男性：お預かりいたします。牛乳２つ、アイスクリーム１つ、ラーメン１つで18,000ウォンです。レジ袋必要ですか？
女性：はい、ください。カード決済できますよね？
男性：はい、レジ袋の値段50ウォン追加です。

①

②

❸

④

3.

여자 : 한강에서 수상 레포츠를 즐기는 사람들이 2022년 들어 큰 폭으로 증가한
　　　것으로 나타났습니다. 2021년에 320만명으로 줄어들었던 것이 2022년에는
　　　420만명, 2023년에는 470만명으로 늘어났습니다. 수상 레포츠를 즐기는 연령
　　　층을 보면 30대가 가장 많은 가운데 20대와 40대가 그 뒤를 이었습니다.

女性 : 漢江で水上レジャースポーツを楽しむ人々が2022年に入って大幅に増えたことがわ
　　　かりました。2021年に320万人に減ったのが2022年には420万人、2023年には470万人に
　　　増えました。水上レジャースポーツを楽しむ年齢層を見ると、30代が最も多いなか、20
　　　代と40代がその後に続きました。

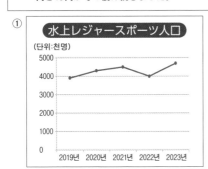
①

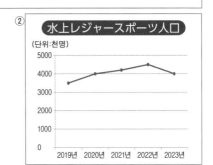
②

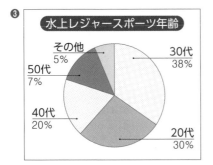
❸

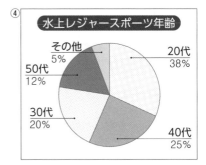
④

※次を聞いて、続く言葉として最も適切なものを選んで下さい。 各2点

4.
> 남자 : 왜 그래요? 뭐 모르는 거 있어요?
> 여자 : 네, 여기를 어떻게 써야 되는지 모르겠어요.
> 남자 : ＿＿＿＿＿＿＿＿＿＿＿＿＿＿＿＿＿ .
>
> 男性：どうしたのですか。何か分からないところでもあるのですか。
> 女性：はい、ここをどう書けばよいのか分かりません。
> 男性：＿＿＿＿＿＿＿＿＿＿＿＿＿＿＿＿＿＿＿＿。

① 分からないので書けません。　　　　　❷ ちょっと見せて下さい。
③ 分からなかったら書かなければいけません。　　④ 分かってよかったです。

解説 男性は相手の女性に何か分からないことはあるのかと聞きます。女性はその問いに書き方が分からないと答えます。そうなると、その後には、男性が困っている女性に助け舟を出すような内容が続くはずです。それを満たしているのは②になります。

5.
> 여자 : 택시를 부른 지가 30분이 넘었는데 안 오네요.
> 남자 : 그러게 말이에요. 길이 많이 막히나 봐요.
> 여자 : ＿＿＿＿＿＿＿＿＿＿＿＿＿＿＿＿＿ .
>
> 女性：タクシーを呼んで30分も経つのに来ないですね。
> 男性：そうですね。道がかなり混んでいるのですかね。
> 女性：＿＿＿＿＿＿＿＿＿＿＿＿＿＿＿＿＿＿＿＿。

① タクシーに乗って行きます。　　　　② 私は家に帰ります。
❸ こうしていたら遅れます。　　　　　④ 私は先に行きます。

解説 女性は呼んだのになかなか来ないタクシーのことで焦っています。男性はそれに対して道が混んでいるから遅れているのかなと言いながら女性をなだめています。そうなると、その後には、タクシーが来ないことでさらに不安を感じているような発言が続くはずです。その心理を反映しているのは③になります。④の「먼저 갈게요」はもしかしたら言えるかもしれませんが、タクシーを待っている状況からするとあまり自然な表現ではありません。

6.
> 남자 : 선영 씨, 이번 상품 어때요? 잘 팔릴 것 같아요?
> 여자 : 네. 걱정은 되는데 잘 팔릴 것 같아요.
> 남자 : ＿＿＿＿＿＿＿＿＿＿＿＿＿＿＿＿＿ .
>
> 男性：ソンヨンさん、今回の商品、どうですか。よく売れそうですか。
> 女性：はい。心配はしていますが、よく売れると思います。
> 男性：＿＿＿＿＿＿＿＿＿＿＿＿＿＿＿＿＿＿＿＿。

① 商品がうまく行きそうです。
② よく売れる商品を知っています。
❸ 最善は尽くしたのだから見守りましょう。
④ 思ったよりよく売れません。

解説 男性はヒット商品になりそうかと女性に聞いています。それに対して女性は、心配はあるけれども、ヒット商品になりそうだと答えます。そうなると、その後の流れとして、①商品がうまく行きそうだ、②売れる商品を知っている、④思ったより売れない、というような発言はおかしいです。答えは③になります。

7.

> 여자 : 진석 씨, 우리 동아리에서 엠티 간다는데 거기 갈 거예요?
> 남자 : 엠티요? 누가 그래요?
> 여자 : _____ .

> 女性：ジンソクさん、うちのサークルがMTに行くというんだけど、それに行きますか。
> 男性：MTですか。誰がそんなことを言っていますか。
> 女性：_____ 。

① いいえ、私はそのようには言っていません。　❷ ソコがそう言っていましたけど。

③ あまり分からずにそう言ったんですって。　④ ソコはMTに行かないみたいです。

解説　女性のMT（Membership Trainingの略。韓国の大学文化の特徴的なものの1つで、学科やサークルなどの構成メンバーどうしの親睦を図るために泊まりがけで行く旅行のこと）に行くのかという質問に対して、男性は初耳だと言わんばかりの反応を見せながら、その情報は誰からなのかと聞き返しています。そうなると、女性のその後の反応として、誰から聞いているのかを明かすか、それがまずければ、そのまま濁して会話を終わらせるかになると思います。それを満たしているのは②になります。

8.

> 남자 : 저, 이거 아까 여기에서 샀는데요. 반품을 하고 싶은데요….
> 여자 : 아, 그러세요, 고객님. 여기에서는 안 되시고요. 고객서비스 카운터로 가셔야 됩니다. 영수증은 가지고 계신가요?
> 남자 : _____ .

> 男性：あの、これ、さっきここで買ったんですけど。返品をしたいのですが…。
> 女性：あぁ、そうですか、お客様。ここでは出来ません。顧客サービスカウンターでお尋ね頂きたいのですが。領収証はお持ちでしょうか。
> 男性：_____ 。

① 返品の領収証がありません。

② ここで買うと返品が出来ません。

❸ 顧客サービスカウンターはどこにあるのですか。

④ 領収証をもらうことは出来ますか。

解説　男性は返品が可能かと聞いています。それに対して店員の女性は、返品の扱いは顧客サービスカウンターだと答えています。そうすると、男性は返品したいから、顧客サービスカウンターがどこにあるのかを聞くことになります。③が正解です。

※次を聞いて、女性が続けてする行動として最も適切なものを選んで下さい。　各2点

9.

> 여자 : 철호 씨, 지난 주말에 집에 잘 갔다 왔어요?
> 남자 : 네? 나 일이 있어서 못 갈 것 같다고 카톡 보냈잖아요. 못 봤어요?
> 여자 : 어머, 그랬어요? 난 못 봤는데 정말 보냈어요?
> 남자 : 확인해 봐요. 내가 틀림없이 보냈거든요.

> 女性：チョロさん、先週末実家に行ってきましたか。
> 男性：はい？ 私、用事が出来たから行けそうにないってカトクを送ったじゃないですか。見ていないのですか。
> 女性：あら、そうでしたか。気付きませんでしたが、本当に送ったのですか。
> 男性：確認してみて下さい。間違いなく送っていますから。

① カトクを送る。　　　　　　　　　　② 実家に行ってくる。
❸ 携帯電話を確認する。　　　　　　　④ 用事のため行けない。

解説　無事実家に行ってきたのかと聞く女性に対して、男性は実家には行けないとカトクで送ったじゃないかと返します。気付かなかったと言う女性に対して男性は、最後の会話で、女性に自分の送ったメッセージを確認することを促しています。そうなると、それに続く女性の行動としては、携帯電話でのカトクの確認作業が予想されます。正解は③です。

10.
> 여자 : 오늘 보신 집 어떠셨어요? 마음에 드시는 집은 있으세요?
> 남자 : 네. 두 번째 본 집이 마음에 들어요. 보증금하고 집세가 얼마라고 그러셨지요?
> 여자 : 보증금은 삼백이고요. 집세가 오십이에요.
> 남자 : 아까 그 집 내부 사진 있다고 그러셨죠? 사진 좀 보내 주시겠어요?
>
> 女性 : 今日見た家はどうでしたか。お気に入りの家はありましたか。
> 男性 : はい。2番目に見た家が気に入りました。保証金と家賃がいくらだと言いましたっけ。
> 女性 : 保証金が300万で家賃が50万です。
> 男性 : さっきその家の内部写真があると言いましたよね。写真を送ってもらうことは出来ますか。

① 保証金を支払う。　　　　　　　　　❷ メールで写真を送る。
③ 家を見に行く。　　　　　　　　　　④ 毎月家賃を払う。

解説　見て回った家の中で気に入った物件はあったのかと聞く女性に対して男性は、気に入った家があったと答え、具体的な条件を聞いています。女性は具体的な条件の説明をし、男性はその説明を聞いた後、写真を送ってほしいと言います。そうすると、女性は客の男性に写真を送らなければいけません。正解は②です。

11.
> 여자 : 영진 씨, 여기 열쇠 놓아 둔 거 혹시 못 보셨어요?
> 남자 : 열쇠요? 못 봤는데요. 무슨 열쇠예요?
> 여자 : 제 자동차 열쇠예요. 집 열쇠도 같이 달려 있어요.
> 남자 : 그래요? 어디 갔을까?
>
> 女性 : ヨンジンさん、ここに置いたカギ、もしかして見ていませんか。
> 男性 : カギですか。見ていませんが。どんなカギですか。
> 女性 : 私の車のカギです。家のカギも一緒についています。
> 男性 : そうですか。どこに行ったのだろう。

① カギを置いておく。　　　　　　　　② 家に帰る。
③ 車を開ける。　　　　　　　　　　　❹ カギを探す。

解説　カギを探している女性に対して男性は最後にどこに行ったのだろうとつぶやきます。まだカギが見つかっていないわけだから、女性が引き続きカギを探す行動を取ることが予想されます。正解は④になります。

文法編

模擬試験1

模擬試験2

模擬試験3

模擬試験4

最新の出題傾向

12.
> 여자 : 부장님, 이번 회식 장소는 어디로 하는 게 좋을까요?
> 남자 : 삼겹살 집은 지난번에 갔으니까 어디 다른 장소로 하는 게 좋지 않겠어요?
> 여자 : 부장님은 뭐가 좋으시겠어요? 이번엔 부대찌개로 할까요?
> 남자 : 나는 괜찮은데 다른 사람들이 어떨지 모르겠네요.
>
> 女性：部長、今度の飲み会はどこにしたらいいでしょうか。
> 男性：サムギョプサルの店には前回行ったから、どこか別の場所にした方がいいんじゃない
> ですか。
> 女性：部長は何がいいですか。今回はプデチゲにしましょうか。
> 男性：私はいいんだけど、他の人たちはどうなんでしょうかね。

❶ 他の人に聞く。　　　　　　　　　② 飲み会の場所に行く。
③ サムギョプサルを食べる。　　　　④ 他のところに決める。

解説　最後に部長の男性が他の人がどんな希望を持っているのかを気にする発言をしています。そうなると、飲み会の場所を決める担当者の立場からは、他の人たちに意見を聞かないわけにはいきません。それに相応しいのは①になります。

※次を聞いて、聞いた内容と同じものを選んで下さい。各2点

13.
> 여자 : 연락도 없이 왜 이렇게 늦었어? 한참 기다렸잖아.
> 남자 : 응, 미안해. 배터리가 다 돼서 연락을 못 했어.
> 여자 : 무슨 일 있었어? 난 사고라도 난 줄 알았어.
> 남자 : 응, 사고가 난 모양이야. 길이 엄청 막히더라고.
>
> 女性：連絡もなしでなぜこんなに遅れたの？ だいぶ待ったよ。
> 男性：うん、ごめん。バッテリーがなくなって連絡出来なかった。
> 女性：何かあったの？ 私は事故でもあったのかと思ったよ。
> 男性：うん、事故があったみたい。道がむちゃくちゃ混んでいた。

① 男性は事故を起こした。　　　　　② 男性は連絡をした。
❸ 女性はだいぶ待った。　　　　　　④ 女性はバッテリーを持っていなかった。

解説　男性が最後に「사고가 난 모양이야」と言っているので、自分が起こした事故ではありません。①は一致しません。連絡が出来なかったことに対して謝っているので②も一致しません。バッテリーの話は男性がしているので④も一致しません。正解は③になります。「한참」は時間的にだいぶ経っているさまを表す言葉です。

14.
> 여자 : (딩동댕) 국제항공에서 마지막 탑승 안내 말씀을 드리겠습니다. 하네다
> 공항으로 가는 국제항공 티에프 칠팔칠 편에 탑승하실 손님께서는 지금 즉시
> B1탑승구에서 탑승 수속을 마쳐 주시기 바랍니다. 항공기의 출발이 지연될
> 수 있사오니 승객 여러분의 협조를 부탁드립니다. 감사합니다. (딩동댕)
>
> 女性：(チャイムの音) 国際航空から最後のご搭乗のご案内を申し上げます。羽田空港行き国
> 際航空TF787便にご搭乗のお客様は、今すぐにB1搭乗口において搭乗の手続きを済ませて
> 下さいますように宜しくお願い致します。航空機の出発が遅れることもありますので乗客
> の皆様のご協力を宜しくお願い申し上げます。ありがとうございます。(チャイムの音)

① 搭乗案内放送は1回のみ行う。　❷ まだ搭乗していないお客さんがいる。
③ 航空機は必ず定刻に出発する。　④ この飛行機は羽田空港から来た。

解説　最後の搭乗案内ということは何回もやっているということですから①は一致しません。定刻より遅れて出発することもあると言っているから③も一致しません。羽田空港にこれから向かうので④も内容と違います。②が正解になります。

15.

男子：다음 소식입니다. 오늘 발표된 경제 동향 자료에 따르면 지난 삼사분기 수출실적이 전기에 이어 호조를 보이고 있는 것으로 나타났습니다. 여전히 반도체에 이어 철강, 석유제품 등이 상위를 차지하고 있으며 자동차와 선박 등도 조금씩 회복 기미를 보이고 있는 것으로 나타났습니다.

男性：次のニュースです。今日発表された経済動向調査によれば3分期の輸出実績が前期に引き続き好調を見せているものと現れました。依然として半導体に続き鉄鋼、石油製品などが上位を占めており自動車や船舶なども少しずつ回復傾向にあるものと現れました。

① 鉄鋼製品の輸出実績がだいぶ回復した。　② 2分期には輸出実績がよくなかった。
③ 経済動向資料は先週出た。　❹ 自動車の輸出実績が少しずつよくなっている。

解説　鉄鋼は好調を見せている業界なので①は音声内容と一致しません。2分期に続き3分期も好調と言っているので②も一致しません。経済動向資料は今日発表されたと言っているから③も一致しません。④が正解です。

16.

여자：세계적인 피아니스트 오철민 씨가 오랜만에 저희 방송에 출연을 해 주셨습니다. 몇 가지 질문을 해 보려고 합니다. 먼저 최근에 끝난 연주회 이야기를 들려 주시죠.

남자：네, 안녕하세요? 오철민입니다. 이렇게 불러 주셔서 감사합니다. 지난 주에 유럽 순회 콘서트가 끝났습니다. 각지에서 현지 분들의 많은 환영을 받았고요. 베토벤에서 쇼팽까지 많은 작품을 연주하면서 저한테도 아주 좋은 기회가 되었습니다.

女性：世界的なピアニスト、オ・チョルミンさんが久しぶりにこの番組に出演して下さいました。いくつかお聞きしたいと思います。まず最近終わったコンサートの話からお聞かせ頂けますか。

男性：はい、こんにちは。オ・チョルミンです。お呼び頂きありがとうございます。先週ヨーロッパコンサートツアーが終わりました。現地の方々からたくさんの歓迎を頂きました。ベートーベンからショパンまでいろんな作品を演奏しながら自分自身にもとてもよい機会となりました。

❶ 男性は先週までヨーロッパにいた。　② 男性は韓国でコンサートツアーを行った。
③ 男性はヨーロッパでは歓迎されない。　④ 男性はいろんな作品を演奏したりはしない。

解説　先週ヨーロッパでのコンサートツアーが終わったと言っているので①が正解になります。コンサートツアーの場所はヨーロッパだったので②は内容と一致しません。現地の方々から大いに歓迎されたと言っているから③も合っていません。いろんな作品を演奏したと言っているので④も内容と一致しません。

文法編

模擬試験1

模擬試験2

模擬試験3

模擬試験4

最新の出題傾向

※次を聞いて、男性の中心となる考えとして最も適切なものを選んで下さい。各2点

17.

여자 : 요즘 다들 건강 생각해서 운동한다던데 너는 안 하니?

남자 : 난 안 해. 잘 먹고 잘 자고 적당히 잘 쉬고 가끔씩 산이나 바다에 가서 좋은 공기 쐬면 되지, 꼭 운동해야 건강하니? 난 그렇게 생각 안 해.

여자 : 그거야 그렇지만 그래도 운동하는 사람들 보면 보기 좋잖아.

女性：最近皆健康のことを考えて運動をするらしいんだけど、あなたはやらないの？

男性：俺はやらない。よく食べよく寝適度に休み、時々山や海に行っていい空気に当たればいいものを、運動しないと健康にならないわけ？ 俺はそうは思わない。

女性：それはそうだけど、でも運動をしている人たちを見るとよさそうに見えるから。

① よく食べてよく休んでよく寝ると健康になる。

② 山や海の新鮮な空気は健康によい。

❸ 運動をしないと健康が与えられないということではない。

④ 健康のために運動をする人はよさそうに見える。

解説 ①も②も④もすべて一般的に言えることです。しかし男性は一般的に言われている「運動＝健康」という図式に対して自分はそうは思わないと言い、暗にそのようなことをする人を批判的な目で見ています。従って正解は③になります。男性の話の中に出てくる「꼭 운동해야 건강하니?」を聞き取れるかがポイントとなります。

18.

남자 : 미선 씨, 이번 모임에 올 사람들 명부 다 만들었어요?

여자 : 아뇨, 시간이 없어서 아직 못 만들었어요. 다음 주에 만들게요.

남자 : 미선 씨, 안 돼요. 빨리 만들어야 돼요. 명부 만드는 일이 제일 중요해요. 명부를 빨리 만들어야 인원도 확인하고 거기 맞춰서 주문도 하죠.

男性：ミソンさん、今度の会に来る人たちの名簿、全部作りましたか。

女性：いいえ、時間がなくてまだ作っていません。来週作ります。

男性：ミソンさん、だめです。早く作らないといけないんですよ。名簿を作ることが一番大事です。名簿を早く作らないと人数の確認も出来ないし、それに合わせて注文も出来ませんからね。

① 来週には出席者を確認する仕事をする。

❷ 出席者の名簿を作る仕事を優先しなければならない。

③ 会に来る人の数に合わせて注文をしなければならない。

④ 時間がなければ来週名簿を作ってもよい。

解説 男性の話の中に出てくる「명부 만드는 일이 제일 중요해요」が聞き取れるかと選択肢の「우선하다（優先する）」という言葉の意味が分かるかがポイントとなります。まず①ですが、来週出席者を確認するという話はどこにも出ていないので正解にはなりません。③の注文をする作業もまだその段階ではないので正解ではありません。④はそもそも男性の話と違います。正解は②になります。

19.
```
여자 : 나 어릴 때 학교 갔다 오면 매일같이 학원 갔었어.
남자 : 너도 그랬니? 나도야. 피아노, 태권도, 미술, 영어회화, 매일같이 갔었지.
      그 때 뭘 배웠는지 모르겠어.
여자 : 진짜. 지금은 피아노도 못 치고 그림도 잘 못 그리는데 말이야.
남자 : 하고 싶은 걸 해야 하는데 엄마 아빠가 시키고 싶어 하는 걸 하는 게 문제
      인 것 같아.
```

> 女性：私が小さい時、学校から帰ったら毎日のように塾に行っていた。
> 男性：お前もそうだったの？　俺もだよ。ピアノ、テコンドー、絵描き、英会話、毎日のよ
> 　　　うに行っていた。あの時に何を学んだのかな。
> 女性：本当。今はピアノも弾けないし、絵も上手に描けないのにね。
> 男性：したいことをやらせなきゃいけないのに、お母さんお父さんがやらせたいことをやら
> 　　　せるのが問題なんじゃない。

① 塾は何でも毎日行った方がいい。
② 小さい時にたくさん学んでおいた方が役に立つ。
③ 親はやらせたいことを子供にやらせる。
❹ 子供はやりたいことをやらせて初めて効果が出る。

解説　①や②はもしかしたらそのように考えている人もいるかもしれません。③もそのような人がい
るかもしれません。しかし男性はやらされてやるのではなく自分でやることの重要性のことを言いたがっ
ているので正解は④になります。

20.
```
여자 : 하나 하나 작품을 만드시기 위해서 대단히 많은 시간과 체력이 필요할 것
      으로 보이는데 어떠신가요?
남자 : 맞습니다. 한 작품을 완성하는데 길면 육 개월, 짧아도 삼 개월은 걸리죠.
      그 기간 동안 얼마나 집중력을 가지고 작품에 몰두하느냐가 중요한 것 같습니
      다. 그래서 먹는 일도 중요한 것 같고요. 체력이 있어야 하니까요.
```

> 女性：1つ1つ作品をお作りになるために、実にたくさんの時間と体力とが必要だろうとお見
> 　　　受け致しますが、いかがでしょうか。
> 男性：その通りです。1つ作品を完成するのに長い場合、6か月、短くても3か月はかかりま
> 　　　すね。その期間中、どれだけ集中力を持って作品に打ち込めるかが重要です。それで食べ
> 　　　ることも大事ですね。体力がないとだめですからね。

❶ 作品をきちんと創るためにはありとあらゆる努力をしなければならない。
② よい作品を作るためには集中力がないとだめだ。
③ 食べ物をしっかり食べないとよい作品は作れない。
④ 体力がなかったらよい作品は作ることはできない。

解説　②も③も④もよい作品には欠かせない要素と言えます。しかしそのいずれも部分的なことなの
で、正解にはなりません。それを1つにまとめたものが①なので、①が正解になります。

※次を聞いて質問に答えて下さい。 各2点

여자 : 이사장님, 어제 재무팀하고 상의해 봤는데요, 이사장님 실 옆 방을 회의실로 쓰시면 어떻겠느냐는 이야기가 나왔어요. 그게 이사장님도 편하실 것 같고 해서 요.

남자 : 음, 나야 편하고 좋지만 그래도 그 방보다 2층에 창고로 쓰던 방을 잘 꾸며서 쓰는 게 좋지 않겠어요? 사무실에서도 가깝고 창도 많아서 환하고 밝고 좋을 것 같은데?

여자 : 저희도 그런 이야기를 했었어요. 그런데 재무 팀에서 창고를 리폼하려면 비용 이 많이 든대요. 이사장님 실 옆 방은 그렇게 많이 안 들 거랍니다.

남자 : 그래요? 모두가 그런 의견이라면 그렇게 하도록 해요. 나야 뭐 어느 쪽이든 괜 찮아요.

女性 : 理事長、昨日財務チームと相談したんですけど、理事長室の隣の部屋を会議室にしたらど うかなという話が出たんですよ。それが理事長も便利かもしれませんし。

男性 : うん、私は便利でいいけれど、でもその部屋より2階の倉庫として使っていた部屋をきれい に直して使った方がいいんじゃないですか。事務室からも近いし、窓もたくさんあって明るい し、よさそうだけど…。

女性 : 私たちもその話をしました。しかし、財務チームからの話で、倉庫をリフォームしたら費 用がかなりかかるらしいんですよ。理事長室の隣の部屋はそんなにはかからないらしいんです ね。

男性 : そうですか。皆がそういう意見であれば、そのようにしていいですよ。私はどちらでもか まいません。

---

21. 男性の中心的な考えとして最も適切なものを選んで下さい。

　　① 会議室は光がよく入り明るいところにした方がいい。
　　❷ 自分の意見を最後まで通すつもりはない。
　　③ 財務チームのリフォームについての話を無視できない。
　　④ 私の部屋は事務室から近いところにしなければならない。

　　 解説 　本文で出て来る「환하다」は、「前方が広々と開かれてきて明るくなるさま」の意味で、「밝다」 は、「日差しや光で明るいさま」の意味です。さて、正解ですが、本文中の理事長は最後の発言で「모두 가 그런 의견이라면 그렇게 하도록 해요 (皆がそのような意見であればそうして下さい)」と言ってお り、それがそのまま結論になっているので、②の「내 의견으로 고집할 생각은 없다」が正解になります。 ①の「회의실은 환하고 밝은 곳으로 하는 것이 좋다」や③の「재무팀의 리폼에 관한 이야기를 무시 할 수 없다」は確かに理事長が発言したり考えたりしている内容ですが、核心を突く発言とは言えないの で、不正解です。④は、本文の話と矛盾するので不正解となります。

22. 聞いた内容と同じものを選んで下さい。

　　① 新しい会議室は倉庫を補修して作ることにした。
　　❷ 女性は皆の意見を理事長に伝えた。
　　③ 新しい会議室を作るのにたくさんの費用がかかる。
　　④ 女性は理事長の思いを皆に納得させた。

　　 解説 　①ですが、本文では、新しい会議室の場所として、倉庫をリフォームして使う代わりに理事長 室の隣を改修して使う案の方がいいと言っているので、本文の内容と矛盾し、不正解。③は、高費用を 理由に安く済む方法を理事長に報告している本文の内容と矛盾するので、不正解です。④は、本文に理 事長の思いを皆に納得させているという話は出て来ないので不正解です。答えは②になります。

남자 : 거기 국민은행이죠? 주택 담보 대출 광고를 보고 전화 드리는 건데요. 그 내용
을 좀 자세히 알고 싶은데 어떻게 해야 되나요?
여자 : 네. 일단 간단하게 안내를 해 드릴게요. 저희가 하는 주택 담보 대출이 서민형
안심전환대출이라는 상품인데요. 기본적으로 무주택 세대주이셔야 되고요. 그리
고 소득에 따라 대출액 상한선이 있습니다. 신청을 하시면 대출이 나올 때까지 2
주 정도 걸리고요. 대출 신청은 관련 서류를 구비하셔서 저희 은행 지점으로 가지
고 오시면 됩니다. 구체적인 상담을 원하실 경우 저희가 상담도 해 드리고요.
남자 : 혹시 신청 서류를 홈페이지에서 다운로드 할 수 있나요?
여자 : 네, 저희 은행 홈페이지에 들어가시면 안내가 나와 있습니다.

男性 : 国民銀行ですよね。住宅担保融資の広告を見て電話したのですが、その内容をもうちょっ
と詳しく知りたいけどどうすればいいんですか。
女性 : はい。一先ず簡単にご案内させて頂きます。私どもがやっている住宅担保融資は、庶民型
安心転換ローンという商品なのですが、基本的に無住宅世帯主じゃないといけません。それか
ら所得によって融資額に上限があります。お申し込み頂いた後、融資が実行されるまで2週間
くらいかかります。ローンのお申し込みは、関連書類を揃え、当銀行の支店までお持ち下さい。
具体的な相談をお望みの場合、その相談もさせて頂きます。
男性 : 申請書類は、ホームページからダウンロードできますか。
女性 : はい。当行のホームページに接続すると案内が出ております。

23. 女性が何をしているのかを選んで下さい。

① 顧客にホームページを見るように案内している。
② 顧客に無住宅世帯主なのかを確認している。
❸ 顧客にローン商品についての説明を行っている。
④ 顧客に関連書類を揃えることを要求している。

　解説　最初の男性の発言に出てくる「국민은행」に気づけば本文が顧客と銀行員との会話であること
が分かるので、女性の最初の発言で「안내를 해 드릴게요……상품인데요(案内をさせて頂きます…商
品ですが)」といっている内容に注目すれば、正解の③を導き出すことができると思います。本文の「대
출(貸出)」という言葉ですが、「貸出、融資、ローン」などの意味です。

24. 聞いた内容と同じものを選んで下さい。

① ローンの申し込みはホームページで行うようになっている。
② 銀行では高所得者に対する融資は行わない。
③ 住宅担保融資額の上限は特に決められていない。
❹ 庶民型安心転換ローンは無住宅世帯主がその対象だ。

　解説　本文では、ホームページで可能なのは「신청 서류의 다운로드」といっているので、①は不正
解です。次の②ですが、本文では特に「고소득자에 대한 대출」について何も触れられていないので、不
正解です。③は本文で「소득에 따라 대출액 상한선이 있다」といっている内容と矛盾するので不正解
になります。④が正解です。

※次を聞いて質問に答えて下さい。 各2点

여자 : 이번에 시에서 뿌리공원이라는 쉼터를 만들었는데요. 무슨 취지에서입니까?
남자 : 글자 그대로입니다. 나의 뿌리, 우리의 뿌리에 대한 생각을 새로이 가져보자
　　　는 것이지요. 우리가 성이 있고 이름이 있잖아요? 그런데 그 성은 어떻게 생긴 것
　　　이고 또 이름은 어떻게 붙이는가 이런 것을 제대로 아는 분이 사실은 드물거든요.
　　　족보 이야기를 하면 그런 건 케케묵은 거라고 하지만 조상이 있기 때문에 우리가
　　　있는 거 아니겠어요? 진부하다고 할지 모르지만 요즘같이 지켜할 질서가 흔들리
　　　고 정당한 권위가 존중받지 못하는 풍토에서는 불가결한 배움의 터라고 생각합니
　　　다.
女性 : この度、市でプリ公園という憩いの場を作りましたが、どういう趣旨からでしょうか。
男性 : 文字通りそのままです。私のルーツ、われわれのルーツについての思いを新たに考え直し
　　　てみようということです。私たちには名字があって名前があるでしょう？ しかし、その名字が
　　　どうやってできたもので、名前はまたどうやってつけられるのかをちゃんと知っている方が実
　　　は少ないんですよね。族譜の話をすると、そんなものは古臭いといいますが、先祖がいるから
　　　私たちがいるのではないのですか。陳腐というかもしれませんが、最近のように守られるべき
　　　秩序が乱れ、正当な権威が尊重されない風土では、不可欠な学びの場だと思います。

---

25. 男性の中心的な考えとして最も適切なものを選んで下さい。

① プリ公園では先祖を恭敬する方法を教える。
② プリ公園を通して自分の名字や名前を確認すべきだ。
❸ プリ公園はルーツを知るための大事な学びの場だ。
④ プリ公園が先頭に立って権威尊重の雰囲気づくりを進めている。

解説　本文を見ると、女性の「무슨 취지」なのかという冒頭の質問に対し、男性が「글자 그대로」と
前置きをした後「뿌리에 대한 생각을 새로이 가져보자」と続けています。流れからいうと、これが男性
が考えている最も中心的な思いということになります。それに符合するのは③です。②や④は本文では
触れられていない内容なので不正解となり、①はそういうチャンスももしかしたらあるかもしれません
が、本文から確認することができないことから不正解となります。

26. 聞いた内容と同じものを選んで下さい。

❶ プリ公園はわれわれのルーツをきちんと知ろうという趣旨の下、作られた。
② 名字や名前がどうやってつけられたかを知らない人はいない。
③ 秩序が揺れるのは族譜を知らないからだ。
④ 権威の尊重は絶対必要不可欠なものだと思っている。

解説　②の「짓다」は「집/표정/농사/밥/이름/죄(을/를) 짓다」のように複雑な使い方をします。さ
て、②では「어떻게 지어졌는가를 모르는 사람은 없다」といっていますが、これは本文で「제대로 아
는 사람이 드물다」という内容と矛盾するので不正解になります。③は、族譜を知らないことと秩序を
無視することとの間に因果関係はないので不正解です。④は、本文を見る限り、そこまで踏み切った発
言はしていないので、正解にはなりません。正解は①です。

※次を聞いて質問に答えて下さい。 各2点

남자：미정 씨, 이번 주민회 정말 괜찮지 않았어요? 저는 우리 아파트 다른 동 분들
이랑 인사도 나누고 같이 김장도 하고 해서 좋았던 것 같아요.
여자：네, 그렇긴 한데 저는 좀 힘들었어요. 다른 동 분들한테 연락도 해야 하고 또
김장 준비도 하느라고요.
남자：아, 그러셨군요? 그래도 미정 씨가 수고해 주신 덕분에 서로 소통할 기회도 생
기고 또 김장 김치 기부도 하고. 저는 아주 뿌듯하더라고요.
여자：선규 씨가 좋으셨다니 다행이네요. 선규 씨 아내 분도 고생이 많으셨어요. 집
에 가시면 수고했다고 잘 다독거려 드리세요.

男性：ミジョンさん、今回の住民会、本当によかったと思いませんか。僕はうちのマンションの
別の棟の方たちと挨拶もし、一緒にキムジャンもやったのでよかったと思っているんですけど
ね。
女性：はい、それはそうですが、私はちょっときつかったです。他の棟の方たちに連絡もしなけ
ればならないし、またキムジャンの用意もしないといけなかったからですね。
男性：あぁ、そうでしたか。でも、ミジョンさんが頑張ったおかげでお互いに疎通するチャンス
もできたし、またキムジャンキムチの寄付もできたから、僕は胸いっぱいでしたよ。
女性：ソンギュさんが喜んでくれたならよかったですね。ソンギュさんの奥さんも相当頑張りま
したよ。家に帰ったらお疲れ様って言ってあげて下さいね。

---

27. 男性が言う意図として適切なものを選んで下さい。

    ❶ マンションの住民会についての感想を述べようと
    ② マンションの住民会への出席をお願いしようと
    ③ マンションの住民会のやり方を変更しようと
    ④ マンションの住民会にキムチを寄付しようと

  解説 この問題は「소감」「참석을 부탁」「방식을 변경」「기부」などの意味が分かれば、①が正解で
あることに容易に気が付くと思います。男性が①の冒頭で自分が出た住民会への感想を「이번 주민회
괜찮지 않았어요?（今回の住民会、よくなかったですか）」のように述べているからです。

28. 聞いた内容と同じものを選んで下さい。

    ① マンションの住民会にはうちの棟の人間だけが集まった。
    ② 女性はマンションの住民会に出なかった。
    ❸ マンションの住民会ではキムジャンキムチも作った。
    ④ 男性はマンションの住民会に１人で出席した。

  解説 まず①ですが、本文で「다른 동 분들이랑 인사도 나누고」と言っている内容と矛盾するので
不正解になります。それから本文は住民会終了後の後日談を男女２人が語り合っている内容になってい
るので②も不正解になります。④は、本文の最後に「선규 씨 아내 분도 고생이 많으셨어요」と言って
いる内容と矛盾するので不正解になります。正解は③です。

※次を聞いて質問に答えて下さい。 各2点

여자 : 오늘처럼 이런 야외에서 가요제를 개최하시려면 애로사항이 많으시겠어요.
남자 : 애로사항이 하나도 없다면 거짓말이죠. 저희가 이 강변가요제를 매년 이곳에
  서 개최하는데 가요제에 출전하시는 아마추어 가수 분들도 그렇고 관객 분들도 숫
  자가 점점 늘고 있거든요. 그러다 보니 안전문제가 제일 신경 쓰여요. 저희가 만
  반의 대비를 한다고는 하지만 한정된 장소에 사람들이 워낙 밀집하다 보니 사고나
  사건이 일어날까 봐 늘 조마조마하죠. 그래서 가까운 전철역에서부터 공연장까지
  오는 길 양쪽에 경비원도 배치했어요. 이번에는 화장실도 불편하시지 않게 충분
  히 준비했고요.
여자 : 아, 네, 면밀하게 대비하고 계시는 군요. 그래도 혹 사건이나 사고가 발생할 경
  우에 대비해서 관객 분들한테 안전에 관한 안내가 되고 있나요?
남자 : 네, 물론이죠. 공연 중에 수시로 말씀드리고 있습니다.

女性：今日みたいにこんな野外で歌謡祭を開催しようと思ったら困難なことが多いでしょう。
男性：困難がないと言ったらウソになりますね。僕らがここで毎年この川辺歌謡祭を開催してい
  るんですけど、歌謡祭に出場するアマチュアの歌手の方もそうですし、観客の方々も数がだん
  だん増えているのですね。そうなると、安全問題が一気になるんです。私たちが万全の備
  えをするとは言え、限られた場所に人があまりにも密集しますから、事故や事件が起きるので
  はないかといつも気が気じゃないんですね。それで最寄りの電車の駅から会場まで来る道の両
  側に警備の方もつけたんですよ。今回はトイレもあまりご不便をかけないように充分用意して
  いますし。
女性：あぁ、綿密に備えていらっしゃるのですね。でも、もしもの事件や事故が発生するケー
  スに備えて観客の皆様に安全に関する案内はされているのですか。
男性：はい、もちろんです。公演中に随時ご案内しております。

29. 男性が誰なのか選んで下さい。

　①川辺歌謡祭に出場し、演奏をする人
　❷川辺歌謡祭に対して責任を負っている人
　③川辺歌謡祭で安全を担当する人
　④川辺歌謡祭で事件、事故に備える人

　解説　この問題は「出전」「연주」「안전」「담당」「사건」「사고」などの言葉の意味が分かれば、容易に
正解の②を見つけることができます。冒頭の女性の質問に男性が「저희가 이 강변가요제를 매년 이곳
에서 개최하는데」と答えているのですが、この答え方は、①の演奏する人、③の安全担当の人、④の
事件事故に備える人のように、イベントの一部だけを担当する人から聞ける内容ではないからです。

30. 聞いた内容と同じものを選んで下さい。

　①川辺歌謡祭に行くためには車に乗っていくしかない。
　②会場にはトイレがないので電車の駅を利用しなければならない。
　③スタッフの数が多いのであまり困難なことはない。
　❹様々な事件や事故に備え、万全の準備をしている。

　解説　まず①ですが、本文の男性の発言の中に出て来る「가까운 전철역에서부터 공연장까지 오는
길」という言い方と矛盾するので、不正解です。次の②も「화장실도 충분히 준비했다」と言っている本
文の内容と合わないので、不正解になります。③は、男性の発言「애로사항이 없다면 거짓말이죠」と
言っている内容と矛盾するので不正解になります。正解は④です。

※次を聞いて質問に答えて下さい。 各2点

> 남자：좀처럼 양성화가 잘 안 이루어지고 있는 이유를 뭐라고 생각하십니까?
> 여자：그야 물론 여러 가지 원인이 있겠지만 근본적으로는 남성들이 가지고 있는 인식에 아무런 변화가 없다는 점이 가장 큰 이유라고 생각합니다.
> 남자：남자들 중에서는 여성차별화를 하지 말라는 여성단체의 요구에 대해서 그럼 당신들도 군대에 가라는 말을 하는 사람들도 많은데요. 저는 그런 주장을 하는 사람도 이상하다고 보지만 근본적으로 차별이라는 말에 대해서도 쉽게 동의할 수가 없습니다.
> 여자：왜 그렇죠? 엄연히 차별이라는 게 존재하잖아요.
>
> 男性：なかなかジェンダー平等が上手くなされない理由は何だと思いますか？
> 女性：それはもちろんいろんな原因があると思いますが、根本的には男性たちが持っている認識に何ら変化がないのが最も大きな理由だと思います。
> 男性：男性の中では女性差別化をするなと言っている女性団体の要求に対して、じゃああなたたちも軍隊に行きなさいという人たちも多いんですね。私はそのようなことを言う人もおかしいと思いますが、根本的に差別という言葉に対しても簡単に同意出来ません。
> 女性：どうしてそうでしょうか。厳然として差別というのが存在しているじゃないですか。

31. 男性の中心となる考えとして最も適切なものを選んで下さい。

    ❶ なぜ敢えて差別という言葉を使うのか理解出来ない。
    ② 女性が自分たちの認識を変えるべきだと考えている。
    ③ 女性が軍隊に行くべきだという主張も妥当だ。
    ④ 男性の認識に変化がないということに同意出来ない。

  解説 男性の発言の中に「근본적으로 차별이라는 말에 대해서 동의할 수 없다」という件が出てくるので①が正解になります。②はそのようには言っていません。③や④も男性は言っていません。

32. 男性の態度として最も適切なものを選んで下さい。

    ① 女性団体の主張に対して反対している。
    ② 男性たちの立場を代弁している。
    ❸ 差別という言葉に対して批判的だ。
    ④ 自分の思いをあまり前面に立てない。

  解説 まず①ですが、女性団体の主張に反対しているわけではありません。差別という言葉に抵抗感を感じているだけです。①は正解ではありません。男性の立場をすべて代弁しているわけでもありませんので②も不正解です。自分の思いをしっかり語っているので④も不正解になります。正解は③です。「근본적으로 (根本的に)」という言葉が出てきたらその後に自分の信念が出てくることが多いです。

※次を聞いて質問に答えて下さい。 各2点

> 남자：여러분 자유의 여신상이 물에 잠기는 걸 상상해 본 적 있으십니까? 지구온난화를 비롯한 환경문제가 요 며칠 사이에 생겨난 것이 아니라는 것쯤은 다 알고 계시겠지만 사태는 점점 심각해져 간다네요. 미국과 유럽의 연구자들이 과학잡지 등에 기고한 내용을 보면 남극의 빙하가 이전보다 배는 빠르게 녹고 있답니다. 그리고 그 빙하가 녹는 걸 막을 수 있는 방법은 이미 없다는 게 연구자들의 공통적인 의견이라네요. 금년이 이렇게 추운데 그 빙하가 어떻게 그렇게 쉽게 녹겠느냐고요? 그리고 설사 녹는다고 해도 다 녹으려면 앞으로도 몇 백 년은 걸릴 거라고요? 그게 그렇지도 않은가 봐요. 그러니 걱정이지요.
>
> 男性：皆さん、自由の女神が海に沈む場面を想像したことがありますか。地球温暖化を始めとする環境問題が昨日今日の間に生じた問題ではないことくらいはご存知だと思いますが、事態はますます深刻になっているようですよ。アメリカやヨーロッパの研究者たちが科学雑誌に寄稿した内容を見ると、南極の氷河が以前より倍は速く溶けていると言うのです。そしてその氷河が溶けるのを防げる方法はもはやないというのが研究者たちの共通的な意見のようなのですね。今年がこんなに寒いのにその氷河がどうしてそんなに簡単に溶けるのでしょうかって？ それから仮に溶けるとしても全部溶けるまでにはこれから数百年はかかるでしょうって？ それがそうでもないみたいですよ。だから心配なのですよね。

33. 何についての内容なのか適切なものを選んで下さい。

　　❶ 人類の生存を脅かす環境問題
　　② 自由の女神が沈みつつあるという話
　　③ 南極の氷河が溶けている理由
　　④ 南極の氷河が毎年凍結する時期

　　解説　南極の氷河の話がずっと続きますが、それは冒頭で言っているような深刻な環境問題を取り上げるための一例に過ぎません。ですから①が正解になります。南極の氷河が溶けている理由は特に語っていません。③は正解にはなりません。④も内容の中では触れられていません。

34. 聞いた内容と同じものを選んで下さい。

　　① 南極の氷河が海を漂う季節となった。
　　② 南極の氷河が全部溶けるには数千年はかかる。
　　❸ 氷河が消滅するのを止められる方法はない。
　　④ 自由の女神像が海に沈むシーンを想像してみる。

　　解説　まず①ですが、音声の中ではまったく触れられていません。②も特に音声の中で触れられているわけではないので正解ではありません。③が正解になります。自由の女神が海に沈む話は問題提起のために言ったのであって本当に想像しているわけではないので④も不正解です。

남자 : 신입사원 여러분, 지금 소개받은 사장 김영호입니다. 여러분의 입사를 진심으로 환영합니다. 이렇게 입사식에서 여러분의 얼굴을 보니 제가 우리 회사 입사했을 때가 생각납니다. 회사를 위해서 뭘 할 것인가, 내가 이 회사에서 일을 잘 해 나갈 수 있을까, 내 상사는 어떤 사람일까, 등등 제 머리 속을 주마등처럼 많은 생각들이 지나갔던 것을 기억합니다. 여러분은 왜 우리 회사에 들어오셨습니까? 월급을 많이 줘서입니까? 우리 회사가 유명해서예요? 일은 왜 합니까? 이제 우리 회사에 들어왔으니 그럼 앞으로 회사를 위해서 일을 할 겁니까? 아니면 가족을 위해서 할 겁니까? 또는 여러분 자신을 위해서예요? 어느 쪽입니까? 저는 다라고 봅니다. 어느 하나도 빼놓을 수 없어요.

男性 : 新入社員の皆様、ただいまご紹介頂いた社長のキム・ヨンホです。皆様の入社、心から歓迎します。こうして入社式で皆様の顔を拝見すると、私がうちの会社に入社した時のことを思い出します。会社のために何をすべきか、自分がこの会社でうまくやっていけるのか、私の上司はどんな人なのか、等々、私の頭の中を走馬灯のようにいろんな思いがよぎっていたことを覚えています。皆様はなぜうちの会社に入ってきましたか。給料がたくさんもらえるからですか。うちの会社が有名だからですか。仕事はなぜするのですか。会社に入ってきたのだから、じゃあこれからは会社のために働くのですか。じゃなければ家族のためにやるのですか。または皆様自身のためですか。どれですか。私は全部だと思います。どれひとつとして外せません。

35. 男性が何をしているのか、適切なものを選んで下さい。

① 新入社員に説教をしている。 　　　　❷ 入社式で社長訓示を行っている。
③ 自分の新入社員の時を振り返っている。　④ 新入社員に労働の意義を教えている。

　解説　入社式の社長訓示ですから、説教と言えば説教かもしれませんし、訓示の中で新入社員の時のことを振り返っていることも事実です。また何のために働くのか、自分の労働観も説破しています。でも、それを総合すると②の社長訓示ということになります。②が正解です。

36. 聞いた内容と同じものを選んで下さい。

① 新入社員の時に何をしていたのかを振り返ってみるべき時だ。
② 会社になぜ入ってきたのかの意味を敢えて噛みしめる必要はない。
③ 給料をたくさんくれる会社に入ってきたのは幸いなことだ。
❹ 会社、家族、自分自身、そのどれも疎かには出来ない。

　解説　相手は新入社員ですから①は矛盾します。不正解です。男性は新入社員に対して働くことの意義をしっかり考えるように発破をかけているつもりなので②は男性の気持ちと一致しません。③ですが、男性はそのようには言っていません。④が正解になります。

※次を聞いて質問に答えて下さい。各2点

男子 : 꽃을 사다가 꽂았는데 금방 시들어버리는 경험은 누구나 다 한번쯤은 해 봤으리라 생각하는데요. 꽃을 꽂아서 오랫동안 감상할 수 있는 포인트가 뭡니까?
여자 : 네, 누구나 다 그런 경험을 하실텐데요. 무엇보다도 중요한 점은 반드시 물속에서 꽃대를 자르고 그리고 아무리 귀찮아도 부지런히 물을 갈아주어야 한다는 점이지요. 물속에서 꽃대를 자르라고 말씀드렸는데 가장 좋은 방법은 양동이 같은데다가 물을 가득 채우고 수압을 이용해서 물의 흡수력을 높일 수 있는 환경을 만들어준 다음에 자르는 것입니다. 왜냐하면 공기 중에서 자르게 되면 꽃대의 자른 단면이 금방 건조하게 되고 물을 빨아올리는 곳에 공기가 들어가서 물을 흡수하기 어렵게 되거든요. 아주 짧은 시간이지만 공기가 통도조직 속으로 들어가서 도관 막힘을 일으키면 결국은 물의 정상적인 이동을 방해하게 되는 것이지요.

男性 : 花を買ってきて生けたのですが、たちまち枯れてしまったという経験は誰しもが1回くらいしていると思うのですが、花を生けて長い間観賞できるポイントは何ですか。
女性 : はい、どなたでもそのような経験をしておられると思います。何よりも重要なのは、必ず水の中で幹を切りそれからどんなに面倒であってもまめに水を換えてあげることですね。水の中で切るようにと言いましたが、もっともいい方法はバケツの中に水をたくさん溜めて水圧を利用して水の吸収力を高める環境を作った上で切るということですね。どうしてかと言いますと、空気の中で切ってしまうと幹の切った断面がすぐ乾燥して水を吸い上げるところに空気が入ってしまい、水を吸収しづらくなるからなのですね。とても短い時間ですが、空気が通導組織の中に入ってしまって導管詰まりを起こしてしまうと、結局は水の正常な移動を邪魔するようになるのです。

37. 女性の中心的な考えとして最も適切なものを選んで下さい。

❶ 花は簡単に枯れないようにすることが出来る。
② 花は切ると導管詰まりを起こすようになる。
③ 花を切る時にバケツを利用するといい。
④ 花は必ず短い時間に切らなければならない。

解説 司会者の男性が花を生けて枯らしてしまう経験を誰しもがするのだけれども、それを回避出来る方法はあるのかと質問をし、女性がそれに対して簡単に枯らさない方法を説明しているので、正解は①になります。②は切ったらすべてがそうなるわけではありませんので、不正解です。③はあくまでも部分的な方法論の話です。④も1つのポイントに過ぎません。

38. 聞いた内容と同じものを選んで下さい。

① 花を水の中で切ると吸収力のせいで長持ちしなくなる。
② 幹の切った断面を少し空気にさらすと長持ちする。
❸ 水を換える作業を怠ると花は長持ちしない。
④ 花がすぐに枯れてしまうのは幹を切るからだ。

解説 花の幹を切る時には水の中で切った方がいいと言っているので①は不正解です。切った断面が空気にさらされると導管詰まりを起こすと言っているので②も不正解です。幹を切ったら全部が全部長持ちしなくなるとは言っていません。④も不正解です。

여자 : 이 재개발 사업이 기획 단계에 있을 때와는 달리 지금은 그 후에 발생한 다양한 요소들로 인해 사업 자체가 대단한 위기에 직면한 것으로 보이는데 어떠신가요?

남자 : 전에도 말씀드린 것처럼 물론 처음에 예상치 못했던 주택 경기 침체 문제라든지 또는 사업 추진 도중에 재개발 사업 자체를 반대하는 일부 조합원들이 나타나고 있다든지 하는 그런 움직임들이 있는 것은 사실입니다. 그리고 재개발 사업이 완료된 후에 발생할 교통체증 문제라든지 인프라의 재정비 등에 관한 걱정들이 있는 것도 알고 있고요. 그렇지만 그렇다고 해서 재개발 사업을 중단할 수는 없습니다. 미리 제기됐던 문제들은 저희들이 이미 대책을 마련하고 있고요. 조합원들하고도 대화를 계속해 나갈 작정입니다.

女性 : この再開発事業が企画段階にあった時とは違い、今はその後で発生したいろいろな要素によって事業そのものが大変な危機に直面しているものと見えますが、いかがでしょうか。

男性 : 前にもお話ししましたが、もちろん当初予想出来なかった住宅景気沈滞の問題や事業推進途中から再開発事業そのものに反対する一部の組合員たちが現れたことなど、そのような動きがあることは事実です。それから、再開発事業が完了した後で発生すると予想される交通渋滞問題やインフラ再整備等に関する懸念などがあるということも承知しております。しかしだからといって再開発事業を中断するわけにはいきません。すでに提起されている問題は私共がもう対策を用意しておりますし、組合員の方たちとも会話を続けていくつもりです。

39. この対話の前の内容として最も適切なものを選んで下さい。

① 再開発事業とインフラ整備事業が同時に進行する。
❷ 事業推進後、予想出来なかった複数の問題が発生した。
③ 再開発事業を全面的に再検討することに決めた。
④ 住宅景気沈滞を理由に反対をする組合員がいた。

> **解説** 男性は冒頭に、前にもお話ししたと言っています。その内容は、住宅景気沈滞、再開発事業に反対をする組合員の出現、交通渋滞、インフラの再整備などです。それと一致するのは、②です。再開発事業とインフラの再整備を同時にやっているわけではないので①は不正解です。再開発事業は続けると言っているので③も不正解です。住宅景気沈滞を理由に再開発事業に反対する組合員が出てきたわけではないので④も不正解です。

40. 聞いた内容と同じものを選んで下さい。

① 交通渋滞問題は、この事業を失敗に至らせることもある。
② すべての問題を解決しながら事業を遂行することは不可能だ。
③ この事業に対して否定的な意見を持っている組合員がいた。
❹ 解決しなければならない課題があるけれども、この事業は最後までやり通す。

> **解説** まず①ですが、男性はすべての問題に対して対策を練っていると言っていますので、一致しません。②も一致しません。③は反対をする組合員は途中から現れたのであって最初からいたわけではないので、これも一致しません。④が正解になります。

文法編

模擬試験1

模擬試験2

模擬試験3

模擬試験4

最新の出題傾向

※次を聞いて質問に答えて下さい。 各2点

남자 : 흔히 노력의 중요성을 언급하며 에디슨의 말을 인용합니다. '천재는 1%의 영감과 99%의 노력으로 이루어진다' 는 유명한 말이지요. 그런데 이 말이 왜곡 전달 됐다는 사실을 아시나요? 그는 다른 곳에서 '1%의 영감이 없다면 99%의 노력도 소용없다' 라고 말했다고 합니다. 과연 천재다운 발상입니다. 그런데 과연 그럴까요? 노벨상을 탄 과학자들의 인터뷰를 들어보면 재미있는 답을 하는 사람들이 있습니다.
'다른 실험을 하다가 우연히 발견했다'
'그걸 발견하려고 실험한 것이 아니었다'
그러니까 그 노벨상 수상자는 다른 실험을 하다가 노벨상을 받게 되는 대발견을 우연히 했다, 그야말로 횡재했다는 것인데요. 그러면 만약에 그 과학자가 끊임없이 실험실에서 격투를 벌이지 않았다면 그 대발견이 있었을까요? 그러니 이 말은 맞는 말입니다.
'천재는 1%의 영감과 99%의 노력으로 이루어진다'

男性 : よく努力の重要性を言及するとき、エジソンの言葉を引用します。「天才は１％のひらめきと99％の努力でできる」という有名な言葉ですね。ところでこの言葉が歪曲して伝わったという事実をご存知ですか？ 彼は違う場所で「１％のひらめきがなければ99％の努力も無駄である」と言ったというのです。いかにも天才らしい発想ですね。しかし果たしてそうなのでしょうか？ノーベル賞を受賞した科学者たちのインタビューを聞いてみると、面白い答えをする人たちがいます。
「違う実験をしていて偶然発見した」
「それを発見しようと思って実験したわけではない」
なのでそのノーベル賞受賞者は違う実験をしていてノーベル賞を受賞するほどの大発見をした、それこそとんだ拾い物をしたということですが、それならもしその科学者が絶え間なく実験室で格闘を繰り広げなければ、そのような大発見はあったのでしょうか？ なのでこの言葉は正しい言葉なのです。
「天才は１％のひらめきと99％の努力でできる」

41. この講演の中心となる内容として最も適切なものを選んで下さい。

　　① ひらめきがあってこそ努力をするようになる。
　　② エジソンは本物の天才だ。
　　❸ 偶然発見したものも努力の代価である。
　　④ 努力をしない天才もいる。

　　解説 男性の中心的な考えは③です。①はエジソンの話です。②はそうかもしれませんが、中心となる考えではありません。正解は③です。

42. 聞いた内容と同じものを選んで下さい。

　　❶ エジソンの名言は誤って伝わったものである。
　　② 大発見は偶然出てくるものではない。
　　③ ひらめきが大事なのは言うまでもない。
　　④ 努力はひらめきと一緒に行われなければならない。

　　解説 音声内容と一致するのは①になります。②は一般的にはそうかもしれませんが、本文ではそのように言っていません。③や④も言えることですが、講演内容とは一致しません。

※次を聞いて質問に答えて下さい。 各2点

남자 : 야생종의 장미는 북반구의 온대지방과 한대지방에 분포한다. 우리가 보는 오늘날의 장미는 이러한 야생종 장미의 잡종이거나 또는 개량종이다. 한국에는 19세기 후반에 미국와 유럽으로부터 서양 장미가 들어온 것이 시작인데 지금은 아주 다양한 원예종 장미를 재배, 관상할 수 있게 되었다. 고고학적으로는 고대 이집트나 고대 바빌로니아, 고대 페르시아, 고대 중국 등 여러 지역에서 재배되었다는 사실이 벽화나 화석을 통해 발견되고 있다. 장미에 관한 이야기를 할 때 빼놓을 수 없는 것이 영국의 장미전쟁이다. 왕위를 다투던 랭커스터 가와 요크 가가 각기 붉은 장미와 흰 장미를 달고 전쟁을 하여 이런 이름이 붙었다. 한편 클레오파트라는 생활 속에서 엄청난 양의 장미를 사용하였다. 향수는 물론 목욕할 때도 장미를 대량으로 사용하였는데 연인인 안토니우스와 만날 때는 자신의 거처를 장미 잎으로 가득 채우곤 했다고 한다.

男性：野生種のバラは北半球の温帯地方と寒帯地方に分布する。私たちが見る今のバラはこのような野生種のバラの雑種であったり、または改良種だ。韓国には19世紀後半にアメリカとヨーロッパから西洋バラが入ってきたのが始まりだが、今はとても多様な園芸種のバラを栽培・観賞できるようになった。考古学的には古代エジプトや古代バビロニア、古代ペルシア、古代中国など様々な地域から栽培されたという事実が壁画や化石を通して発見されている。バラに関する話をするときに欠かせないのがイギリスのバラ戦争だ。王位を争っていたランカスター家とヨーク家が各自赤いバラと白いバラをつけて戦争をしたことからそのような名前がついた。一方クレオパトラは生活の中でものすごい量のバラを使用していた。香水はもちろんお風呂に入るときもバラを大量に使用したが、恋人のアントニウスと会うときは自分の部屋をバラの花でいっぱいに埋め尽くしたという。

43. 何についての内容なのか、適切なものを選んで下さい。

    ❶ バラは遠い昔から観賞用として使われた花だ
    ② バラは栽培を通じて拡大した花だ
    ③ クレオパトラはバラをこよなく愛した
    ④ バラは薬としても使われた

44. バラに対する説明として正しいものを選んでください。

    ① バラは古代中国では見ることができなかった
    ② アントニウスはバラの香水を使っていた。
    ③ 今私たちが見ているバラは園芸種だ。
    ❹ バラ戦争という戦争があった。

※次を聞いて質問に答えて下さい。各2点

> 남자：자동차를 운전하다 보면 금지표지를 만나게 됩니다. 서울시에서 한번 조사를 해 보니까 불과 직경 10km 남짓한 범위 안에 금지표지가 무려 2천 개 정도에 달했다고 그러네요. 그러니까 알게 모르게 금지 홍수 시대에 살고 있는 거죠. 그런데 경찰은 대개 그 금지표지가 있는데서 단속을 합니다. '당신은 금지표지를 위반하셨습니다' 라고 합니다. 하지 말라는 걸 했으니 죄라는 겁니다. 그 뿐이 아닙니다. 학교의 학칙을 보면 빼곡히 하지 말라는 게 적혀 있습니다. 이 정도면 반발심이 드는 것도 사람의 생리겠죠. 그래서 술에 취하면 큰소리도 지르고 평소에는 찍소리도 못 하던 사람이 갑자기 대담해져서 경찰한테 말도 걸고 그러는 것이 아닌가 싶습니다. 특히 집사람한테 그러지요. 술을 먹으면 아주 대담해집니다. 이렇게 금지를 늘어놓는 것은 당연합니다. 조직과 사회, 질서를 유지하기 위해서지요. 그러나 그런 금지 이면에 잘못하면 우리 인간의 본연의 자연성이나 인간성 자체가 금지를 당하고 있는 일도 있다는 걸 알아야 합니다.
>
> 男性：車を運転していると禁止標示に出合います。ソウル市で一度調査をしてみたら、わずか直径10km足らずの範囲内に禁止標示がなんと2000個ほどに及んだそうです。なので知らず知らずのうちに禁止洪水時代に生きているということですね。ところが、警察は大概その禁止標示があるところで取り締まりをします。「あなたは禁止標示を違反されました」と言います。するなと言っていることをしたので罪だと言うのです。それだけではありません。学校の規則を見るとぎっしりとやってはいけないことが書かれています。ここまで来ると反発心を覚えるのも人の心理ですね。だからお酒に酔ったら大声も出したり、普段はぐうの音も出ない人が急に大胆になって警察に声もかけたりするのではないかと思います。特に妻にそうなのです。お酒を飲むとかなり大胆になります。このように禁止を並べるのは当然のことです。組織と社会、秩序を維持するためなのです。しかし、そのような禁止の裏面に、ちょっと間違うと我ら人間の本来の自然性や人間性自体が禁止されていることもあるというのを知るべきです。

45. 聞いた内容と同じものを選んで下さい。

　　① 禁止は社会が勝手に作っておいたものだ。
　　② 禁止は秩序を維持するためだけに使われている。
　　③ 禁止は我らが作っておいた約束である。
　　❹ 禁止が解かれると大胆になるときがある。

　　解説　正解は④です。

46. 男性の態度として最も適切なものを選んでください。

　　❶ かつて気づくことができなかった現代社会の一面を紹介している。
　　② 人間性尊重の時代の一例を例示している。
　　③ 自動車運転時の注意事項について強調している。
　　④ 飲酒後の行動について説明している。

　　解説　正解は①です。

여자 : 쓰레기 소각장 건립 문제를 둘러싼 갈등이 깊어지고 있습니다. 먼지 공해, 환경 오염. 집값 하락 등등을 이유로 지역 주민들이 반대를 하고 있는데요. 언제까지 건립을 뒤로 미룰 수도 없고 어디서부터 다시 풀어나가야 할까요?

남자 : 지금 상황 같아서는 소프트랜딩이 불가능한 것처럼 보이는데요. 시의 잘못을 굳이 들자면 사전에 주민을 대상으로 설명하고 설득하고 하는 단계가 전혀 없었다는 것이 가장 문제겠고요. 그러나 이 문제를 풀 가능성이 전혀 없는 것은 아닙니다. 주민이 그걸 막는 이유를 풀어주면 되는 거 아니겠어요? 먼지 공해, 이거 충분히 방지할 수 있고요. 환경 오염, 이것도 절대로 그런 문제 일어나지 않습니다. 집값 하락은 심리적인 문제인데 앞선 두 가지가 해결되면 그런 문제도 일어나지 않습니다. 결국 소각장이 들어섰을 때의 좋은 점도 많은데 시가 그것을 전혀 제시 못 했다는 겁니다. 소각시설의 소각열로 인한 혜택을 나눠 준다든가 하는 좋은 방법이 있거든요.

女性 : ゴミ焼却場の建設問題をめぐる対立が深まっています。塵公害、環境汚染、住宅価格下落等々を理由に地域の住民たちが反対をしているのですが。いつまでも建設を後回しにするわけにもいかないし、どこから解決しなおせばいいでしょうか？

男性 : 今の状況からするとソフトランディングが不可能のように見えますが。市の過ちをあえて言うなら、事前に住民を対象に説明したり説得したりする段階がまったくなかったというのが一番の問題です。しかしこの問題を解決する可能性がまったくないわけではありません。住民が反対する理由を解決すればいいのではないですか？ 塵公害、これ十分に防げますし。環境汚染、これも絶対にそんな問題は起きません。住宅価格の下落は心理的な問題ですが、先立つ2つの問題が解決すればそんな問題も起きません。結局焼却場が建った時のいいことも多いのに、市がそれを全然提示できなかったということです。焼却施設の焼却熱による恵みを分けてあげるなどのいい方法があるのです。

47. 聞いた内容と同じものを選んで下さい。

　① 住民たちは施設建設を喜ぶ雰囲気だ。
　❷ 住民たちと準備段階で協力的関係を作ることができたはずだ。
　③ 住民たちは住宅価格補償に応じる準備をしている。
　④ 住民たちは施設に設置される展望台に無料で入場が可能だ。

　解説　住民たちは施設の建設に反対です。①は間違いです。「반기다」は嬉しい気持ちを持って受け入れるという意味の言葉なので、上の会話内容とはまったく逆の話になります。③ですが、報償の話は出ていません。④の展望台の話も出ていません。正解は②です。市がきちんとしていればお互いに互恵関係で事業が進められたと男性は言っています。

48. 男性の話の仕方として最も適切なものを選んで下さい。

　❶ 専門的な知識で問題を正しく診断している。
　② 市に対して友好的な態度を取っている。
　③ 地域住民たちの主張に対して批判的な立場である。
　④ 焼却場建設について悲観的な見解を持っている。

　解説　②は違います。市のやり方について批判的に思っているからです。③ですが、特にそのような発言はしていません。④ですが、逆です。可能性が充分あると言っています。正解は①です。

※次を聞いて質問に答えて下さい。 各2点

여자 : 창업을 하려는 분들이 많습니다. 창업을 하려면 준비해야 할 것들이 많은데요. 무엇보다 중요한 것은 반드시 부대 요소, 주변 상황을 정확하게 제대로 판단하라 는 것입니다. 점포를 내고 싶은 곳이 있다면 본사나 컨설턴트 말만 들을 것이 아 니라 현지에 직접 가서 시간대, 요일, 지나가는 사람의 연령대 등 내가 창업하려 는 아이템에 맞추어서 미리 철저하게 조사를 해야 합니다. 부대 요소라는 것은 계 약 상황이죠. 계약서의 내용이라든지 조건이라든지 꼼꼼히 따져 봐야 합니다. 월 매출 같은 것은 절대 장밋빛으로만 봐서는 안 되고 필요에 따라 점포를 내고 싶은 지역과 비슷한 지역에서 월 어느 정도의 매상이 오르고 있는가를 조사해 보는 것 도 좋습니다. 그리고 당연한 이야기지만 무엇보다도 맛이 있어야 합니다. 내 맛을 확보해야 된다는 거지요. 맛이 없으면 반드시 실패합니다.

女性：創業を考えている方々が多いです。創業をするためには準備しなければならないことが多いですが。何より重要なことは必ず付帯要素、周辺の状況を正確にきちんと判断することです。店舗を出したいところがあれば本社やコンサルタントの話だけ聞くのではなく、現地に直接行って時間帯・曜日・行き交う人たちの年齢など、自分が創業しようとするアイテムに合わせて予め徹底的に調査をしなければなりません。付帯要素というのは契約状況ですね。契約書の内容であったり、条件などを綿密に考えないといけません。月の売り上げといったものは絶対にバラ色のようにばかり考えてはいけないですし、必要によっては店舗を出したい地域と似ている地域で月いくらくらいの売り上げが上がっているかを調査してみるのもいいです。そして当然の話ですが、何よりも味がよくないといけません。自分の味を確保しなくてはいけないということです。おいしくないと必ず失敗します。

49. 聞いた内容と同じものを選んで下さい。

❶ 創業をするときに立てるべきことはキャッシュフロー計画だ
② 創業をするのに必要なのは立地条件だ
③ 創業をするのに重要なのは自信だ
④ 創業をするときにやるべきことは人脈形成だ

解説　正解は①です。

50. 女性の話の仕方として最も適切なものを選んで下さい。

❶ 創業の難しさを羅列している
② 成功した創業の例を説明している
③ 創業の問題点をこと細かく指摘している
④ 危険な創業事例を紹介している

解説　正解は①です。③はなぜ不正解かというと、問題点ではないからです。言ってみれば注意点を言っているのであって問題点ではありません。

423

第4回　Ⅱ　읽기　正解及び解説

[1-2] (　　) に入る最も適切なものを選んで下さい。各2点

1. 銀行に (　　　　) 少し早く家を出た。

① 寄りながら　　　　　　　　　　❷ 寄ろうと思って
③ 寄らなければ　　　　　　　　　④ 寄って

　解説　銀行に寄るために少し早目に家を出たということなので②が正解になります。「(으) 려고」は「しようと思って」という意味です。

2. どういう大学に (　　　　) 一生懸命やればいい。

❶ 入ろうが　　　　　　　　　　　② 入ったら
③ 入っていて　　　　　　　　　　④ 入ったり

　解説　どういう大学に入るかが重要なのではなく入ってどんな勉強をするかが重要だということを言いたいので①が正解になります。

[3-4] 次の下線部分と意味が似ているものを選んで下さい。各2点

3. 電話に出ないのを見ると今忙しいようだ。

① 忙しそうだ　　　　　　　　　　② ×
❸ 忙しいようだ　　　　　　　　　④ 忙しいこともある

　解説　「는 (ㄴ/은) 가 보다」「나 보다」「는 (ㄴ/은) 모양이다」の3つはほとんど同じ意味です。しかし「나 보다」は形容詞現在形にはつきません。したがって②は文法的に誤りです。正解は③になります。

4. お腹が空いていたのか席に座るや否や無我夢中で食べる。

① 座るから　　　　　　　　　　　② 座りながら
③ 座った後で　　　　　　　　　　❹ 座るや否や

　解説　「기가 무섭게」と「자마자」はほとんど同じ意味です。正解は④です。

[5-8] 次は何についての文なのかを選んで下さい。各2点

5.

いい腸内細菌の
いいえさ!
“プロバイオティクス”

❶ ヨーグルト　　　　　　　　　　② 牛乳
③ ジュース　　　　　　　　　　　④ ポカリスエット

　解説　選択肢の中で「장내 세균」を訴えることが出来るものとして一番相応しいものは①です。

6.

> ～筆記道具がファッションになる
> 　ビジネスマンのステータス～

① 鉛筆　　　　　② 筆箱　　　　　❸ 万年筆　　　　　④ 消しゴム

解説　「필기도구(筆記道具)」「패션(ファッション)」「비지니스맨(ビジネスマン)」。この3つの言葉を満足させるものは選択肢の中では③になります。

7.

> 土曜日　07:00
> 学校正門前で出発
> 寝坊禁止。
> 必ず定刻に集合して下さい。

① 山登り案内　　　② 時間管理　　　❸ 出発場所　　　④ 日程紹介

解説　出発時間と場所が書いてあるので選択肢の中で最も適切なものは③になります。時間管理ではないので②は正解にはなりません。スケジュールを紹介しているわけでもないので④も正解にはなりません。

8.

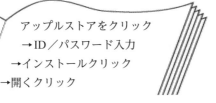

> アップルストアをクリック
> →ID／パスワード入力
> →インストールクリック
> →開くクリック

① 購入方法　　　　　　　　② 利用手順
③ クリックによる手順　　　❹ インストール手順

解説　韓国語ではインストールのことを「인스톨」とも言いますが、「설치(設置)」とも言います。④が正解です。「비번」は「비밀번호(秘密番号)」を縮めた言葉でパスワードのことです。

[9-12]　次の文章またはグラフの内容と同じものを選んで下さい。　各2点

9.

図書貸出及び返却案内

【利用対象】

＊本校在校生、教職員、一般会員

＊卒業生及び地域住民は、一般会員として加入後、貸出可能

【図書貸出】
身分	冊数	期間
学生	5冊	15日
教職員	20冊	90日
一般会員	3冊	10日

※延滞の場合、延滞日数の2倍の期間にわたり貸出中止

① 学校を卒業すると図書貸出をしてもらえなくなる。
② 図書返却を延滞した場合、図書貸出を受けられなくなる。
❸ 先生たちは90日間図書貸出が可能だ。
④ 在校生は最大2週間まで図書貸出を受けることが出来る。

解説　卒業しても図書は借りられるので①は不正解です。延滞したら貸出が一時停止されるだけなので②も不正解です。在校生の貸出期間は15日です。④も不正解です。

10.

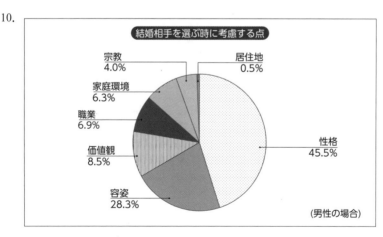

結婚相手を選ぶ時に考慮する点

- 宗教 4.0%
- 居住地 0.5%
- 家庭環境 6.3%
- 職業 6.9%
- 価値観 8.5%
- 容姿 28.3%
- 性格 45.5%

（男性の場合）

① 相手の価値観を重要視する人が意外に多い。
❷ 妻になる女性の性格を重要視する人が最も多い。
③ 相手の性格より容姿を重視する人が多い。
④ 妻になる女性の宗教を重視する人が少なくない。

解説　相手を選ぶ時の考慮事項として価値観は8.5%を占めています。ですから重要視しているとは言えません。①は不正解です。③は逆です。容姿より性格を重視する人の方が多いです。④は宗教を重視する人が少なくないと言っていますが、4.0%に過ぎません。グラフの内容と合っていません。

426

11.

　　最近1人でご飯を食べたりお酒を飲むホンバプ、ホンスルなど、いわゆるホンジョク（1人族）が急激に増えている。ホンジョクたちの話を聞くと他の人を気にすることなく自分の時間に食べたり飲んだりすることが出来るので気負う必要がなくていいと言う。自分よりわれわれ、個人よりチームを大事に思う風潮を食事や飲み会を通して固めてきたわれわれのライフスタイルにも変化が起きているのだろうか。

① 食事の時に他の人を気にする人が多い。
❷ ホンバプ、ホンスルは自分で決められるところがいい。
③ 自分よりわれわれを思う心がどんどん減っている。
④ ホンジョクなどでライフスタイルまでもが変わったりはしない。

解説　「혼밥」は「혼자（1人）＋밥（ご飯）」「혼술」は「혼자（1人）＋술（お酒）」「혼족」は「혼자（1人）＋족（族）」の略で、最近出てきた言葉です。食事やお酒は必ず皆で一緒にというのが王道の韓国社会でこういう風潮は意外性を持って受け止められていますが、今後も増えそうな勢いです。本文はそのような人たちが現れたことで、もしかしたらそれが従来の生活方式に一石を投じる何かになるかもしれないと感じていることを語るものです。そのホンジョクたちがホンバプやホンスルのいいところとして挙げているのが②です。①や③は確かにそうかもしれませんが、本文でそれを語っているわけではありません。④は本文で話し手が言っていることとは反対です。

12.

　　少し前にある卒業生から手紙が届いた。最近それまで働いていた職場を辞めて今働いている会社に移ったという話と学校に通っていた時に先生から何度も言われていた「後で後悔するよ」という言葉の意味が今やっと分かった気がするという内容だった。その言葉の意味が分かったということは結局後悔が始まったということだろうから、もっと後悔しないように何か声をかけてあげなければならないのかなと思う。

① 先生が送った手紙に卒業生が返事を送ってきた。
② 卒業生は最初の就職先を間違えたことを後悔している。
③ 卒業生は後悔することがどういう意味なのかまだ分かっていない。
❹ 先生は卒業生に対してもどかしい気持ちを抱いている。

解説　冒頭に卒業生から手紙が送られてきたと書いてあるので①は事実と違います。会社に就職したことを後悔しているわけではないので②も内容と一致しません。先生が言った後悔するという話の意味が分かった気がしてきたと言っているから③も違います。正解は④になります。

[13-15] 次を順番通りに正しく並べたものを選んで下さい。　各2点

13.

(가) それは北の大陸気団に湿度がないからである。
(나) 韓国の冬は寒くて乾燥するのが特徴だ。
(다) それで冬には北西の風が強く吹くのである。
(라) しかしこの北のシベリア気団は高気圧である。

① 나-가-다-라　　　　　　　❷ 나-가-라-다
③ 나-라-가-다　　　　　　　④ 나-라-다-가

解説　「그래서」は結論を出す時に使う言葉なので、上の4つの文で言うと(다)が最後に来るのが自然です。そうなると選択肢の②か③が正解になりますが、(나)の次に(라)が来ることはあり得ません。正解は②です。

14.

> (가) ある日お母さんが病気になって死ぬ前に自分を川辺に埋めるように遺言を残した。
> (나) しかしアオガエルは今度ばかりはお母さんの言う通りにしようと思い川辺に埋めた。
> (다) それでお母さんの墓が流されるのが心配でアオガエルは雨が降ると鳴くのである。
> (라) 昔何でもお母さんの言うことを反対にするアオガエルとアオガエルのお母さんがいた。

❶ 라-가-나-다   ② 라-가-다-나
③ 라-나-가-다   ④ 라-나-다-가

解説 13番問題の解説で言いましたように「그래서(それで)」は結論を導く言葉です。ですから正解は①か③になります。論理的に(라)の次に(나)は来ません。正解は①です。

15.

> (가) こういう違いは血中血糖の数値がどのくらい速く上がるのかで出てくる。
> (나) なぜかというと肉は消化するのにかなり時間がかかるため何かもの足りないという思いをさせるからである。
> (다) 反面ご飯や冷麺のようなものを食べると簡単に満腹感を感じるのでそれを味わうために食べるようになる。
> (라) 肉をたくさん食べたのにしめとしてご飯や冷麺を食べる人が多い。

① 라-가-나-다   ② 라-가-다-나
③ 라-나-가-다   ❹ 라-나-다-가

解説 (나)が何に対する理由なのかがポイントとなります。(나)の理由として4つの文の中では最も適切なのは(라)です。そうなると、「왜냐하면(なぜなら)」の後に(가)が来ることはないので、④が正解になります。「반면(反面)」は、「(나)という話もありますが、しかし」という切り出しの機能を持つ言葉なので、(나)の後に続いてもおかしくありません。

[16-18] 次を読んで(　　)に入る最も適切な表現を選んで下さい。 各2点

16.

> 　教師たちは自分が受け持っている学生を評価する時に、最初の試験でいい成績を取った学生に対して(　　　)初印象を持つことが多い。その学生が期末試験でいい成績が取れないと、教師は本当は実力があるのに別の理由があって期末試験がうまく行かなかったのだろうと考える。その理由は学生に対する第一印象が次の行動への評価にまで影響するからである。

❶ 賢い学生という   ② 礼儀が正しい学生という
③ 頭をよく使う学生という   ④ 運動が上手な学生という

解説 (　)の直前にいい成績を取ったという話があるので流れ的には①が正解になります。

17.

> 　ショッピングは理性的な活動なのかまたは感情的な活動なのか。行動経済学者たちは異論の余地なく感情的な活動と言う。キムチ冷蔵庫の販売量を分析した興味深いデータがある。毎年大学修学能力試験が終わった後、最高値を記録したというのである。子供の人生において最も(　　　)安堵感とともにその間、自分を犠牲にしてきたという抑制された感情の解放がキムチ冷蔵庫の購入を触発すると言うのである。

① 難しい時期だったという   ❷ 重要な試験が終わったという
③ 簡単な手続きが終わったという   ④ 複雑な経験をしたという

解説　韓国では1回の「수능(大学修学能力試験の略)」でほぼ進学先が決まります。수능の他に高校の調査書や2次試験による評価もあるにはありますが、수능が占める比重を超えることはありません。ですから、その試験にかける本人含め家族の思いには実に大変なものがあります。本文はその수능という試験がキムチ冷蔵庫の売り上げにも影響したという話なので、②が正解になります。

18.
　　外食をよくすると健康を害し、家でご飯を食べると健康を守れるのだろうか。以前とは違い、最近は家でご飯を食べても加工食品を（　　　）ことも多く、インスタント食品を買ってきて電子レンジで温めて食べることも多い。とすれば、いっそ食堂で直接作って出してくれるご飯を食べた方がより健康にはいいのではないかと思ったりもする。

① 家で作って食べる　　　　　　　　　② 直接料理して食べる
③ 注文して持ってきて食べる　　　　　❹ スーパーで買ってきて食べる

解説　加工食品と書いてあるので家で作って食べると言っている①、直接料理すると言っている②、注文すると言っている③はすべて不正解になります。正解は④です。

※次を読んで質問に答えて下さい。各2点

　　リプライとはネット記事の下に残す短い文を指す。どんなネット投稿であろうと投稿の下にリプライ欄を設け、投稿内容に関連して読者が自分の意見を言えるようにするのが普通である。自分の意見を自由に言えるようにしてあるため、（　　　）リプの内容を巡って討論が起きたり、時によってはネット記事を書いた人とリプをつけた人との間で非難や批判が飛び交ったりすることもある。

19. （　　　）に入る適切な表現を選んで下さい。

① 完全に　　　　　② まったく　　　　　③ いつも　　　　　❹ 時々

解説　「완전히」「전혀」「언제나」「때때로」この4つのうち、適切なものは④になります。いつもそのようなことが起きるわけではないので③は正解にはなりません。

20. 上の文の内容と同じものを選んで下さい。

① すべての記事にリプライを付けられるわけではない。
② 読者が自分の意見を残せない記事もある。
③ リプライを付ける人はネット記事を批判することが出来ない。
❹ リプライを通して互いに違う意見を分かち合うことがある。

解説　①や②は同じ内容です。本文は基本的にリプは付けられるものなのだと言っているので両方とも内容と一致しません。批判も非難も出来ないことはないので③も不正解です。

※次を読んで質問に答えて下さい。各2点

　　小さい時から芸能人になる夢を見る若者がいる。今日のように韓流が全世界的な話題を呼び、ガールズグループや男子アイドルグループがとてつもない人気を博している現実を見ると、そういう夢を見ている子たちを見て（　　　）ばかり言うことも出来ない。既にエンターテインメント産業の規模が30兆ウォンに迫っている現実を見ても、それも人生を生きる立派な方法の1つであることをもうわれわれ大人たちが認めなければならない時にきている。

21. (　　) に入る適切な表現を選んで下さい。

　　　❶ 空しい夢を追いかけていると　　　　　② 賢いことを考えていると
　　　③ 想像も出来ない真似をしていると　　　④ たちまち後悔するだろうと

　　　解説　「만 할 수 없다」は「～とばかり言うことも出来ない」という意味なので、その前に来るものと
　　して適切なものは①になります。

22. 上の文章の中心的な考えを選んで下さい。

　　　① エンターテインメント産業に従事する青少年を育成しなければならない。
　　　❷ 時代の変化に伴い、大人たちの考え方も柔軟にならなければならない。
　　　③ 芸能人になろうとする青少年たちの判断を尊重しなければならない時が来ている。
　　　④ アイドルグループが人気を集める現実を認めなければならない。

　　　解説　エンターテインメント産業のために若者を育てようとは言っていないので①は不正解です。若
　　者の判断を尊重する時だとは言っていません。認める時が来たと言っているだけなので③も不正解です。
　　④もそのようなことは言っていません。正解は②です。

※次を読んで質問に答えて下さい。各2点

> 　私の父は自分の子供たちに対して優しく何をやってあげるタイプではなかった。子供たちの誕生
> 日がいつなのかも知らず、子供たちを連れてどこかに遊びにいくこともしない人だった。その上とて
> も厳しく怖かったので、小さい時にはそういうところに対して不平不満を言ったり父の言うことに背
> いたりすることが出来る余地がまったくなかった。それでだんだん歳を取っていくうちに、私たちを
> そのように扱い心に傷をつけた父のことが次第に嫌いになり始めた。時に、年齢を重ね体がどんどん
> 衰弱していく中で現われる自分自身の不自由さを受け入れようとしない父の頑固さに、露骨的に嫌な
> 顔をすることもあった。なぜ年齢を重ねながらも何かを悟っていく心が全くないのだろうかという思
> いがした。

23.　下線部分に表れた‘私’の心境として適切なものを選んで下さい。

　　　① 飽きが来る　　　　　　　　　　　② 意地になる
　　　❸ いらいらする　　　　　　　　　　④ 勇気が湧く

　　　解説　自分の父を情けなく思っている話し手の心境を最もよく表現しているのは「짜증이 난다」で
　　す。①の「싫증이 난다」は、辞書を引けば「嫌気がさす」と出てくるので言えそうに思えますが、人に対
　　して使うと、その人に飽きてきたという意味になるので、ここで言いたいこととは違います。

24.　上の文の内容と同じものを選んで下さい。

　　　① 私の父は以前は家族に温かい人だった。
　　　② 私は歳とともに父が理解できるようになった。
　　　❸ 私たち兄弟は小さい時、父に背くことが出来なかった。
　　　④ 父は老いていくうちに性格がだいぶ優しくなった。

　　　解説　父という人が温かったとは言っていませんので①は内容と一致しません。父に理解できるよう
　　になったわけでもないので②も内容とは合っていません。性格はまったく変わりませんので④も内容と
　　は違います。正解は③になります。

文法編

模擬試験1

模擬試験2

模擬試験3

模擬試験4

最新の出題傾向

※次は新聞記事のタイトルです。最もよく説明しているものを選んで下さい。各2点

25.

> かちかちに凍り付いた在来市場、ネット通販は '寒波特需'

① 道が凍り付いて市場に行けない人が多くなった。
❷ 寒さでネット通販で買い物を済ませる人が増えた。
③ インターネットモールは天気と関係なく特需を謳歌している。
④ 在来市場が暖房対策を充分に取っていない。

解説 「얼어붙다」は「凍り付く」の意味ですが、動きがまったくなく完全に止まっている状態を比喩で表す時に使います。「전통시장(漢字では「伝統市場」)」というのは、昔ながらの屋外の市場のことです。寒波で皆が出かけるのを控えているわけですから、「전통시장」はまるで開店休業状態になり、皆は買い物をネットに依存しているという状況なので②が正解になります。

26.

> 仮想貨幣、バブル弾けるか、ビットコイン等一斉暴落

❶ 膨らんだ仮想貨幣価が正常を取り戻すかもしれない。
② ビットコインはバブル景気を完全に克服させてくれた。
③ 仮想貨幣がバブルをなくすのに大きな役割をした。
④ 仮想貨幣価が暴騰したのはバブルではなかった。

解説 「거품이 꺼지다(泡が弾ける)」は、バブルが弾けるという意味です。正解は①になります。

27.

> '対岸の火事' 交通事故の被害者、出血多量で死亡

❶ 事故に遭った人を見て見ぬふりしながら通り過ぎ結局死に至らせた。
② 車の事故による火災が起き、結局被害者が死んだ。
③ 火事見物をしている最中に交通事故に遭い、結局出血で死んだ。
④ 交通事故に遭って血をたくさん流し、死んだ。

解説 「강 건너 불구경(川の向こう側の火事見物)」は、人が困っているのを見ながら手をこまねいている状況を例えて言う時に使う表現です。正解は①になります。

[28-31] 次を読んで（　）に入る最も適切な表現を選んで下さい。各2点

28.

> 　人間の髪の毛はケラチンという硬質のたんぱく質で形成されていると言われている。髪の毛の直径は0.05mm ～ 0.15mm程度で1日平均0.3mm、1 年に約11cmくらい伸びると言われる。一方、髪の毛の色が皮質に含まれているメラニン色素によって決まるということは既に（
> 　　　）、髪の毛1本で約100gの重さを支え、髪の毛全体で約12tの重さを支えることができるというのだからそれこそ想像すらできないことだ。

❶ 広く知られている事実だが　　　　　　② 知っていることだが
③ 発表された研究結果だが　　　　　　　④ 決まっている事実だが

解説 文の流れから判断した時に最も自然なものは①になります。

29.　旧正月の朝になると宗教やその家の家風とは関係なくどの家でも大体차례(茶礼)を捧げる。茶礼とは旧正月やお盆の朝早く捧げる祭祀のことだ。茶礼が終わるとトックを食べる。トックは白米をついて作るもので、トックに入れる餅は丸い形をしている。なぜ旧正月食べる代表的な食べ物であるトックを白い餅を使って作るかと言うと、新年最初の日が明けてくるから（　　　　）白い餅を使うという説が有力だ。トックの餅が丸いのは丸い太陽を象徴してのことだという話もあるが、確実な説ではない。

① 清潔に1年を過ごしなさいという象徴として
❷ 明るく1年を過ごしなさいという象徴として
③ 新たに1年を始めなさいという意を込めて
④ 1年を慎ましく始めなさいという意を込めて

解説　（　　）の前に新年1日目が明けてくるからという表現があるので流れ的に最も相応しいものは②になります。

30.　一般的にファックスと呼ばれるファクシミリというのは通信回線と通して画像情報を遠くに送る機能を持っている装置または伝送した文書を指す。インターネットが大衆化した今日ファックスが果たして必要だろうかという一部の見方にも関わらず依然としてファックスは公共機関や企業等の第一線で活躍している。それはデジタルファイルに変換しにくい紙文書をいつでも手軽に伝送でき、また電話線さえあれば（　　　　　）、機械の扱い方を知らない人であっても簡単に使用できる利点があるからだ。

①　×　　　② 誰でもかけることができ　　　③　×　　　❹ 誰でも使用することができ

解説　①や③は使えない言い方です。②は電話のことなので正解にはなりません。④が正解です。「아무도」は後ろに否定表現を伴うか、「아무나(誰でも)」「아무라도(誰でも)」の形で使うのが一般的です。

31.　粉飾会計とは企業が虚偽に会計処理を実施て各種財務諸表を作った後、それで虚偽の決算報告を行うことを言う。代表的な粉飾会計手法としては決算書に入る損益計算書の経営収支を操作し、まるで企業が良好な経営実績を出しているかのように見せかける方法がある。このような粉飾決算をするためには二重帳簿を作っておくことが多い。したがってある企業の帳簿が1つではない場合、ほとんどその企業の粉飾会計を疑うことになる。（　　　　　）脱税をする目的でかえって実績を悪く偽装し、粉飾会計をすることもある。

❶ 場合によっては　　　　　　　　　② 状況に合わせて
③ 経験に照らせて　　　　　　　　　④ 経営者によって

解説　（　　）が含まれている文書の最後に「할 때도 있다」と書いてありますが、それがヒントになります。「する時もある」と「する場合もある」とはほぼ同じ意味になるからです。正解は①になります。

[32-34] 次を読んで内容が同じものを選んで下さい。各2点

32.　ストラディバリウスはバイオリニストなら誰しもがほしがる名器だ。ストラディバリウスは17世紀から18世にかけてイタリアのストラディバリー家が作ったバイオリンを指すが、その中でもアントニオ・ストラディバリウスが作ったバイオリンが最も有名だ。彼は生涯かけて約1,000台の弦楽器を制作したと言われているが、現在は約600台くらいが残っている。しかし一体なぜ現代の先端技術が300年前の手製バイオリンの音色に勝てないのだろうか。

① 先端技術で作ったものがストラディバリウスよりいい。
❷ ストラディバリが作ったバイオリンは音色が素晴らしい。
③ ストラディバリウスをほしがらないバイオリニストもいる。
④ 今のストラディバリウスは現代に入って制作したものである。

解説　解き方の説明のところでも言いましたが、まずは選択肢に書いてある単語や表現と同じ個所を本文から見つけることです。選択肢①と似ている内容は本文の最後の文に出てきます。それには現代の先端技術が昔の手製バイオリンの音色に追いつかないと書いてありますので選択肢①は間違いになります。同じように選択肢の内容と本文の内容とを照合していくと②が正解になります。

33.

> ホタルはケトンボルレとも言い、服節の下側に発光器を持っている珍しい昆虫である。われわれが使っている白熱灯は電気エネルギーのわずか10％だけを可視光線に替えるのに対してホタルはおよそ90％を可視光線に替える。人間が開発した電球はわずか10％しか目的を達成せず残りは熱エネルギーに変わり捨てられてしまうのだが、生物発光をするホタルは逆に10％しか捨てるものがないと言うのだから創造の調和は神妙と言わざるを得ない。

① ホタルはエネルギーの10％だけを可視光線に替える。
② 白熱電灯はエネルギー転換効率がとても高い製品だ。
③ ホタルは頭のところから光を発する昆虫である。
❹ 人間の知恵では知る由もない生物の神秘がとても多い。

解説　韓国語ではホタルのことを반딧불이とも개똥벌레とも言います。可視光線への転換率が10％なのは白熱灯ですので①は不正解です。白熱灯は転換率が低いので②も不正解になります。光を発するのはお腹の方なので③も不正解になります。

34.

> リニエンシー制度に問題点が多いという指摘がつきない。摘発しにくい談合やカルテルを企業の方から自主的に報告してきた時に課徴金を免除したり軽減させてあげるのが趣旨のはずなのに大手企業がこの自主申告の減免制度を逆に悪用しているという批判が出てきているのである。自分たちが談合をしておいて摘発された時に巨額の課徴金を払うのが嫌で先を競って自主報告を行い課徴金を減免してもらうと言うのだから実に矛盾している話である。

❶ リニエンシー制度を悪用し課徴金を減免してもらう企業がある。
② 課徴金減免制度は大手企業を中心に上手く実行されている。
③ 談合やカルテルをする企業は課徴金の免除を受けられない。
④ 談合をしたとしても自主報告さえすれば課徴金は払わない。

解説　リニエンシー制度は韓国では、別名自主申告者減免制度と言いますが、日本では課徴金減免制度と言います。大手企業がリニエンシー制度を悪用するという話なので、②は不正解です。③は自主報告をしてきたら救済措置を受けられるということなので、これも不正解になります。自主報告をしたとしても課徴金は払います。ですから、④も不正解です。

[35-38]　次の文のテーマとして最も適切なものを選んで下さい。各2点

35.

> データや各種統計資料を自分の主張の根拠にすることがある。しかし政府が発表する各種統計資料ならまだ信頼に値することもあるが、個人が研究目的で集める各種データの場合、どこまで信頼を置けばいいのかが問題になることが多い。というのも、自分の提示するデータがあたかも信憑性と客観性を持っているかのように見せかけ、それを通して自分の主張を合理化しようとするケースが少なくないからである。

文法編

模擬試験1

模擬試験2

模擬試験3

模擬試験4

最新の出題傾向

① 政府が発表するデータや統計資料も時々間違える時がある。
❷ データや統計資料を自己合理化の道具として使ってはならない。
③ 研究目的で使うデータは信頼性を問う必要がない。
④ 自分の主張を正当化するためのデータは使ってもよい。

解説　データを勝手に弄るのはよくないというのが最も言いたいことなので②が正解になります。

36.
　　アフリカ象が1日に食べる植物の根っこや草、果物、木の皮などをすべて足していくと約150kgになり、水も平均100ℓは飲む。象はとても記憶力の優れた動物なので、数十キロ離れた水の匂いを嗅ぐこともでき、数百キロ離れた水源地の位置も正確に覚えている。水源地の水が完全に枯れた時には井戸を掘り、水を確保する才能もあるため、結果的にその地域の野生動物を死から守る重要な役割をすることもある。

① 象は大食漢なので同じところに止まれない。
② 象はずば抜けた嗅覚で遠くにいる動物に気づく。
③ 象は長距離移動ができるくらい記憶力がよくない。
❹ 象はいろんな能力を持っている賢い動物だ。

解説　本文は象が持っているいろんな能力を紹介する内容になっているので、④が正解になります。

37.
　　韓国の老人貧困率が深刻だという報道があった。その理由は何だろうか。老後の対策をしっかり立てておかない本人たちにもその責任があるかもしれないが、それが老人貧困問題の決定的な原因のようには見えない。親は子供のために犠牲になるべきと思う韓国人の持つ根本的かつ構造的な考え方が作り出す現象なのではないかという印象を拭えない。実際経済的にひっ迫している老人たちの話を聞いてみると、自分の持っていた財産を子供たちのためにはたいてしまい、いざ自分の老後には使うお金がまったくない気の毒な境遇に陥っている人が多い。

❶ 老人貧困問題は必ずしも本人たちの責任とは限らない。
② 子供のために自分を犠牲にするという考え方はよくない。
③ 老後対策に使うお金を残していく老人たちが増えている。
④ 持っている財産を子供のために使ってしまうのは愚かなことだ。

解説　①が正解になります。②はそのような考え方を持っている人もいるかもしれませんが、本文では言っていませんので不正解です。③は本文の事実とは違います。④もそのように考えている人がいるかもしれませんが、問題文では言っていませんので不正解になります。

38.
　　正当な自己主張とどうしようもない自己中心主義とは次元が違う。自分の正当な権利が侵されるのであればそれに対しては果敢に戦うこともあるかもしれないが、まったく話にならない自己中心的な主張を正当な権利主張と勘違いをするとしたらそれこそ単細胞的な発想と言わざるを得ない。もちろん長い間抑制されてきた社会環境の中で生きてきてやっと認識の解放を謳歌している今、多少の激しい自己主張に対する理解そのものを拒むわけではないが、度を過ぎた自己中心の主張をする人を見るおぞましいと感じずにはいられない。

① 度を過ぎた自己主張は権利の抑制に対する反抗として表れる。
② 自己中心的な主張をする人を見ると浅ましい感じがする。
❸ 自己主張は正当かつ適度の範囲内でなされなければいけない。
④ 自己中心的な思考は受けるべき権利が侵害される時に表れる。

解説　①②④はすべてあり得る話です。しかしそのいずれも全体をまとめるようなテーマにはならず、一部を説明する内容になっています。問題文のテーマとして最も適切なものは③です。

[39-41] 次の文章で、《例》の文が入るのに最も適した場所を選んで下さい。 各2点

39.

夏になると足の臭さで悩む人がいる。㋐ 足から漂う匂いは足に生息する細菌やバクテリア等の化学作用のためである。㋑ こういう酷い足の匂いを消す方法はとても簡単だ。足に生息する菌を死滅させるか菌が増殖できない環境を作ってあげるのである。㋒ それで必ず汗をよく吸収してくれる綿の靴下を着用し、何足かの靴を代わる代わる履き、室内ではスリッパに履き替えるなどの努力をするのが望ましい。㋓

《例》

この菌は特に汗をかく時に活発に増殖されるのだが、汗をたくさんかく夏になると当然もっと活発になる。

① ㋐   ② ㋑   ❸ ㋒   ④ ㋓

解説 例文の冒頭は「이 균은」で始まっています。ということは、直前に菌のことに触れている文がなければいけないことになります。その条件を満たしているのは②と③ですが、もっと活発に増殖する菌を抑えるための対策を次の文で説明している㋒の方がより適切な正解になります。

40.

現職の高校の先生たち3人が詩集を出した。この詩集は他の詩集とは少し趣が違う。㋐ しかしその荒削りの言語集合体の中から子供たちを教える先生たちの真心がひょいひょいとにじみ出てくる。㋑ こういうのが人の心に響く詩集なんだなという気がする。美辞麗句じゃなくてもよい。洗練された詩語じゃなくてもよい。真心はそういうものではない。㋒ それで、何かを知っていると自称する人は常に気をつけなければならない。詩はこう書くんだよ。小説はそんな書き方じゃない。エッセーの書き方ってそんなだった？㋓

《例》

詩集らしいところもあまりなさそうで、これといって詩としての作品性も目立たない。

❶ ㋐   ② ㋑   ③ ㋒   ④ ㋓

解説 例文では詩集のことをさらに詳しく説明しているような内容が続きます。ということは、例文の前に詩集のことに触れている文がなければいけないことになります。その条件を満たしているのは①になります。

41.

人工知能の開発がどんどん加速している。㋐ まさかそれが可能だろうかと思っていた無人自動車はもちろんのこと、映画の中でしか見ることのできなかった顔認識など、想像も出来なかった新しい技術が続々と出現している。㋑ 人間の知能を代替する人工知能は実用化が可能になればそれこそ夢のような話なので研究者たちはその開発に長い間心血を注いできた。㋒ この2つの革新技術の確保によって人工知能技術はこれから飛躍的な技術革新を遂げるものと予測される。㋓

《例》

それにもかかわらずこれといった可視的な成果がなかったのは膨大なデータの蓄積技術やデータとデータをつなぐ神経網の構築に手こずったからである。

① ㋐   ② ㋑   ❸ ㋒   ④ ㋓

解説 例文には2つの技術の話が紹介されていますが、㋒の直後を見るとその2つの技術の話が続きます。正解は③になります。

435

[42-43] 次の文を読んで質問に答えて下さい。 各2点

　　ぱっと見て清潔そうで賢そうな先生がうちの息子の担任の先生になったのは本当に幸いだった。
1組から10組まで1人ずつ担任の先生の紹介が続く時に、3組になれと祈っていたが、本当にその
通りになった。さほど学区がいいわけでもなく、かといって他人の子みたいに頭がいいわけでもな
いのだから、どうにかして大学に行くためにはうちの先生みたいなしっかりした人に当たらなきゃ
と思うのが私の持論だった。案の定、息子はママの思惑通りになっていった。学校の話をしたこと
もない子が先生のことをしきりに褒めてきた。<u>いくら起こしても自分では起きることを知らない
ダメっこがまさかのまさかきちんと定刻に起きて学校に行く準備をするとは想像すらしなかった。</u>
"お母さん、テストの勉強をするから明日の朝早く起こしてね。"と言われた時には、夢か現かほっ
ぺたをつねってみたいという心境だった。
　　息子のクラスは何をしてもトップのようだった。月が変わるのが待ち遠しいくらいだった。毎月
今月はうちのクラスが国英数総なめだよとか、全体50位以内に入った数が、うちのクラスが最多
とか、私が喜びそうなことばかり運んでくるのだから、それもそのはず。

42. 下線部分に表れた '私' の心境として適切なものを選んで下さい。

　　　① もどかしい　　　　　❷ 感激だ　　　　　　　③ 慎重深い　　　　　　④ 疑わしい

43. 上の文の内容と同じものを選んで下さい。

　　　① 期待していなかった人が息子の担任の先生になった。
　　　② 息子の学校生活や家での態度に失望した。
　　　❸ 息子の担任の先生に心から感謝したい。
　　　④ 息子を通して聞く学校の話が気に入らなかった。

[44-45] 次を読んで質問に答えて下さい。 各2点

　　朝鮮時代の代表的な女流文人及び書画家で、朝鮮最高の生理学者ユルゴク、イ・イの母でもある
申師任堂は、2009年発行された5万ウォン券のモデルになった人物だ。貨幣に女性が登場したのは、
2回目だ。1962年、発行したものの一月も経たずに廃棄された100ファン紙幣に、韓服を着たお母さ
んと息子が貯金通帳を持っている姿が登場するのだが、47年ぶりに女性が貨幣に再び登場したので
ある。
　　韓国銀行は、2009年の上半期に5万ウォン券発行を準備していて、韓銀副総裁と各界の専門家た
ちが集まった貨幣図案諮問委員会を作った。申師任堂は5万ウォン券の他の候補だったチャン・ヨ
ンシルと最後までしのぎを削ったと言う。韓銀は、韓国社会のジェンダー平等意識を高め、女性の
社会参画に肯定的に寄与するという趣旨から、申師任堂を最終的に選定した。
　　5万ウォン券の表には申師任堂の肖像画とともに、申師任堂の作品と伝えられる '墨葡萄図' と
'草虫図繡瓶' が挿入されている。ところで、この '墨葡萄図' には面白い話が伝わる。祝い事の日、
料理をしていてチマが汚れ、どうしていいか分からずにうろたえているある婦人に、申師任堂が
近付いていき、そのチマを脱ぐように言い、食べ物がついて汚れたところに、墨で葡萄図を描き、
（　　　　　　　）ことである。

44. （　　）に入る言葉として最も正しいものを選んで下さい。

　　　① 持って出て行って売るようにしてあげたという
　　　② 他のチマと替えられるようにしたという
　　　③ 祝い事の日の料理を上手に作ってあげたという
　　　❹ 危機を免れるようにしてあげたという

> **解説**　チマが汚れて慌てている婦人を申師任堂が助けたというエピソードですから、④の「위기를 모면하게 해 주었다」が正解となります。

45. 上記文の主題として最も正しいものを選んで下さい。

① 申師任堂は、優れた画家及び文人として当代に名声を轟かせた。
② 申師任堂は、ジェンダー平等と女性の社会参画に深い影響を及ぼした。
❸ 申師任堂は、女流画家かつお母さんとして後代にいい模範になっている。
④ 申師任堂は、祝い事の日の料理を1人で引き受けてやるくらい料理の腕前が優れていた。

> **解説**　何が主題なのか、少し難しい文章ですが、5万ウォン券のモデルになったということは、今の時代においても、申師任堂がいいモデル、模範となっていることの表れですから、③を正解にすべきだと思います。①は事実ではありますが、主題とは言えません。②は、時代が離れているので、直接影響があるとは考えられません。④は、事実かもしれませんが、主題にはなりません。

[46-47]　次を読んで質問に答えて下さい。 各2点

> 　与野党が国会で教権保護関連法案4つをやっと合意処理した。教員の正当な生活指導は児童虐待扱いをしないこと、学校へのクレーム処理は校長が責任をとる、また父兄の悪質なクレームを教権侵害類型に追加する内容などである。
> 　教師死亡事件の衝撃が大きかったこともあるが、教権回復運動を主導したのが'脱政治'を原則に掲げた団体である点に注目する必要がある。この団体は、元々教師間で授業資料を共有する目的で作られたコミュニティで、すべての政治色を排除する。彼らは、数万名が参加する集会を開きながら政治的スローガンをまったく使っていない。集会費用も互いにカンパして使い、集会時間が終わるとゴミも片付けていくので、警察にもよい印象を残した。それで、教育部は、教権回復対策について、全教祖や教総ではなく、主にこの団体と話し合った。もしもこの運動を全教祖が主導したならば与党が反対しただろうし、教総が主導したならば野党が反対しただろう。
> 　互いの葛藤を解き、合意を導き出すのは決して容易いことではない。しかし、そのことを率先すべき政治圏がかえって葛藤を助長し、拡大再生産して政争に利用する。野党は最近続いたストで不法行為をかばい、むしろ助長した。時には大型の惨事さえ相手に対する攻撃素材として使う。誰のために存在する政治なのか、あきれ返るばかりである。今度の教権回復運動は、政治に口を挟ませないことこそ社会の葛藤を解消し、問題解決につながることを見せてくれるよい事例となった。

46. 上記の文に表れた筆者の態度として最も正しいものを選んで下さい。

① 父兄の悪質なクレームに教権が侵害されている状況は改善すべきである。
❷ 葛藤を解消するのに先頭に立つべき政治が本来の役割を果たしていない。
③ 全教祖または教総が主導する教権回復運動は反対を招くだけである。
④ 教育部は、政治色を帯びない団体と教権回復について議論すべきである。

> **解説**　筆者は最後の文で、政治に口を挟ませないことが社会の葛藤解消や問題解決につながると主張しています。政治圏が社会問題の解決に役に立つどころかむしろ葛藤や対立を助長していると批判しているのです。それに最も近いのは、②です。①や③は、確かにその通りですが、筆者が最も言いたいことではありません。④は、本文の中では言っていませんので、不正解です。

47. 上記文の内容と同じものを選んで下さい。

❶ 教権保護関連法案に対し、珍しく与野党が合意した。
② 教権保護関連法案に対する父兄たちのクレームは間違っている。
③ 教権保護運動は'脱政治'を原則にしないと成功出来ない。
④ 政治的スローガンを叫ばない集会をしてこそ葛藤を解消することができる。

[48–50] 次を読んで質問に答えて下さい。 各2点

　製造物責任法は、国は国民の生命と財産を保護すべきだという基本命題を実践しようという趣旨の下作られた法律である。人間が社会生活を営むに当たって何かを作って他人に売り利益を得、誰かがそれを買って使用するとすれば、その2つの間には、暗黙的かつ基本的な信用取引、つまり食べて着て使っても何ら差し障りがないという取引が成立していると見なされなければならない。というのも、それを買って使う人がそれを使用することによってある被害が発生するとは（　　　　）からである。想像して見よ。スーパーでとある食品を購入する時に食べて死ぬこともあるかもしれないと考えなければいけないのだろうか。したがって物を作って売りたい人がいたら必ずその商品に対して安全だというギャランティを付与しなければならない。もしもギャランティをする自信がなかったら製造をしてもいけないし、販売をしてもいけない。これが製造物責任法の法的論理なのだ。

48. 筆者がこの文を書いた目的を選んで下さい。

　　❶ 製造物責任法がなぜ作られたのかを説明するために
　　② 信用取引がなぜ重要なのかを強調するために
　　③ 国が国民を生命と財産を守るために
　　④ 商品に対するギャランティの重要性を認識させるために

49. （　　　）に入る最も適切なものを選んで下さい。

　　❶ これっぽちも考えない　　　　　　　② これっぽちも気持ちがない
　　③ 無神経で有名だ　　　　　　　　　　④ 足の爪ほども興味がない

50. 下線部分に表れた筆者の態度として適切なものを選んで下さい。

　　① 商品を作って販売したいと思ったら必ず品質保証をしなければならない。
　　❷ 商品を製造販売する人は必ず安全に対して責任を負わなければならない。
　　③ 商品を製造販売するためにはギャランティに対する自信がなければならない。
　　④ 製造物責任法は国家保証制度の一環として作られたものである。

438

TOPIK II

여섯 번째 모음

最新の出題傾向

　本章の듣기（聞き取り）解説では、皆さんが試験場で聞くことになる音声と答案用紙に書いてある内容を両方文字に起こし、解説を行っています。従って、本章に書いてあるものが、試験場では、音声で流れるだけで、文字の形で現れないことがあります。

　なお、例題は、듣기（聞き取り）・읽기（読解）両方において必要があると判断される場合のみ、あげることにしています。

TOPIK II 듣기（1번～50번）
TOPIK II 聞き取り（1番～50番）

音楽 　　　　　　　　　　　　　　　　　　　　　◀)) track5-01

제XX회 한국어능력시험 I 듣기, 아래 1번부터 30번까지는 듣기 문제입니다. 문제를 잘 듣고 질문에 맞는 답을 고르십시오. 두 번씩 읽겠습니다.

訳

第XX回韓国語能力試験 I 聞き取り、次の1番から30番までは、聞き取りの問題です。問題をよく聞き、質問に合う答えを選んで下さい。２回ずつ読みます。

チャイム

※[1-3]　다음을 듣고 가장 알맞은 그림 또는 그래프를 고르십시오. 한 번 읽겠습니다. (각 2점)

※[1-3]　次を読んで最も正しい絵またはグラフを選んで下さい。1回読みます。(各2点)

新傾向対策

●世相を反映した内容に注意！

　1番から3番まで、絵やグラフを読んで正解を選ぶタイプの問題です。最近の傾向としては、問題パターンそのものは、従来と変わりませんが、上記のように、問題文の言い方が少し変わったことと、グラフ問題で、世相を反映し、オンラインショッピングのことや1人観客（1人で公演を観ること）のようなテーマが使われている点などが注目されます。また、試験の開催時期によって、会話文が短かくなったり長くなったりすることがあるので、思ったより長めの会話が聞こえてきたとしても、慌てないことです。

チャイム 　　　　　　　　　　　　　　　　　　　◀)) track5-02

※[4-8]　다음을 듣고 이어질 수 있는 말로 가장 알맞은 것을 고르십시오. 한 번 읽겠습니다. (각 2점)

※[4-8]　次を聞いて続く言葉として最も正しいものを選んで下さい。1回読みます。(各2点)

新傾向対策

●パンマル表現に慣れておこう

　　最近の傾向として注意すべきことは、<u>会話文に下記のようなパンマル表現が使われていること</u>です。今後もそのような傾向は続くと思われます。以下、その例を紹介します。

・「～아/어」→心理的に身近な存在と感じる相手に使う動詞・形容詞の終止形/命令形/勧誘形。「動詞＋する／して／しよう」「形容詞＋い」

> 여기 일은 나중에 하기로 하고 얼른 가 봐.
> ここのことは後でやることにして、早く行ってみて。
>
> -
>
> 오늘은 시간이 없어서 안 되고 다음에 같이 가.
> 今日は時間がなくてだめだから、今度一緒に行こう。

・「～았어/었어」→心理的に身近な存在と感じる相手に使う動詞・形容詞の過去終止形。「動詞＋した」「形容詞＋かった／だった」

> 새 업무가 그렇게 힘들 줄 몰랐어.
> 新しい仕事がこんなに大変だとは思わなかった。
>
> -
>
> 나도 이 학원 다닌 지 얼마 안 됐어.
> 私もこの塾に通い始めてあまり経っていない。

・「～던데」→自分が経験した出来事を回想し、話の前置きとして相手に提供する表現。「～だったけどね」

> 새로 지은 아파트라서 깨끗하고 좋던데.
> 新規で建てたマンションなので、綺麗でよかったけどね。

・「～겠다/겠어」→「2人称・3人称主語＋確定的推量」。「（確定的に）～だろうね」

> 떨어질 줄 알았는데 붙어서 기분 좋겠다.
> 落ちると思ったのに受かったから、気分最高だろうね。

・「～아야겠다/어야겠다」→話し手がこれから間違いなく何かを行うことを表す表現。「(必ず) ～する」

그래? 그 집이 그렇게 맛있어? 다음에 꼭 먹어 봐야겠다.
そう？ その店がそんなに美味しいの？ 今度絶対食べてみよう。

・「～구나/는구나」→話題の出来事に感心する気持ちで頷く言い方。「～だね/～んだ」

생각한 것보다 공사가 빨리 끝났구나.
思ったより工事が早く終わったんだね。

・「～대」→第三者から聞いた話を相手に伝える伝聞表現。「～らしい/～って」

늦게 끝나는 바람에 지하철을 놓쳤대.
終わるのが遅くなっちゃって地下鉄に乗り遅れたらしい。

・「～야/이야」→心理的に身近な存在と感じる相手に使う名詞の終止形。「～よ」

그래도 크게 안 다쳤다니 정말 다행이야.
でも大怪我しなかったと言うから、本当に幸いだよ。

・「～네/이네」→日本語の「ね」とほぼ同じ意味。

오늘은 집에 아무도 없어서 좀 쓸쓸하네.
今日は家に誰もいないので、少し寂しいね。

・「～ㄹ게/을게」→話し手の柔らかい意志表現。「動詞＋する」

전화 못 받아서 미안해. 나중에 시간 될 때 꼭 전화할게.
電話に出られなくてごめんね。後で時間が空いた時に必ず電話するね。

・「〜ㄹ까?/을까?」→「1人称主語＋しようか」「3人称主語＋だろうか」の意味

> 그럼 우리는 여기에서 기다리고 있을까?
> じゃ、私たちはここで待っていようか。
>
> ----
>
> 시간이 안 되신다고는 했는데 정말 안 오실까?
> 時間が空かないとはおっしゃっていたけど、本当にいらっしゃらないのかな。

・「〜지」→相手との意識の共有を図りたい時に使う終止形。「〜んだよ」

> 글쎄, 오늘 몇 사람 오는가는 나도 모르지.
> そうだね。今日何人来るのかは私も知らないんだよ。

・「〜지?」→相手との意識の共有を図りたい時に使う疑問形。「〜よね？」

> 우리 잠깐 밖에 나갔다 올 건데 혼자 괜찮지?
> 私たち、ちょっと外に行ってくるけど、1人で大丈夫だよね？

・「〜ㄹ 거야/을 거야」→「1人称主語＋（予定の意味）する」「3人称主語＋と思う（弱い推量）」

> 거기 가서 먹을 약은 내가 챙길 거야.
> そこに行って飲む薬は私がちゃんと用意するよ。
>
> ----
>
> 괜찮아. 짐이 별로 없어서 혼자 들 수 있을 거야.
> 大丈夫だよ。荷物があまりないから1人で持てると思う。

・「〜더라고」→自分が経験したことを回想しながら言う表現。「〜だよ／〜していたよ／〜していたね」

> 1학년 때부터 학교 신문사에 있었다고 그러더라고.
> 1年生の時から学校の新聞社にいたと言っていたよ。

　なお、上記表現は、最後に「요」をつけ、丁寧形にして使うことも充分予想されます。例えば、「〜던데요」「〜군요/는군요」「〜더라고요」のような形です。

443

[4~8] 例題　　　　　　　　　　　　　　　　　　🔊 track5-03

> 남자 : 민수가 여자 친구하고 헤어지고 나서 힘들어 보이더라.
> 여자 : 너도 그렇게 생각하지? 요새 좀 기운이 없어 보이고 말
> 　　　도 잘 안 해.
> 남자 : ＿＿＿＿＿＿＿＿＿＿＿＿＿＿＿＿＿

① 얼른 기운을 차려야 할 텐데 걱정이네.
② 여자 친구하고 잘 지낸다니 다행이야.
③ 너하고 헤어지고 나서 민수가 많이 힘들대.
④ 요새 운동을 안 해서 기운이 없는 것 같아.

日本語の訳

男性 : ミンスが彼女と別れてから大変そうだよ。
女性 : あなたもそう思うよね？ 最近ちょっと元気もないように見えるし、あまり口もきかなくなっている。
男性 : ＿＿＿＿＿＿＿＿＿＿＿＿＿＿＿＿＿

❶ 早く元気を取り戻してほしいのだけど、心配だね。
② 彼女と上手く言っていると言うから、良かったよ。
③ 君と別れてからミンスがだいぶきついみたいだよ。
④ 最近運動をしていないので、元気がないみたい。

解 説

「힘들다」は、何かの影響を受けて精神的にだいぶ厳しい状態に追い込まれている様子を表す言葉です。「大変／きつい／厳しい」などと訳します。ミンスがそのような状態に陥ったのは、彼女と別れたからです。女性がミンスの様子として、元気もなさそうだし、口数も少なくなってきたというので、それに続く男性の言葉として最も適切なものは、①になります。

チャイム　　　　　　　　　　　　　　　　　　🔊 track5-04

※[9-12] 다음을 듣고 여자가 이어서 할 행동으로 가장 알맞은 것을 고르십시오. 한 번 읽겠습니다. (각 2점)

※[9-12] 次を聞いて女性が続けてする行動として最も正しいものを選んで下さい。1回読みます。（各2点）

新傾向対策

　男女の会話を聞いて、女性が次にどんな行動を取るのかを選ぶ問題です。最近の傾向としては、上記のように、問題文の言い方が少し変わっただけで、問題パターンそのものは変わりません。

チャイム　　　　　　　　　　　　　　　　　　　　　　🔊 track5-05

※[13-16]　다음을 듣고 들은 내용과 같은 것을 고르십시오. 한 번 읽겠습니다. (각 2점)

※[13-16]　次を聞いて聞いた内容と同じものを選んで下さい。1回読みます。（各2点）

新傾向対策

　男女の会話を聞いて、聞いた内容と同じものを選ばせる問題です。最近の傾向としては、問題パターンそのものは変わりませんが、上記のように問題文の言い方が少し変わったことと、韓国社会で話題になっていることを問題内容として取り上げている点などが注目されます。

　最近は、「녹차밭（緑茶畑）」「전망대（展望台）」「애플수박（アップルスイカ）」「물놀이장（プール）」「한국 요리（韓国料理）」「영화（映画）」「양념（食べ物に味付けをする自家製調味料）」「수도 시설 수리（水道施設の修理）」などが問題内容として使われました。

チャイム　　　　　　　　　　　　　　　　　　　　　　🔊 track5-06

※[17-20]　다음을 듣고 남자의 중심 생각으로 가장 알맞은 것을 고르십시오. 한 번 읽겠습니다. (각 2점)

※[17-20]　次を聞いて男性の中心となる考えとして最も正しいものを選んで下さい。1回読みます。（各2点）

新傾向対策

　男女の会話を聞いて、男性が最も言いたがっていることは何かを選ぶ問題です。最近の傾向としては、問題パターンそのものは変わりませんが、今の韓国社会を反映する内容が問題として使われている点が注目されます。

最近は、「만화（漫画）」「공연 연습（公演の演習）」「연주 방법（演奏方法）」「주식 투자（株式の投資）」「실내 인테리어（室内インテリア）」「허리 건강（腰の健康）」「호텔과 숙박비（ホテルと宿泊費料）」「아이와 취미（子供と趣味）」「연주회（演奏会）」「연주자（演奏者、ソリスト）」などが問題内容として使われました。

チャイム　　　　　　　　　　　　　　　　　　　　◀)) track5-07

※[21-42]　다음을 듣고 물음에 답하십시오. 두 번 읽겠습니다. 다시 들으십시오. (각 2점)

※[21-42]　次を聞いて質問に答えて下さい。2回読みます。もう1回聞いて下さい。（各2点）

新傾向対策

●公共性の高いテーマが取り上げられる

　ここからは、2問セットの問題が42番まで続きます。「다음을 읽고 물음에 답하십시오」は、21〜42全体に共通するもので、それぞれの問題においては、異なる問題文が指示されます。そして、21〜42の各2問目は皆同じで、「들은 내용과 같은 것을 고르십시오（聞いた内容と同じものを選んで下さい）」という問題文が指示されます。ここでの問題は、問題文の言葉が少し変わっただけで、問題パターンに特に変化はありません。

　しかし、問題文の内容は、最近大きく変わってきているので、注意を要します。今までは、日常生活に関わるテーマと公共性を持つテーマとが混じっていましたが、直近の問題では、企業や製品、研究開発、会社組織にまつわる話や行政サービスに関する話、社会問題に関する話など、公共性が高いテーマが中心となっています。

　近年では、「특허청 기술경찰（特許庁技術警察）」がテーマとして取り上げられています。これは、2019年に新しく出来た制度で、技術の流出、侵害を防ぐ目的で作られたものです。このような制度は、一般庶民にはあまり馴染みがありません。なぜこのような難しいテーマが取り上げられるかというと、TOPIKを受験する方たちの中には、韓国企業で働きたいという人も多く、そのためには、このような制度のことも知らなければいけないからです。直近の試験内容の変化は、そういう時代のニーズを反映しているのです。

●専門的な内容が出題されることも

「쉬나무 (수유나무とも言う、シュユ)」という木が問題に使われたこともあります。これは、韓国でも、植物に詳しい人でないと分からないでしょう。果肉を乾燥させると「ヤマグミ」という生薬になる「산수유 (山シュユ)」なら「구례 산수유 축제 (求礼山シュユ祝祭)」があるように、산수유の花も実もある程度知られていますが、「쉬나무」となると、簡単には「산수유」に結びつかず、恐らくこれが分かる受験生は少なかったと思います。最近の傾向の1つとしてご理解頂ければと思います。ふだんからいろいろな分野に興味を持っておくことは大事だと思います。

●各設問のタイプ

21番、22番は、男性と女性との2回の会話を聞いて、男性の中心となる考えを選ぶ問題や聞いた内容と同じものを選ぶ問題がセットになっています。

23番、24番は、男性と女性との2回の会話を聞いて、男性が何をしているのかを聞く問題や聞いた内容と同じものを選ぶ問題がセットになっています。

25番、26番は、女性と男性の1回の会話を聞いて、男性の中心となる考えを選ぶ問題や聞いた内容と同じものを選ぶ問題がセットになっています。

27番、28番は、男性と女性との2回の会話を聞いて、男性が話す意図として正しいものを選ぶ問題や聞いた内容と同じものを選ぶ問題がセットになっています。

29番、30番は、女性と男性との2回の会話を聞いて、男性が誰なのかを選ぶ問題や聞いた内容と同じものを選ぶ問題がセットになっています。

31番、32番は、女性と男性との2回の会話を聞いて、男性の中心となる考えを選ぶ問題や聞いた内容と同じものを選ぶ問題がセットになっています。

33番、34番は、女性の説明を聞いて、何についての内容なのかを選ぶ問題や聞いた内容と同じものを選ぶ問題がセットになっています。

35番、36番は、男性の話を聞いて、男性が何をしているのかを選ぶ問題や聞いた内容と同じものを選ぶ問題がセットになっています。

37番、38番は、男性の質問に対する女性の説明を聞いて、女性の中心となる考えを選ぶ問題や聞いた内容と同じものを選ぶ問題がセットになっています。

39番、40番は、女性の質問に対する男性の説明を聞いて、2人の会話前の内

容として最も正しいものを選ぶ問題や聞いた内容と同じものを選ぶ問題がセットになっています。

41番、42番は、女性の講演を聞いて、講演の中心となる内容として最も正しいものを選ぶ問題や聞いた内容と同じものを選ぶ問題がセットになっています。

以下、今後取り上げられる可能性のあるテーマを紹介します。

●今後取り上げられる可能性のあるテーマ

・소비자 반응 조사	消費者反応調査
・신제품 출시	新製品リリース
・신제품 개발	新製品開発
・고객을 고려한 제품 구상	顧客を考慮した製品構想
・다양한 연령층 간의 사내 소통	多様な年齢層間の社内疎通
・팀장 위주의 업무 개선	チーム長主導の業務改善
・한정판 제품	限定版製品
・출장 기간	出張期間
・행사 날짜 변경	イベントの日付変更
・행사 관련 서류 제출	イベント関連の書類提出
・행사 참가 신청서	イベント参加申込書
・기업 문화 개선	企業文化改善
・지역 홍보 대사	地域広報大使
・홍보 대사 선발 과정	広報大使の選抜過程
・입시 도우미 활동	入試ヘルパー活動
・차량 점검 서비스	車両点検サービス
・차량 수비리 환불	車両修理費の払い戻し
・발명품의 과학적 원리	発明品の科学的原理
・인터넷 광고 내용	インターネット広告の内容
・인터넷 기사 조회 수	インターネット記事のヒット数
・인공지능의 활용	人工知能の活用

・요일별 분석 데이터	曜日別の分析データ
・응급 처치 방법	応急措置方法
・응급 처치 교육 실습	応急措置の教育実習
・박물관 전시 유물	博物館の展示遺物
・노인 보호 센터	老人保護センター
・행정 복지 센터	行政福祉センター（町役場）
・역사 자료 분석	歴史資料の分析
・번역물 편집	翻訳物の編集
・반려견의 심리 연구	ペット犬の心理研究
・반려견 보행 보조기	ペット犬の歩行補助器
・반려견의 훈련 과정	ペット犬の訓練課程
・수의사의 진단서	獣医師の診断書
・자전거 전용 도로	自転車専用道路
・소비자 동향에 대한 체계적 분석	消費者動向に対する体系的分析
・교통 안전 교육의 필요성	交通安全教育の必要性
・근로자 업무 효율의 극대화	労働者業務効率の極大化
・주 사 일제 근무의 도입 시기	週4日制勤務の導入時期
・유아차 보관 장소	ベビーカー保管場所
・온라인 설문 조사 결과	オンラインアンケート調査結果
・각종 심리적 증상의 원인과 대책	各種心理的症状の原因と対策
・폭력성과 심리 요인과의 연관 관계	暴力性と心理的要因との連関関係
・고추장, 된장 등의 발효 식품을 저장하는 옹기	コチュジャン、味噌などの発酵食品を保存する陶器（甕器）
・주택 담보 대출	住宅担保ローン
・소비자의 전기차 선택	消費者の電気自動車選択
・청년층의 고용률	青年層の雇用率

文法編

模擬試験1

模擬試験2

模擬試験3

模擬試験4

最新の出題傾向

- 가마 내부의 온도와 습도　　焼き窯内部の温度と湿度
- 자기를 만들 때 사용되는 재료　　磁器を作る時に使われる材料
- 국악의 세계화를 위한 노력과 헌신
　　　　　　　　国楽の世界化のための努力と献身
- 국립국악원의 가야금 연주　　国立国楽院の伽倻琴演奏
- 생명체 진화 과정에 대한 연구　　生命体の進化過程についての研究
- 빙하에 갇혀 있는 100만 년 전의 공기
　　　　　　　　氷河に閉じ込められている100万年
　　　　　　　　前の空気
- 남극 빙하 연구의 과학적 가치　　南極氷河研究の科学的価値
- 박사 학위를 가지고 있는 교수　　博士学位を持っている教授
- 연주 활동과 작곡 활동을 병행하고 있는 지휘자
　　　　　　　　演奏活動と作曲活動を並行している
　　　　　　　　指揮者
- 건축 재료로 적합하지 않은 나무　建築の材料として適合しない木
- 기존 장학 재단의 운영 방식　　既存奨学財団の運営方式
- 학교 동문회 회장으로 선출　　学校の同窓会の会長として選出
- 북극을 지나는 새로운 통행로 개척
　　　　　　　　北極を通る新しい通行路の開拓
- 기상 관측 전문가 양성이 시급　気象観測専門家の養成が急がれる
- 기술경찰 창설의 의의와 업무 내용
　　　　　　　　技術警察創設の意義と業務内容
- 국내 조선 업체들의 국제 경쟁력　国内造船会社の国際競争力
- 직계 혈족 간에 발생하는 재산상의 피해
　　　　　　　　直系血族間に発生する財産上の被害
- 이산화탄소 배출 억제를 위한 다양한 논의
　　　　　　　　二酸化炭素排出抑制のための多様な
　　　　　　　　議論

※[43-50]　다음을 듣고 물음에 답하십시오. 두 번 읽겠습니다.
　　　　　다시 들으십시오. (각 2점)

※[48-50]　次を聞いて質問に答えて下さい。2回読みます。もう1回聞いて
　　　　　下さい。(各2点)

新傾向対策

●問題文の変化に焦らずに

　ここからは、2問セットの問題が50番まで続きます。「다음을 읽고 물음에 답하십시오」は、43番〜50番全体に共通するもので、それぞれの問題においては、異なる問題文が指示されます。

　さて、以前は、43番〜44番は「다음은 다큐멘터리입니다 (次はドキュメンタリーです)」、45番〜46番は「다음은 강연입니다 (次は講演です)」、47番〜48番は「다음은 대담입니다 (次は対談です)」、49番〜50番は「다음은 강연입니다 (次は講演です)」というふうに、問題文の特徴を教えてくれていましたが、最近の傾向としては、その情報を開示しなくなりました。しかし、パターンそのものに変化があるわけではありません。

●各設問の特徴

　43番〜44番は、女性の声でドキュメンタリーを聞かせ、43番では、何についての内容なのかを聞き、44番では、ドキュメンタリーで取り上げられている物や事に対する説明として正しいものを聞く問題で構成されます。ドキュメンタリーの問題文なので、難易度は高いと言えますが、正確に何が取り上げられているのかが分からなくても、問題を解くことは出来ると思います。

　45番〜46番は、女性の講演を聞いて、45番では、聞いた内容と同じものを選び、46番では、女性の態度として正しいものを選ぶ問題のセットで構成されます。講演内容ですが、企業方針や企業戦略、実験内容、政策説明、制度紹介などが中心となります。

　47番〜48番は、女性と男性との対話形式が問題文になっています。新しい法律、規則、ルール、措置、制度などの導入に当たり、予想される問題点について女性が男性に質問し、男性がその答弁をする内容が問題文です。47番は、

聞いた内容と同じものを選ぶ問題で、48番は、男性の態度として正しいものを選ぶ問題です。

　49番〜50番は、男性が語る講演内容を聞いて、49番は、聞いた内容と同じものを選び、50番は、男性が話す方式として正しいものを選ぶ問題です。講演内容ですが、専門的な事柄に対する説明が主流になっています。最近では、量子力学の話や朝鮮王朝の実学者の話などが使われました。

TOPIK Ⅱ 읽기 (1번〜50번)
TOPIK Ⅱ 読解（1番〜50番）

※[1-2]　(　　　)에 들어갈 말로 가장 알맞은 것을 고르십시오.
(각 2점)

※[1-2]　(　　　)に入る言葉として最も正しいものを選んで下さい。（各2点）

※[3-4]　밑줄 친 부분과 의미가 가장 비슷한 것을 고르십시오.
(각 2점)

※[3-4]　下線の部分と意味が最も似ているものを選んで下さい。（各2点）

新傾向対策

●話し言葉が使われる

　ここでは、2種類の問題が2問ずつ計4問が出題されます。最近の傾向としては、他の問題群と同様、話し言葉調の表現が使われるようになっていることが注目されます。直近では「〜곤 했다（고는 했다）（〜したりした）」が使われました。その他には「〜듯해서（疑似実現判断の［〜しそうで］）」「〜느라고（推進的因果の［〜ので］）」「〜척했다（〜ふりをした）」「〜ㄹ까 말까 한다（〜するのかどうかで迷っている／〜かどうかがはっきりしない）」「〜셈이다（〜するわけだ［そういう計算だ］）」「〜데다가（〜する上にさらに）」などの表現に注目して下さい。

※[5-8]　다음은 무엇에 대한 글인지 고르십시오. (각 2점)
※[5-8]　次は何についての文なのか選んで下さい。（各2点）

新傾向対策

●今話題のキーワードに注目！

　ここでは、いろいろな形のポップを見て、それが何についての内容かを選ぶ問題が4問続きます。

　最近の傾向ですが、問題パターンそのものに変化はありません。今後使われる可能性のある「자원 절약（資源節約）」「절약 습관（節約習慣）」「반납 안내

（返却案内）」「환불 요청（払い戻し要請）」「놀이공원（遊園地、アミューズメントパーク）」「분리수거（分別収集）」「이용 후기（お客様の声）」などの言葉には、注意しましょう。

※[9-12]　다음 글 또는 그래프의 내용과 같은 것을 고르십시오. (각 2점)

※[9-12]　次の文またはグラフの内容と同じものを選んで下さい。(各2点)

新傾向対策

最近の傾向に特に変化はありません。使われている表現や言葉などにも特に注意すべき点は見当たりません。

※[13-15]　다음을 순서에 맞게 배열한 것을 고르십시오. (각 2점)

※[13-15]　次を順番に合わせ、配列したものを選んで下さい。(各2点)

新傾向対策

●**近年出題された語句**

ここでも、問題パターンそのものに注意すべき変化は見当たりません。が、今まであまり使われていない表現が出てきたりしているので、下記のような表現は覚えておきましょう。

「흰죽을 끓이다（おかゆを作る）」

「죽이 타지 않게 젓다（おかゆが焦げないようにかき混ぜる）」

「쌀에 물을 부어 끓이다（米に水を注いで煮る）」

「눈이 촉촉해지다（目が徐々に潤う）」

「눈이 붓다（目が腫れる）」

「눈을 찜질해 주다（目を湿布してくれる）」

「눈동자를 덮고 있는 눈꺼풀（目玉を覆っている瞼）」

「환하게 빛나는 별（明るく輝く星）」

文法編

模擬試験1

模擬試験2

模擬試験3

模擬試験4

最新の出題傾向

※ [16-18][28-31]　(　　　)에 들어갈 말로 가장 알맞은 것을 고르십시오. (각 2점)

※ [16-18][28-31]　(　　　)に入る言葉として最も正しいものを選んで下さい。(各2点)

新傾向対策

● 今後出題されるテーマ

4行～6行くらいの問題文を読んで、(　　　)の中に入る表現を選ばせる問題です。16番～18番の3問と、28番～31番の4問、計7問出題されます。

最近の傾向に特に変化はありません。問題文のジャンルは、鳥や魚、植物、動物、物質、専門職、大学の授業、自然現象、社会問題、心理治療、最新研究内容、人間の体のことなど様々です。今後使われる可能性のあるものとして下記のものを覚えておきましょう。

「어류의 아가미 (魚類のえら)」「끔찍한 뉴스 (酷いニュース)」

「섭취하는 먹이 (摂取する餌)」「무지개의 형태 (虹の形)」

「빈 의자 대화 기법 (エンプティ・チェア技法)」

「퓨란 (フラン)」「동영상 강의 (動画の講義)」

「페인트의 주성분 (ペイントの主成分)」

「해양 생물의 서식 조건 (海洋生物の生息条件)」

「질소 합성 비료 (窒素合成肥料)」

「뼈의 밀도와 강도 (骨の密度と強度)」

「가격이 저렴한 상품 (値段が安い商品)」

「이른 봄 (早い春)」

「갈라파고스 현상 (ガラパゴス現象)」

※ [19-24]　다음을 읽고 물음에 답하십시오. (각 2점)

※ [19-24]　次を読んで質問に答えて下さい。(各2点)

●指示内容の変化に動揺しないで！

19番～20 番は、穴埋め問題と問題文の主題として最も正しいものを選ぶ問題とで構成されます。

直近では、体験型売場の話やドライクリーニングの話、女王バチなどの話題が問題として使われました。

21番～22番は、同じく穴埋め問題と、問題文と内容が同じものを選ぶ問題とで構成されます。

最近の傾向としては、22番の問題文の指示内容が違ってきている点が目につきます。「중심 생각 (中心となる考え)」ではなく、「같은 내용 (同じ内容)」を選ばせています。問題文のテーマですが、最近では、「보행자 교통사고 (歩行者の交通事故)」「상품의 겉 포장 (商品の表のパッキング)」「평형수 (平衡水)」などが使われました。

●形容詞の意味を正確に覚えよう！

23番～24番は、文学作品から、下線部分に表れるその人の心境を選ばせる問題と、引用された文学作品の内容と同じものを選ばせる問題とで構成されます。人の心境を選ばせる問題なので、「감동스럽다 (感動的だ)」「다행스럽다 (幸いだ)」「자랑스럽다 (誇らしい)」「걱정스럽다 (気がかりだ)」「어색하다 (きまりが悪い)」「부끄럽다 (恥ずかしい)」「놀랍다 (目覚ましい、驚くほどだ)」「부럽다 (羨ましい)」「서운하다 (残念だ)」「섭섭하다 (寂しい)」などの形容詞の意味を正確に覚えることが重要です。

※[25-28]　다음 신문 기사의 제목을 가장 잘 설명한 것을 고르십시오. (각 2점)

※[25-28]　次の新聞記事のタイトルを最もよく説明したものを選んで下さい。（各2点）

●最近出題された覚えておきたい表現

ここでは、新聞の記事タイトルの例を出し、その内容を最も正しく説明しているものを選ぶ問題が3問出題されます。

　最近の傾向ですが、特に大きく変わった点は見当たりませんが、近年よく使われる、下記の表現を紹介します。

- 「경기 꽁꽁 얼어붙어 (景気、カチカチに凍り付き)」→「꽁꽁」は、厳冬の中、大地がかちんこちんに凍っているさまを表します。それだけ、景気が悪いという意味です。
- 「통합 우승 적신호 (統合優勝、赤信号)」→赤信号ですから、優勝が危ぶまれていることになります。
- 「부모 발 동동 (親、足ばたばた)」→「발을 동동거리다」は、寒さや悔しさ、焦りなどで地団太を踏んでいる様子を表す表現です。それをやっているのが「부모」となると、子供が事故に遭い、どうにもならない状況になっているか、または、入学試験を終えて出てくる子供を、今か今かと外で待ちわびているような状況が予想されます。
- 「당선에 바짝 다가가 (当選にぴたっと近づき)」→「바짝」は、何かにぴたっと体を寄せるさまを表す言葉です。従って、これは、当選にかなり近づいたという意味となります。
- 「기지개 켜는 항공 업계 (伸びをする航空業界)」→「기지개」とは、朝起きてする伸びのことです。従って、これは、やっと航空業界に春が来たという意味となります。
- 「새 하수 처리장 첫 삽 (新しい下水処理場、スコップ入れ)」→「첫 삽」とは、起工式などでやるスコップの初掘りのことです。工事が始まったという意味です。
- 「신도시 건설 막바지에 (新都市建設、大詰めに)」→「막바지」は、大詰めという意味です。
- 「주민 반응 싸늘 (住民の反応、冷ややか)」→「싸늘하다」は、天気や人から伝わる感情などが、冷ややかという意味です。

※[32-34]　다음을 읽고 글의 내용과 같은 것을 고르십시오. (각 2점)

※[32-34]　次を読んで文の内容と同じものを選んで下さい。(各2点)

※[35-38]　다음을 읽고 글의 주제로 가장 알맞은 것을 고르십시오. (각 2점)

※[35-38]　次を読んで文の主題として最も正しいものを選んで下さい。(各2点)

※[39-41]　주어진 문장이 들어갈 곳으로 가장 알맞은 것을 고르십시오. (각 2점)

※[39-41]　与えられた文章が入るところとして最も正しいものを選んで下さい。(各2点)

※[42-50]　다음의 물음에 답하십시오. (각 2점)

※[42-50]　次の質問に答えて下さい。(各2点)

新傾向対策

● **各設問の特徴**

　32番～50番までは、問題文の指示内容が今までと少し変わっていますが、傾向としては、従来と変わりません。

　32番～34番は、問題文の内容と同じものを選ぶ問題です。

　35番～38番は、問題文のテーマを選ぶ問題です。

　39番～41番は、与えられた文章が入るところとしてどこが最も適切なのかを選ぶ問題です。

　32番～41番までの問題では、韓国の歴史的な場所、文学作品のジャンル、新しい交通制度、新しい概念、論説、記事、花、虫、昆虫、司法制度、化学物質、音楽や美術、演劇、映画などの芸術の話、専門家の新理論、海外の珍しい出来事、韓国固有種の動物や植物などがテーマとして取り上げられます。

　42番～43番は、文学作品から問題が出され、下線部分に表された人の心境として最も適切なものを選ぶ問題と、問題文の内容から分かることを選ぶ問題とで構成されます。

　44番～45番は、韓国の歴史から、人物や制度、独特な物、特記すべき出来事などが問題として取り上げられ、（　　）に入る最も適切な表現を聞く問題と、問題文のテーマを選ぶ問題とが出されます。

　46番～47番は、主に論説や政策説明、制度説明などが問題として取り上げ

られ、筆者の態度として最も適切なものを選ぶ問題と、問題文の内容と同じものを選ばせる問題が出されます。

48番〜50番は、直近の韓国社会で話題になっている出来事が問題文として取り上げられ、文章を書いた目的として最も相応しいものを選ぶ問題と、（　　　）に入る最も適切な表現を選ぶ問題、問題文と同じ内容を選ばせる問題の３問で構成されます。

文法編

模擬試験1

模擬試験2

模擬試験3

模擬試験4

最新の出題傾向

著者紹介

イム・ジョンデ

韓国名イム・ジョンデ(林鍾大)韓国大田生まれ。韓国外国語大学日本語科卒業。同大学院卒業後、ソウルの桓一高校で日本語教師を勤める。1997年上智大学大学院文学研究科国文学専攻博士後期課程満期退学。清泉女子大学非常勤講師、東海大学福岡短期大学国際文化学科主任教授、観光文化研究所所長などを経て、現在は東海大学教育開発研究センター教授。『完全マスターハングル文法』『完全マスターハングル会話』『完全マスターハングル単語』『中上級ハングル文法活用辞典』『日本語表現文型』など多数の著書がある。韓国語教育、韓国の文化と社会、国際理解、国際交流などを研究テーマにしている。現在の名は、林大仁(はやしひろひと)。

●編集協力：韓文化言語工房
●本文組版：有限会社 P.WORD
●カバーデザイン：Pesco Paint(清水裕久)
●イラスト：山下幸雄
●音声録音：東京録音／爽美録音
●ナレーション：イム・ジョンデほか

韓国語能力試験 TOPIK II
総合対策 ［第3版］

発行日	2023年11月 6日	第1版第1刷

著 者　イム・ジョンデ

発行者　斉藤　和邦
発行所　株式会社　秀和システム
　　　　〒135-0016
　　　　東京都江東区東陽2-4-2　新宮ビル2F
　　　　Tel 03-6264-3105（販売）　　Fax 03-6264-3094
印刷所　三松堂印刷株式会社
©2023 Jongdae Yim　　　　　　　　　　　　Printed in Japan

ISBN978-4-7980-7052-0 C0087